国家出版基金项目

NATIONAL PUBLICATION FOUNDATION

任继愈　著

本书编委会　编

任继愈文集 2

国家圖書館出版社

第二编

中国哲学史研究

石渠留室笈
魯壁幽弦歌

山東省圖書館
建館八十周年

任繼愈
賀

目　录

中国哲学史研究一
专集一

中国哲学史论

中国哲学史论*

学习中国哲学史三十年(代序)**

　　我从事中国哲学史的教学、研究工作,按时间累计,约有四十年。抗战时期,在昆明西南联大时,就开始讲授中国哲学史和从事有关这方面的专题研究。但是,真正用科学方法来研究中国哲学史,应当说是从 1949 年开始的。实际上,中国哲学史作为一门科学,是解放后在党的关怀下逐渐建立起来的。这个科学在发展中,一方面是取得了很大的成绩,另一方面也走过不少弯路。如何恰如其分地估计这门科学的历史和现状,促进它的进一步发展,是每个从事这门科学的同志都十分关心的问题。

解放前的中国哲学史研究

　　现代意义的"哲学"这个概念,在封建时代并不存在,因为那时还没有现代科学的分类和社会分工,还不曾有过现代意义的"哲学"这样的学科,只有约略相当于哲学的一些部类。中世纪

---

　　*　上海人民出版社,1981 年版。
　　**　原载《哲学研究》1979 年第 9 期。

的欧洲只有神学一门学问,其他门类都是神学的仆从,哲学包括在神学里面。古代中国主要是"经学"一门学问,它不像欧洲中世纪神学那样挂出神学招牌,是一门经天纬地、无所不包的学科。中国古人认为一切原则、规律以及解决问题的具体办法,经学中都讲到了,有什么疑难问题,只要到《五经》或《六经》中去找,都能找到答案。中国的经学不具神学之名,而有神学之实。

封建社会的哲学史名著,如《明儒学案》《宋元学案》,其中大部分讲的是中国哲学问题(也包括经济学、伦理学、教育学、历史学以及其他学科的内容),但不具哲学和哲学史之名。严格地说,进入现代后,才有近代涵义的哲学和哲学史。

近代中国出现了资产阶级,到了"五四"时期,开始了波澜壮阔的新旧思想交锋。这时期中国哲学史也有了新的发展。

"五四"前夕,胡适出版了《中国哲学史大纲》(上)。这部书得到当时提倡新文化的进步人士蔡元培的赏识,随后又得到社会上的广泛重视,胡适也自称它是开山之作。这部书在1954—1955年全国性的批判胡适实用主义运动中受到了批判。批判了他的唯心史观,驳斥了他的实用主义观点,并指出了他的其他方面的错误,很多文章的意见是对的,这里不再重复。现在要指出,胡适这部书的确有胜过以前封建学者的地方。胡适打破了封建学者不敢触及的禁区,即"经学"。"经"是圣贤垂训的典籍,封建社会的一切成员,只能宣传它,解释它,信奉它,不能怀疑它,不准议论它,更不能批判它。尧、舜、禹、汤、文、武、周公、孔子都是圣人,只能膜拜,不能非议,这是封建社会的总规矩(西方中世纪对《圣经》也是如此)。据当时人的印象,读了胡适的《中国哲学史大纲》,使人耳目一新。作为一部哲学史,表达方式有条理,这只是形式,当时人认为"新"的地方主要在于它不同于封建时代哲学史书的代圣贤立言,为经传作注解,而敢于打破封建时代沿袭下来的不准议论古代圣贤的禁例。他把孔丘和其他哲学家摆在同样的地位,供人们评论,这是一大变革。至于胡适标榜的"明变"、"求因"等,所谓寻找中国哲学史的规律的狂言,不过是空洞的议论,没有什么价值,二十多年前人们已批判过了,可以存而不论。只要把胡适的哲学史与封建时代的《宋元学案》《明儒学案》对比一下,显然可以看出两者的差异。黄宗羲被认为是封建社会第一流的学者,他的两部"学案"汇集了相当丰富的资料,今天仍然不失为研究宋明理学的有用的参考书,但它有一个致命的弱点,就是不敢大胆非议圣人。而资产阶级的学者胡适的《中国哲学史大纲》则敢于非议圣人,这是时代赋予研究者的胆识,不单是胡适的功绩。只有当时社会进入资本主义时代,才能用批评的态度评论封建社会的人和事。处在封建社会里面的人,大都是看不清也不允许去看清封建社会的。这就是所谓历史的和阶级的局限性吧。

继胡适之后,冯友兰先生写的《中国哲学史》,是一部完整的著作,不像胡适的著作有头无尾,资料也丰富。这是沿着胡适开辟的道路继续向前走的书。这部书出版后,也对社会影响了若干年。这部书对封建主义采取妥协的立场,不像胡适的第一部书问世时那样给人以新鲜感觉了。继胡适的《中国哲学史大纲》以后,出现的性质相近或相似的其他著作,有梁启超、萧公权、钱穆等人的政治思想史、学术史等。这些著作,比封建时代的哲学史都不同程度地有所前进。但是,总的说来,这些都不能算作阐明中国哲学史发展规律的科学著作。中国哲学史虽在大学及学术界有此一门科目,但是没有能够成为一门科学。

解放前,在历史学领域内,有几位前辈开拓荒地的功劳是不可磨灭的。郭沫若、范文澜、翦伯赞、侯外庐、杜国庠等同志都在不同的方面运用历史唯物主义的观点和方法,对中国的古代社会、古代历史以及古代思想进行了卓有成效的探索。材料虽也是人们常见的《五经》《二十四史》，但经过一定的科学分析，使人们透过各种现象的迷雾，看到了一些真相，或者说更接近于真相。我不是说这几位前辈们的著作毫无可以讨论的地方，已成定论，而是说，即使他们的著作有些缺点和错误，但他们走的方向道路是一条阳关大道，他们的作品是运用历史唯物主义进行探索的教材，具有示范作用。如果没有这些前辈们解放前的一些著作作为标本，解放后的一些新手在学习并运用马克思主义进行探索的路上不知要遇到多少困难，要走多少弯路。

学习用马克思主义研究中国哲学史

解放后，党十分关怀知识分子的成长，积极帮助他们学习马克思主义的基本理论。解放初期北京大学、清华大学哲学系的教师和一些马克思主义哲学工作者，定期（每两周一次）举行讨论会。当时北京大学哲学系教师们过去基本上都未曾接触过马克思主义，这样的讨论会是一个很好的学习方式。经常参加的，北京大学有汤用彤、贺麟、郑昕、洪谦、朱光潜、胡世华、齐良骥、任继愈等人，清华大学有金岳霖、冯友兰、张岱年、任华、邓以蛰、王宪钧等人。当时研究马克思主义多年的艾思奇、胡绳、侯外庐、何思敬等同志常来参加，徐特立同志有时也来参加。讨论会人数不多，自由参加，不拘形式，每次都有一人作中心发言，其他人围绕这个中心问题自由发言。金岳霖同志讲过形式逻辑，胡世华同志讲过数理逻辑，郑昕同志讲过康德，贺麟同志讲过黑格尔。发言多的是艾思奇、胡绳、何思敬几位同志。他们除了介绍马克思主义、毛泽东思想外，还给大家解答一些问题。当时我们没有接触过马克思主义，什么是历史唯物主义还很不清楚。通过这样的学习、交流,获益很多。后来,艾思奇、胡绳同志还兼任北京大学哲学系的教授,系统地讲授马克思列宁主义、毛泽东思想。当时,还成立了一个新哲学会,会长是李达同志。在这个学会里分中国哲学史、外国哲学史、逻辑、中国近代思想史、辩证唯物主义与历史唯物主义等几个组。这个组织除了举行大型的报告会外,也为北大、清华两校的哲学系编写教学大纲,编选资料,后来出版的《中国近代思想史资料汇编》,就是这时开始编选的。龚自珍和魏源开始被写进中国哲学史,在这以前对刘逢禄、廖平还有人讲,龚、魏则被忽视。

当时我们的学习,基本上是用从延安带来的办法。马克思主义者从来不采取教训人的态度,一些旧社会过来的唯心主义者,也没有顾忌地提出问题讨论。那时还没有提出过"不戴帽子、不抓辫子、不打棍子"的口号,但大家实际上做到了"三不"。记得艾思奇同志曾主张形式逻辑就是形而上学,但与会的逻辑学教师都提出不同的意见,争执了很久,讨论了若干次。最后艾思奇同志放弃了他的意见,也认为形式逻辑不等于形而上学。

学习马克思主义,光讨论不行,更重要的是必须系统地阅读、钻研马克思主义的经典著作。解放前,在国民党统治区里,这些书是被禁止的,不得公开发行。解放后,学习条件变了,我们有充分的时间,也能够读到马、恩、列、斯的重要著作。那时全集还没有译出来,但也可以读到一些外文本(如英、德、俄文本)。

除了书本的学习,还参加了社会活动,群众工作。经常在京郊参加一些农村的社会活动,还到全国各地参加土地改革运动,上述北大、清华的教师们除年老体弱者外,差不多都参加过这类社会实践活动。作为一个中国哲学史研究者,不了解中国的农民,不懂得他们的思想感情,就不能理解中国的社会;不懂得中国的农民、中国的农村,就不可能懂得中国的历史。我自己深切感到,由于参加了土地改革运动,与农民共同生活在一起,思想感情有了很大的变化,从此真正感到过去儒学家讲的"修身、齐家、治国、平天下"以及"天地万物一体之仁""亲亲而仁民,仁民而爱物"都是假的。即使古人真正这样想的,也救不了天下,救不了人民,只能把旧中国拖向苦难的深渊。解放后不久,我对多年来最敬重的一位教授,也是我的老师说:你讲的儒家、佛教的那套哲学,我不信了,我要重新学习。

经过了三年恢复时期,国民经济有了发展,国家开始大规模、有计划地建设。文化教育事业有了大的调整。1952年院系调整,全国各大学的哲学系都取消,合并到北京大学,组成一个哲学系。这时的哲学系教授、副教授共有四十多人,人才济济,得未曾有。教材建设也在这时开始。

苏联派了不少哲学专家来我国,学制也进行了改革。他们的教材,教学方法,教学组织机构介绍过来,我们一齐接受了。北京大学哲学系先后来过几位苏联专家。我们今天哲学系四十岁以上的教师大都听过苏联专家讲课。苏联那时还没有系统的中国哲学史教材,而西方哲学史的教材却系统地介绍到我国来了,并发生了广泛的影响。

我们可以读到马、恩、列、斯的全部著作,也有了辅导、解释这些著作的一些书籍。使人们对马列主义有了更多的了解。但是也不能不指出,苏联的学风也给中国的学术界、哲学界带来一些消极影响。

第一,苏联对欧美的传统哲学有偏见,特别是苏联在卫国战争后,对德国的古典哲学有偏见,因而不能客观地对待,不那么实事求是。

第二,苏联教学中只讲正面的,不讲反面的,参考书也只限于正面的,导致学生思想简单化,只讲唯物主义,少讲唯心主义,甚至不讲唯心主义。用这样的方法，讲马列主义已经不行，讲哲学史就更加不行。

第三，苏联学术界的习惯，只允许有一种讲法。遇到学术界有争论的问题，由政治局派人来做出结论，学术界按照结论来执行。最明显的例子如日丹诺夫在西方哲学史讨论会上的发言，成了研究哲学史的唯一指导方针，不允许讨论商榷。这是用行政手段来解决学术问题，把学术问题当成政治问题来对待，对科学发展有害无益。而这些消极影响，也波及中国的学术界。

总起来说，通过解放初期这段系统认真的学习，历史唯物主义被广大学者接受，并把它运用于一切社会历史领域内。中国哲学史这个阵地也被历史唯物主义所占领，逐渐地成为一门崭新的社会科学。

中国哲学史研究的成就

三十年来，就作品来说，出版了通史、断代史、专题研究、论文集等，但纯属中国哲学史范围的不到十种。就人力来说，专业队伍不到二百人，与我们的任务相比，研究中国哲学史的专业力量还是十分薄弱的。尽管这样，我们的成绩还是很大的。

首先，我们毕竟有了一支研究中国哲学史的专业队伍，也拥有一大批业余爱好者。建国以来有几次关于中国哲学史的讨论，如对孔丘的评价问题，除了专业人员以外，社会上很多人参加了讨论。这样一支队伍，在解放前是不可想象的。这支队伍也正是今后进一步发展中国哲学史的主力军。

同时，中国哲学史作为一门科学，在马列主义、毛泽东思想指导下建立起来，已得到全国的公认。从孔丘到孙中山，进行了初步的描绘。不同的研究者分别做出了不同的甚至相反的结论,应当承认这是科研工作的正常现象。人们对从古到今各个时代的重要哲学家和流派进行了初步的分析,虽然这种分析是粗略的,有时是片面的。对几个重要的哲学家还进行过比较广泛的讨论,比如对孔丘、老聃、庄周、王夫之等人都开展过全国性的讨论,对哲学史方法论也进行过多次讨论。这些讨论虽然不可能得到一致的结论,却进一步确立了马克思主义的立场、观点、方法的领导地位,开阔了人们的眼界,使参加者从不同的意见中吸取营养,无疑能够推动学术研究的深入。

对各个重要的哲学家或学派摸了摸他们的特点、性质以及他们的基本主张,是唯心主义还是唯物主义,在当时是进步还是保守、反动,他们的自然观、认识论、方法论、社会历史观有些什么内容,等等。如果把这种工作看作研究哲学史的最终目的,当然不对,但为了进一步开展研究,摸清上述情况,则是不可缺少的。可能分类分得不妥当,可能把性质看错了,这不但是可能的,而且是不可避免的。常常看到对同一个哲学家或学派持有相反的意见,在研究中出现分歧,这不是混乱,恰恰是这一门学问兴旺发达的标志。

解放后的中国哲学史打破了旧哲学史的框框,把军事辩证法和自然科学中的哲学思想,如医学、农学中的哲学思想吸收进了哲学史,不但丰富了中国哲学史,也为自然辩证法的历史提供了可备参考的材料。

三十年来,中国哲学史不能不受中国的政治经济发展的总形势的影响。中国政治上的安定团结或动荡不安,马列主义的原则是否得到正确的贯彻,直接关系到中国哲学史的发展、停滞,甚至倒退。

国民经济正常发展的时期,也正是我国政治生活正常进行、党的政策较能得到正确贯彻的时候。这时,学术上可以开展正常的争论,学术活动可以比较健康地进行。相反,人为地制造紧张,打棍子、扣帽子的时候,也就是学术停顿的时候。

建国以来,在全国范围内发动了几次大论战,直接与中国哲学史有关的,有:对电影《武训传》的批判,有对胡适实用主义的批判。通过这些批判使人们把学到的理论武器用到战场上,历史唯物主义与历史唯心主义开展正面的交锋,不论是参战的还是观战的,都受到马克思主义的教育,锻炼了理论队伍,也提高了识别历史唯心主义的能力。

1957 年以后,国内国际形势起了变化,把反对修正主义当作头等大事来抓。马克思主义与修正主义水火不相容,真正的马克思主义当然要反对修正主义。问题是不能把不是修正主义的东西当作修正主义来批判、斗争。今天回顾一下,至少可以说有把政治问题与学术问题弄混的情况。有时候往往把人民内部的不同意见当作敌我问题来处理,由此造成的损失是惨重的,甚至是无法弥补的。有些全国性的大批判,如关于思维与存在的同一性的问题;关于合二而一的问题;关于人口论的问题等,都是以政治运动代替学术讨论,以讨论开始,以批判告终的。

这种风气造成了学术界的不安定、不团结。学术界(中国哲学史也在内)出现了极不正常的现象,有一派人"一贯正确",是专门批判别人的;另一派人则是只能受批判,无权答辩,成了学术上被专政的对象。关锋的《反对哲学史方法论上的修正主义》一书,集中表现了这一时期的恶劣学风。

全国范围内从 1957 年以后直到"四人帮"的垮台,近二十年来,一贯反右倾机会主义,不反对"左"倾机会主义。于是"左"倾思潮泛滥成灾。三年困难时期,学术界又有点复苏。这时中国哲学史和社会科学的其他学科一样,也有些前进。由中共中央宣传部领导的教材编写工作开始了,这时大学文科教材有二百多种上马,有教科书和教学用的资料,中国哲学史也在内。这一时期举行过山东的孔子讨论会,湖南的王船山讨论会,都是主办单位邀请全国哲学史界的人士参加的。这一时期,学术空气比前些年大批"右倾"时期活跃,批判孔丘和赞成孔丘的言论都得到发言的机会。

"四人帮"在"文化大革命"中大搞影射史学,为其篡党夺权的阴谋服务。这十多年,中国哲学史的研究处于混乱、倒退的局面。这是有目共睹的,这里不再多说。这是前进中的逆流,历史终归要前进的。

除了上面所说的一些情况以外,关于哲学史方法论方面的论文,三十年来,发表了不少。比如像关于哲学史的对象与范围的问题,关于唯物主义与唯心主义在人类认识史上的作用问题,关于推动哲学思想发展的动力的问题,关于自然科学在哲学中的重要作用问题,等等。像这些重大问题,解放前不可能提到研究的日程上来,而今天则受到哲学史工作者的普遍关心和重视。能够提出这类问题,本身就意味着研究工作的深入,理论水平有了普遍的提高,表明面临着新的起点。

存在的问题

三十年来,中国哲学史的研究虽然取得了很大成绩,但也有不少问题,其中有些问题的性质甚至是严重的。这些问题如果得不到应有的重视,将会给这一科学带来严重的后果。

首先,我们对中国哲学史的研究应该批判封建主义的任务重视得不够。中国哲学史的研究范围绝大部分是封建时代的意识形态,这些意识形态当然是有着进步与落后、唯物与唯心之分。过去我们在研究中坚持哲学史的党性原则,一般地注意了赞扬进步的、唯物的,批判落后的、唯心的,但却忽视了具体地分析和批判这些意识形态中的封建主义的糟粕。"四人帮"炮制的"法家进步、儒家反动"的公式就是钻了我们工作中的这个空子,他们以赞扬法家为名,贩卖封建专制主义的私货,大搞封建法西斯专政。现在看得很清楚,阻碍我国社会主义发展的,除了资本主义以外,还有大量的封建主义的东西。封建主义的根子更深,危害更大,甚至用马克思主义伪装起来,构成中国修正主义的特殊形式。过去由于没有认清中国的这个历史特点,往往在批判资本主义的口号下给封建主义留下了后路,甚至错误地把封建主义的东西当作社会主义的东西。我们搞中国哲学史的人好些是专门或者主要研究封建时代意识形态的,应该自觉地把批判封建主义的任务担负起来。当然,这种批判不是简单从事,而是在详细占有资料的基础上做出科学分析。只有这种以科学分析为特征的批判才有助于人们认清封建主义的实质,也才能使中国哲学史这门科学在促进"四化"中发挥应有的作用。

其次,在我们的研究中形式主义、教条主义相当严重。教条主义几十年来十分顽强,很难根除,应当看到有它的历史根源和社会根源。中国封建主义流毒深广,它弥漫于各个角落,也影响到学术界。在学术界,人们往往不自觉地用对待封建帝王那样诚敬的态度来对待无产阶级革命领袖,马、恩、列、斯代替了尧、舜、禹、汤的地位,写在本本上的绝不敢有疑问,本本上没有写的更不敢多想。思想停止活动,就是僵化的开始。我们这些年来,习惯于在马列主义经典著作中找现成的答案,不少文章和著作,缺少有说服力的具体分析。天长日久,也逐渐安于这种多引用少分析,甚至不会分析。习惯于用马列主义著作中的结论代替作者的分析,实际上是背离了马列主义的根本原则——对具体问题作具体分析。这样的学风不改变,将使我们的中国哲学史研究思想僵化，不能有力地开展学术讨论和国际学术交流。历史唯物主义是马克思主义的划时代的贡献，但是，如果脱离了具体分析，不顾时间、地点、条件，把几条原则或个别词句生搬硬套，把马克思主义的词句当成包医百病的灵丹，或当作驱疫防邪的符咒。那不是尊重马克思主义，而是糟蹋了马克思主义。这种思想上的懒汉作风不仅使这门科学的发展受到影响，也使研究者本人在一定程度上丧失思考和辨别的能力，容易受骗上当，被别有用心的人牵着鼻子走。"四人帮"搞的那一套儒法斗争史居然欺骗了不少人，教训是深刻的。

前些年，"四人帮"横行时期，制造了一种"恐古病"，一提到"古"，就好像犯了大罪。实际上在"四人帮"横行以前，早已有了这种苗头。当时错误地解释和滥用了"厚今薄古"的口号。在研究问题时不要当古人的奴隶，不要颂古非今，这当然是正确的。但是如果把这一原则不看对象，不加分析地在研究历史、哲学史的广阔领域中当作法律来采用，则有害无益。因为历史总是"古"的多，今的少。对古的东西一概不予重视，那只能导致文化虚无主义，否定了我们的文化优良传统。应当实事求是，如实地总结历史经验。历史经验多就多写，少就少写，有多少算多少。不能因为它是"今"的，就硬把它拉长，也不能因为它是"古"的，就硬把它压缩。有些哲学史著作在写作之前就规定，近代部分不得少于一半篇幅，这种不从实际出发的做法显然是错误的。

还有"古为今用"这个口号也被歪曲和滥用了。全面地、正确地理解这个口号，可以避免一些脱离实际的空谈。如果把它作为一条法律，也会把狭隘的实用主义当作马列主义来"用"。"四人帮"横行时期的很多文章，都是打着这个旗号来贩卖实用主义货色的。他们把历史看成百依百顺任人打扮的女孩子，好像历史不是客观存在，而是主观的东西，又走上了六十年前胡适走过的那条邪路。影射史学也经常是躲在"古为今用"的大旗下,进行鬼蜮活动的。

中国哲学史的研究工作,三十年来在马克思主义指导下取得了巨大成绩。但也应看到,三十年的光阴,人们的真正工作时间还不到十五年,有一半的时间浪费了,大家干了一些无效劳动,甚至比无效劳动更坏,出现倒退。已经取得的成绩距离科学的哲学史的要求还差得远。我们仅仅对重要的哲学家和流派做了初步的普查工作,简单地分类,并没有深入研究。不仅是重大的专题,详尽的断代史,有待于进一步努力,就是对某一问题、某一人物、某一学派、某一部书等,也都缺乏深入的研究。经验表明:没有广泛的、深入的普查,就不可能准确地总结出规律来。断代史是通史的基础,对各个断代摸不透,看得不准,要想写出一部有科学性的哲学通史,是不可能的。衡量一部哲学史有无价值及价值大小,不在于篇幅的长短,而在于它揭示的哲学史发展的规律性的深度和广度。

中国各个历史时期的哲学的发生、发展,不是孤立的,不是与它同时代的其他学科没有关系。一个时代的思潮,反映了时代的脉搏,比如研究魏晋时代的哲学,与当时的文学、艺术,以至宗教,都相互关联,相互渗透,相互影响。如果哲学史与它同时代的其他上层建筑、意识形态对不上号或格格不入,这样的哲学史即使它自身言之成理、持之有故,也不能算作科学的哲学史。

今后努力的方向

用这样的标准来衡量我们过去所做的工作,深深感到摆在我们面前的任务还很艰巨。例如资料工作还得加强。今天我们研究中国哲学史手头必备的资料本来就很少,基本上依靠解放前商务印书馆、中华书局出版的书籍,解放后出版的原始资料很少,就是这些出版物,在"文化大革命"中由于受到破坏,也已经为数不多,靠这极其有限的原始资料开展科学的研究那是太困难了。由于没有进行原始资料的积累和整理工作,连整理资料的人才也没有得到充分锻炼的机会。今天我国四十岁以下的研究人员和大学教师,对原始资料的鉴别、校勘、训诂的基本功,比起老一辈的专家要差得多,即使是阅读和理解能力也低得多。这一差距要花相当长的时间才能弥补起来,短期是不行的。此外,三十年来新发现的考古发掘的对哲学史有用的资料,还未来得及整理,有的则未消化。旧的资料,有些过去认为是伪书的,今天已可证明其不伪。即使是伪书,只要断定其确切年代,仍然是可靠的资料,要给它重新估价。近三十年来,国外学者对中国哲学史也有不少的研究成果,有的有重要参考价值,我们还未能及时吸取其有用部分。

理论的准备也要加强。三十年来我们的理论界有很大的进步,马克思主义已深入人心,但也应当看到我们的理论水平还不大高,对真假马克思主义,对唯物主义和唯心主义还缺乏科学的鉴别能力。我自己深感没有学好,不善于运用马克思主义作为指导来解决中国哲学史的具体问题。哲学史研究者不能不受全国理论风气的影响。1957 年以后,理论界的极"左"思潮和各种混乱,不能不影响到哲学史界。例如,把阶级斗争当作历史发展的唯一动力,在哲学史界也有反映。学术界长期以来不大习惯于心平气和地讨论问题,一有争论就说是两条路线的斗争。"恐古""恐修"达到神经衰弱的程度。这些多年来积累下来的顽症,不是一年两年可以治好的。这些缺点都不利于马克思主义理论的正常发展,理论水平决定了哲学史的水平。理论水平不高,哲学史水平也高不了。

　　有了理论,有了资料,还要有锻炼以理论驾驭资料的本领。三十年来,我们也吃尽了理论与资料脱节的苦头。50 年代有一个时期学术界曾流行过"以论带史"的口号,它的用意大概是提倡用理论统帅历史资料。记得在北大文科各系曾出现过"以论代史"的倾向,空论太多,史料不足。往往用马列的词句代替科学的论证和分析。这种做法,有时可以取得一时的胜利,但不能说服对方。50 年代我们批判胡适的实用主义的烦琐考据时,强调理论的重要。任何时候强调理论的重要都是对的,但从此出现了轻视资料的偏向,任何时候史学工作者轻视资料的偏向都是错的。因此,把材料与理论有机地统一起来,是我们长期努力的方向。

试论中国哲学史的对象和范围*

照道理讲,对于一门科学,如果不明白它的对象,就不能研究它,也就没有这一种科学的存在。中国哲学史这一门科学,目前研究的情况很不够正常,现在对于中国哲学史的对象还没有取得一致的认识。

"五四"以来,已出版的关于中国哲学史的著作看来,有"哲学史""思想史""政治思想史""学术史""学术思想史"等等,名色不同,它们所涉及的对象倒是差不多的。这些著作中,有用资产阶级的立场观点写的,也有用马克思主义的观点写的。这些著作中使人们看了有对象不明确的感觉。

现在我们正从事于编写中国哲学史教科书的工作,觉得有必要把中国哲学史这门科学的对象搞清楚。否则,就很难保证写出来的未必是中国哲学史,而是中国的其他科学的历史。

为什么对象不明确呢?追溯上去,是有事实根据的。中国从春秋到现代,中间只经历了奴隶制社会和封建制社会,资本主义只有过一度萌芽,但没有得到发展。这一特殊的社会历史条件,就决定了中国哲学史的面貌。在古代社会中(这里的古代是

---

* 原载《光明日报》1957 年 1 月 11 日。

指资本主义以前的各种社会形态），生产方面不需要特殊精密的分工，因而科学部门的分工也不够精密。孔子是当时最博学的学者，墨子会的本领比孔子还要多些。庄子《天下》篇也说过"古之道术有在于是者"，他把"道"和"术"看得没有什么分别。两汉的"经学"是广阔无际的学术思想的统称。上至天文，下至地理都包括在"经学"的范围内。所以扬雄说"儒者耻一事不知"。唐宋以后的学者，都是除了儒家的六经以外，要精通天文、历算、医药种种知识。像范仲淹、司马光、朱熹、陆九渊这些人都是能文能武的"全才"，大政治家王安石除了他自己的专门的学识以外，连医卜星相、缝衣服、绣花的本领也要搞一搞。一直到清朝的颜元、戴震都保持了这传统。这可以说是中国古代知识分子不脱离生产实际的优良传统，同时也表明了中国古代科学分工不细的特点。

以上这种现象不止是中国古代哲学的唯一特点，西欧中古时期也是分工不细的。只有西方进入资本主义社会以后，才把古代无所不包的"浑然一体"的"经学"给打散了，使各种科学开始从古代的"经学"中独立出来，服从生产的要求，向更专门、更深入的方向发展。

由于中国社会缺少了资本主义这一阶段，因而中国哲学史中所接触到的对象基本上就是中国过去的"经学"所统摄的那种浑然一体的"全牛"。如果根据这种"全牛"不加分别地都写进"哲学史"里去，这样的哲学史势必成为大而无当的"函牛之鼎"了。

从上述的情况看来，中国哲学史的对象不明确，是有根据的。中国古代的哲学家都兼做其他方面的专家，他们把"格物致知"到"治国平天下"这一系列的知识（实际上包括政治学、经济学、伦理学，也有哲学世界观）都放在一起，就是古人常说的"明体达用"，"内圣外王"之学。

古人没有今天我们所理解的哲学的观念。我们不应该勉强古人屈从今人，如照着古人的学术体系写下它的历史，那就势必非把"哲学史"写成为"经学史"不可。

从科学的要求出发，我们不赞同把中国哲学史的对象和中国古代学术思想，政治思想浑然不分的"经学史"等同起来。不然，就不是中国哲学史。

中国哲学史的对象是什么呢？要明确中国哲学史的对象，首先明确哲学的对象。毛泽东同志说过："自从有阶级的社会存在以来，世界上的知识只有两门，一门叫作生产斗争知识，一门叫作阶级斗争知识。自然科学、社会科学，就是这两门知识的结晶，哲学则是关于自然知识和社会知识的概括和总结。"①这个关于哲学的定义是非常全面精确的，比过去的许多哲学家所下的关于哲学的定义都简明扼要。中国哲学史的对象应当是：关于自然知识和社会知识的概括和总结的认识过程在中国发展的历史。因此，它的对象就不仅限于自然观和认识论，它必须涉及在一定的社会形态中发生的政治观点、经济观点、美学观点、宗教观点等等。但要注意，以上这些政治、美学、宗教观点并不等于政治学、美学、宗教本身的一些具体的主张。就是说"自然知识的概括和总结"和科学史有区别；社会知识的概括和总结也不是社会史或历史。哲学的对象是自然观、社会观、历史观等等。这个看法表面上和前面所说的"经学史""学术史"有些相似，但实质上却不相同。因为哲学史是关于自然、社会知识的观点的历史，而不是自然知识和社会知识的本身。

简括地说，中国哲学史的对象就是研究在世界观方面唯物

---

① 《整顿党的作风》，《毛泽东选集》第 3 卷，人民出版社，1966 年版，第773—774 页。

主义战胜唯心主义的斗争,辩证法战胜形而上学的斗争在中国发展的历史。如果不属于上述的对象,或者超出了上述的范围,就不是中国哲学史所应当研究的。

在实际工作中,我们这几年来从苏联的先进的科学经验中学会了许多东西,其中也包括了哲学史方法的研究。日丹诺夫在西方哲学史讨论会上的发言给了我们以很大的启发和指导,几年来,我们用他的发言来作为研究中国哲学史的准绳。近来在工作中逐渐感到,在发言中,日丹诺夫同志给哲学史下的定义有不够全面的地方。我认为,如果仅仅把唯物主义和唯心主义的斗争当作哲学史研究的对象,那就会有以下三方面的缺点:

第一,使人认为研究哲学史,仅仅是唯物主义战胜唯心主义的历史。就会在社会历史观方面留下了空白点,而使人偏重在自然观和认识论方面。如果照目前一般的理解,社会历史观方面,马克思主义哲学以前完全是唯心主义的地盘,没有唯物主义的地盘。特别是在中国哲学史方面感到困难,有些有价值的东西本来应当作为哲学史的对象的,也只能忍心抛弃。因为它没有唯心和唯物主义的斗争。

第二,中国哲学上无数的具体事例表明唯物主义和辩证法思想经常密切地联系在一起的。中国哲学史上无数的唯物主义哲学家同时又是反对形而上学的战士。他们的思想有许多是既唯物又辩证的。而日丹诺夫的发言中对辩证法如何战胜形而上学的斗争这一严重事实重视不够。他没有充分指出哲学史的任务不仅在于阐明唯物主义战胜唯心主义斗争的规律,而且也在于阐明辩证法战胜形而上学思想斗争的规律。

第三个缺点,日丹诺夫的发言没有给哲学史上的唯心主义的哲学流派以应有的历史地位,使人认为唯心主义哲学流派的出现不过简单地为剥削阶级服务,唯心主义哲学流派的存在,就是为作为唯物主义所要克服的对手而存在的。这样就使得许多哲学史上的现象不好说明。其实,唯心主义的哲学流派也有它出现的历史必然性。唯心主义哲学学说的产生,一方面有它的阶级根源,另方面也有它认识论的根源。对于哲学上的某些问题,在一定的历史阶段内只有唯心主义的没有唯物的观点。这在哲学史上是常有的事。它在中国哲学史的全部发展过程中,是不可缺少的材料。它不是多余的,而是必要的。

中国哲学史是中华民族几千年来在世界观方面逐渐成长的一面镜子。它中间经过了艰苦的曲折的道路,经历了若干年代的反复实践、反复认识的过程,最后找到了马克思主义的真理,并且向着更远大的前途迈进。正如毛泽东同志所指出的:"不论对于自然界方面,对于社会方面,也都是一步又一步地由低级向高级发展,即由浅入深,由片面到更多的方面。"[①]通过哲学史可以说明:"人的认识,在物质生活以外,还从政治生活文化生活中(与物质生活密切联系),在各种不同程度上,知道人和人的各种关系。其中,尤以各种形式的阶级斗争,给予人的认识发展以深刻的影响。"[②]照我个人的理解,我认为过去的中国哲学史工作,有人把政治思想、学术思想本身当作哲学史的对象是不对的。我认为对于哲学史中的韩非和政治史中的韩非的讲法应当有所区别;哲学史中的佛教哲学和宗教史中的佛教史应当有所区别;教育史中的孔子,比哲学史中的孔子应当占有更崇高的地位。我反对在哲学史中所涉及的学派和哲学家像目前有些人所采取的一股脑儿都包括在内的方式。这样好像"全面"了,同时也就等于取消了中国哲学史的对象。因为"中国古代学术汇编",并

---

① 《实践论》,《毛泽东选集》第 1 卷,人民出版社,1966 年版,第 260 页。
② 同上。

不就是中国哲学史。

另方面，我也不同意在古人的著作中搜寻一些涉及思维与存在的关系的字句，统计一下孔子用了多少"天"字，来断定孔子是否是无神论者，或统计一下王充用了多少"命"字，来推断他是唯心主义还是唯物主义。这就等于阉割了中国哲学史中最生动、最激烈的唯物主义与唯心主义、辩证法与形而上学实际的斗争，而把它仅仅理解为抽象的斗争。

这两种办法都不能通过中国哲学史这一门科学说明先进的中国人实际经历的认识过程。前一种办法，等于取消了中国哲学的对象，后一种办法等于抹杀了中国哲学史中的矛盾对立的具体内容。

中国哲学史的范围是根据中国哲学史的对象来决定的，包括自然观、认识论，以及社会观、历史观、伦理观、艺术观等等。但不能把艺术创作、政治制度都划归哲学史的范围。这两者不是一回事，但这两者又不是分作两橛，截然没有关联。我们可以通过孔子的教育主张来论证孔子的教育观点；可以通过朱熹的白鹿洞书院的学规来说明朱熹的伦理观点。

范围确定了，并不等于说没有困难了。和西方哲学史的发展比较起来，中国哲学中最丰富的是社会历史观方面的材料。因为这一方面过于丰富，相形之下，显得自然观和认识论方面的材料太少。社会、历史、伦理方面的材料有许多不属于哲学史的范围，在具体运用时，不免发生困难。比如《孙子兵法》中有丰富的辩证法思想，这是肯定的，但这部书只是运用了某些辩证思想说明战争的问题，而没有从一般的辩证法的原理来说明辩证法思想。有人认为这就不能作为哲学史的对象来讲。比如也有人根据孔子在川上对水的称赞"逝者如斯夫，不舍昼夜"，大大发挥孔子的辩证法思想。也有人反对这种办法。总之，实行的过程中,还有许多工夫要做。

中国哲学史中,关于社会、历史、伦理各方面的材料特别丰富,也有它的社会历史的特点。因为"中国历史上的农民起义和农民战争的规模之大,是世界历史上所仅见的。在中国封建社会里,只有这种农民的阶级斗争、农民的起义和农民的战争,才是历史发展的真正动力。因为每一次较大的农民起义和农民战争的结果,都打击了当时的封建统治,因而也就多少推动了社会生产力的发展"①。上述这种特点在中国哲学史上不能不得到反映。在这种多次浴血的斗争中,一方面打击了剥削阶级,另方面也教育了广大人民。起义的成功和失败的经验教训,经历了几千年的积累,它成为中华民族共同的财富。从反复斗争、不断革命的实践中,使得人们对社会、对历史发展的认识逐渐深刻化。农民革命的实践,锻炼了农民阶级,也教育了历代的统治者。"其中,尤以各种形式的阶级斗争,给予人的认识发展以深刻的影响。"这里也说明了在中国哲学史上,关于社会、历史、伦理这些方面文化遗产特别丰富的原因。中国古代的哲学家在严重的阶级斗争面前,在农民起义的教训之下,不得不用清醒的头脑来对待人与人的关系的问题。因此,在哲学史上,这一方面的见解就比较丰富而深刻。

总起来说,关于自然观、认识论这些方面的知识,主要是和生产斗争的知识密切相连的,这方面的知识的概括和总结固然是哲学史的对象;至于关于阶级斗争知识的概括和总结,也是哲学史的对象,它是几千年来人们所积累下的精神财富,它也可以说是历史唯物主义的前身。

---

① 《中国革命和中国共产党》。《毛泽东选集》第 2 卷,人民出版社,1966 年版,第 588 页。

中国哲学史的任务在于揭露唯物主义世界观与唯心主义世界观的矛盾;揭露辩证法和形而上学的矛盾。并通过这些矛盾来说明唯物主义和辩证法思想逐渐成长发展的过程及其规律。

我自己过去在从事哲学史的工作中,片面地只强调了唯物主义与唯心主义的斗争,而忽略了它们中间也有互相渗透、影响,从而丰富了唯物主义的作用;过去只看到了马克思主义的哲学在人类认识的过程中所做出的根本性的变革,而忽略了马克思主义对过去一切进步的、合理的文化遗产的继承性,从而给自己的工作造成一些困难。毛泽东同志曾指出:"在很长的历史时期内,大家对于社会的历史只能限于片面的了解,这一方面是由于剥削阶级的偏见经常歪曲社会的历史,另方面,则由于生产规模的狭小,限制了人们的眼界。人们能够对于社会历史的发展作全面的历史的了解,把对于社会的认识变成了科学,这只是到了伴随巨大生产力——大工业而出现近代无产阶级的时候,这就是马克思主义的科学。"[①]上面所引用的这一段话,是原则性的指示,我们必须严格区别马克思主义哲学和过去一切旧哲学(连旧唯物主义在内)的根本差异。但是,我们在工作中也深刻地体会到马克思主义之所以在中国得到创造性的发展,就在于它能创造性地理论联系实际。它所联系的实际,一方面是伟大的中国革命实践,另一方面是成功地吸取了祖国哲学遗产中极端丰富的对人生、对事物、对社会各方面的正确的因素。二者缺一,我们今天所取得的革命成功是不可想象的。

附注:文中所涉及的中国哲学史的研究的错误和缺点,主要是说我自己工作中所发现的。

---

① 《实践论》,《毛泽东选集》第 1 卷,人民出版社,1966 年版,第 260 页。

中国哲学史发展规律的探索 *

这里所说的中国哲学史，其历史断限为商周到五四运动前，这是目前大学讲授这门课程的历史断限。五四运动以后马克思列宁主义、毛泽东思想的发展，有另外的课程讲授，所以没有包括在中国哲学史这门课程内。

中国哲学史这一门科学还很不成熟，许多重要哲学家的体系是唯物主义还是唯心主义，都还有争论（从老子、孔子到谭嗣同、孙中山、章炳麟）。在许多有争论的哲学体系的基础上推求其规律，自己虽称为"规律"，别人看来就未必认为可信。研究中国哲学史，不谈规律，就失去研究的意义。尽管有上述困难，还是不应回避。正因为取得结论尚远，故称探索。

对于哲学史进行规律性的探索，离开马克思列宁主义、毛泽东思想的指导，就不可能有任何成就。自己对于经典作家的理论学习和钻研得不深，错误之处，在所难免。为了进一步开展中国哲学史的研究，还是大胆地提出这些很不成熟的看法，供批评，以便进一步改正和提高。

哲学发展的基本规律是唯物主义与唯心主义的斗争。没有

---

* 原载《人民日报》1964 年 6 月 27、28 日。

唯物主义与唯心主义的斗争就没有哲学。我国唯物主义与唯心主义在斗争中发展的道路,是通过以下几个具体规律表现的。

一　逻辑与历史的统一

马克思主义使人类有可能科学地认识历史的发展,在这以前,人类对于历史发展的规律基本上是无知的。列宁说:"马克思以前的'社会学'和历史学,至多是搜集了片断的未加分析的事实,描述了历史过程的个别方面。马克思主义则指出了对各种社会经济形态的产生、发展和衰落过程进行全面而周密的研究的途径,它考察了一切矛盾趋向的总和,并把这些趋向归结为可以确切判明的社会各阶级的生活和生产条件,排除了人们选择某一'主导'思想或解释这个思想时所抱的主观态度和武断态度,揭示了物质生产力的状况是所有一切思想和各种趋向的根源。"①这是说,马克思把唯物主义运用于社会现象的研究,揭示出了社会存在决定社会意识的原理。根据这一原理,就可以找到"把历史当做一个十分复杂并充满矛盾但毕竟是有规律的统一过程来研究的途径"②。

从大的轮廓看,人类社会发展经过五种生产方式,这是不以人的主观意志为转移的客观规律。而这五种生产方式在各个不同的民族、国家中所经历的时间虽有快有慢,出现得或早或迟,但是其先后次序是固定而不可改变的③。

---

① 《卡尔·马克思》,《列宁全集》第 21 卷,第 38、39 页。

② 同上。

③ 也有从原始公社,或奴隶制、封建制不经过资本主义阶段就进入社会主义阶段的,那是在规律以内的特殊情况,它是社会发展的基本规律的补充,而不是例外。

哲学史是历史的一个部门,它也是一种社会现象,也有它的客观规律。

人类对于历史发展的客观规律并不是一下子就能认识的,从不认识规律到逐渐认识规律,要有一个过程。这一过程,是客观历史发展在人类主观意识中的反映。认识的客观规律即是逻辑学①。列宁指出:"逻辑不是关于思维的外在形式的学说,而是关于'一切物质的、自然的和精神的事物'的发展规律的学说,即关于世界的全部具体内容及对它的认识的发展规律的学说,即对世界的认识的历史的总计、总和、结论。"②

历史的发展,不以人的意识为转移,历史发展本来就是按照规律进行的,而人类认识到历史规律,却不是很早的事。在马克思主义出现以前,人类几乎是糊里糊涂地在历史客观规律支配下走过来的。马克思说过:"人体解剖对于猴体解剖是一把钥匙。低等动物身上表露的高等动物的征兆,反而只有在高等动物本身已被认识之后才能理解。"③

人类认识历史的真相并发现其本质的联系,是后来的事。这种对于历史规律性的认识,并不是一下子完成的,也不是仅仅由于马克思个人的天才而发现的,它是经过了几千年的长期认识过程,通过无数次的实践、认识、再实践、再认识的反复过程,最后才达到马克思主义的高峰的。几千年来,经过无数次的探索,积累了无数次失败和成功的经验,才从不大正确到相当正确,从片面到更多方面。只有到了人类认识经过现代科学的武

---

① 这里的逻辑是指辩证思维的规律,而不是指形式逻辑。
② 列宁:《哲学笔记》,人民出版社,1974 年版,第 89—90 页。
③ 《〈政治经济学批判〉导言》,《马克思恩格斯选集》第 2 卷,1972 年版,第 108 页。

装,经过工人阶级的革命实践,今天又加上无产阶级建设社会主义的经验,才有条件对过去走过来的道路给以全面的回顾、总结。懂得了人体的构造,回过头来解剖猴体,就能找到从猴体到人体发展的差距。

马克思主义认识论告诉我们,人类的认识是来自实践的。有什么样的实践,就会有什么样的认识。人类的实践,是受社会发展的条件所制约的,在上古,人们只会钻木取火,穴居野处,知识只能是低下的。有了阶级,有了国家组织,才有了关于国家、战争的知识。随着社会的逐渐发展,人们才有了更多的知识。人们又把既得到的知识,反过来用于实践,推动了社会生产的发展。人类的认识就是这样循环往复,把知识丰富起来的。可见,任何历史事件的出现都不是偶然的,它的先后次序也是不可以随便颠倒的。过去的封建学者,说尧舜的禅让是由于他们道德高尚,有"大公无私"的品质,今天看来,这是氏族公社的通常现象;夏禹传子,以天下为家,古人认为这是"大道既隐"的结果,对此多少有些"遗憾",而今天看来,这是私有制确立后必然的结果。也有些进步的封建学者力图用历史的"势",来说明历史现象,但是什么是"势",为什么到了一定的时期就出现某一种的"势",他们也还是茫然。资产阶级学者比封建学者高明的地方在于他们打破了带有中世纪忠孝节义等封建观念,但是他们照旧不能认识历史规律。

只有掌握了历史唯物主义,才可以科学地认识到历史的发展规律。自从有了阶级以后,阶级斗争是社会发展的内部动力,在不同的历史阶段,其阶级斗争有着不同的内容。在奴隶制度下,最能引起掠夺者的兴趣的是奴隶、草原、牛羊牲畜。资本主义制度下,剥削者掠夺的是廉价劳动力、资源。今天帝国主义要进一步掠夺殖民地,反对社会主义,称霸世界。在古代足以引起战争的某些因素,在今天就不再成为引起战争的因素。这是历史的发展规律所决定的,比如春秋时,齐桓公伐楚,为了争诸侯的霸权,责楚国以"包茅不入(贡)"。中世纪发动战争常宣称为了"忠诚信义","复九庙之仇","雪君父之耻",而资产阶级发动战争就宣称为了自由、平等、博爱而战。这都说明历史事件的出现,有它的先后次序,受社会性质所制约的。

与此相适应,在不同的社会发展阶段,人类的认识水平、深度也是有它的必然性、规律性的。人类认识的过程和人类社会发展的过程基本上是相一致的,这两者之间的关系,如影与形。因为"概念的辩证法本身就变成只是现实世界的辩证运动的自觉的反映"①。

关于逻辑与历史的统一关系,黑格尔首先感到了这一点,并提出他的唯心主义的看法。列宁对于黑格尔的观点是反对的,但对黑格尔的这一新的尝试给以应有的评价。他说:"看来,黑格尔是把他的概念、范畴的自己发展和全部哲学史联系起来了。这给整个逻辑学提供了又一个新的方面。"②资产阶级学者中,也有人感到历史事件的出现不是偶然的,像黑格尔虽然也打算说明逻辑与历史的统一,而这个具有某些合理内容的设想不得不被他的荒谬的唯心主义体系所断送。黑格尔的错误在于他主观虚构的思辨逻辑的框子去套历史。黑格尔不是把哲学史看作人类正确世界观(即唯物主义)逐步克服错误的世界观(即唯心主义)日趋完善的过程,而是颠倒地把哲学史说成是绝对精神一步一步自我认识的过程。所以列宁指出,黑格尔的体系必须"倒过

---

① 恩格斯:《路德维希·费尔巴哈和德国古典哲学的终结》,《马克思恩格斯选集》第 4 卷,第 239 页。

② 列宁:《哲学笔记》,人民出版社,1974 年版,第 117 页。

来:逻辑和认识论应当从'全部自然生活和精神生活的发展'中引申出来"①。逻辑和认识论是客观世界发展规律在人类头脑中的反映。认识史本身不能仅仅看作人类头脑的主观思维活动,它是人类长期生产斗争、阶级斗争的知识经验总结,不断提高的过程。如果根据列宁的指示,从历史唯物主义的角度去理解逻辑与历史的统一,就不致像黑格尔那样,使历史统一于他的唯心主义逻辑体系,而是唯物主义地把逻辑统一于客观发展的历史。

列宁指出:"哲学史,因此:简略地说,就是整个认识的历史"。"全部认识领域,各门科学的历史、儿童智力发展的历史、动物智力发展的历史、语言的历史,注意:＋心理学＋感觉器官的生理学",等等。列宁认为:"这就是那些应当构成认识论和辩证法的知识领域。"②这些精辟、深刻的提示,给哲学史工作者提供了无限丰富可备采掘的矿藏。列宁是说人类的认识史,即唯物主义的发展史,既和各个历史发展阶段的阶级斗争有内在的联系,又和当时科学发展水平相呼应。各门科学发展的历史,即人类在改造自然的斗争中从各个自然科学领域内逐步认识自然规律的过程:儿童智力发展的历史,在某种程度上也可以看作人类认识世界,从无知到有知,由浅入深,这一长期认识过程的缩影。毛泽东同志在《矛盾论》中说:"就人类认识运动的秩序说来,总是由认识个别的和特殊的事物,逐步地扩大到认识一般的事物。人们总是首先认识了许多不同事物的特殊的本质,然后才有可能更进一步地进行概括工作,认识诸种事物的共同的本质。"③这里,毛泽东同志指出了由特殊到一般的认识过程。达到

---

① 列宁:《哲学笔记》,人民出版社,1974 年版,第 84 页。
② 同上书,第 399 页。
③ 《矛盾论》,《毛泽东选集》第 1 卷,人民出版社,1966 年版,第 284—285 页。

了这一步,还要由一般到特殊。"当着人们已经认识了这种共同的本质以后,就以这种共同的认识为指导,继续地向着尚未研究过的或者尚未深入地研究过的各种具体的事物进行研究,找出其特殊的本质,这样才可以补充、丰富和发展这种共同的本质的认识,而使这种共同的本质的认识不致变成枯槁的和僵死的东西"①。

由特殊到一般,再由一般到特殊,这种循环往复的过程是人类认识的规律。每一次循环,都把认识提高一步。儿童的知识以至整个人类的知识都是这样取得的。人类的知识,也就是唯物主义发展史,因为唯心主义不能给人类以正确的知识。

中国哲学史中唯物主义发展的道路,也表明是按照逻辑与历史的统一这一规律进行的。最早的唯物主义形态是元素论的朴素唯物主义,它只说明了一个万物构成的问题,是针对唯心主义的上帝创造世界说的。因为它还处于朴素唯物主义的第一阶段,它解释的范围以及解释的方式都比较简单。《易经》用阴阳说明万物的起源,据后人的解释,说它是"近取诸身、远取诸物",而产生的这种观念。"近取诸身",就是取自男女两性的生殖机构,"远取诸物",就是受到禽兽牝牡的生养过程的启发,而概括出来的通过阴阳产生万物的道理。后来《易传》以天地比作父母,水、火、山、泽、风、雷比作六个子女,也是较原始的朴素的思想。这些思想,只能出现于人类的认识史的初期,它和春秋以前的生产水平、科学知识发展水平相适应。用五行说,阴阳二气说,以说明世界万物起源的元素论只能出现在商周。

唯物主义有了更进一步的发展,进入精气论的朴素唯物主义阶段。这是对上帝创世说的进一步系统的驳斥,并提出了

---

① 《矛盾论》,《毛泽东选集》第 1 卷,人民出版社,1966 年版,第 285 页。

'道""精气""气"等范畴。后期墨家提出了"久"(时间)"宇"(空间)。《易系辞传》提出了"乾""坤",韩非提出了"理"作为"道"的范畴的补充。

精气论的朴素唯物主义不止对世界的构成有所说明,还进一步对于世界的变化,身体与精神的关系、人的本性、善恶、美丑都有所探索。在形式逻辑方面,提出了"名""实""类""故""譬""侔""援""推"等思辨方式。这一时期还开展了"坚白""同异"的辩论,这些辩论涉及概念是否可以脱离事物而单独存在等哲学和认识论的根本问题。而这一系列的哲学范畴和哲学问题,远非元素论的朴素唯物主义所能设想的。这些思想,不可能出现在春秋战国之前。它是思维发展的逻辑所规定了的,也是历史发展所规定了的,其先后不能易位而倒置。

两汉到唐末,阶级斗争的经验又丰富了,科学水平又提高了,也就是说人类认识的水平比先秦有所提高,于是出现了元气自然论的朴素唯物主义,提出了形神关系的"质""用"范畴。魏晋时期的唯心论被迫放弃了目的论,提出"本末""有无"等唯心主义本体论的范畴,硬要论证在万物之上之后还有一个永恒、超越的精神的本体。这种唯心主义的本体论只有在魏晋时期,神学目的论被打垮之后才可能提出。老子也讲到"有""无",但老子的"有"不就是王弼的"末"。老子的"无"是物质性的道或气,并不是王弼讲的本体。唯心主义本体论给上帝找到一个替身。如果人格神不打倒,目的论不遭到有力的驳斥,就没有必要给上帝找替身。"本末""有无"这些范畴的提出,是魏晋时期唯物主义与唯心主义在新的斗争形式下的必然产物,也说明逻辑与历史的统一。

北宋以后,中国朴素唯物主义进入最后阶段,即元气本体论的阶段。于是提出了"体"和"用","道"和"器","太极""理"和

"气""心""性""情"等等范畴。

到了近代中国资产阶级兴起,虽然由于他们的软弱,没有来得及形成自己的完备的唯物主义哲学体系,但是他们受到了西方近代资产阶级的哲学和科学的影响,鸦片战争以后,资产阶级唯物主义开始脱离朴素唯物主义阶段,进入机械唯物主义的阶段。当时的唯物主义者,已不再用什么"元气"作为万物的本体,而是吸取了西方近代自然科学的假说,认为"以太""电气"为万物构成的基础。孙中山也讲到"太极",但他对"太极"也给予近代科学的新解释。像谭嗣同、孙中山所提出这些新范畴,决不是封建学者在近代科学以前所能设想的。

以上仅仅从中国哲学史若干重要范畴发展的次序来说明中国哲学史、逻辑与历史的统一。这虽只是中国哲学史发展的一个方面,但是也还是比较重要的一个方面。列宁曾指出,范畴是"认识世界的过程中的一些小阶段,是帮助我们认识和掌握自然现象之网的网上纽结"①。中国哲学史表明,上述那些范畴的依次相继出现,是先进的唯物主义者在和唯心主义斗争中所取得的成绩。他们在人类认识世界的过程中,逐步掌握了自然现象之网上的许多纽结。尊重历史事实,才不会陷于唯心主义的虚构,掌握思维发展的规律,才可以使我们透过大量的、偶然的现象,进一步掌握哲学史发展的本质,从浩若烟海的材料中找出哲学史的规律来,"而它的任务就在于发现这个过程的运动规律"。② 历史的现象,并不是为后人研究的方便而出现的,它有些属于历史发展的本质的,也有些非本质的,我们必须经过研究加以辨明。我们哲学史工作者,

---

① 列宁:《哲学笔记》,人民出版社,1974 年版,第 90 页。

② 恩格斯:《反杜林论》,人民出版社,1970 年版,第 22 页。

必须探寻逻辑发展过程。只从形式上看,最早提出"形而上""形而下","道"和"器"的名词,是《易经》的"辞"和"传",但是真正把"道"和"器",用作说明本体(道)现象(器)的范畴,只可能在宋以后,而不是先秦。

承认逻辑与历史的统一的规律,就可以更好地按照历史主义原则看待哲学史上的问题,而不至于不恰当地要求古人,或者把古人现代化。恩格斯嘲笑了那些违反历史因而也违反逻辑发展的历史家,他写道:"如果狮心理查和菲力普·奥古斯特实行了贸易自由,而不是卷入了十字军东征,那就可以避免五百年的贫穷和愚昧。"①如果有人说文王懂得用电灯,人人都知道这是荒谬的,因为它违反了历史的逻辑,但是有人却宣称文王懂得马克思主义的实践,这就是违反了逻辑与历史的统一的规律而造成的错误。

二　发展道路的波浪起伏

唯物主义与唯心主义斗争的形势,决定于各个历史时期先进的阶级、政治集团与落后的阶级、政治集团斗争的形势。阶级斗争、政治斗争的形势总是有起有伏,有进有退的。

经典作家不止一次地指出过:"历史的发展是曲折的,迂回的。"②"历史常常是跳跃式地和曲折地前进的。"③中国哲学史发展的道路,又一次证明了这一条规律。中国哲学史上唯物主义

---

① 《致弗兰茨·梅林(1893年7月14日)》。《马克思恩格斯全集》第39卷,第95页。

② 《当前的主要任务》。《列宁全集》第27卷,第149页。

③ 马克思:《政治经济学批判》,人民出版社,1976年版,第176页。

的发展也是有高潮有低潮,它是波浪起伏的。我国唯物主义三千年来,有四个高潮。

第一个高潮出现在春秋战国时期,以老子、宋尹、荀子、韩非为代表。这是在反对上帝创世说的宗教唯心主义斗争中发展起来的唯物主义。这一时期的唯物主义,从元素论的朴素唯物主义发展到精气论的朴素唯物主义。后来,到了秦汉时期,以董仲舒为代表的神学目的论占了上风,接着,两汉之际谶纬宗教迷信思想又泛滥成灾,唯物主义处于低潮。

唯物主义的第二个高潮,是以王充为代表的元气自然论的朴素唯物主义的出现。王充的元气自然论有效地打击了当时广泛流行的神学目的论。从精气论的朴素唯物主义到元气自然论,在我国唯物主义发展史上是一个提高的过程。

唯心主义在王充为代表的元气自然论打击下,不得不改换形式,于是在魏晋时期,出现了更为精致的唯心主义,即唯心主义本体论。此后,从魏晋到隋唐,唯心主义哲学与宗教哲学合流,又一次泛滥成灾。唯物主义也曾出现过坚决的斗争,如范缜的神灭论,但声势、规模、涉及哲学问题的广度都不及同一时期的唯心主义。唯物主义经过长期的思想斗争,总结了经验,提高了水平,终于在宋明时期,又出现了第三次高潮。

唯物主义的第三个高潮导源于北宋的张载,完成于明末清初的王夫之。王夫之继承了张载的元气本体论的朴素唯物主义,把它发展为比较完备的体系。王弼等人以"元气"为本体,程朱学派以理或太极为本体,陆王学派以心或良知为本体。这些流派都是以精神性的理或心为万物的共同根源,都是唯心主义本体论,这是我国封建时期唯心主义发展的最高形式。王弼、程朱等人属于客观唯心主义体系,陆王等人属于主观唯心主义体系①。不论客观唯心主义还是主观唯心主义本体论，都遭到王夫之等人的元气本体论的朴素唯物主义的驳斥。元气本体论，是我国朴素唯物主义发展的最高形式，所以它是一个高潮②。

鸦片战争到"五四"这一时期，中国出现了资产阶级，它以新兴资产阶级的立场，在一定程度上进行了反封建主义的斗争。中国的资产阶级接受了近代西方资产阶级的哲学和近代科学思想，在中国哲学史上也出现了机械唯物主义。谭嗣同的《仁学》，孙中山的唯物主义自然观，章炳麟《訄书》中的唯物主义观点，都属于机械唯物主义范畴，它不同于前一阶段的朴素唯物主义，在于它有近代科学作为基础，他们不再讲"元气"是万物之源了，而是把"以太""电"作为万物的本源。这些观念是资本主义时代的产物。在西方资产阶级学说的影响下，中国也有了庸俗进化论思想。康有为的"公羊三世"说和严复所信奉并宣扬的"天演"思想是地主阶级向资产阶级转化的改良主义的发展观。他们主张改变现状，打破因循，向西方资产阶级学习，曾震荡一时的人心，打破了几千年来的沉寂。当这些改良主义者看到革命势力起来，要推翻清政府时，他们就害怕了。庸俗进化论本来是推动清政府进行改革的学说，却掉过头来变成了反对革命的武器，他们只要渐变，反对革命。到了马克思主义在中国广泛传播以后，机械唯物主义和庸俗进化论都是彻头彻尾反动的学说，目的在于反对辩证唯物主义。

---

① 关于程颢和程颐是否都属于客观唯心主义，学术界还有争论。也有人认为程颢是主观唯心主义者，程颐是客观唯心主义者的。

② 中国朴素唯物主义有四个发展阶段，曾在《中国古代朴素唯物主义的特点》一文中讲到过（见 1964 年 4 月 19 日《人民日报》）。

历史上唯物主义高潮出现,至少要有以下阶级斗争形势之一。

(一)出现了新兴的阶级,新兴势力相当强大,旧势力开始崩溃。如先秦时期,奴隶主阶级的统治开始瓦解,新兴地主阶级及其同盟军的力量开始壮大。如荀子、韩非是新兴封建地主阶级的代言人。谭嗣同等是新兴资产阶级的代言人,他们用唯物主义的哲学代替为统治阶级服务的唯心主义哲学。

(二)阶级斗争、生产斗争的经验总结已取得一定的成绩。如东汉时期的王充,他生活的时代正是农民革命间歇的时期,对阶级斗争的经验有了一定的总结。东汉的天文学、医学、农业等科学又比过去有了显著的提高。在当时的水平下,科学有了发展,科学的发展,给唯物主义提供了发展的必要条件。当时豪门大族与寒门庶族的矛盾也开始尖锐化。

(三)旧的统治势力大大削弱,腐朽的阶级不能继续维持,面临农民起义和民族严重危机,进步的爱国思想家在惨痛的经验教训中,被迫面对现实的矛盾,开始重新考虑古今历史的经验教训,比较客观的评价历史事件的得失。如王夫之的唯物主义思想,黄宗羲早年的思想,清中叶戴震的思想,都是在这种条件下形成的。民族危机也是阶级矛盾的一种表现。民族危机是客观现实的存在,用唯心主义的欺骗手法是掩饰不过去的。如南北朝时,梁朝的范缜讲到他之所以宣传无神论,反对佛教,其理由之一是佛教削弱了国家对外抵抗外敌和对内进行镇压的职能,致使"兵挫于行间,吏空于官府"(《神灭论》)。南宋时促成陈亮、叶适的唯物主义产生的原因之一,也是由于民族矛盾,投降派对金屈膝称臣而引起的。陈亮骂朱熹那些唯心主义者,说他们连民族危亡都不顾,只知道拱手谈"身心性命",这算什么身心性命之学呢?王夫之、方以智等人的唯物主义和他们的爱国主义思想的关系,更是人所共知的。戴震反对"以理杀人",也具有反抗民族压迫的意义。

上面三种情况中必须具备其中之一以外,还必须具备大量的科学知识和哲学思想资料的积累。恩格斯指出:"历史思想家(历史在这里只是政治的、法律的、哲学的、神学的——总之,一切属于社会而不仅仅属于自然界的领域的集合名词)在每一科学部门中都有一定的材料,这些材料是从以前的各代人的思维中独立形成的,并且在这些世代相继的人们的头脑中经过了自己的独立的发展道路。"[①]又说:"每一个时代的哲学作为分工的一个特定的领域,都具有由它的先驱者传给它而它便由以出发的特定的思想资料作为前提。"[②]历史证明,没有科学知识,没有前一个时期思想资料作为前提,只有阶级斗争的形势,是不会出现唯物主义高潮的。遭受亡国之痛的并不只是北宋和明末,东晋之初,南宋之末并没有出现王夫之那样的大唯物主义哲学家。可见,科学知识,思想资料的积累,阶级斗争的形势,配合得好,才可以出现唯物主义高潮。这些条件并不是任何时代都具备的。所以,唯物主义的前一个高潮与第二个高潮之间,有时要经过几百年甚至上千年的时间。比如唯物主义的萌芽,《洪范》《易经》出现在公元前12世纪。从《洪范》《易经》到老子,约六百年,到荀子,约八百年。从荀子、韩非到汉代王充约二百年。从王充到范缜(只能算是一个小高潮)约四百年,从王充到张载约一千年,到王夫之,也就是说,从元气自然论的朴素唯物主义到元气

---

① 恩格斯:《致弗兰茨·梅林(1893年7月14日)》,《马克思恩格斯全集》第39卷,第95页。

② 恩格斯:《致康·施米特(1890年10月27日)》,《马克思恩格斯全集》第37卷,第489—490页。

本体论的完成,中间经过一千六百年之久的长期准备。可见唯物主义的成长是艰巨的。

唯物主义低潮的出现,也是有条件的,情况也是十分复杂的。一般地说,具有下列几种阶级斗争形势之一,唯心主义、宗教思想容易孳生,唯物主义不易发展。

(一)农民起义失败后,短期内不具备重新武装斗争的条件,社会极度混乱。如三国、魏晋时期,黄巾起义失败,地主武装空前强大。这时佛教、道教乘机兴起。正如斯大林指出的,农民起义失败后,"他们……不得不退却,不得不把委屈和耻辱、愤怒和绝望埋在心里,仰望茫茫的苍天,希望在那里找到救星"①。

(二)当统治阶级力量强大,统一的中央封建专制集权政权巩固时,政府会有意识地运用国家机器,大力推行唯心主义哲学和宗教思想以维护他们的统治,如汉代政权巩固时期,董仲舒的唯心主义占绝对优势;隋唐时期,统治阶级大力提倡佛教、道教;宋以后,很长时期统治阶级以程朱思想教育人民,甚至改朝换代,程朱的唯心主义仍能保持其统治地位。

总的看来,哲学的发展,是一浪高,一浪低,波浪起伏地发展着。三千年来,大致的发展道路是:商周时期,唯物主义还在萌芽,唯心主义也比较粗糙。唯物主义到了老子、荀子、韩非是一个高潮;从汉代董仲舒天人感应的目的论到谶纬迷信思想时期是唯物主义低潮。到了王充又是一个唯物主义高潮;到魏晋王弼、道安等时代,唯物主义又处于低潮。范缜的无神论是唯物主义一个小的高潮;隋唐佛教大量流行,唯物主义又处于低潮;张载、王安石促进了唯物主义抬头,南宋朱熹、陆象山、明代王守仁又是唯物主义的低潮时期。到了王夫之、戴震又是唯物主义高

---

① 《悼列宁》,《斯大林全集》第6卷,第43页。

潮时期。清代官方统治思想程朱理学的泛滥,又使唯物主义趋于低潮。到了近代,机械唯物主义出现,又是一个高潮。马克思列宁主义在中国得到传播后,唯物主义有了质变,进入了科学的辩证唯物主义形态,达到了新高潮。

唯物主义的斗争中所批判的是当时流行的唯心主义思潮,但是这种当时流行的唯心主义思潮并不尽是当时新产生的,它往往是前一时期积累下来的旧传统。比如王充所批判的是当时社会上的一般迷信、宗教预言,而这些思想是西汉董仲舒早已散布的渣滓,并不是全新的东西。王夫之反对的是当时不顾民族安危,空谈心性,卖国投敌的唯心主义本体论。像这些思想毒素,如果追本穷源,并不是明亡国之后才有的,它是宋明几百年长期流行的程朱陆王的思想余孽。

唯物主义是在与唯心主义斗争中成长起来的,而斗争的方式是多种多样的。有面对面的斗争,如王守仁之与罗钦顺,王安石之与司马光。也有具体指名的斗争,如荀子的《非十二子》。但斗争的主要意义在于对于一个问题所作出的不同的答案。如老子的唯物主义与孔子的唯心主义,就存在着尖锐的斗争,他们在对待"天"是否有人格有意志这个问题上,采取了针锋相对的答案。王充反对谶纬思想,反对目的论,他没有指名道姓的骂到董仲舒,但在哲学体系上,未尝不可以说,王充的哲学既反对了当时一般迷信,又反对了董仲舒的唯心主义目的论。也有些唯心主义者互相争吵,如陆王反对程朱,虽然吵得很凶,他们争的是如何对付唯物主义更为有效。对于两派哲学斗争,要看它的实质。有的是唯物主义与唯心主义两大阵营的斗争;也有些属于唯心主义之间的争吵;也有的是后期的唯物主义者对前一时期的唯物主义的缺点的批评。不是一有争论就看作唯物主义与唯心主义的斗争。

唯物主义与唯心主义的斗争有波浪起伏,是阶级斗争形势在思想战线上的反映。承认哲学史上唯物主义与唯心主义的斗争是波浪起伏的,那就可以更加客观地、如实地看待哲学史的两军对阵。看到历史上有一个时期唯心主义占优势,又有一个时期唯物主义占优势,本来是符合哲学史发展规律的,因为这种情况是由各个历史时期阶级斗争,农民起义以及科学发展等整个形式造成的。比如魏晋玄学唯心主义势力较大,佛教也很猖狂。那时的唯物主义只有少数人,如杨泉、裴頠等尽力支撑,力量确实单薄了些。南北朝范缜曾有过一度的振作,但佛教唯心主义的广大影响并未因此销声匿迹,退出阵地。隋唐时期佛教也很强大,当时的唯物主义还没有条件形成旗鼓相当的反佛教的中心势力。

哲学史工作者的任务在于科学地对于这种现象进行分析,找出何以出现唯物主义的低潮的原因。如果事实上唯物主义与唯心主义的分量,在某一个历史时期的天平上不平衡,我们不必人为地强凑成旗鼓相当的局面。承认一浪高一浪低是哲学史发展的规律,并不等于抬高唯心主义贬低唯物主义,而是更可以增加对唯物主义必胜的信念,正如九曲黄河,终归大海,唯物主义最后还是会得到壮大、发展的。

三 唯物主义者与唯心主义者 在一定条件下互相转化

任何发展着的事物,都是有转化的,问题是看有没有转化的条件。

从哲学家个人来看,有从唯心主义转化为唯物主义的,也有从唯物主义转化为唯心主义的。宋朝的张载,幼年曾出入佛老,后来摆脱了唯心主义的影响,形成了自己的唯物主义体系。王守仁的弟子黄绾,原是王门信徒,后来背弃师说,转向了唯物主义。戴震早年曾服膺程朱之学,后来与程朱体系完全对立。也有从唯物主义转向唯心主义的,如章炳麟的《訄书》中有唯物主义思想,后来转为唯心主义。这种例子还多,不必一一列举。哲学家个人的思想转变,是在短短几十年中,由哲学家自己亲身去完成的。一个非马克思主义者变成一个马克思主义者,都是经过一定的革命锻炼,思想改造,放弃了非无产阶级思想意识,最后成为马克思主义者的。世界上没有天生的马克思主义者。转变要通过斗争,唯物主义战胜唯心主义,哲学家就转到唯物主义方面来;反之,则转到唯心主义方面去。

再从两种哲学体系(唯物主义与唯心主义)势力的消长盛衰的过程看,唯物主义与唯心主义的斗争中,由于内因和外因的种种条件,它们所处的地位,可以互相转化。比如,唯物主义的高潮尚未到来,这时的唯心主义是矛盾的主要方面;一旦高潮到来,唯物主义就从不重要的地位转到了重要的地位。

毛泽东同志曾指出:"矛盾的主要和非主要的方面互相转化着,事物的性质也就随着起变化。在矛盾发展的一定过程或一定阶段上,主要方面属于甲方,非主要方面属于乙方;到了另一发展阶段或另一发展过程时,就互易其位置,这是依靠事物发展中矛盾双方斗争的力量的增减程度来决定的。"①毛泽东同志这里讲的矛盾双方地位的转化引起事物性质的变化,是辩证法量变引起质变的原则的另一表述方式。在中国哲学史上不乏先例。比如汉代的董仲舒的官方神学目的论以及西汉之际谶纬迷信思想占统治时期,唯物主义就处于低潮;到了王充,唯物主义

_____

① 《矛盾论》,《毛泽东选集》第1卷,人民出版社,1966年版,第297页。

达到高潮。由董仲舒到谶纬迷信思想占优势到王充的唯物主义高潮，就是地位的转化。随着阶级斗争的形势，中国哲学史上出现的唯物主义四个高潮，都是由低潮转化过来的，都属于地位的相互转化。

如果进一步考察，哲学史上的唯物主义与唯心主义的互相转化的现象，比上述两种情况要复杂得多。每一个具体的哲学流派，都有可能通过斗争，在一定条件下，向着它的对立面转化。有些人不承认这一点，认为唯物主义与唯心主义只有斗争的关系，没有转化的关系。这种看法好像坚持了唯物主义路线，实际上却陷入形而上学，违背了辩证唯物主义，从而也不能正确地维护哲学史的党性原则。

毛泽东同志在讲到事物矛盾的同一性时，曾指出："第一、事物发展过程中的每一种矛盾的两个方面，各以和它对立着的方面为自己存在的前提，双方共处于一个统一体中；第二、矛盾着的双方，依据一定的条件，各向着其相反的方面转化。"[①]这里说的是一切事物发展的规律，任何事物都没有例外，当然也包括哲学史中的唯物主义和唯心主义的转化在内。我们不能设想：一切事物在一定的条件下都可以"向着其相反的方面转化"，只有哲学史是例外。如果不承认这种转化，不但无法说明哲学史的发展规律，而且对辩证唯物主义的基本原理的理解也是很不确切的。

毛泽东同志还指出，仅仅认识矛盾双方相互依存，问题并没有结束，"更重要的，还在于矛盾着的事物的互相转化。这就是说，事物内部矛盾着的两方面，因为一定的条件而各向着和自己

---

① 《矛盾论》，《毛泽东选集》第 1 卷，人民出版社，1966 年版，第 301、302 页。

相反的方面转化了去,向着它的对立方面所处的地位转化了去"①。毛泽东同志这里很明确地指出,矛盾的双方的地位的转化必然引起矛盾双方性质的转化;性质的转化也引起地位的转化。我们辩证唯物主义的转化观,在本质上区别于相对主义和不可知论的转化观,主要在于我们是讲"在一定的条件下"才会引起转化,而不是不要任何条件,随便转化。毛泽东同志着重指出:"矛盾着的对立的双方互相斗争的结果,无不在一定条件下互相转化。在这里,条件是重要的。没有一定的条件,斗争着的双方都不会转化。"②

有没有互相转化的事实? 我们说:"有。"转化要不要条件? 我们说:"要。"

中国哲学史上具体的一些哲学流派,从唯物主义转化为唯心主义的例子是很多的。试以中国哲学史的老子为例,说明唯物主义如何转化为庄学的唯心主义的。

老子为了反对上帝创世说,反对天道有知、天道有为,他提出了天道自然无为,于是把"无为"作为观察万物、对待生活的最高原则。当他反对天道有为、有知的宗教唯心主义迷信思想时,这种"无为"思想具有战斗的意义。但是老子把天道自然无为强调得过了头,用"无为"的原则去说明一切现象,把人完全看成自然的奴隶,人对自然,只能服从,不能改造。于是人的命运不能由人们自己安排,只好听自然的摆布。老子的哲学本来是唯物主义的,并有反对有神论的战斗精神,由于这种学说包含着宿命论的消极因素,所以发展到后期庄学,没落奴隶主阶级便利用了

① 《矛盾论》,《毛泽东选集》第1卷,人民出版社,1966年版,第303页。

② 《关于正确处理人民内部矛盾的问题》,《毛泽东选集》第5卷,人民出版社,1977年版,第398页。

老子的唯物主义的某些片面性,逐渐使它转化为唯心主义的宿命论。对老子的哲学来说,这个"一定的条件",其思维本身的原因是老子唯物主义本身的缺点(唯心主义因素);阶级的原因是没落奴隶主阶级,后期庄学对老子哲学的歪曲、篡改。

老子的天道自然无为的观点,应用到认识方面,其可取之处是他力图按照自然本来面貌去认识自然,"以身观身,以乡观乡……"。但老子却由此抹杀了人在认识过程中的感性和实践的地位,因而陷于唯心主义。老子看到前一时期元素论的朴素唯物主义者用几种或一种元素说明万物的起源,有它的局限性,于是他提出"道"(或者称为"无""无名""朴""精气")为万物之源。他为了强调"道"不同于具体事物这一特点,他就特别强调"道"不同于万物的这一方面。他第一个提出了"道",第一个把"道"用作哲学范畴,因此把"道"强调得过分了,给人以印象:"道"好像超越于万物之上的什么东西。这又埋伏了不利唯物主义的种子。所以后来的王弼等人便夸大了"道"的超越于万物之上这一意义,从而把唯物主义篡改为客观唯心主义,建立了唯心主义本体论。老子用"道"为万物之源,去打倒上帝;王弼用"无"(道)来代替了上帝。唯物主义不彻底的地方,给唯心主义留下了可乘之隙,被反动的阶级利用、篡改,转变了它的唯物主义的性质。反动的阶级,就促成老子的唯物主义哲学的转化。

再以唯物主义的王充为例。王充的元气自然论的朴素唯物主义观点,在哲学史的发展上有贡献,路线也是正确的。万物生于元气,元气运行毫无目的,从而反对了神学目的论。在自然观方面,王充的唯物主义学说是比较完整的。但是当时唯心主义的目的论者还宣传人的富贵贫贱是上帝对人的赏罚;善有天赏,恶得天罚。为了回答社会上为什么有人受苦,有人享福的问题,王充便把他的元气自然论的观点搬来解释社会现象。王充用生

理的原因,说人生来禀受元气的厚薄的差异是造成富贵贫贱寿
夭的原因。富贵者得气厚,贫贱者得气薄;富贵贫贱不是由于天
命、上帝决定的,而是在母胎中受气之初就已经决定了。唯物主
义者范缜也遇到了同样的难题,他为了反对佛教的天堂地狱、因
果报应的宗教迷信宣传,他和王充一样,用生理结构来解释社会
上存在着贵贱贤愚的现象。范缜说圣人是生理、心窍生得好,所
以不同于凡人。不论王充或范缜,他们在自然观领域内还是生
气勃勃的战斗的唯物主义者,一旦进入社会现象的领域,他们尽
管主观上“坚持”了唯物主义元气自然论,力图用物质的原因说
明社会现象,结果却不得不走到它的反面。这种情况,既是古代
唯物主义本身的缺陷造成的,也是由于形而上学的原因造成的。
从形而上学也能产生唯心主义。恩格斯说过:“形而上学的思维
方式,虽然在相当广泛的、各依对象的性质而大小不同的领域中
是正当的,甚至必要的,可是它每一次都迟早要达到一个界限,
一超过这个界限,它就要变成片面的、狭隘的、抽象的,并且陷入
不可解决的矛盾。”①

　　由唯物主义向唯心主义的转化,有的是由于某些唯物主义
的缺点,势必导致唯心主义的结论;也有的是运用说明世界的唯
物主义理论武器,超出当时的理论的能力范围,而得出唯心主义
的结果。这两种原因又是有着一定的联系的。因为从理论上
说,形而上学归根到底必然会脱离唯物主义。哲学史上有些唯
物主义的形而上学的哲学家,也有唯物主义的辩证法思想家。
这种矛盾,在某些具体的哲学家的头脑中并存着,如果不进一步
发掘,这种矛盾还不会立刻暴露出来。矛盾一旦暴露,在新的阶
级斗争形式下就有可能迫使它发生转化。

----

　　①　恩格斯:《反杜林论》,人民出版社,1970 年版,第 19 页。

像古代墨子的唯心主义的"天志""明鬼"的世界观和他的唯物主义认识论,尽管并存在墨子的哲学体系中,墨子并运用他的具有科学精神的"三表"来证明有鬼神的存在。这种证明本身就带有几分喜剧性。明眼人一看就知道,这两种思想体系不能长久共处,墨子的哲学体系必将破裂。果然,到了后期墨家,就抛弃了墨子的唯心主义的宗教"天志""明鬼"的观点,发展了墨子体系中的唯物主义认识论。这个矛盾才算解决。这就是说,墨子的唯心主义体系;经过作为新兴阶级的后期墨家的改造,转化了它的性质。

外国哲学史中,典型的例子莫过于黑格尔。黑格尔的辩证法如果贯彻到底,必然要突破他的绝对精神的唯心主义休系,黑格尔的绝对精神体系,必然扼杀了生气勃勃的辩证法。这种带有根本性的矛盾,如果让它发展下去,必然要求一种解决。这个解决,黑格尔自己本人无能为力。如果按照辩证法正常发展下去,必然迫使它抛弃其唯心主义体系,所以列宁说:黑格尔的哲学是"客观唯心主义转变为唯物主义的'前夜'"①。列宁还指出:黑格尔的某些观点具有"历史唯物主义的萌芽"②。

列宁说黑格尔的"客观唯心主义转变为唯物主义的'前夜'",这是说,像黑格尔这样一种唯心主义并不是不可转变为唯物主义的,不然,"前夜"二字就落空了。只是这种转化,并不是由这一个哲学家亲手完成,可能经过若干年、若干世代,像老子的唯物主义转化为王弼的唯心主义那样。

哲学史上,唯心主义向唯物主义转化的例子,中外哲学史上也都有过的,先秦的墨子哲学转化为后期墨家。如黑格尔的"转

① 列宁:《哲学笔记》,人民出版社,1974 年版,第 179 页。
② 同上书,第 202 页。

化的前夜"，已具有转化的可能。只是必须经过进步阶级批判改造、扬弃其唯心主义体系之后，才把可能的转化变为现实的转化。西方哲学史曾有过这样的例子。马克思主义经典作家指出，大不列颠的经院哲学家邓斯·司各脱就曾经问过自己："物质能不能思维？""为了使这种奇迹能够实现，他求助于上帝的万能，即迫使神学本身来宣扬唯物主义。此外，他还是一个唯名论者。唯名论是英国唯物主义者理论的主要成分之一，而且一般说来它是唯物主义的最初表现。"①"迫使神学本身来宣扬唯物主义"，就是背离了唯心主义的神学而转向了唯物主义。唯名论，本身是在神学外衣下的唯物主义，不论就它的倾向、它的客观作用来说，都是摆脱唯心主义，向唯物主义转变的。又如16世纪，德国农民革命领导者闵采尔，提出了泛神论的宗教教义，这种泛神论"个别地方甚至着了无神论的边际"②。闵采尔的泛神论思想体系，如进一步发展，必然成为完全的无神论体系，走向唯物主义。

　　中国哲学史上某些具有泛神论倾向的思想流派，也有类似的情况，如天台宗的"无情有性"的泛神论思想，也包含着向唯物主义转化的契机。

　　不过，要着重说明，转化，不是无缘无故的，更不是所有唯物主义都无条件地转化为唯心主义，也不是所有的唯心主义都无条件地转化为唯物主义。这是诡辩论的相对主义，而不是马克思主义辩证法。我们应该牢记毛泽东同志的教导，任何矛盾着的东西都有可能转化，"在这里，条件是重要的。没有一定的条

---

① 《神圣家族》，《马克思恩格斯全集》第2卷，第163页。
② 《德国农民战争》，《马克思恩格斯全集》第7卷，第413页。

件,斗争着的双方都不会转化"①。

关于唯物主义和唯心主义的互相转化问题,总的看来,有以下几点值得注意。

唯物主义向唯心主义转化,一种情况是这种唯物主义本身包涵着缺点、片面性,给唯心主义以篡改歪曲的可乘之机。经过若干世代,通过反动的阶级或政治集团的改造,逐渐使它变了性质。如上面讲过的老子的唯物主义不恰当地滥用了本来是正确的观点,超过了限度、范围,从而转到了它的反面。列宁说过,真理"只要再多走一小步,仿佛是向同一方向迈的一小步,真理便会变成错误"②。列宁还在同一篇文章中说过:"任何真理,如果把它说得'过火'……加以夸大,把它运用到实际所能应用的范围以外去,便可以弄到荒谬绝伦的地步,而且在这种情况下,甚至必然会变成荒谬绝伦的东西。"③真理变成错误,就是指唯物主义在一定条件下向唯心主义的转变,唯其为真理,所以必然是唯物主义的。过分夸大,"运用到超出应用的范围以外",就是使唯物主义转化为唯心主义的一个条件。

从唯心主义转化为唯物主义,也要有一定条件,那就是经过进步的阶级或政治集团克服了原来的唯心主义体系的本来存在着的矛盾,并与进步的阶级的利益相联系。比如后期墨家改造了墨子的唯心主义宗教世界观,以墨子的唯物主义的认识论作为基础,从而形成了符合新兴地主阶级利益的唯物主义哲学体系。谭嗣同也是从新兴的资产阶级的立场出发,对佛教的唯心

---

① 《关于正确处理人民内部矛盾的问题》,《毛泽东选集》第 5 卷,人民出版社,1977 年版,第 398 页。

② 《共产主义运动中的"左派"幼稚病》,《列宁全集》第 31 卷,第 85 页。

③ 同上书,第 44 页。

主义进行了批判改造,从而使唯心主义转化为唯物主义。闵采尔的泛神论,则是结合农民革命,使为封建主服务的神学转化为反封建的唯物主义倾向的泛神论。没有先进的阶级,或先进的政治集团,光从概念上打圈子,唯心主义只能是唯心主义。还要指出,也不是所有唯心主义体系都具备有转化为唯物主义的条件,某些唯心主义体系中必须具有某些合理内核,或某些可供批判吸取的思想资料。比如黑格尔的辩证法思想,经过革命的马克思主义的批判改造,才把它转化为唯物主义辩证法。反动的贝克莱哲学、马赫主义、实用主义、存在主义,彻头彻尾地充满了反科学的毒素,就不具备可以转化为唯物主义的条件。正像在一定的温度下,经过一定的时间,能使受精的鸡蛋孵化成小鸡,如果是一块石头,即使有合适的温度、时间,也孵不出小鸡来。

承认唯物主义与唯心主义的斗争在一定条件下互相转化的规律,就可以更全面地联系阶级斗争的条件和思维发展本身的条件,更深入地说明哲学思想的来龙去脉,在阶级分析的基础上,把我们的剖析工作深入到每一个哲学体系的内部。我们吸取了哲学史上进步的阶级对唯心主义批判改造的经验,今天对待历史上的唯心主义哲学及其思想资料,就要正视它,研究它,批判它,并从批判过程中发展唯物主义。

在哲学史研究中,还有些人看到某些哲学家的政治立场和哲学观点有矛盾,世界观和方法论有矛盾,唯心主义体系中有某些唯物主义倾向,等等,便曲意弥缝,说成没有矛盾。这样既不能说明历史,也无助于认识哲学史的规律。正是由于古人处在许多矛盾中不自觉,所以才造成了哲学史上错综复杂、光怪陆离的现象。我们的任务,就是要透过那许多看来有矛盾、似乎无法理解的历史事件中,探索出它的规律来。

四　发展道路的螺旋式上升

历史表明，每一次波浪起伏，总是把唯物主义推向一个新的高潮。历史上有些迹象，好似在倒退，其实是下次跃进的准备。恩格斯曾指出："在自然界中和历史上所显露出来的辩证的发展，即经过一切迂回曲折和暂时退步而由低级到高级的前进运动的因果联系。"①这本来是事物发展的客观规律，黑格尔却把它看作概念的自我运动，所以是错误的。

列宁在《哲学笔记》中，对西方哲学史所做的闪耀着人类智慧的一些批注，我们研究中国哲学史的人可以从中得到珍贵的启示。列宁说：

哲学上的"圆圈"：〔是否一定要以人物的年代先后为顺序呢？不！〕

古代：从德谟克利特到柏拉图以及赫拉克利特的辩证法。

近代：霍尔巴赫—黑格尔（经过贝克莱、休谟、康德）。

黑格尔—费尔巴哈—马克思。②

列宁所列举的西方哲学史的例子，说明哲学史上螺旋式上升的规律，带有普遍意义。近代资产阶级的哲学发展和古代哲学的发展都证明了这一点，如果按年代的先后顺序，赫拉克利特（前540—前470）最早；其次是德谟克利特（前460—前370），柏拉图（前427—前347）最晚。德谟克利特是缺少辩证法思想的

---

① 《路德维希·费尔巴哈和德国古典哲学的终结》，《马克思恩格斯选集》第4卷，第239页。

② 列宁：《哲学笔记》，人民出版社，1974年版，第411页。

唯物主义哲学家。柏拉图辩证法较多,但他的哲学是唯心主义的,好像是个倒退,但是,它毕竟比德谟克利特多了辩证法。赫拉克利特,则是一个综合。正因为他们的时代先后有矛盾,所以列宁自问道:"是否一定要以人物的年代先后为顺序呢?"列宁自己又答道:"不!"

再看近代西方哲学史,也是这样。列宁指出了霍尔巴赫—黑格尔(经过贝克莱、休谟、康德)。同时,又指出从黑格尔,经过费尔巴哈到马克思。霍尔巴赫是唯物主义的经验论者,贝克莱、休谟是唯心主义的经验论者,康德是理性主义,但又有某些怀疑主义的倾向,黑格尔则是比较彻底的唯理论者。从黑格尔开始的另一个圆圈:黑格尔有辩证法思想却是一个唯心主义者,费尔巴哈是唯物主义者却又缺少辩证法,到了马克思才建立了既唯物又辩证的辩证唯物主义新体系。列宁对上述的哲学史现象做了进一步的提示性的阐述。他说:"人的认识不是直线(也就是说,不是沿着直线进行的),而是无限地近似于一串圆圈、近似于螺旋的曲线。"[1]把列宁对西方哲学史发展的"螺旋的曲线"的说法,联系到中国唯物主义的发展,也有类似的情况。列宁所说的哲学史的"圆圈",就是否定之否定的规律的另一种说法。"否定",对于前一阶段的"肯定"来说,似乎是倒退,其实是螺旋式的上升所必经道路。"否定之否定",既不同于前一阶段的"否定",又不同更前阶段的"肯定",它经过一度的反复,上升了。

中国哲学史从先秦到"五四"以前,共经历了四个圆圈:(1)商周到老子、荀子;(2)老子、荀子到东汉王充;(3)王充到张载、王夫之;(4)张载、王夫之到谭嗣同等人。这四个圆圈恰恰和中国古代唯物主义的发展阶段相适应。从商周到老子,是从元素

---

[1]　列宁:《哲学笔记》,人民出版社,1974年版,第411页。

论的朴素唯物主义到精气论的朴素唯物主义的完成;从老子、荀子到王充,是从精气论的朴素唯物主义到元气自然论的朴素唯物主义的完成;从王充到张载、王夫之,是从元气自然论到元气本体论的完成;从张载、王夫之到谭嗣同等人,是从元气本体论的朴素唯物主义到资产阶级的机械唯物主义的完成。

哲学史的发展,也就是人类认识史的发展过程。如果把一个民族的哲学的发展比做一个人的认识和发展,也可以说,它也有幼年、青年、成年时期。商周时期,相当于人们认识史的幼年期,最早用五行说明世界万物的构成。

商周时期的唯物主义还处在萌芽状态,还不能构成完整的哲学体系。到了老子,才有了比较严密的哲学体系。

在老子以前,元素论的朴素唯物主义用人们生活中经常接触的某几种元素说明世界万物的起源,它虽不能构成严密的唯物主义体系,却具有经验主义的倾向,因为这五种元素都是现实生活经验中的东西。老子、宋尹等人,有意识地排除只重视用耳闻目见的具体物质元素来说明万物的起源,他们做出更高的概括,提出了"道""精气"为万物根源。老子强调理性,忽视经验,在老子取得成就的同时,也造成了新的偏向。墨子的唯物主义的经验主义,在一定程度上纠正了老子偏重理性的偏向,但是墨子又走到老子哲学的另一个极端,陷于狭隘的经验主义。这种狭隘的经验主义,缺乏理性主义的检查,会走到他的反面。所以墨子的唯物主义经验论不得不屈从于他的唯心主义天道观。孟子则是从唯心主义的立场反对了墨子的狭隘的经验主义,而讲"尽心""知性""知天""人心之所同然",宣扬唯心主义的理性主义。到了荀子,既重视了理性的作用,又把经验作为认识的出发点,同时也反对了孟子的唯心主义理性主义。后来荀子的理性主义,注重人心的作用,认为心是"天君","出令而不受命"。这

52

就有导致唯心主义的危险。韩非也是唯物主义者,他为了纠正荀子的理性主义的偏向,注重"参验",又偏重在经验主义。从以上的唯物主义发展过程不难看出:从老子唯物主义理性主义(轻视感觉经验),经过墨子的忽视理性的经验主义,又经过孟子的唯心主义的理性主义,到荀子的唯物主义理性主义,是一个圆圈,是一个否定之否定的过程。从唯物主义萌芽状态(五行说)的没有摆脱经验的状态,经过老子、墨子、孟子、荀子,到韩非的唯物主义经验主义,也是一个圆圈,也是一个否定之否定的过程。后一阶段的理性主义与前一阶段的理性主义相比,是螺旋式的上升;后一阶段的经验主义与前一时期的经验主义比较,也是螺旋式的上升。

再从关于人的主观作用的认识来看,老子为了反对天道有知,提出天道自然无为,有它的积极意义,因为它反对了有人格的上帝的"有为"。但是老子把"无为"绝对化了,反对上帝的"有为",同时连人的有为也给否定了。老子认为人只能当自然的奴隶。墨子、孟子都主张人要有为,并主张充分发挥人的作用。但孟子把人的作用又过分夸大了,说:"万物皆备于我矣,反身而诚,乐莫大焉。"(《孟子·尽心上》)又走到不顾客观条件,不要规律的荒谬地步去了。到了荀子,既尊重自然规律,又提出了"人定胜天"的能动作用。从唯心主义的宗教迷信的天道有知有为,通过老子的天道自然无为,又通过孟子的把人为作用绝对夸大,最后归结到荀子的人定胜天的思想。这又是一个否定之否定。

从老子、荀子到王充,这是第二个圆圈。荀子的唯物主义是唯理论的,荀子用唯物主义有力地驳斥了先秦的上帝是人格神,反对能发号施令的宗教迷信唯心主义观点,也驳斥了与宗教思想相联系的许多唯心主义思想流派。从此,具有人格意义的为奴隶主服务的上帝吃不开了。汉统一封建王朝建立了,地上有了统一的王国,天上也要有统一的上帝,地上王国具有封建专制集权的性质,天上的上帝也要相应地具有这些性质。汉朝的上帝与先秦的上帝虽同是上帝,但上帝服务的对象不同了,已经由奴隶主最高贵族的化身变成地主最高贵族的化身。由于先秦的无神论把人格神攻击得无法立足,汉朝的唯心主义者不再强调一个活灵活现的人格神,而是用目的论去论证上帝的存在。他们说,虽然天(上帝)没有亲自发号施令,但是人们可以通过万物的生长、变化以及人类的社会生活体会到上帝的意志。他们说,天生长出五谷给人吃,生长出桑麻给人穿,天有春夏秋冬,生养万物,都表明天有好生之德。董仲舒这一派目的论者,认为天所以生人类,就是为实现天的意志,人是天的缩影。他给自然界加上封建社会的道德属性。他们虽然不讲直接发号施令的上帝,但是把自然、社会的一切现象都说成是按照上帝的目的存在、发展的,只是由直接出面的上帝退居于不直接出面的上帝。这种宗教唯心主义比先秦的人格神,更精致了一些,隐蔽了一些。唯物主义为了反对这种目的论,提出了元气自然论的朴素唯物主义。"元气自然"就是为了反对上帝"故生人""故生万物"的目的论。王充还试图用他的元气自然论的朴素唯物主义原则说明社会生活中的一切现象,他力图对历史的发展、道德的演变、社会的贫富寿夭现象,从元气自然的观点进行说明。他这些尝试尽管是失败的,但是这种努力无疑地给后来的哲学家提供了十分值得参考的经验教训。

秦汉时期,《大学》《中庸》偏重于唯心主义神秘主义的经验论,讲天人合一的神秘直观经验。董仲舒和《白虎通》的哲学继承了这一传统,建立了天人感应的目的论。《淮南子》一书中的唯物主义又接近于老子的唯物主义的理性主义,王充为了驳斥董仲舒的神秘主义的目的论,强调唯物主义的经验论,更多地着重用效果去判断是非。从韩非的唯物主义的经验论到王充的唯物主义的经验论,是一个否定之否定的过程。

在关于人的主观能动性和客观规律的关系问题上,王充也是老子以后的第二个发展阶段。汉代的目的论,以"天"有能动作用代替了人的能动作用,并抹杀自然界的客观规律。王充为了坚决驳斥目的论,特别强调天道自然无为的唯物主义自然观,在打击神学目的论方面是有积极意义的。但是王充又产生了忽视人类改造自然的主观能动作用的偏向。这是从老子以后,又一个否定之否定。

如果说从商周到老子、荀子、韩非,中国哲学的发展经历了第一个圆圈,否定之否定的过程,从老子、荀子、韩非到王充,就是中国哲学发展的第二个圆圈。这些曲折的道路,表明了人类认识的曲折迂回的过程。王充在中国哲学史上的贡献,不仅在于他的战斗的批判精神,也还在于他开创了中国朴素唯物主义的又一阶段——元气自然论的朴素唯物主义。

王充的唯物主义的经验论,列举科学事实,原原本本,逐条驳斥了天人感应的目的论,并取得了成就,使唯心主义后来不得不再度改变它的形式。魏晋时期,王弼等人提出了唯心主义的本体论。他们不敢再讲目的论了,而提出事物的背后有一个精神性的本体在对天地万物起着潜移默化的决定作用,这就是万物的"本"。王弼的唯心主义本体论是唯心主义的唯理论。佛教的某些唯心主义观点,也接近于这种唯心主义的唯理论。南北朝范缜用唯物主义打击了因果报应,范缜的唯物主义则是唯物主义的经验论,他不讲本体,用偶然论去驳斥佛教因果说。从王充到范缜,中间经过唯心主义的唯理论,又是一个小循环。范缜在唯物主义的形式上还遵循着王充的元气自然论,没有改变。

唯心主义已改换了花样,提出了唯心主义本体论。而这时的唯物主义由于其他条件不具备,显得有些力量不足。用偶然论去驳斥因果说,也只是说到了问题的一个方面,所以从王充到范缜,只能说是唯物主义的小高潮,对佛教,对唯心主义本体论还不是打的歼灭战。

从张载开始,提出了元气本体论,这才与唯心主义的本体论针锋相对,对唯心主义提出的挑战有了答复。张载讲万物有本体,有"客形"。他认为万物的发生、死亡是必然的,是客形(是暂时的,不是永恒不变的),万物的本体是"太虚",太虚是元气。元气是永恒不会消灭的本体,个别事物有成毁,事物的成毁不过是元气的不同形态的表现。他并不否认事物的短暂、不永久,但他提出了永久不灭的是元气,从而反对了唯心主义者所说的精神性的本体是永恒的、第一性的说法。与张载相对抗的程朱唯心主义者,提出了理与气不相离,"理在气先"。王夫之,则进一步指出不能笼统地讲理气不相离,他主张只能说理不离气,而不能说气不离理。"苟有其器",就不患乎"无其道"。王夫之改造了程朱,继承了张载,把唯物主义提高到又一个新的阶段,完成了元气本体论的朴素唯物主义。这又是一个圆圈,否定之否定。

如果从王充算起,到王夫之,则是朴素唯物主义发展的最后一个圆圈。元气本体论从根本上驳倒了唯心主义的本体论。

张载、王夫之的唯物主义本体论的理论建立在直观、臆测的基础上。由于近代自然科学的影响,中国的资产阶级唯物主义不得不改变了它的形态,进入机械唯物主义的新阶段。这是中国哲学史发展的第四个圆圈。

马克思主义、毛泽东思想,随着中国革命和社会主义建设,有了空前的、划时代的发展,它的意义和影响决不限于中国哲学史,由于另有专题论述,这里不再重复。

从上面最简单的叙述,可以看出事物发展的螺旋式的上升是一切事物发展的总趋势。列宁说过:"把世界历史设想成一帆风顺的向前发展,不会有时向后作巨大的跳跃,那是不辩证的、不科学的,在理论上也是不正确的。"①

中国哲学史上唯物主义的发展,事实上又一次说明了这一规律的真理性。每经一次螺旋式的往复,必然会把认识的深度、广度提高一步,也就是通过螺旋式的上升,唯物主义得到进一步的发展,后一时期的唯物主义超过前一时期的唯物主义。哲学史上除了唯物主义与唯心主义的斗争以外(这种斗争是绝对的),也有过后一时期的唯物主义批判前一个时期的唯物主义者的现象,如王廷相批评过张载,王夫之批评过老子,这都说明后一时期的唯物主义的水平超过了前一时期的唯物主义的水平,所以对前一时期的唯物主义的缺点才看得分明。

承认螺旋式上升的发展规律,那末对于哲学史上出现的暂时倒退的现象,就用不着奇怪。比如魏晋时期的杨泉主张世界万物是水构成的,这种朴素唯物主义比起王充的元气自然论,老子的精气论都落后,简直又回到元素论去了。但是,在当时唯心主义流行的时代,杨泉又生活在文化科学比中原落后的吴国,这种唯物主义的出现,还是可以理解的。杨泉的以水为万物之源的唯物主义还是起了积极的战斗作用的。从哲学史发展的总过程看,倒退的现象总是暂时的,总方向是不会改变的。

*　　*　　*

最后还要申明,上述规律,是中国哲学史唯物主义与唯心主义斗争的规律,而不是离开了唯物主义与唯心主义的斗争以外的规律。

---

①　《论尤尼乌斯的小册子》,《列宁全集》第 22 卷,第 303 页。

如果"逻辑与历史的统一"可以作为一条规律,我们在中国哲学史的研究中就能更好地贯彻历史主义原则。

如果"发展道路的波浪起伏"可以作为一条规律,就能更好地把阶级斗争的形势与思想斗争的形势密切结合,而不会夸大或缩小已经存在的历史真相。

如果,"唯物主义者与唯心主义者在一定条件下互相转化"可以作为一条规律,就能更好地总结思维经验,并密切阶级与思想的关系。

如果"螺旋式的上升"可以作为一条规律,它就能实际表明:哲学史就是唯物主义的发展史,每经历一个圆圈,唯物主义就前进一步,唯物主义的前途无量。

在中国哲学史的研究中
所遇到的几个困难问题 *

　　几年来,学习马克思主义的哲学,对我们研究中国哲学史起着巨大的作用。对于某些问题,过去不能判断的,现在能判断了;不能分析的,现在能分析了。但是在工作中,由于运用不熟,或理解得片面,却遇到了不少的困难。

　　第一,是阶级分析的问题。哲学是反映一定的阶级利益的世界观的科学。脱离了阶级就没有办法讲哲学史。我们首先感到困难的就是当前中国古代历史分期还没有一个完全可靠的定论,目前至少有三派不同的说法。过去,我们曾采用了范文澜先生的古代历史分期的看法,认为孔子是代表封建领主的。封建社会既然开始了很久,孔子的哲学既然大力宣扬封建伦理观念,那末他的进步性就要少些。最近又采取了郭沫若先生从前的说法,认为封建帝国的形成是由秦汉开始。这样,孔子所处的时期正处在由奴隶制向封建制过渡的时期,他宣扬的封建伦理思想应当看作是进步的。由于历史分期的不同,就不得不影响到我们对于每一个时期的哲学家的评价。孔子的评价问题只是一个

---

　　* 原载《中国哲学史问题讨论集》,科学出版社,1957 年版。

例子,对孔子以外的其他思想家的评价也同样存在着这样的问题。中国史学家有一派认为中国封建社会是从三国魏晋开始的,这样,三国魏晋的豪门世族就是一个上升的阶级。他们的来源可能是由奴隶主转化过来的。这样,那些反映了豪门世族的利益的思想家,像向秀、郭象的地位就要比现在的估价高一些。他们在世界观方面的唯物主义思想也就有了根据。此外,资本主义的萌芽究竟在明代中叶,还是在清初,这样的问题也会影响到我们对明代或清代的某些思想的评价。

我们研究哲学史,首先要尊重历史家对中国历史的意见;但是我们却不应当等待历史家做出了结论以后我们再动手写哲学史。我们完全有权利从中国哲学思想发展的本身去探索它的基础;而且我们相信,只有哲学家、文学家、艺术家以及其他方面的科学家也认为完全满意时,历史分期的问题才算得到真正解决。以目前的情况来说,我们很难做出肯定而有把握的阶级分析的结论来。很可能我们分析了的思想家,说他代表某阶级,而将来历史证明这个"阶级"根本不存在。

这并不是说历史分期有了结论,我们就会做出完全正确的阶级分析来;而是说我们在进行阶级分析时,处理古代哲学家比处理近代思想家要困难得多。这是在阶级分析方面所遇到的困难之一。

在阶级分析方面还有另外一个困难,那就是照哲学史的一般规律,唯物主义学派经常反映进步的阶级,唯心主义经常反映没落阶级的利益。但在中国哲学史上,也往往出现了例外。比如老子、庄子的思想,是唯物主义的,但他们是没落的阶级;孟子、荀子都反映了新兴的地主阶级,一个是唯心主义,一个是唯物主义;墨子本身是同情劳动人民或接近劳动人民的大思想家,但他的世界观是唯心主义的。这样一不小心,就会使哲学思想

（特别是世界观方面的根本分歧）和进步或落后的阶级利益发生脱节的现象。也有的哲学思想家，像宣扬"白马非马"的公孙龙学派，就很难找出他反映的是什么阶级的利益。

当然，也可以对某些现在还不能下结论的哲学家保持存疑的态度，但一部哲学史似乎也不宜存疑得太多。否则就很难从这里发现或说明其中的规律。

现在我认为解决困难的唯一方法，就是更深入地钻研。这些年来在教学和科学研究中所利用的材料几乎完全是十几年前或几十年前所积累下来的。从先秦到鸦片战争这一阶段，没有机会好好检查一下原始资料，对古代历史不够熟悉，对社会经济方面的知识更加缺乏。在过去，这种缺点还不是显得那样突出；今天我们要写成一部科学的中国哲学史，那就感到非补上所缺乏的这些基本知识不可。否则就寸步难行。

第二，是如何评价唯心主义哲学流派的问题。研究中国哲学史的目的首先是阐明唯物主义战胜唯心主义，辩证法战胜形而上学的发展过程及其规律。在辩证唯物主义出现以前，古代的哲学家已经提出了下面一些问题：历史发展的规律性问题（古今之变）；人在历史中的地位和作用的问题（天人之际）；社会上为什么有富贵贫贱的问题（性、命之学）；人性是善的还是恶的问题（人性论）；通过什么道路才能够使人类取得幸福美满的生活的问题等等。

关于这些问题，中国古代哲学家们费了几千年的努力，并且认真地、严肃地分别作出了不同的答案。其中有赤裸裸地为反动剥削阶级服务的唯心主义流派；也有许多进步的思想家，怀着善良的愿望，用唯心主义的学说作为武器反对更荒谬的宗教神学的观点。在过去的工作中，我自己对于这种种不同类型、不同内容的唯心主义哲学流派采取了一笔抹杀的态度。主观上以为是在捍卫唯物主义,而实际上是用主观的好恶代替了客观的分析。认为:既然是唯心主义,就是主观不符合客观,就是反科学的,因而也就是反动的。这种简单化的处理方法,必然抹杀了过去许多伟大思想家们的巨大作用。比如古人用"性恶"说来反对天赋道德观念说;用"自私""求利"的观点说明社会的动力,用"人口论"来论变法的客观根据;用"衣食足而后知荣辱",说明道德观念的起源等等。这些观点固然都是唯心主义的,但他们的确有其不同程度的进步意义。

问题也就发生在这里。有许多属于唯心主义的观点,但又起过进步作用,这样就有人主张:既是进步的,当然是在客观上符合了历史发展的要求,这就不见得是唯心主义(比如太平天国的宗教观念曾对广大农民革命起了鼓舞和组织作用),而是唯物主义的。我认为这种"放宽尺度"的方法是不对的。因为唯物主义与唯心主义的界限非常分明,不能把宗教思想也算作唯物主义。也有人主张:在自然观、认识论、思想方法方面有唯物与唯心的区别,而在社会观、历史观、伦理观方面只有"进步"与"保守"之争,不能说有唯物和唯心之争。这就等于说:在哲学史上需要另立一个标准,即除了唯物与唯心、辩证法和形而上学的争论之外,还有"进步"与"保守"之争。这样的问题在哲学史上是普遍存在的,但这一方面所争论的问题应属于哲学思想的范围呢?还是属于社会思想的范围呢?应当首先弄清楚。

我不同意另立标准,我主张只有提高到世界观高度的一些问题才是哲学史的范围以内的问题。其余的问题,不能算作哲学问题。

第三,如何用马克思主义哲学的原则具体区划古代哲学思想体系的问题。中国古代,哲学和其他科学没有严格的界限,哲学思想经常混在自然科学、政治、文学以及其他非哲学的思想之中。这不仅是中国古代哲学的特点,也是全世界各民族的哲学史在资本主义文化以前的特点,所以我们应当说它是"古代思想"所具有的共同特点。

西方哲学史,经过了资产阶级的学者们长期的加工整理,把封建主义以前的、浑然一体的"经学"体系打散后,重新加以安排过。所以到了我们手里,就很容易区别开哪是自然观,哪是认识论,哪是方法论等等。

中国哲学史的研究工作,缺少像西方资本主义社会阶段的加工整理。所以,如何把浑然一体的"经学",科学地分解开来,明确地指出古代哲学家在自然观、认识论、伦理观、历史观等等方面是怎样经过它的胚胎、萌芽、发展的阶段而到了现在的样子,乃是我们目前的重要工作。

在打散"经学"体系的过程中,在执行时发生了一些偏差。有人以为我们是用几个"框子"(如自然观、认识论等)把古人的哲学生硬地加以割裂,以致失去了古人的本来面目。

使得中国哲学史失去了古人的本来面目当然是不对的,但把古人的"经学""和盘托出"也是不对的。因为这样,就等于否认"哲学"这一独特科学的对象,模糊了中国哲学史的范围的界限,成为"经学"史的继续,就不是哲学史了。

也有人主张:中国哲学史所讲的,完全和西洋不同,因为中国古人只讲人生修养,道德实践,很少讲到求知的问题,也不大涉及自然观、认识论的问题。这种看法,我不同意。因为这种看法,表面似乎认为中国哲学有它特定的范围,但实质上却是认为中国哲学有它特定的对象。结果,这就会引导到怀疑马克思主义所指出的哲学的对象的问题。我认为哲学只能是有关世界观的学问,正如毛泽东同志所指出的:"自从有阶级的社会存在以来,世界上的知识只有两门,一门叫作生产斗争知识,一门叫作阶级斗争知识。自然科学、社会科学,就是这两门知识的结晶,哲学则是关于自然知识和社会知识的概括和总结"①。

对于哲学这门科学所研究的对象,毛泽东同志也有过极为重要的指示。在《矛盾论》中,曾指出任何科学都有它特定的对象,哲学的对象包括:"唯心论和唯物论、形而上学观和辩证法观"②。

如果认为中国哲学所研究的是另外的一套,唯心与唯物、形而上学与辩证法的斗争在中国不存在,这样就会由于强调了中国哲学史的特殊性,以致脱离了哲学的轨道,走入歧途。

如何善于做到既不失去古代哲学家本来的面目,而又能按照哲学这门科学本来的对象和范围来分析中国古代的哲学家,这是我们当前首要的任务,在这一方面到目前为止还没有得到一致的结论。

第四,对于辩证法重视不够的问题。在中国哲学史的发展中,除了有几千年的唯物主义优良传统外,也还有着丰富的辩证法传统。过去,我对于唯物主义作了片面的理解,因而在中国哲学史的工作中,把注意力放在对唯物主义思想方面,而对中国古代辩证法的注意是不够的。而事实上,中国哲学史如果忽略了古代的辩证法,就等于只讲了哲学史的一半。因为辩证法的产生和存在,是和唯物主义哲学的产生和存在,有着同样悠久的历史。因为在人类开始认识客观世界的规律那一天起,辩证法就和唯物主义同样起着决定性的作用。毛泽东同志在《矛盾论》中曾指出:"在人类的认识史中,从来就有关于宇宙发展法则的两

---

① 《整顿党的作风》,《毛泽东选集》第 3 卷,人民出版社,1966 年版,第773—774 页。

② 《毛泽东选集》第 1 卷,人民出版社,1966 年版,第 284 页。

种见解,一种是形而上学的见解,一种是辩证法的见解,形成了互相对立的两种宇宙观。"①我过去在中国哲学史的工作中,由于忽略了辩证法这一方面,因而不可能正确地认识哲学史上唯物主义成长过程和发展规律。在马克思主义的哲学产生以前,唯物主义和辩证法并没有很好地结合起来。有的哲学家唯物而不辩证;有的哲学家辩证而不唯物;也有的哲学家既有辩证法观点又有唯物主义思想,但它是素朴的,缺少现代科学基础,缺少现代工人运动的革命实践,在理论上不够深,不完备。

哲学史已用事实告诉了我们:有些卓越的唯物主义思想家,由于他缺少辩证法,当他和唯心主义哲学思想做斗争时,有时不得不受到具有辩证法思想的反击,而陷于被动。过去的唯心主义者所犯的错误固然是我们的前车之鉴,而旧唯物主义的缺点也是我们的前车之鉴。

中国哲学史上,从《周易》开始,就充满了辩证观点。像《孙子兵法》以及过去许多兵家、医家、阴阳家的著作中也都有丰富的辩证法观点。可是这些好东西,我们在中国哲学史中,有时毫不经心地把它抛弃了。现在检查起来,都是不善于体会马克思主义经典著作的精神,才造成了以上的错误。

总起来看,以上四点,是我个人在过去的工作中所遇到的一些具体困难,同时也在工作中犯了主观片面性的错误。现在已经开始注意到这些缺点,希望同志们的帮助和指教,以便更好地完成我们共同的事业。

---

① 《毛泽东选集》第 1 卷,人民出版社,1966 年版,第 275 页。

论哲学史的继承问题[*]

一

历史科学的任务在于总结出历史发展的规律,古为今用。哲学史的任务在于总结出哲学发展的规律,古为今用。哲学是经济基础的上层建筑,是一定阶级的世界观。哲学史既然是历史科学的一个分支,只要有社会存在,就有历史,历史是不断发展的。哲学史也是一样。它有它的来龙去脉,它有它继承的关系。我们不能割断历史。"每一个时代的哲学作为分工的一个特定的领域,都具有由它的先驱者传给它而它便由以出发的特定的思想资料作为前提。"[①]哲学思想有继承,这是无可争辩的事实。但是讲到继承,不能忽略哲学史上的两大阶段:马克思主义以前的哲学和马克思主义的哲学。马克思主义以前,唯物主义和辩证法思想还没能有机地结合起来,只有马克思主义哲学才

---

[*] 原载《新建设》1959 年 12 月。

[①] 恩格斯:《致康·施米特的信(1890 年 10 月 27 日)》,《马克思恩格斯全集》第 37 卷,第 489—490 页。

把两者有机地结合起来。因此,我们说马克思主义哲学对它以前的一切哲学思想来说,是质的飞跃。讲哲学史的继承问题,首先要划清这两个时期的哲学的界限。

马克思主义以前的一切哲学流派,对马克思主义哲学来说,都只能算是低级阶段。但是却不能因此把过去的哲学看作错误的世界观的积累。哲学史说明了人们过去的进步思想、唯物主义思想、辩证法思想都企图正确地解释世界。它们就某些问题,某些方面,曾设计过许多方案,走过许多弯路,也提出过许多有益的答案值得后来参考。先驱者的努力和已取得的成绩是不可抹杀的。像列宁所指出的马克思主义的三个来源,都不是马克思主义的,但经过马克思的批判、改造,在总结国际工人运动的丰富经验的基础上,吸取一切先进的科学成果,最后形成了马克思主义的完整的体系。当然,吸取过去的遗产,是一个批判、改造的过程,不是把现成的拿来就用。恩格斯曾指出:"每一时代的理论思维……都是一种历史的产物,在不同的时代具有非常不同的形式,并因而具有非常不同的内容。"[1]

哲学史,实际上就是辩证唯物主义世界观的萌芽、发展的历史。它体现了人类的科学的世界观从不大正确到比较正确,从片面到更多的方面的认识过程。也就是唯物主义、辩证法思想不断成长、壮大的过程。唯心主义和形而上学思想不能正确地反映世界、说明世界,因而它不能代表人类的哲学发展。

哲学史的全部发展过程只能是唯物主义的发展史而不能是唯心主义的发展史;只能是辩证法思想的发展史而不能是形而上学的发展史。并不是说哲学史可以不讲唯心主义和形而上学思想,为了深入地说明唯物主义和辩证法思想的成长,我们对唯

---

① 恩格斯:《自然辩证法》,人民出版社,1971 年版,第 27 页。

心主义必须给以充分的注意。根据历史唯物主义的原则,我们也不忽略由于历史的局限性只能得到唯心主义结论的那些哲学家所做过的有参考价值的尝试。

我们每一个哲学史工作者,对马克思主义以前的哲学史,不仅要善于科学地区分唯物主义和唯心主义、辩证法思想和形而上学思想;更要坚决捍卫唯物主义反对唯心主义,捍卫辩证法思想反对形而上学思想,捍卫工人阶级的利益。坚决地向一切马克思主义的敌人做斗争,进而粉碎一切资产阶级的哲学。这是我们的党性原则。因为只有辩证唯物主义才是正确的,其他哲学都不可能正确,我们的党性原则是建立在科学性基础之上的。

二

哲学史的继承问题,和一般文化知识的继承有相同的地方,也有不同的地方。一般文化知识有些是有阶级性的,有些和阶级利益没有什么关系。哲学是一定阶级的世界观,它不是中立的,不是任何人、任何阶级都能接受同一种哲学思想。哲学不是人人可吞服的"万应锭""仁丹"。

几年来学术界曾对哲学上的继承问题展开过争论。有些问题还待进一步讨论,也有些看法是由于认识不清而引起的争辩。有些不应属于哲学的继承的范围的,有人也把它算作哲学地继承了。

第一,有人把用以表达哲学观念的工具(语言、文字)看作哲学上的继承的东西。比如从古代到今天,我们表达哲学思想用的是汉字,于是有人把汉字的世代流传看成哲学的继承,这是不对的。这是一般文化知识方面的东西。如果说古代汉字和近代的汉字有继承关系,那仅仅是文化上的继承而不是哲学上的继承。

第二，哲学上的推论方法、辩论方法，如形式逻辑的若干规律的运用，古人使用，现代人也使用。有人认为这是哲学上的继承，其实这也不是。这仍然是属于一般文化知识的继承。

第三，一般的学习方法、生活经验，古人留传下来的一些成语，如讨论继承问题时人们常举的"学而时习之""温故而知新"等等。这也不能算做哲学上的继承。因为它不属于哲学世界观方面的根本问题，它只能属于一般文化知识的范围。

第四，哲学上的范畴和一般概念，古代哲学家用它，我们也用它。如中国哲学史上历来相沿的道、仁、义、理、气、体、用、一、多、宇宙、道德，等等。有人认为这些范畴、概念是哲学上的继承范围以内的东西。如果我们对这些范畴、概念的作用加以分析，会发现这也不能算做继承。

范畴是自然和社会中最一般的、最基本的方面在人类认识中的反映。范畴不能离开一定的世界观单独表达它的意义，它只是表达一定的世界观的工具。唯物主义与唯心主义可以使用共同的范畴，表达的意思不必相同，甚至相反。如对于"道"的理解，唯心主义与唯物主义两派可以完全相反，尽管他们都用了相同的一个"道"字。在伦理方面的一些范畴也是这样，如"平等""自由"，资产阶级和无产阶级的理解也完全不同。

因此，范畴、概念只是哲学史的思想资料，这也属于一般文化知识方面的继承。

上述这四种所谓"继承"的东西都是为表达一定的世界观服务的工具，它本身不具有唯物主义或唯心主义的性质，它甚至不涉及世界观的倾向性。不涉及世界观的问题，就不是哲学问题。不是哲学问题，当然不是哲学史的问题，也就谈不上是哲学史的继承问题。

有些人似乎忽略了什么是哲学问题,见到前面的某些哲学家用了某一个名词,后一个哲学家也用了某一个名词,就认为他们中间有"继承"关系。一个词,尽管先后两派都用它,但不能说他们有继承关系,比如墨子讲"义",孟子也讲"义",不能说孟子继承了墨子的"义"。我们也不能把讲"道"的哲学派别都算作一家,因为它们所指的"道"的内容很不相同,甚至相反。胡适的《哲学史大纲》就是把先秦一切讲到"辩"的哲学家都归为"名辩思想",结果把唯物主义的后期墨家、荀子与唯心主义的公孙龙、惠施混为一谈,以致造成极大的混乱。稍有哲学史知识的人都能指出他的荒谬、无知。

前些时,冯友兰先生的《四十年的回顾》一书中曾提到他的"抽象继承法",认为他的看法"在其认识论的根源上是抓住了一些有一些事实根据的现象"。看来,冯友兰先生是"抓住了一些有一些事实根据的现象",但这些现象似乎都不属于哲学史的继承,多半属于上述四种范围的继承。像"学而时习之"是讲的学习过程的一般方法,"杀人安人""以战止战"是两句精辟的成语,对它,不同的阶级可以有不同的理解,不带有阶级特点,都不能作为证明有超阶级的哲学观念可以继承的事实根据。

三

哲学史继承的关系虽然是错综复杂的,但万变不离其宗,决不是没有规律可循:一般说来,唯物主义继承唯物主义,辩证法继承辩证法,这是哲学史上继承的基本规律。如果不是这样,也就很难设想有马克思主义的出现。马克思主义所以成为人类文化发展的最高成就,除了它是世界工人运动的产物,还在于它正确地处理了文化继承问题,它是优秀文化的真正继承者。唯心主义、形而上学也有它们的继承关系,那不过是哲学史发展中的逆流。

马克思主义哲学以前,不可能有完全正确的世界观。这是因为辩证法还没有和唯物主义很好地结合起来,唯物主义中有唯心主义的残渣,辩证法思想中也有形而上学的残渣。因此,唯物主义继承唯物主义时除了吸收它先驱者的合理部分加以发展外,还要否定它先驱者的体系中的唯心主义部分。继承中就有否定,继承和否定是辩证的统一。辩证法思想继承辩证法思想也是这样。

唯物主义与唯物主义之间,辩证法思想与辩证法思想之间;唯心主义与唯心主义之间,形而上学与形而上学之间各有它的继承关系。此外,还有更为复杂错综的情况。

马克思主义以前的唯物主义既然包含有不同程度的唯心主义因素,后来的唯心主义必然会从中吸取、利用其唯心主义的部分并加以发展。从哲学家来说,可能是前一个哲学家是唯物主义的,后一个哲学家是唯心主义的。他们中间继承的关系表面上看来好像唯心主义继承了唯物主义。这种情况,在古代哲学史中不乏先例。

马克思主义以前的辩证法思想与唯物主义虽然没有有机地结合起来,但这两种世界观本质上是互相需要而不是互相排斥的。后来的唯物主义者也可从以前的辩证法思想中吸取营养。在古代哲学史中也不乏先例。

马克思主义以前的唯物主义和辩证法思想相联系,不过是极个别的情况,而且联系得不很紧密。唯物主义和形而上学相联系,也是常有的事。后来的形而上学者从以前的唯物主义者思想中吸取他所需要的东西,在古代哲学史中也不乏先例。

马克思主义以前的辩证法不可能彻底,其中必然包含了不同程度的形而上学因素。因此,后来的形而上学者有意识地从先前不纯粹的辩证法思想体系中寻找他们所需要的形而上学思想以补充自己,这种先例也是有的。

马克思主义以前的辩证法思想也经常不自觉地和唯物主义或唯心主义联系着。后来的唯心主义者从先前的辩证法思想体系中吸取它所需要的唯心主义的东西。哲学史中辩证法思想和唯心主义相联系的先例也是十分明显的。

此外,在哲学史上,唯物主义者继承了唯心主义体系中的某些唯物主义因素;唯心主义者继承了形而上学中的唯心主义因素;形而上学思想继承了唯心主义体系中的形而上学因素。再由于哲学史上某些形而上学的体系中有时也容纳了某些辩证法思想的因素,为后来的辩证法思想所改造、吸收的情况也是有的。

马克思主义以前的一切哲学家,由于剥削阶级的偏见和他们所处的时代的生产规模的狭小,他们不可能取得正确的辩证唯物主义的世界观。但是人类在生产斗争、阶级斗争的知识的概括与总结中,不断从各个方面丰富、深化了辩证唯物主义的世界观的认识。

客观世界的存在是物质的,又是辩证发展着的。因此,彻底的唯物主义世界观,必然要求与辩证法思想有机地结合,因为物质世界只能是运动中的物质世界;彻底的辩证法思想,必然要求与唯物主义世界观有机地结合,因为实际的运动是物质的运动,而不是非物质东西的运动。

马克思主义的经典作家早已指出了,客观世界是物质的,这个物质世界又是按辩证法的规律运动着的。辩证唯物主义所以是科学的世界观,正是由于世界本身是辩证唯物地存在着、发展着。我们一般地讲到唯物主义的物质第一性、精神第二性的原则时,决不排斥也不应排斥辩证法。同样,如果讲到辩证法时,决不排斥也不应排斥唯物主义。毛泽东同志在《矛盾论》中曾指出:"在人类的认识史中,从来就有关于宇宙发展法则的两种见解,一种是形而上学的见解,一种是辩证法的见解,形成了互相对立的两种宇宙观。"①上面说的辩证法和形而上学是两种宇宙观,正是马克思主义哲学原则的进一步的阐明。这就告诉了我们"辩证法"不仅是一种思想方法,也是"人类认识史中从来就有"的宇宙观。

由此可见,贯彻唯物主义原则,必然会结合到辩证法;贯彻辩证法原则,必然会结合到唯物主义。

在哲学史发展中既然有这种错综复杂的实际情况,确有唯心主义者拿到了某些唯物主义者需要的一些东西;确有某些唯物主义者从唯心主义者那里吸取了一些需要的东西(至于辩证法和形而上学之间的继承关系,也有类似的情况)。于是有人为这种现象所迷惑,说唯心、唯物两大阵营之间有着师生朋友的关系。也有人看到唯心、唯物、辩证法哲学家与形而上学哲学家之间的互相影响,就提出继承的规律是"互相转化""互相渗透"。实际上这是现象而不是本质。本质上,哲学继承的法则只能是唯物主义继承唯物主义,辩证法思想继承辩证法思想。离开了这一条根本线索,就无法说明科学世界观的形成和发展。

四

试以中国哲学史的发展为例,说明哲学史发展的继承关系。

中国哲学史和外国的哲学史一样,也是从斗争中发展起来

---

① 《毛泽东选集》第1卷,人民出版社,1966年版,第275页。

的。每经历一番斗争,唯物主义就向前发展了一步,唯心主义被逼迫得放弃一些阵地,或者改头换面,从另一方面出现。如古代,从哲学的开始到春秋战国之末,这一时期的哲学史的斗争的中心问题在自然观方面是关于"天道观"的问题。环绕着"天道观"这一主题开展了唯物主义与唯心主义的斗争、辩证法与形而上学的斗争。在社会问题方面斗争的中心问题是"礼"和"法"的问题。由于人类对于自然界("天道观")的认识比对社会、历史起源发展的认识要早一些,唯物主义与唯心主义的观点在天道观方面的争论开展得比较充分。在社会历史观方面的"礼"和"法"的问题虽有一些争论,争论得也很激烈,但由于阶级偏见起着决定作用,古人对社会发展的规律认识得比较差些,在这一领域内,唯物主义与唯心主义的争论只有一点萌芽。他们虽然也曾力图摆脱有人格的天、帝的影响以说明社会的起源、历史的发展、政治制度的变革,等等。但这种现象也是人类认识的一般过程的表现。毛泽东同志指出:"首先,马克思主义者认为人类的生产活动是最基本的实践活动,是决定其他一切活动的东西。人的认识,主要地依赖于物质的生产活动,逐渐地了解自然的现象、自然的性质、自然的规律性、人和自然的关系;而且经过生产活动,也在各种不同程度上逐渐地认识了人和人的一定的相互关系。"[①]在古代,哲学问题开始提出时,首先被人们注意、关心的是宇宙的起源、变化、发展的问题。这是人类幼年时期认识世界的一般通则。希腊、阿拉伯、印度的古代哲学,也是从他们的"天道观"开始的。后来才对社会、历史、道德提出了他们的看法,开展了争论。在马克思主义以前,人类对社会的理解一般说来是很差的。

---

① 《实践论》,《毛泽东选集》第 1 卷,人民出版社,1966 年版,第 259—260页。

　　两汉所争论的问题，基本上是反目的论与目的论的斗争。三国以后，中国开始传播了佛教、道教的宗教学说，这时期的唯心主义比较细致了，唯物主义也更加深刻了，这一斗争到隋、唐以后才结束。宋、元、明、清的封建社会进一步得到发展，也出现某些停滞现象，上层建筑也起了加强和巩固他们的基础的一些反作用，理学代替了佛教、道教。这一时期争论的问题已不再是有没有"神"，或者是人的精神能不能永存的问题，争论的问题则是"理"与"气"（或"道"与"器"）哪一个是第一性，"理"是否可以离开"气"而单独存在的问题。鸦片战争后，中国开始受到严重的外来侵略势力的压迫，当时哲学上共同关心的问题是如何寻找救国救民的真理，要不要向西方学习的问题。这些问题，归根到底，还是唯物主义和唯心主义的斗争。"五四"以后，在国内、国际的工人运动的高潮下，在十月社会主义革命的影响下，马克思主义在中国开始生了根，并得到发展。中国共产党建立后，马克思主义与一切帝国主义哲学流派和垂死的封建主义哲学展开了斗争，并一步一步取得决定性的胜利，终于建立了工人阶级领导的国家，人民在中国的广阔土地上成了真正的主人。工人、农民开始学哲学。马克思主义的世界观已开始为广大人民所接受。

　　归根到底，哲学史只能是唯物主义战胜唯心主义的历史，辩证法战胜形而上学的历史。这是人类科学的世界观（即马克思主义哲学）发生、发展所必经的道路。那末，哲学史的继承问题，实际上是唯物主义在发展自己的过程中壮大了自己、战胜了敌人，从敌人那里也缴获一些思想武器充实自己的力量。因此，真正的继承，只能是后一时期的唯物主义世界观继承了先驱者的唯物主义世界观，或者是有的唯物主义者从唯心主义哲学思想流派中拿到一些东西（除了文化知识、思想资料不算继承以外）。

经过批判地吸收后，从而丰富、发展了自己。这是因为在某些唯心主义或形而上学的思想中，有时也包括了一些唯物主义或辩证法的因素，这些内容恰恰是唯物主义哲学所需要的，所以会从他们那里有所批判地吸收，这当然不是说唯物主义继承了唯心主义。像帝国主义的反动哲学，胡适的实用主义的反动思想，其中就没有任何可取的"因素"，但为了批判他们，为了揭露他们唯心主义的谬误和反动，在斗争中，使唯物主义者的思路更清楚了，对唯物主义者起了练习打靶的作用。在唯物主义和唯心主义的斗争中，有时经过唯心主义的指摘，挑剔，促使唯物主义对于本来没有考虑周到或应当涉及而未曾注意的方面引起了注意，使自己的论证更加完善了，这只能说是唯心主义从反面来起的一种"好作用"。但无论如何，不能认为少了唯心主义，唯物主义就不能发展，更不能认为唯物主义与唯心主义思想家有过"互相影响""互相渗透"的现象，就说他们两大阵营之间，可以"互相转化"。

有些唯物主义和无神论思想在宗教的外衣下曲折地发展着，在中外哲学史上不乏先例。这种情况只限于宗教势力占绝对统治的时候，进步的、唯物主义思想不得不披上宗教或神秘主义的外衣。但唯物主义的世界观毕竟是宗教神学的对立物，它一旦羽翼丰满，必然会突破宗教神学的牢笼走到它的对面建立起自己的营垒。因此，像这种从唯心主义中蜕变出唯物主义的现象，绝不能证明唯心主义和唯物主义"互相转化""互相渗透"；恰恰相反，它说明唯物主义有不可战胜的生命力，唯心主义的压力再大，也抑制不住它的成长、壮大。因为唯物主义真实地反映了客观世界。只要人类从事生产斗争，只要社会中有生产力和生产关系的矛盾，它就提供了唯物主义的无限源泉和广阔的基地。唯心主义却不能。

五

继承,是以被继承的思想体系为主,还是以继承者为主;以先驱者的思想为主,还是以后继者的思想为主?

在古代,人们对这个问题的认识是模糊的。中国古代哲学家所谓"道统""家法""衣钵"的观念都自以为以先驱者的思想体系为主,继承,不过是不使"学绝道丧",维持道统,不使中绝。正如古代把儿子的任务看作"承宗祧""绍箕裘""继先人余烈"一样。他们是恩格斯所说的让"死的拖住活的"。

我们今天以科学的态度来看继承问题,就会发现,在古代的继承中,即使以复古为号召的复古主义者也没有真正地复了古。不论什么东西,什么事情,想保持原样是办不到的。继承,从来就是"古为今用"的。

人所共知的胡适的"整理国故",并不是真正为了什么国故,而为了替帝国主义的文化侵略效劳,从中国古书中"证明"中国早已有过"实用主义"思想,"证明""中国文化一切不如人",宣传他的亡国奴的思想。"五四"时期一批维护孔家店的道学先生,宣扬"孔子主义",并不是什么真正对两千年前的孔子有所爱好,他们"爱好"的是当时在新文化冲击下,摇摇欲坠的地主阶级的一些旧制度、旧秩序。唐朝的韩愈等人的古文运动,号称"复古",其实是文学上的"革新"。

哲学史上,这种情况也是极普通的。孟子和荀子都自称"仲尼之徒",都以孔子的真正继承者自居。孟子是唯心主义者,他取自孔子的也是孔子思想中的唯心主义的东西或可以用来帮助孟子的唯心主义世界观的东西;荀子"继承"的孔子是孔子哲学思想中唯物主义的因素,是可以用来帮助荀子建立他的唯物主义世界观的一些思想。孟子、荀子这两位孔子的"忠实信徒",都是以自己为主,把孔子的学说经过"改造"后以为己用的。后来儒家的许多学者,唯物主义者、唯心主义者都是以他们自己为主而把孔子的思想作为说明他们自己的思想的工具而不断发挥的。有汉儒的孔子,有宋儒的孔子,有清儒的孔子,汉、宋、清又各有他们唯物主义、唯心主义的孔子。正因为有这种情况存在,才给我们研究哲学史的人带来了繁重的工作。

不但对孔子的继承问题如此,对老子的继承问题又何尝不如此?韩非、淮南子、王充所继承的老子是唯物主义的老子。道教奉祀的老子成了太上老君,王弼笔下继承的老子,成了王弼的客观唯心主义的"助手"。《诗经》《书经》这些古代经典,儒家用来宣传儒家的尊君、亲亲的宗法制度,墨子用来宣传墨家的"尚同""兼爱"学说。孔、墨都"继承"了尧、禹之道。孔子继承的禹是加强等级制度的好帝王,墨家继承的禹是能体力劳动、生活俭朴的"墨者"的"榜样"。我们也必须指出,既然是继承,当然有先后之间的根据,孔子、老子的思想体系中如果没有唯心和唯物、进步和保守这两方面,他们的后继者也就不至于发生原则的分歧,显然是"事出有因"。但是为什么会有见仁见智的不同,其原因不在于被继承者的古人,而在于继承者、后人的立场、观点的不同。

今天我们谈到继承时,如果有人真正打算在古代几千年的"哲学仓库中"找今天现成合用的东西,未免把本来相当复杂的继承的问题简单化了。

当然,我们所理解的"古为今用",和古人的"古为今用"有原则上的不同。我们是以科学的态度,不是和唯心主义者一样,认为历史可以随心所欲地爱怎么解释就怎么解释。我们反对拿现成的东西直接为社会主义的建设服务,因为这是不可能的。千百年前的古人哪里会预制了现成东西为社会主义建设之用？

可是今天对继承问题的讨论中，有许多人把"继承"以什么为主，古服从今还是今服从古，被继承者为主还是继承者为主的关系弄颠倒了。这样就必然引向复古主义，"古已有之""颂古非今"，或者担心可以继承的东西少，而感到对古人有些"歉然"。

古人没有马克思主义，没有批判传统文化的科学尺度，有时会不自觉地作了前人的奴隶，但在客观上、在实践上，一切唯物主义的哲学家，进步的思想家都没有百分之百地当了古人的奴隶，他们在不同程度上都在"古人之所未及就，后世之所不可无"的方面有所贡献。即使在复古的外衣下，也不能完全掩盖住他们革新的面貌和精神。到了今天，有了马克思主义作为批判一切旧文化的尺度，如果还是以古代的东西为主，和他们相比，就更加显得不应该了。

鲁迅先生有一篇文章，讲"拿来主义"。他反对生吞活剥地在古人的余烬中寻取"好东西"，他说，对待一切外来的文化、古代的文化，要使它为我们今天所用，明确地指出不能当古人的奴隶，要善于消化外来的、过去的文化。这个意思很好，至少可以给那些"颂古非今"、墨守成规的文化"继承"者以当头棒喝。不解决以谁为主的问题，在今天全面的科学发展中，一旦对古代历史、哲学史的研究逐渐深入、加强的时候，难免不卷入浩如烟海的文献资料中不能自拔，以致迷失方向，生活在社会主义时代，竟成为"三代两汉之人"，那就不妙了。

六

哲学史的继承有没有一定的方式？如果有，继承的方式受什么决定的？

　　哲学史的继承的过程,也就是辩证唯物主义胚胎、形成、发展的过程。它是不断修正错误,充实自己,丰富自己的过程。所谓继承,只能是唯物主义和辩证法思想的先驱者与后继者的发展关系。内容只能是这个内容。也正如毛泽东同志所指出的,"剔除其封建性的糟粕,吸收其民主性的精华"①。人民大众的、科学的、民主性的优良文化传统,在哲学史上的具体内容就是唯物主义的、辩证法的思想,不能是其他的内容。

　　既然是科学的,必然要批判那反科学的宗教迷信、唯心主义的哲学思想;既然是人民大众的,必然要批判那些少数贵族所专有的,与劳动人民的利益对立的那些哲学思想;既然是民主的,必然要批判那些为剥削制度辩护的那些反民主的思想。

　　上述这些内容也是从胚胎、经过发展到成熟的一系列的过程的,在哲学史上,就是唯物主义、辩证法思想的发展过程,最后发展成为马克思主义的哲学——辩证唯物主义。

　　由此可见,继承的内容决定了继承的形式。唯物主义和辩证法思想本身必然要求对过去的哲学遗产给以批判地吸收。有所继承,就有所否定。继承和否定都要经过一番分析、批判的工夫。问题尽管是老问题,情况却是常新的。几千年来哲学史上争论的、继承的、发展的无非是唯物主义与唯心主义的斗争,但不同的时代,不同的哲学流派,随时都在发展唯物主义,粉碎唯心主义。唯物主义不断战胜唯心主义的斗争是永远不会陈腐的。只要有哲学,就有唯物主义的发展。只要社会继续发展下去,辩证唯物主义就会更加丰富、完善。那末哲学上的继承问题永远存在。一方面有新的哲学问题不断出现,另一方面对过去的哲学史的整理、研究、解

---

　　① 《新民主主义论》,《毛泽东选集》第 2 卷,人民出版社,1966 年版,第668 页。

剖的这种"古为今用"的工作也是永远做不完的。

　　既然内容决定形式，继承的内容既然已经明确了，继承的形式自然容易解决，那就是以革命的批判的精神对待哲学史的继承问题。近两年来关于哲学史的继承问题，似乎在继承的方式上讨论得多了一些，比方说，曾讨论过继承的方式是"否定之否定"、是"互相渗透"、"互相转化"、是具体和抽象的继承问题，等等。事实上继承的方式必须受继承的内容所制约。唯物主义和辩证法思想要求批判地吸收它先驱者的合理部分，否定它的不合理的部分；要求发展、壮大唯物主义和辩证法思想的阵地，打击、压缩唯心主义和形而上学思想的阵地；古代、近代哲学史的一切发展、变革都像百川归海，为辩证唯物主义的哲学准备条件。今后的继承的问题还是如何发展，丰富辩证唯物主义。因此，对待哲学史的继承问题，不能纠缠在"如何继承"的争辩中，而忽略了继承什么。

　　当然在争论中大家未尝不注意到继承什么，人们也提到了应当继承科学的、民主的、大众的文化精华，反对封建性的、反科学的糟粕，也提到唯物主义的、辩证法的思想应当继承，反面的东西应当抛弃。毕竟由于对待哲学史继承的内容重视不够，才会出现了过多的继承的方式的辩论。如果真正足够的重视了哲学史继承的内容是唯物主义与辩证法的发生发展，就不会把"抽象继承"当作哲学史继承的原则，因为唯物主义和唯心主义之间，从没有存在过抽象的继承的关系。也不会出现"互相渗透""互相转化"的继承说法，因为唯物主义与唯心主义是两种对抗性的世界观。个别唯心主义者可以转化为唯物主义者，唯物主义者也可以转化为唯心主义者，正如反动阵营中可以有人起义，革命阵营中会有个别的叛徒，但决不是两大阵营无条件地"互相转化"。如果从内容的继承出发，也不会出现哲学史上唯心唯物互相交替继承的说法,因为唯物主义只能继承唯物主义。它对唯心主义,只是改造的关系而不是继承的关系。辩证法思想也不是继承形而上学,而是在批判形而上学中丰富和发展了自己。因此,认为哲学史上的继承是唯心唯物交替继承的说法和事实既不符,在理论上也是错误的。

　　附记:这是本年 5 月 7 日在哲学讨论会上的发言稿,后来又作了一些修改。

中国古代朴素唯物主义的特点 *

一　唯物主义发展的三个形态

从世界哲学史的发展看,唯物主义发展有三个形态,它们是朴素唯物主义、形而上学唯物主义(也称为机械唯物主义)和辩证唯物主义。朴素唯物主义是奴隶社会和封建社会的唯物主义,它是唯物主义发展的第一阶段。机械唯物主义是资本主义社会的唯物主义,它是唯物主义发展的第二阶段。辩证唯物主义是工人阶级世界观、是无产阶级革命和建设社会主义、共产主义社会的思想武器,它是唯物主义发展的第三阶段。在历史发展各个阶段上,这三种不同的唯物主义形态,是由当时的社会生产发展水平、经济制度、阶级斗争和科学发展状况所决定的。

中国哲学史的发展,也同样经历了这三个阶段,也有这三种发展形态;只是在中国社会历史条件下,哲学史的一般形态在中国哲学史上还有它的特殊表现形式。

奴隶制和资本主义社会在欧洲发展得比较充分、比较典型,

＊　原载《人民日报》1964 年 4 月 19 日。

而封建制社会在中国发展得比较充分、比较典型。

当中国资本主义没有得到充分发展的时候，外国侵略者就摧残了它的生机，因而资本主义没有成长起来。中国资产阶级也没有形成为强有力的领导阶级，革命的历史任务就落在无产阶级的肩上。中国资产阶级也没有像西方资产阶级机械唯物主义那样形成自己的哲学体系。

我国工人阶级有长期的革命传统，有反帝反封建的丰富经验，又有进行社会主义革命和社会主义建设的丰富经验，因而马克思主义哲学，即辩证唯物主义，在我国有了巨大的发展，形成了毛泽东思想体系。

本文只讲中国哲学史中从先秦到鸦片战争前这一阶段的唯物主义的特点。

二　元素论的朴素唯物主义

中国哲学史有丰富的唯物主义传统。特别是由于中国封建社会发展得比较完全而典型。如果与欧洲朴素唯物主义相比较，这一特点就更加看得分明。在欧洲中世纪，一切学术都沦为神学的奴婢，唯物主义哲学没有形成比较完整的体系。唯名论与唯实论的斗争只是在教会经院哲学内部展开的唯物主义与唯心主义的斗争，唯名论还没有摆脱宗教神学的框子，西欧朴素唯物主义没有超出过古代希腊原子论的水平。

一般说来，朴素唯物主义最初是在和上帝创造世界万物的原始宗教迷信思想斗争中成长起来的。中国古代朴素唯物主义者认为，世界万物的构成不是由于什么上帝的力量，而是由于自然界中某些自然存在的物质元素，如五行说（水、火、木、金、土），或水为万物之源（《管子·水地》）。古代希腊的朴素唯物主义认为,世界是由水,或气,或火,或无限,或土、水、火、气构成的。恩格斯曾指出:这种唯物主义,"它在自己的萌芽时期就十分自然地把自然现象的无限多样性的统一看作不言而喻的,并且在某种具有固定形体的东西中,在某种特殊的东西中去寻找这个统一,比如泰勒斯就在水里去寻找"①。古代的唯物主义哲学家为了把自然的多样性的统一看作自明的东西,并在自然界中寻找某种特殊的物质元素以说明万物的起源,这是中外古代朴素唯物主义所共同走的道路,即使有这些共同之处,中国古代的朴素唯物主义也还有它的特点。比如五行中有"金",就值得注意。木、水、火、土都是自然物,不必由人加工制造,而"金",在中国古代商周时代具体指的是铜和锡。自然状态的"金"是矿石,要经过加工、冶炼才能成为"金",才可以就范、成器。而"金"又确实是自然界的元素,它不同于一般的人造的成品。这说明我国古代的唯物主义充分利用了当时的科学成就,生产知识,把当时农牧业、手工业生产技术知识加以概括,用在哲学上。这是古代人们对五种物质进行深入观察,通过实践,对客观物质世界的统一性才有了深入的认识。

这种形式的朴素唯物主义,中外的共同特点是在自然界中选取一种或几种物质元素来说明世界万物的成因。这是朴素唯物主义发展的最初阶段,它在我国哲学史上约为西周初到春秋老子以前。这一种形式的唯物主义以元素说明世界的起源,现在称之为"元素论的朴素唯物主义"。

用某些特殊物质元素说明万物的起因,是唯物主义的道路。但是,这种理论还有它的困难,特别是在说明和它的性质相反的东西时。比如主张水为万物之源的,如何说火也是由水中产生

---

① 恩格斯:《自然辩证法》,人民出版社,1971年版,第164页。

的;主张火为万物之源的,如何说明水是从火中产生的,等等。虽然他们也都有自己的解释,但是那些解释看来总觉得有些勉强。

三　精气论的朴素唯物主义

古代希腊朴素唯物主义发展的最高形式是原子论。原子论认为,世界万物不是某一种特殊的元素,而是由无数的、微小的、不同形状的、不同重量的原子构成的。印度古代唯物主义也有类似的说法,它认为构成世界万物的是一些无限的小微粒叫作"极微"。原子论和极微说,就不同于第一阶段的元素论。元素还可以用肉眼看到,用身体感触。如水、火、木、金、土都可以感触,风和空气虽不可见,但可以感到它的流动。而原子和极微则不可直接感触。

中国古代与原子论相当的朴素唯物主义学说,是老子的"道"和宋钘、尹文的"精气",说。老子的道①和宋、尹的"精气"都是原始的混沌的物质,是用肉眼看不到、身体也直接感触不到的。用道或精气说明万物的起源,就避免了元素论的朴素唯物主义所遇到的困难。元素论,不论那一派,其缺点是用部分说明全体,用具体的一种元素来解释整个物质世界。它的概括性和抽象思维的水平还比较低。而"道"和"精气"说,一方面继承了前一时期唯物主义传统,指出世界万物有它的统一的物质根源,同时也避免了前一阶段的元素论的朴素唯物主义的困难。用它说明世界的统一性方便了,也更合理了。根据上面的理由,可以

① 关于老子的哲学性质,是唯物主义还是唯心主义,目前学术界还有争论。我认为老子的哲学是唯物主义的。

看出老子的"道"和宋、尹的"精气"说和古希腊的原子论、印度古代的极微说，都是朴素唯物主义发展的较高的形式，这种形式的朴素唯物主义，现在称之为"精气论的朴素唯物主义"。中国哲学史上的老子、宋钘、尹文、荀子、韩非的朴素唯物主义，都属于这一形式。这种唯物主义要以上帝创造世界的迷信思想为批判对象，同时比元素论的朴素唯物主义能更好地说明身体和精神的关系，生命的起源，人类才能的差别，事物发展的规律性等比较复杂的现象。老子认为世界上事物的变化之所以有规律，就在于它符合"道"的规律。宋、尹用精气说明万物的构成，人的聪明差异不是决定于天命，而是决定于是否得到了精气和所得到精气的多少。万物品类的高下，性质的差别，也是由于所得精气的不同的结果。它论证的范围、涉及的问题，都比前一时期的元素说仅仅涉及万物构成的问题，要广泛得多。所以说，它是元素论的提高和发展。

四　元气自然论的朴素唯物主义

秦汉以后，中国发展成了一个大一统的封建专制国家。统治者为要给中央集权的封建专制主义寻找理论根据。董仲舒成了汉朝官方哲学的主要代表人物。为了使神学与哲学相结合，为王权神授制造借口，他建立了目的论的唯心主义哲学体系。他宣称，天或上帝虽然不就像人那样，有眼有手有意志，能发号施令，但是通过自然界的许多现象，可以体会到上帝是有意志的。董仲舒认为整个自然界就是为了体现上帝的意志而存在的。天有阴晴、有雷电，这说明上帝有喜怒，有好恶。天在上、地在下，他认为天地的秩序正说明社会上的君臣上下的统属关系是不可违抗的。如此等等。

　　与这种思想针锋相对,汉代唯物主义哲学家王充提出了"元气自然论的朴素唯物主义"学说。王充认为,世界万物的发生是由于元气自然运动的结果。天地不是有意识地产生人和万物,正如夫妻交合而产生子女那样不以人的意志为转移。万物的产生都出于自然,没有目的。王充还以大量科学论据驳斥了神学目的论荒诞不经的说法。他用元气自然论把神学目的论驳得体无完肤。

　　唯心主义的目的论遭到打击,不得不改变它的花样。魏晋的王弼等人为了维护门阀士族的利益,为了反对唯物主义,提出了唯心主义的本体论。他们不敢正面论证世界不存在,更不敢公开主张天能赏罚的目的论,因而提出新的问题,即体用、本末的问题。他们说,具体的事物虽说是存在的,但是在具体存在的事物之后、之上,还有一个更为根本的本体存在着,这个本体虽然看不见,但它是一切看得见的东西赖以存在的基础,而万物则不外是这个精神性的本体的体现。这个精神性的本体,王弼叫作"无"或叫作"本"。王弼这些人表面上冲淡了神学的痕迹,实际上是用本体代替了神学的上帝。他认为本(与末相对待)、无(与有相对待)、道(与器相对待)是第一性的。而具体的事物、现象是第二性的,是由精神性的本体所派生的。这样的本体,实际上不过是改装了的"上帝"。

　　唯心主义本体论避开了粗糙的宗教形式,开始以精致的哲学形式出现。到了宋代,二程、朱熹等人在魏晋以来唯心主义本体论的基础上,提出了"道""理""太极"作为世界万物的根源。这都是唯心主义本体论的继续。

　　从魏晋到唐末,唯物主义仍然处在元气自然论的朴素唯物主义阶段。唯心主义改换了形式,由神学目的论改为唯心主义本体论,而唯物主义哲学由于各方面的准备条件不具备,还停留在元气自然论的阶段。这样,相形之下,唯物主义处于相对的劣势。从哲学史上看,从魏晋到隋唐几百年间,唯心主义比较猖狂,也出了不少的唯心主义的重要代表人物;而唯物主义阵营显得单薄,处于低潮①。南北朝的范缜是一位卓越的唯物主义者和战斗的无神论者,他唯物主义地解答了哲学上争论的形神关系问题,但没有回答当时唯心主义的全部哲学问题的挑战。他讲到世界的构成问题时,根据的还是王充以来的元气自然论②。唐代的柳宗元、刘禹锡在有些哲学问题上有些新见解,但是他们还不敢面向当时影响最大的佛教神学进行冲击。唯物主义的这种被动局面,直到北宋张载、明代王夫之时才得到根本扭转。张载、王夫之等人建立了"元气本体论"的朴素唯物主义。经过以前唯物主义者思想资料的积累,以及他们的不断努力,中国朴素唯物主义有了进一步的发展。元气论的朴素唯物主义,是朴素唯物主义发展的最高阶段,直到鸦片战争以后,才为外国输入的机械唯物主义代替。

五　元气本体论的朴素唯物主义

针对唯心主义本体论提出的诘难,宋以后的唯物主义理学家,如张载、王安石、王夫之、戴震等人,不断地努力,终于建立并完成了元气本体论的唯物主义。

现在试以王夫之为例,说明元气本体论是如何有力地驳斥了唯心主义本体论的。王夫之集中力量反击那些宣扬有所谓超

---

① 何以如此,需要另作说明,这里只举出这一历史现象。

② 《神灭论》最后一段中说:"陶甄禀于自然,森罗均于独化。忽焉自有,恍尔而无。"

越于万物之上的本体(道)的唯心主义观点。他说:

> 道者,物所众著而共由者也。物之所著,唯其有可见之实也;物之所由,惟其有可循之恒也……故盈两间(天地)皆道也。可见者其象也,可循者其形也。出乎象,入乎形;出乎形,入乎象。两间皆形象,则两间皆阴阳也。两间皆阴阳,两间皆道。(《周易外传·系辞上传第五章》)

这是说,道并不能脱离有形有象的具体事物而超然存在。王夫之还指出,道不能先于万物而存在[①]:

> 道者,天地精粹之用,与天地并行而未有先后者也。使先天地以生,则有有道而无天地之日矣,彼(道)何寓哉?(《周易外传·乾》)

王夫之对于道放在第一位,器放在第二位的唯心主义本体论的观点,给以有力的驳斥。他说:

> 天下唯器而已矣。道者器之道,器者不可谓之道之器也……苟有其器矣,岂患无道哉?(《周易外传·系辞上传第十二章》)

这是说,器是第一性的存在,道从属于器,只能说道是器之道,不能颠倒过来说器是道之器。王夫之在这个问题上,坚持了唯物主义原则。

中国哲学史的朴素唯物主义发展到元气本体论,才给唯心主义本体论以全面的反击,并取得了决定性的胜利。以后的唯心主义没有提出什么新花样,在理论上无法与唯物主义抗衡。

西方哲学史的朴素唯物主义只有两个发展阶段,即元素论

---

① 王夫之这里指名反对的是《老子》的道"先天地生",而实际所指的是那些唯心主义本体论的哲学体系。见拙著《唯物主义的王夫之为什么反对唯物主义的老子?》。

的朴素唯物主义与原子论的朴素唯物主义。这两个阶段都是在西方奴隶制社会时期发展完成的。与中国的元素论的朴素唯物主义和精气论的朴素唯物主义形成的阶段大致相当或接近。

欧洲中世纪的神学和教会的力量过于强大，专制和迷信的落后力量扼杀了唯物主义正常发展的生机。因而欧洲中世纪的唯物主义哲学的幼苗在神学的巨大岩石重压下，只能扭曲地萌发着，于是产生了宗教外衣下的唯名论。它的理论水平没有超出古希腊德谟克利特的原子论。

中国的封建社会有它不同于西欧中世纪的历史条件。阶级斗争的激烈，特别是农民起义的规模之大、次数之多，为世界历史所仅见。中国社会的土地私有和自由买卖，也相对地使人身依附的关系较西方中世纪为松弛。表现在意识形态方面，封建宗教神权的横暴、专制，也相对的有所削弱。因此，唯物主义的发展也相应地有它的特点。在精气论的朴素唯物主义之后，又出现了元气自然论的朴素唯物主义和元气本体论的朴素唯物主义，使朴素唯物主义得到更充分的发展，达到了更高阶段。

我们说元气本体论的朴素唯物主义是朴素唯物主义发展的更高阶段，有以下的涵义：

第一，元素论和原子论的唯物主义主要在于说明世界构成的问题，它反击的对象是上帝创世说。而元气本体论的朴素唯物主义涉及的内容则不止解决上帝创造世界这一方面的问题。

第二，元气本体论的朴素唯物主义比较深入地从理论上驳斥了唯心主义本体论，对中国哲学史上的重要范畴，如体用、道器，理气，以及心性、道德方面，都尽力做出唯物的答案。

第三，元气本体论的朴素唯物主义把自然观、认识论、方法论结合得比较紧密，唯物主义体系比较完整。而元素论和原子论以前的朴素唯物主义在这几个方面有时一致，有时不一致。

它的唯物主义比较松散。

第四,元气本体论的朴素唯物主义对当时各种唯心主义(包括影响较大的佛教的唯心主义烦琐哲学)都给以系统的驳斥,较好的执行了作为唯物主义学说体系的战斗任务。

由于以上这四种理由,我们说它是我国朴素唯物主义发展的最高阶段。但同时也必须指出,它毕竟还是朴素唯物主义,在整个唯物主义发展的过程中,还只能算是低级形态的。它低于机械唯物主义,更不能与辩证唯物主义相比。因为:

第一,它具有古代朴素唯物主义的一般特征,它没有摆脱感性直观的臆测的性质。比如说,"元气"这个东西就不具备近代科学可以证实的基础。

第二,它有初步的辩证法思想,这些辩证思想是自发的,是与朴素唯物主义的发展水平相适应的。它还没有达到具有近代科学机械分析的形而上学的阶段。有人说王夫之的唯物主义比费尔巴哈的唯物主义还高明,这是从表面的某些假象上来说的。其实,它所以不具有形而上学性(或者说它的形而上学性较少),并不是由于它超过了费尔巴哈的阶段,而是由于当时的生产实践、阶级斗争各个方面还没有达到费尔巴哈的形而上学的唯物主义的水平。

第三,元气本体论的朴素唯物主义当它反对唯心主义本体论时,起了积极作用。但"本体"这一概念本身,就包涵着唯心主义的漏洞。在近代科学产生以前,讲万物的"本体",它指的是自然现象、社会现象、阶级斗争等所有方面的最后依据。从它的哲学体系上不得不承认社会、文化、道德以及全部上层建筑都以元气为"本体"。结果,必然使它离开了社会存在去说明社会意识,把自然界的物质根源(元气)看作社会意识的根据,必然离开了唯物主义轨道陷于唯心主义。如果把唯物主义的原则贯彻到底,那末只有把社会存在作为社会意识的根据,才不致背离唯物主义路线。恰恰在这个问题上,所有的古代的唯物主义者都失足了。由于他们坚信有一个元气作为万物的本体,他们必然把一切现象(自然现象和社会现象)都归结为元气的本体。这样的"本体"尽管与唯心主义的精神性的本体有区别,但也还是无法用科学证实。这种唯物主义不能把唯物主义原则贯彻到底(特别是在社会历史领域)。

科学的辩证唯物主义不讲本体论,不承认一个现象的背后都有一个共同依据的"本体",而只是指出世界统一于物质性。这就从根本上免于跌进过去所有唯物主义哲学失足的泥淖。

*　　*　　*

从我国古代朴素唯物主义发展的四个阶段,我们可看到我国朴素唯物主义的发展达到了当时世界朴素唯物主义的高度水平,正如我国封建社会的经济、文化曾发展到封建社会的世界高度水平一样。

从中国朴素唯物主义的不同发展阶段,可以更清楚地识别中国哲学史发展的阶段,可以避免前人讲中国哲学史,把几千年的唯物主义哲学家讲成面目笼统,面目模糊的缺点。

从中国朴素唯物主义的不同阶段,可以看出后一时期的唯物主义是如何在与不同形式的唯心主义斗争中,克服了缺点,壮大了自己,得到了提高。

从中国朴素唯物主义的发展,可以进一步认识朴素唯物主义毕竟是朴素唯物主义,它不能超越经过近代科学武装的机械唯物主义的水平。如果不承认这一点,就会离开了历史主义原则,陷于错误。

从中国朴素唯物主义的发展,更加深了对经典作家所划分唯物主义三个基本形态的认识。唯物主义发展的三个形态,是

颠扑不破的真理,资本主义社会以前的唯物主义只能是朴素唯
物主义;机械唯物主义则是资产阶级上升时期的唯物主义;辩证
唯物主义是最高形态的唯物主义,它是在现代科学,现代工业,
现代工人运动中,总结了过去人类一切优秀文化成果的产物。
我们认识到唯物主义的各种形态不是随便什么时代,随便什么
阶级都可以互相采用的,这样就使我们哲学史工作者既避免了
把古人现代化的错误,又避免了歪曲古人的错误。

历代农民革命战争
对中国哲学史的作用*

　　决定哲学史发展的主要是当时的阶级斗争,当然生产斗争中知识经验总结对哲学史的发展也占极重要的地位。从中国古代的具体情况看,历代的阶级斗争的集中表现是农民革命战争。只要有阶级存在,它就有阶级斗争,它没有间歇的时候。农民革命战争是间歇进行的,它的作用对于哲学史来说不是经常的。但是由于农民革命战争是阶级斗争的爆发式的表现,威势猛、影响深,往往促使阶级斗争向更深刻的方向发展,因此,它对中国哲学史的发展起了极为重大的作用。笔者没有意思说农民革命战争对哲学史的发展是唯一决定性的因素。科学的发展也对哲学史的发展有重要影响。先行的哲学思想对它后来的哲学思想也有影响作用。此外,影响哲学史发展的,还有其他因素。本文只从一个侧面来说明研究中国哲学史应当注意的一个方面。篇幅所限,不涉及农民革命战争对哲学史的作用中许多具体的哲学思想问题。

---

* 原载《光明日报》1959 年 4 月 5 日。

中国哲学史的发展有它许多特点。这些特点是受哲学史一般规律所制约的,而不是哲学史发展的一般规律管不着。哲学史是说明唯物主义在不断克服唯心主义,辩证法在不断克服形而上学的斗争中发展、成长的科学。哲学史发展过来的道路说明,辩证唯物主义是人类哲学智慧发展的最高成就。中国哲学史的发展既然是在中国具体的社会历史条件下进行的,它必然带着中国社会历史的特点。

中国哲学史所经历的道路,绝大一段是在封建制度下过来的。中国封建社会特点之一就是农民革命次数之多和规模之大。"地主阶级对于农民的残酷的经济剥削和政治压迫,迫使农民多次地举行起义,以反抗地主阶级的统治。从秦朝的陈胜、吴广、项羽、刘邦起,中经汉朝的新市、平林、赤眉、铜马和黄巾,隋朝的李密、窦建德,唐朝的王仙芝、黄巢,宋朝的宋江、方腊,元朝的朱元璋,明朝的李自成,直至清朝的太平天国,总计大小数百次的起义,都是农民的反抗运动,都是农民的革命战争。中国历史上的农民起义和农民战争的规模之大,是世界历史上所仅见的。在中国封建社会里,只有这种农民的阶级斗争、农民的起义和农民的战争,才是历史发展的真正动力"①。毛泽东同志的这段话,是从丰富的历史发展的事实中总结出来的规律。这一规律对于指导中国古代哲学史的研究具有重要意义。

先秦时代,农民起义的领袖相传是盗跖,他们的事迹已被统治者所歪曲和有意地湮没,真相已经不清楚,姑且存而不论。据史书记载,春秋战国时候,农民反抗压迫的斗争方式主要是用逃

① 《中国革命和中国共产党》,《毛泽东选集》第 2 卷,人民出版社,1966 年版,第 588 页。

亡来对抗统治者的剥削和压迫。春秋战国时期一般的国家缺乏的是劳力，不是土地。争城、争地的战争，主要目的还是在于掠夺劳动力。所以当时的贵族统治者要求把所管辖的农民固定下来，不许他们到处流动。像《孟子》中就讲到梁惠王的主要苦恼是"邻国之民不加少，寡人之民不加多"。墨子在反对战争的许多文章中也反复讲到战争夺人土地是夺自己所有余的，由于夺土地而使人民战死，是杀死自己所不足的。

在春秋战国时期农民革命战争没有发展成为大规模的、自觉的行动，在哲学思想中也没有充分的反映。有些有远见的哲学家已察觉到农民问题是十分值得注意的问题。像孟子就说过："民为贵，社稷次之，君为轻。"这里的"贵"即"重要"，如《论语》"礼之用，和为贵"，是说"和"的原则最为"重要"。孟子的意思是说："农民的问题最重要，政权的问题比较次要，君的问题不大"。后人借题发挥，说孟子有"民主"思想，那是另一回事，和实际情况是不符合的。这里不在于说明孟子的思想本质，而在于指出农民的问题已是一个重要的问题，引起了哲学家的注意。此外，孔子、荀子、韩非等，都提出了如何对付农民的问题。

正是由于先秦没有较大规模的农民起义，大多数的统治者还不认识农民的伟大力量，不知道农民的厉害。所以先秦法家肆无忌惮地把农民当牛马、工具。认为用鞭子和奖励就可以使天下农民俯首听命。秦朝沿着这个道路走下去，遭到了覆灭。

在秦的暴力下，农民揭竿而起，巍巍秦帝国，在农民打击下，很快土崩瓦解。汉初"惩秦之敝"，对农民做了很大让步，这就是历史上"文景之治"的由来。表现在哲学上就是西汉初年黄老之学的抬头。黄老之学盛行于西汉，固然有其他原因，主要原因之一应当说是农民革命战争后的产物。统治者被迫不得不"与民休息"，所以采取了"无为而治"的政策。剥削的统治阶级，从本质上讲,都是欲壑难填的,哪里会有真正"与民休息"的好皇帝?

又经过一段长时期的剥削,曾经获得暂时喘息的农民又活不下去了,爆发了西汉末年的赤眉、铜马等农民起义。这一次农民起义是利用宗教开始的,东汉后期的官方统治哲学为了进一步对付农民,也采取了宗教作为思想武器。东汉的哲学思想斗争,表现在宗教与反宗教方面。这有其他原因,但和农民起义有极大的关系。

东汉末年黄巾大起义,威力之猛,超过了过去几次大的农民起义。这一次农民革命运动比过去更坚决、更彻底,阶级意识比过去几次更为明朗。起义的锋芒指向以刘姓天子为中心的汉中央政府和大大小小的地主阶级。由于条件不具备,不幸失败了。

农民起义成功,推翻旧王朝,新王朝懂得了农民的力量,经常会对农民做出某些让步。起义的成功,当然并不意味着农民的胜利。相反的情况下,如果农民起义失败,新王朝的统治者就会变本加厉地对付农民,比过去更残酷。魏晋时期,农民的生活是非常悲惨的。曹魏的屯田制,是用军事编制,把农民束缚在固定的土地上,供驱使、劳役的制度。近来有人说曹操用屯田利用农民,这种说法是不大正确的。屯田制比连年相杀,人吃人要好些。但农民的生活不能认为只要不连年相杀,不人吃人就是仁政。西晋的占田制是用法律的形式把农民束缚在固定的土地上,对农民进行压榨的方式。按剥削量说,魏重于汉,晋重于魏。像西晋连十几岁的孩子、六十以上的老翁负担着极繁重的劳役和农业税。

这一情况表现在哲学上,便出现了不管人民死活,专门作虚玄抽象思维的魏晋"清谈"。

也正由于农民看不见革命的出路,他们不得不向宗教去找寻安慰。佛教的轮回报应说,本来早已来到了中国,直到三国以后才算找到适宜的气候,得到滋长。道教也在这个时期发展起来。其中有农民的思想,也有统治阶级利用宗教宣传宗教的思想。

隋末农民大起义,打垮了隋帝国,李世民封建地主集团利用农民起义建立了唐帝国。这时又采取了一些对农民让步的措施。由于唐太宗李世民亲眼看到强大繁荣的隋帝国是怎么被农民起义打垮的,尽管他自己不信宗教,但却有意识地利用宗教麻痹农民的斗争意志,以加固他的统治。所以唐代御用思想武器中有佛教、道教和儒家的封建伦理道德观念。统治者学得乖巧了,他们积累了一些思想统治的经验,知道宗教、封建伦理道德可以互相配合,起的作用会更大。他们有意识号召"三教合一",让统治阶级内部的各派儒、释、道各得其所,不要争吵。他们中间也有矛盾,但不过是暂时的。像排斥佛教最激烈的唐武宗,曾下令"毁法",并不是用无神论"毁法",乃是用道教来"灭佛",他死后佛教又合法存在了。

农民革命,在唐末爆发了黄巢起义。起义军荡平了南北朝以来的门阀世族的旧势力,毁灭了强大的寺院经济。从此结束了具有经院哲学为特点的宗教哲学。与农民起义的同时,出现了许多反映农民要求的平均主义、无君论的民主性的思想流派。此外,禅宗的广泛传布,固然有其他原因,而农民革命后直接造成的必然后果,必须估计在内。

宋朝的理学家们特别注意"君臣大义",教人通过"人伦日用"的道德生活去"体认天理"。它也有许多原因,原因之一,还是为了防止农民革命,防止统治阶级内部的互相篡夺。

明末农民革命结束了明朝的专制统治,不幸接着来了清贵族的入关,矛盾性质有所转化。民族意识,爱国热情成了促进唯物主义哲学发展的因素,爱国思想家开始对封建君主制度发生了怀疑。如黄宗羲的《原君》《原臣》《学校》等篇，都在不同程度上表现了素朴的民主思想的萌芽。

清朝的太平天国农民革命，由于条件不具备，在路线上犯了错误，没有成功。这一次革命虽然没有直接提出资产阶级性质的民主的口号，但已埋下了资本主义的火种。

历史上许多怀着善良愿望、同情农民的哲学家，在古老的封建文化中留下了不少丰富文化遗产中，带有民主性的精华。如先秦的墨子、老子，秦汉之际的《礼运》中的"大同"思想，晋朝鲍敬言的无君论，唐末的无能子，宋代的康与之，宋末元初的邓牧，明末清初的黄宗羲，清末康有为的《大同书》，一直到孙中山先生的"天下为公"的理想，都值得称赞。

农民自己或同情农民的进步思想家，都提出了向往自由、消灭剥削，"有福同享，有祸同当"的先进理想。这些思想，都是为后来的社会主义准备了条件。共产主义是天堂，但对天堂的描绘，如何到达这个天堂，人类是经过了曲折的道路的。如果算一笔总账，向共产主义社会迈进只有马克思主义出现以后，才使空想成为科学。但过去的空想，并不是毫无作用，它起了推动、探索道路的不可缺少的作用。

在历代农民革命的促进下，每一次大的革命战争都推进了生产力的发展，也促进了社会其他方面的发展。生产力不断地发展，会在个别地区，由于经济发展的不平衡，出现新的生产关系的萌芽。

长期、反复的农民革命战争，迫使人们有更多的机会认识了一些辩证法的基本原理。如果找寻中国哲学中辩证法思想丰富的原因，其中主要因素之一，就在于中国社会中农民革命战争对人民的启发和教育。当然还有其他原因，如生产实践，自然科学的发展（如医学，生物，农业科学等）。与此同时，中国哲学中的形而上学的思想也不得不披上辩证法的伪装。比如正统派的哲学家，都讲变化发展，特别是对《易经》的注解表现得最为突出，他们都大讲"中和""中庸""调和""不偏不倚"。其目的就在于阉割辩证法。这种办法，比董仲舒公开宣扬"天不变，道亦不变"的拙劣的形而上学聪明得多，虽然他们在本质上没有两样。

农民革命战争中经常以平均主义，空想农业社会主义教育农民。他们经常以互通有无，互相救济的精神共同生活，共同劳动。汉末张鲁的公库，宋代的方腊互助组织，明代描写农民革命的小说《水浒传》中所设想的梁山泊的平等互助生活，"打富济贫"，"替天行道"的愿望，都是集体、平等思想的萌芽。这些思想、本来是劳动人民自发的思想。这是一个好传统。今天的农民走人民公社的道路，主要是党的领导，和长期对农民进行共产主义思想教育的结果，但是也不能说和中国农民的优良传统一点也没有关系。

这里必须指出，本文并没有意思论证中国哲学史的发展、思想的演变都要向农民革命战争中找根源，这样做会以偏概全，是不对的。本文目的在于，仅仅在于指出，如果研究中国哲学史的发展和变化、思想表现方式、哲学史的划分阶段及考察中国哲学的特点时，如果忘了农民革命战争对它所起的巨大作用，就会讲不明白。正如毛泽东同志所指出的，中国农民起义和农民战争是中国历史的特点。农民革命既然在社会历史上起了巨大作用，不可避免地要在哲学史上有所反映。

统治阶级利用哲学对付农民革命，是自觉的，选择的武器不会用错。不论是进步的或反动的哲学家，没有不对农民革命关心的。因此，必须对农民革命给以足够的注意。但是也要防止对任何哲学史上的问题，都从农民革命中直接找根据。因为哲学史上许多问题的提出和解决，并不是直接来自农民革命，也不是全部问题来自农民革命。把它绝对化,也会犯偏差,要从全面考虑,不能简单化。

总的来说,农民革命在某些时期,在一定的条件下决定着哲学思想的精神面貌,在一定的条件下给哲学家出了题目,在一定的条件下促进了民主性思想的产生和成长;在一定条件下促进了辩证法的发展,描绘了大同世界的蓝图,这是可以说的。

研究哲学史首先要尊重历史*

《周易》这部书文字简约，是古人用来占卜的书，语言含混，以便给古代的巫、祝、卜、史这些专业占卜家留有自由灵活解释的余地。从古到今尽管有上千种的经疏和解释，而讲不清楚的占绝大多数。

近来读了李景春同志的《周易哲学及其辩证法因素》一书，关于内容方面的训诂、解释这里不想谈，因为问题牵涉太多，不是三言两语所能讲清楚的，现在只对该书的研究方法提出一点粗浅的意见，以供参考。

李景春同志在该书的第一页就说："周易哲学产生的时代，纪元前十二世纪，在中国是殷代末期，周代初期的时代。这是种族进一步融合的时代，这是文化发展的时代，因之是哲学产生的时代。"又说："哲学的产生，需要一定的社会发展条件，并且是一定的社会发展程度的反映。周易哲学产生时，社会的联系范围已经超过个别城市、个别乡里之外，需要在广大区域、广大群众中有比较统一的比较集中的规律性的认识。在文化的发展中已经获得比较丰富的积累，不仅需要对于各种自然现象的规律性

＊　原载《哲学研究》1963 年第 7 期。

的认识,不仅需要对于各种社会现象规律性的认识,而且需要对于综合自然现象和社会现象的统一的联系的规律性的认识,需要一种宇宙观,这时哲学就产生了。"(引文出自该书的,不再注书名)。

看了李景春同志所论列的周易哲学产生的历史条件,觉得说得太抽象,没有阶级分析。作者虽说到周易哲学产生的时代,其实只讲到它产生的"年代"。我国一直是一个多民族的大国,民族的融合、文化的发展,几千年没有中断过,至于社会的联系也是一天比一天更密切,为什么单单在公元前 12 世纪产生"周易哲学"?李景春同志说由于有"需要","需要一种宇宙观",就产生了周易的哲学。我们必须指出,"需要"只是一个方面,更主要的是阶级斗争、生产斗争的具体条件。马克思主义、历史唯物主义的原理告诉浅们,哲学和其他上层建筑一样,是从它的基础产生的。有什么样的经济基础,就会产生什么样的哲学和其他上层建筑。恩格斯说:"每一时代的理论思维,从而我们时代的理论思维,都是一种历史的产物,在不同的时代具有非常不同的形式,并因而具有非常不同的内容。因此,关于思维的科学,和其他任何科学一样,是一种历史的科学,关于人的思维的历史发展的科学。"[1]

恩格斯指出的原则就是我们每一个马克思主义者研究历史所要遵循的唯一原则。离开了这一原则,就会迷失研究的方向。李景春同志既然认为周易哲学产生于公元前 12 世纪,殷周之际,是文王的哲学,至少应当从周易的哲学中对殷周的社会性质、阶级斗争的情况有所反映。但是李景春同志的论述虽说是讲的"周易哲学"却像是讲马克思主义哲学,使人看不出周易哲学讲

---

[1]　恩格斯:《自然辩证法》,人民出版社,1971 年版,第 27 页。

的是什么社会,什么时代的哲学。最近,在《哲学研究》第三期上,李景春同志一再申明他没有把古人现代化。现在试从李景春同志的著作中随便选取几个例子来说明我的这种印象不是没有根据的。

殷周社会和今天社会主义社会有没有区别?

李景春同志对《蒙卦》六三的爻辞"勿用取女,见金夫不有躬,无攸利"这句话的解释是:"蒙昧到了愚顽,当然不好,可是还是可以教诲,只是在对他发蒙之时管束从严罢了,这个道理在蒙之初六之时已讲过了。可是他比愚顽更退一步到了品质恶劣,比品质恶劣更退一步到了习恶成性,到了竟变成坏分子,那就再不能姑息纵容了,只有把他当作不堪教诲的坏分子清除出去,和对于'见金夫不有躬'的坏女子一样,不加取录,不加收容。因为若对这样的坏分子加以收容,那就对团体的名誉带来了不光彩,那就对同学的名誉带来了不光彩,是'无攸利',是没有好处的。"(75 页)爻辞这几句话原意究竟是什么,历来的注释家多半在猜测,但大意总还可以懂得,爻辞是说,占到这一爻的人,如果问的是关于娶妻的事,卦爻的指示是不要娶,没有好处。从上面的爻辞里无论如何也分析不出什么"品质恶劣""习恶成性""变成坏分子"这一类意思来。地、富、反、坏是我国人民民主政权下被管制的对象,公元前 12 世纪的"坏分子"指的是什么人? 如果从当时广大人民的立场划定坏分子的标准,最坏的坏分子应当指的是奴隶主贵族;如果从奴隶主贵族的立场划定坏分子,可能指的是反抗奴隶主贵族的奴隶。他们所谓的"坏分子"不但不应当看作坏分子加以谴责,反而是值得学习的人物。只要有阶级存在,包括公元前 12 世纪的奴隶制社会在内,哪里有超阶级的"坏分子"？李景春同志上面这段解说，似乎是让读者从这一卦爻辞中学习，得到启发，不要当"坏分子"，用意也许是好的。李景春同志不从阶级观点来分析，什么是"坏分子"就讲不明白，只能越讲越糊涂，能使读者从中取得什么教益呢？

更难使人理解的是下面的"不加录取""不加收容"，这又好像文王时期办了什么公开考试的学校或训练班的样子，不然怎么谈得上"录取""收容"？这一段的解释又好像当时已有了什么群众性的团体组织，所以才说，若对坏分子加以收容，"那就对团体的名誉带来了不光彩，那就是对同学的名誉带来了不光彩"。这俨然又像一个校长开除学生的口气。"团体""同学""维护团体的名誉"绝不是文王时代的奴隶主阶级可能有的概念。

公元前 12 世纪可不可能有马克思主义的认识论？

李景春同志《论〈周易·履卦〉》时说："履是践履，是指出实践作用的重要性。这是正确的。在易系辞传下说'履，德之基也'，基是基础。这是指出，实践是基础，是认识的基础，是理论的基础。"（《续集》，30 页）同书的 35 页又说："它指明了实践在认识过程中的作用和总结实践经验的重要性。"

关于《履卦》的解释，在《哲学研究》第三期中又进行了补充解释，说："德是德业。它是中国古代的一种认识。它是中国古代的一种理论。所以说德是认识，德是理论。"履是实践。德是认识，是理论。基是基础。"所以将'履，德之基也'用现代语解说，应当是'实践是基础，是认识的基础。'这里是没有什么'望文生义，无中生有'的。"

看来，李景春同志依然认为是别人对他的文字表达的一点误会，认为批评者是没有根据的。

凡是学过马克思主义哲学的人,都知道马克思主义哲学的特点之一就是实践性。马克思曾指出:"费尔巴哈想要研究跟思想客体确实不同的感性客体,但是他没有把人的活动本身理解为客观的活动……所以,他不了解'革命的''实践批判的'活动的意义。"①辩证唯物主义的认识论不同于过去一切旧哲学的认识论的地方,就在于它把实践看作理论的基础。毛泽东同志说过:"马克思主义的哲学辩证唯物论有两个最显著的特点:一个是它的阶级性,公然申明辩证唯物论是为无产阶级服务的;再一个是它的实践性,强调理论对于实践的依赖关系,理论的基础是实践,又转过来。为实践服务。"②李景春同志也承认马克思主义哲学是人类哲学的革命变革,并相信马克思主义哲学是无产阶级的世界观,它不同于过去一切剥削阶级的哲学。却把"实践是认识的基础"这一革命变革,说成文王《周易》中早已有了的原理这是不对的。我们从《系辞传》中"履,德之基也"这五个字,怎能得出"实践是理论的基础"的结论来?"履"是履践,充其量不过是奴隶主的道德修养,决不是社会实践(生产斗争、阶级斗争、科学实验),古人的"履践"和革命的实践二者之间不是程度的不同,而是性质的不同。"德"只能解作奴隶主阶级的道德,"德"和"认识"有什么关系?"德之基"总不能译解为现代语的"认识的基础"。

公元前 12 世纪,可能不可能有重视人民群众的群众观点?

我想李景春同志也会说,认识到人民群众是历史的主人,是

---

① 《关于费尔巴哈的提纲》,《马克思恩格斯全集》第 3 卷,人民出版社,第 3 页。
② 《实践论》,《毛泽东选集》第 1 卷,人民出版社,1966 年版,第 261 页。

历史唯物主义的大发现，是马克思主义的贡献。人民群众真正当家做主，在政治上取得发言权，那是无产阶级和劳动人民取得政权以后的事。古代的奴隶主根本不把奴隶当人看待，他们的眼里哪里会有群众？事实上李景春同志在《论〈周易·观卦〉》中说："观是检查，在胜利来临以后，应当进行检查。这包含自我检查以及吸收群众参加检查。这种检查，要检查优点，也要检查缺点。"（《续集》，104 页）在解释"先王以省方观民设教"（《观卦》大象辞）时说："方是地，省方是遍及各地，在这里有检查应普及到各个方面的意思。观民，在这里是检查应吸收广大群众参加，并考虑到在群众中所发生的影响。设教是设立政教，即是说根据检查的结果，定出规则和条文，以期获得优良的效果。"（同上书，106—107 页）对于《观卦》的解释，已有同志提出了不同的意见，李景春同志在《哲学研究》第三期，辩解说："我在《观卦》中所用的有关'检查'的语句，是作为观的字义的现代语用的。既不是附会，更不是认为古人已懂得现代思想。评论者的责难是不合理的。"并自以为解释《观卦》的观为"检查"是"是有根据的。"李景春同志引征的根据是《周易口诀》的"观谓王者道德，民所观看也"。且不说这句解释并不能真正解释《观卦》的意思，只就这一句话的字面看，无论如何也得不出"民所观看"，就是"群众检查的现代语解释"来。这句话不过是说，王者（统治者）的道德是民众瞻望的榜样，充其量也不过像《论语·为政》所说的，"为政以德，譬如北辰，居其所而众星拱之"的意思而已。且不说公元前 12 世纪的《周易》时代，唐代的人民能检查皇帝的工作吗？这位《周易口诀》的作者可能有这种"狂妄"的思想吗？这里我同意许多同志的意见，我认为把"观"解作"检查"，这是毫无根据的。《象辞》分明说的是"先王以省方观民设教"。"先王"只能指的是奴隶主贵族的祖先，他们的"先王"，决不同于今天我们社会主义国家的干部。作为奴隶主贵族的"先王"，怎能设想他们能"自我检查"？他们如何可能作"自我检查"？更难设想远在公元前 12 世纪的"先王"能"吸收群众参加检查"，"要检查优点，也要检查缺点"了。这正是把我国社会主义制度下的检查工作的方法硬挂在三千年前古代"先王"的名下。而且三千年前奴隶社会的"群众"，是毫无政治权利，连人身自由也没有的奴隶，又怎能被"吸收"来共同参加检查？像这样解释《周易》的方法，除了给读者带来一些错误的历史知识和制造理论上的混乱以外，还能有什么其他的结果呢？

李景春同志在《哲学研究》第三期的文章中为自己的说法辩解说："并非说《周易》作者有这样完备的思想，而是说的我个人在学习现代思想中的心得。我是说明根据现代思想对于'观'（检查）应该如何如何的，所以它就不是附会了。"作为读者，我读了这一段说明觉得这种辩解并不能改变问题的性质。因为李景春同志还是相信《周易·观卦》有发动群众检查工作的思想，只是"不完备"而已。让奴隶来检查奴隶主的工作，它不是"完备"或"不完备"（局部的检查，或小规模的检查，或临时性的检查）的问题，而是可能不可能的问题。把古代不可能发生的事拿来发挥，即使说成个人学习的心得，叫人从《观卦》中学习提高工作、走群众路线，这就不能不是附会了。

对于古书的解释从来就有的偏重在评论、发挥的，也有偏重在字句意义的解释的。不论哪一种，都要与原文的意义有一定的联系。李景春同志的《周易研究》自称是"自述学习现代思想的心得，属于'论'的范围，并非加给《周易》"。如果脱离了历史条件、脱离了原文的原义，就显得今古混淆，使读者不知道是"解释"还是"心得"。就算是讲学习心得吧，古人讲书有些经验也是值得吸取的。宋代理学家程颐给小皇帝（宋哲宗）讲《论语》，经常借题发挥,联系他当时的实际,从来没有忘了贯彻他的封建主义正统思想。据记载,"一日,当讲'颜子不改其乐'章。门人或疑此章非有人君事也,将何以为说?及讲章句既毕,入复言曰:陋巷之士,仁义在躬,忘其贫贱;人主崇高,奉养备极,苟不知学,安能不为富贵所移?且颜子,王佐才也,而箪食瓢饮;季氏,鲁国之蠹也,而富于周公。鲁君用舍如此,非后世之鉴乎?闻者叹服。"(《宋元学案·伊川学案》)程颐本来讲的是颜回"一箪食、一瓢饮,在陋巷,人不堪其忧,回也不改其乐"。程颐这一段话可谓节外生枝,但他密切联系了封建主义的实际,为封建社会服务,使人读了不觉得生硬、勉强。他的"心得"能使封建学者"闻者叹服"。李景春同志的"心得"使人读后,觉得不古不今,很难说就是为社会主义服了务。可见,如何古为今用,吸取古人的有用的经验,首先要有历史唯物主义的阶级观点;此外多从古人已经过的道路吸取借鉴也是必要的。李景春同志似乎对这两者都没有给以足够的注意,只凭个人主观"体会",当然会发生上述许多来自读者的"责难"了。

在公元前 12 世纪的社会制度下领导者与被领导者(群众)是什么关系?

李景春同志在《泰卦》"上下交而其志同也"的解释中说:"上下所以能交,为上者的谦和是起主导作用的。只有领导者不脱离群众,以群众之一员的身份,处群众之中,同甘共苦,才能领导群众前进。这是团结的根本,胜利的根本。"(《续集》,39 页)这里且不说原文的"上下交而其志同也"是不是指的上下级,还是有其他的意思(如天地的相交,水火的相交,阴阳的相交,牝牡的相交,等等),即使如作者所理解的上级领导与下层群众那也只能是奴隶主贵族与他占有的奴隶的关系。这位奴隶主贵族的在上者居然能放弃奴隶主贵族的地位和身份,与奴隶们"同甘共苦","以群众(奴隶)中之一员的身份处群众(奴隶)之中",并领导奴隶们"前进",这种情况实在是不可设想的,因为这是违反历史发展规律的。历史唯物主义告诉我们,领导与被领导的真正平等的关系,只有人民群众当家做主的时代才有可能。在资本主义社会里,人与人之间只有口头上的假平等,劳动者实际上是不带枷锁的奴隶。至于等级森严的封建社会和奴隶制社会更不能有贵族和奴隶之间的什么"平等""团结"的关系。只要学过一点社会发展史的人,总不会相信奴隶主贵族会以"群众中之一员的身份,处群众之中","领导群众前进"。这分明是把今天共产党领导下的干部与群众的关系挂在了古代文王的名下了。

李景春同志当然也可说,这是讲的个人的体会,《易经》只有一点萌芽。假如这样为自己辩解,也是不能自圆其说的。骑在人民头上的奴隶主,即使他们如何"开明",也不是我们学习的榜样。他们根本不能有"群众观点"。向他们学"群众观点",就找错了对象。

李景春同志认为现代人应当有超越古人的气概。李景春同志说:"仅仅把古代思想说出它原来的样子,是不够的"[①]。我同意这个见解,马克思主义者研究历史,就是要比古人站得更高,看得更远,不作古人的奴隶,才可以正确对古人做出评价。但是也不能把说出"古代思想的样子"这一步工作看得太容易了。"不仅仅"说出古代思想的样子,并不是说我们不要去认识古代思想的样子。《周易研究》的问题是脱离了历史唯物主义的基本原则,模糊了,以至歪曲了古代思想的样子,遑论批判、评价、取

---

① 《哲学研究》第 3 期李文。

舍！《周易研究》一书就是由于把古代思想说得走了样，才引起这一场辩论的。当然，在探索、研究过程中，一说出来就百分之百的正确，这种情况是没有的。李景春同志也许说，科学研究，谁也难保不犯错误，用马克思主义研究《周易》的人还不多，这种尝试是应鼓励的，而不应当泼冷水。今天研究古代哲学史的工作是艰巨的。任何新的探索都应当鼓励。但是违背历史唯物主义的基本原则，只凭主观、臆断、任意解释、随便联系的不科学的学风和方法，是不能鼓励的。因为这是一种有害的方法。我们所提出的批评意见也正是指的李景春同志的这一方面、这种性质的错误来说的。至于李景春同志对于《周易》的个别字句的解释，对当时社会状况的理解，如对"君子""小人"的解释，各卦的次序排列有没有意义，等问题，即使有人表示不同意，本来是可以从长计议的。

公元前 12 世纪能不能有正确处理人民内部矛盾的原则？

人民是历史的范畴，不同历史时期的人民有不同的内容，人民内部有矛盾也不是现在才有的。但是社会主义没有取得决定性的胜利之前，人民没有掌握政权之前，正确处理人民内部矛盾的规律不会被充分揭露并提到历史日程上来。正确处理人民内部矛盾是毛泽东同志对马克思列宁主义的重大发展。李景春在他的书里解释"利用刑人，以正法也"（《蒙卦》初六小象象辞）中说："从严批判，从宽处理，教育应当以说服为主。"（78 页）解释"勿用取女，行不顺也"（《蒙卦》六二小象象辞）说："对坏分子不能限于说服，还要加以制裁，这是对的。"（78 页）解释"利用御寇，上下顺也"（《蒙卦》上九小象象辞）说："对童蒙既要能除其邪僻,又要使其心悦诚服……原则上是不能让步的,方式上要尽量灵活,对症下药,揭发病根,和风细雨……那就既能明辨是非,又能心情舒畅。"(79 页)"利用御寇,上下顺也"八个字,不过是对占卦者说:占到这一爻的人,如果问的是防止盗寇的事,卦的爻象告诉占卜者是顺利的。如此而已,岂有他哉? 而李景春同志对这八个字的一句话,居然发挥得这样无所不有:又是"原则上不能让步","方式上要灵活","对症下药,揭发病根"。即使如李景春同志所讲的,说的是教育儿童的事,儿童上学最多不过是淘气,不听话;他有什么"原则"和别人对抗,以至于严重到要使教导者非坚持原则性不可? 至于讲到"和风细雨","既能明辨是非,又能心情舒畅";既像我国民主党派的神仙会,又像是干部的整风,它和《周易》的"利用御寇,上下顺也"有什么相干呢?

退一步说,即使真像作者所说的那样,是教育童蒙,那末,公元前 12 世纪的古代,哪里来的"和风细雨","从严批判,从宽处理"的教育原则? 奴隶制下的教育会和我们今天社会主义社会的群众自我教育,批评与自我批评的方式难道有共同之处吗?

我们之所以批评李景春同志的观点、方法,是因为他把马克思和列宁的一些重要的发现说成早在三千年之前奴隶制时代的文王都已有了。《周易》的"微言大义"被李景春同志发挥得过了头了。李景春同志当然不承认他有意识地歪曲马克思主义,他也一再声明过,《周易》的这些所谓辩证法,只是"因素"和"萌芽"。而读者得到的印象却不是"因素""萌芽",而是成体系的马克思列宁主义哲学思想。由于违反了历史唯物主义的原理,只能得到歪曲马克思主义的结果。马克思主义说明历史的最基本的原理是基础决定上层建筑,社会存在决定社会意识。恩格斯说过:"每一时代的社会经济结构形成现实基础,每一个历史时期由法律设施和政治设施以及宗教的、哲学的和其他的观点所构成的全部上层建筑,归根到底都是应由这个基础来说明的。"①李景春同志在研究《周易》时,似乎恰恰忘记了这一条原理,因而把只能发生在三千年前的奴隶制社会的意识形态和当前社会主义、共产主义的意识形态混淆不清。作者主观上也许自以为通过《周易》来宣传马克思主义的原则是一件好事,但事实上脱离了社会历史发展的原则,只会把高度科学性、革命性的哲学降低到奴隶制社会的哲学思想水平。如果工人阶级的世界观在三千年前早已有之,我们近百年来无数先烈的牺牲,为了寻找马克思主义,保卫马克思主义,就只能被认为毫无意义了。只要找到一部周易哲学,反复体会就够了。我们对三千年的阶级斗争经验还有什么值得总结的必要?照李景春同志的解释古代典籍的方法,必然划不清奴隶主思想、封建主思想、资本主义思想和马克思主义的界限。马克思、恩格斯、列宁、斯大林、毛泽东的哲学,只能被歪曲成为文王、孔子的直接继续,而不是革命的变革。

不错,李景春同志早已声明在先,周易哲学好比"一支烛光",马克思主义哲学"是一轮太阳"。但是仅仅从上面讲到几个例子看来,像什么实践是认识的基础,古代的"先王"与人民群众有平等的关系,古代已懂正确处理人民内部矛盾,以及检查工作,教育群众等,都不能委之于"因素","一支烛光"就可以推掉混淆古今的界限的责任的。

借古说今,用"微言大义"的方式本来是今文经学派的老办法,汉代董仲舒就是借孔子的口来宣扬他的天人合一的目的论的。董仲舒为了论证君权至上,他解释"王"这一名称时,说:"王者皇也,王者方也,王者匡也,王者黄也,王者往也。是故王意不

---

① 恩格斯:《反杜林论》,人民出版社,1970年版,第24页。

普大(而)皇,则道不能正直而方。道不能正直而方,则德不能匡运周遍。德不能匡运周遍,则美不能黄。美不能黄,则四方不能往。四方不能往,则不全于王"(《春秋繁露·深察名号》)。董仲舒把同音的几个字(王、皇、方、匡、黄、往)主观地硬拉扯在一起,其实它们之间并没有真正的内在的联系。如果有人也用这种任意编制的办法,未尝不可以拉扯另外一些同音的字做出和董仲舒尊君主张完全相反的"论证"。为什么不可以说:"王者罔也,王者妄也,王者枉也,王者诳也,王者亡也。是故王者欺罔人民则妄自尊大,妄自尊大则屈枉善良;屈枉善良则诳骗人民,诳骗人民则身死国亡。"岂不比董仲舒更能言之成理?可见今文经学的解经方法完全是主观的、任意的、没有科学根据的,当然也是最省事的。把没有的东西说成有,只能是反科学的。不但现代的马克思主义者反对这种做法,就连治学态度比较谨严的封建学者也要反对这种无中生有、望文生义的办法的。三百年前的王夫之并不懂得历史唯物主义,他还知道:"洪荒无揖让之道,唐、虞无吊伐之道,汉、唐无今日之道……未有弓矢而无射道,未有车马而无御道……"(《周易外传·系辞》上传第十二章)。而李景春同志在解经的态度和方法上,似乎比王夫之的科学态度还要差一些,把今日之道说成殷周之际早已有之。王夫之还懂得"汉、唐无今日之道",而李景春同志却大力去证明"殷周有今日马克思主义之道"。

李景春同志也许认为通过介绍古典文化,宣传一些马克思主义的哲学总是好事。古代的一些进步思想家却也有人通过阐明古代的学说,宣传了当时不便宣传的新学说、新观点。如康有为用《孔子改制考》《新学伪经考》来宣传他的变法维新思想;王夫之也曾通过对《周易》的注解来宣传他的朴素唯物主义哲学和辩证法思想,洪秀全制造了代表农民利益的天父、天兄。马克思曾指出过有一些革新者,如何利用旧的思想的形式宣传新思想的事实:"恰好在这种革命危机时代,他们战战兢兢地请出亡灵来给他们以帮助,借用他们的名字、战斗口号和衣服,以便穿着这种久受崇敬的服装,用这种借来的语言,演出世界历史的新场面。"①这种以旧瓶装新酒的方式,只是在反动或保守力量十分强大的时期用来偷运一些新思想,它有过积极进步作用,但是由于它的吞吞吐吐,不敢畅所欲言,它毕竟不能代替明确的、科学的语言的正面的阐述。在古人,是出于不得已。即使他们曾起过进步的作用,但是借用亡灵宣传新思想的办法毕竟是不科学的,这种方式也给他们的进步意义带来一定的消极影响。这一点,经典作者早已不止一次地指出过,这里不再多说了。

今天我们劳动人民坐了天下,我们享有前人所从未曾享受过的言论自由、出版自由、科学研究的自由,我们有古人所梦想不到的方便的科学研究条件,更难得的是我们有了马克思主义的哲学作为思想武器。即使出于好的动机为了多宣传一些马克思主义哲学,我们有什么必要借助死去亡灵的口号和服装呢?我们不是马丁路德、闵采尔,不是洪秀全、康有为,而是毛泽东时代的马克思主义者,我们有义务向一切歪曲马克思主义的学说做斗争。为了保卫马克思主义的纯洁,我们不能不与古老的封建主义今文经学派的思想方法划清界限。不与他们划清界限,他们会利用这一空隙向马克思主义哲学猖狂进攻。近来已经有某些学者假借反对"乱贴标签"来反对哲学派别划分唯物主义和唯心主义了;也有人提出孔子的学说中有许多思想是马克思主义的了。李景春同志主观上未必就同意这些反对马克思主义的

---

① 《路易·波拿巴的雾月十八日》,《马克思恩格斯全集》第 8 卷,第 121 页。

言论,但是由于离开了历史唯物主义的根本原则,认为今天的工人阶级的哲学古已有之,因而必然和新出现的封建复古主义者、新国粹学派划不清界限,并感到某些气息相投。

像李景春同志的研究方法确实是一种极端有害的方法。沿着这条道路走下去,会离开马克思主义越来越远,以至背离马克思主义。沿着这条路解"经",会走上任意解释、不要证据、主观主义的新今文经学的歧途,对文化遗产的整理,对培养青年实事求是的学风,都是有害的。当然,更主要的危害性就是歪曲马克思主义哲学,把马克思主义哲学降低到奴隶社会、封建社会的哲学的思想水平,对革命是不利的。

古代神话传说中
唯物主义思想的萌芽*

　　人类以自己的劳动改造着自然界的面貌，在改造自然的劳动中，人类自己也得到了改造和发展。人在和自然的长期斗争中创造了神话。中国古代神话中记载了许多"神"的活动，它们基本上都是人类征服自然、造福人群的能手，而不是宣传人在自然面前无能为力。在古代神话中有开天辟地的盘古（见《太平御览》引《三五历记》），炼石补天的女娲（见《淮南子·览冥训》），有从远方带来火种给人的燧人氏（见《路史发挥》引《拾遗记》），有发明弓矢、房屋、衣服的黄帝，有发明医药、中毒不死的神农（见《淮南子·修务训》），有射落九个太阳、为人类铲除长蛇猛兽的羿（见《淮南子·本经训》），有窃天上神土、消灭人间水患的鲧和禹（见《山海经·海内经》），有开发交通、搬走两座大山的愚公（见《列子·汤问》篇）。

　　"在远古时代，人们还完全不知道自己身体的构造，并且受梦中景象的影响，于是就产生一种观念：他们的思维和感觉不是他们身体的活动，而是一种独特的、寓于这个身体之中而

---

　　*　原载《文汇报》1961 年 4 月 18 日。

在人死亡时就离开身体的灵魂的活动。"①因此就产生了灵魂不死的观念。沿着这一方向继续发展,就产生了宗教里的神。古代神话的传播是在"不切实际的意识形态的领域"中进行的。但是,在另一方面,在一定的程度上,它对人类社会发展起过积极作用。恩格斯指出:"这些关于自然界、关于人本身的本质、关于灵魂、魔力等等的形形色色的虚假观念,大都只有否定性的经济基础;史前时期的低级经济发展有关于自然界的虚假观念作为自己的补充,但是有时也作为条件,甚至作为原因。"②

可见原始公社时期的神话传说包含着古代的文学、艺术、历史、科学的萌芽。史前时代的"神"不具有镇压人民、保护少数人利益的特点。他们都是人们爱戴的"劳动英雄"。神话"是以劳动为基础的,是改善劳动,把劳动奉为'神圣'的,是幻想着完全控制物质和自然力的"③。

神话传说通过曲折的道路反映了世界的被改变和事物的互相转化。"这种神话中所说的矛盾的互相变化,乃是无数复杂的现实矛盾的互相变化对于人们所引起的一种幼稚的、想象的、主观幻想的变化,并不是具体的矛盾所表现出来的具体的变化"④。

随着生产的发展,出现了家庭私有制,人群分化为劳动者与指挥者,随着出现了阶级社会,有了国家组织,有了带有强制性

① 恩格斯:《路德维希·费尔巴哈和德国古典哲学的终结》,《马克思恩格斯选集》第4卷,人民出版社,1992年版,第219页。

② 《致康·施米特(1890年10月27日)》,《马克思恩格斯选集》第4卷,人民出版社,1992年版,第484页。

③ 高尔基:《给阿·阿·苏尔科夫的信》。

④ 《矛盾论》,《毛泽东选集》第1卷,人民出版社,1966年版,第305页。

的禁令和惩罚。天上的统治者——上帝,实际上是地面上的统治者的影子。阶级社会里带有两种性格:"一种性格是继续带有古代劳动者的性质,造福人类;一种性格是为巩固神的不合法的权能。"①

在尚未出现阶级分化时期的神话传说中保存了一些素朴的、现实主义的思想。它表现出天才的智力和精细的观察力。古代神话中有些表现出自发的唯物主义思想,相信世界上事物是独立于人们以外而不是依赖于人们而存在的。

史前时期的神话就它的幻想和不切实际这一方面说,它有些和后来的宗教思想相似;但是史前神话不排斥科学,不是为剥削者辩护的武器。史前神话不是劳动者的敌人,不是科学的对立物。像古代各原始部族的图腾,就是保护本族的神,而不带有压迫本族劳动者的作用。但是神话中既然有同宗教唯心主义互相纠缠的地方,它必然与它的自发的唯物主义倾向发生内在的矛盾。因为它一方面反映了史前人类生产劳动的实践,一方面也反映了人在和自然做斗争时,在自然力和自然灾害面前的软弱无力。随着阶级、社会的发展,原始神话的"神"的性质起了变化。神本来是自然力的化身,到了阶级社会里,神也具有了阶级的性格,变成社会力量的化身。神成了人间的统治者。

因此,当人类与自然斗争中开始运用思维和想象的能力时,出现了神话。神话素朴的反映了人类战胜自然的现实,也夹杂着不切实际的幻想。它本身孕育着唯物主义和唯心主义两种思想倾向的萌芽。

生产进一步的发展,阶级出现了,神话对人们的影响逐渐缩

---

① 高尔基:《给阿·阿·苏尔科夫的信》。

小,系统的哲学思想开始形成。在奴隶制以及封建制初期,神话虽然还起着一些作用,终于"随着这些自然力之实际上被支配,神话也就消失了"①。

---

① 马克思:《〈政治经济学批判〉导言》。《马克思恩格斯选集》第 2 卷,人民出版社,1992 年版,第 113 页。

《易经》和它的哲学思想 *

关于《易经》和《易传》两部分必须分开来研究，现在学术界已初步得到了一致的看法。从它的内部来看，"经"的部分成书于殷周之际。本文只谈《周易》的"经"的部分。

现在我们看到的《易经》这部书，统称为《周易》，其中包括有两大部分。一部分是六十四卦的卦辞，和三百八十四爻的爻辞。这一部分相当古，它完成于殷周之际。为了便于占卜，对六十四卦，三百八十四爻，必须有它的名称和说明。《周易》这部书，尽管成书时代拖得很长，但六十四卦的卦辞和三百八十四爻的爻辞，可能是一次完成的，因为不一次完成，卜卦就卜不成，不管谁，只要用八卦相叠，排列下去，必然会有六十四卦出来。而三百八十四爻也是六十四卦必然的产物。另外一部分，是解释卦辞与爻辞的一些注释和说明。这里面说明六十四卦为什么这样排列而不那样排列的有《序卦》；说明各卦之间的关系的有《杂卦》；说明各卦的基本观念的有《彖辞》；说明每卦六爻的基本观念的有《象辞》；说明《周易》的基本原理如何作为普遍法则运用到自然、社会方面的有《系辞》。这些说明和解释，有的是从唯物

---

* 原载《光明日报》1961 年 3 月 31 日。

主义观点解释的,也有从唯心主义观点解释的。这些注释说明,过去称为十翼(彖辞、象辞、文言、说卦传、序卦传、杂卦、系辞传),统称为《易传》。

十翼虽统称为《易传》,而实际上作者的时代和作者的立场、观点有很大的区别。根据《左传》《史记》的记载,孔子对《易》花过很多时间去研究它。旧说《系辞》是孔子所作,现在从阶级观点、时代特征来看,这个说法是有些根据的。

《史记·周本纪》说,"帝纣乃囚西伯于羑里"。文王在被囚期间演八卦为六十四卦,司马迁《报任少卿书》中明确地说:"西伯拘而演《周易》"(《汉书》本传),《日者列传》也说:"自伏羲作八卦,周文王演三百八十四爻,而天下治。"(《史记》)西汉末年,扬雄也说:"《易》始八卦,而文王六十四,其益可知也。"(《法言·问神》篇)又说"文王渊懿也……重易六爻……"(《法言·问明》篇)。王充也认为《周易》作于伏羲,完成于文王。他说:"《易》言伏羲作八卦,前是未有八卦,伏羲造之,故曰作也。文王图八,自演为六十四,故曰衍"(《论衡·对作》篇)。

在西汉以前,文王演《周易》已经是学术界公认的事实。文王拘起来,用《易》来推演,犹如今天用扑克牌"过关",这也是说得通的。再从《易经》的内容来看,《易经》有许多地方带有古代早期奴隶的一些生产和生活的特征,跟今天少数民族的某些民俗相比较,也有些相像。在解放前,彝族地区,宗教巫术,相当盛行。他们卜卦,有的用鸡骨,有的用牛、羊、猪骨。方法是巫师(彝语称为毕摩)用骨块掷出,看它落下来的正面反面,从而断定事情的吉凶。方法是一正一反。这和周易用"--"和"-"两个符号表示事情可行或不可行,基本上一样。随着人类社会生活的内容逐渐丰富,阶级斗争日趋复杂,生产方面也有更多的问题要解决。仅仅用"可行"或"不可行","好"或"不好"这样简单的处理方式,已经不能满足需要,六十四卦因而出现。

再从《易经》所涉及的内容来看,其中有关于古代原始战争的,祭祀的,占婚姻的,也有关于生产的。这些和甲骨文的卜辞中所透露出来的生产状况、阶级状况,有许多相似之处。其中最能体现时代特点的如对待奴隶的残酷刑罚,如《噬嗑》的卦辞和爻辞,"噬嗑,亨,利用狱。初九,屦校灭趾,无咎。六二,噬肤灭鼻,无咎。上九,何校灭耳,凶。"有关于畜牧生产的,如《晋卦》辞"晋康侯用锡马,蕃庶,昼日三接";"利牝马之贞";有关于寻找家畜的,如《否卦》九五爻辞"其亡其亡,系于苞桑";有占打官司的,如《讼卦》的卦辞和爻辞,"讼,有孚。窒惕,中吉,终凶,利见大人,不利涉大川。初六,不永所事,小有言,终吉。九二,不克讼归,而逋其邑人三百户,无眚。九四,不克讼,复即命渝,安贞吉。"占卜战争的胜败;问建侯、行师、娶妇的吉凶;问婚媾、聘女、归妹;问产子、怀孕、出行、涉川,或出行的方向;问疾病能否痊愈的就更多了。

从《易经》卦辞、爻辞中引用的一些例子来看,也能说明它是殷周之际的产物。其中提到箕子之明夷,提到晋康侯(即康叔),还提到当时人人都懂的高宗伐鬼方、帝乙归妹、丧羊于易的故事。《易经》"中行告公"(见《益》卦六三、六四)的中行,乃是殷周之际的故事。高亨在《周易古经今注》中引用《竹书纪年》旧说,可信。

《周易》这部书在春秋时已广泛流行,流行的版本基本上和今天我们看到的相同。

晋国的使者韩宣子到鲁国访问,在鲁国保存古籍的地方,曾看到《易象》与《鲁春秋》。《易象》是卜卦的三百八十四爻的解释。鲁国有完整的一套。时间是昭公二年(前540)。又《左传》记载用卜筮的地方有二十二处,其中,明显地和现存《周易》的《经》有关系的,有十多处。列举如下:

庄公二十二年（前697）："周史有以《周易》见陈侯者，陈侯使筮之。遇《观》之《否》（☷☴观☷☰否）。曰，是谓'观国之光，利用宾于王'"。按：《左传》记载的占法与今本《周易》相同，《观》之《否》即《观》六四爻，爻辞与今《观》卦六四爻辞相同。以下是这位周史的解释："坤土也，巽风也，乾天也。风为天于土上，山也。有山之材而照之以天光，于是乎居土上。故曰观国之光，利用宾于王。庭实旅百，奉之以玉帛。天地之美具焉。故曰利用宾于王。犹有观焉，故曰其在后乎。风行而著于土，故曰其在异国乎。"

闵公二年（前660）："成季之将生也，桓公使卜（按：卜用龟卜）。楚丘之父卜之，曰，男也，其名曰友……又筮之，遇《大有》（☰）之《乾》（☰）（按：即易卦《大有》六五爻，爻辞是"六五，厥孚交如、威如，吉"。）曰同复于父，敬如君所。及生，有文在其手曰友。遂以命之"。

僖公四年（前655）："初，晋献公欲以骊姬为夫人，卜之不吉，筮之吉。公曰从筮。卜人曰：筮短龟长，不如从长。且其繇曰：专之渝，攘公之羭，一薰一莸，十年尚犹有臭。必不可。弗听。"

以上这两次筮卦，爻辞都和今本《周易》不同。

僖公十五年（前644）："其卦遇《蛊》（☴），曰，千乘三去，三去之余，获其雄狐。夫狐蛊，必其君也。蛊之贞，风也。其悔，山也……"

僖公十五年："晋献公筮嫁伯姬于秦。遇《归妹》（☱）之《睽》（☲）（按：即《周易·归妹》上六爻。）史苏占之曰不吉"。其繇曰，"士刲羊亦无盲也。女承筐，亦无贶也。西邻责言，不可偿也。归妹之睽，犹无相也。（按：这和今《周易·归妹》上六爻辞基本相同。今爻辞为"上六，女承筐无实，士刲羊无血，无攸

125

利。")震之离,亦离之震,为雷,为火,为嬴败姬。车说其辙,火焚其旗。不利行师,败于宗丘。归妹睽孤,寇张之弧。侄其从姑,六年其逋。逃归其国,而奔其家。明年其死于高粱之虚"。

僖公二十五年(前634):"筮之,遇《大有》(䷍)之《睽》(䷥),(按:即易卦《大有》九三爻曰吉,遇公用享于天子之卦也。战克而王享,吉孰大焉。且是卦也,天为泽以当日,天子降心以逆公,不亦可乎? 大有去睽而复,亦其所也。"按:今《周易·大有》九三爻辞是"公用享于天子,小人弗克"。

成公十六年(前574):"公筮之,史曰吉,其卦遇《复》(䷗),曰'南国蹙,射其元王,中厥目。'国蹙,王伤,不败何待?"按:今《周易·复》卦上六爻辞有:"迷复凶,有灾眚,用行师终有大败,以其国君凶,至于十年不克征。"意思相同,辞句有出入。

襄公九年(前563):"始往而筮之,遇《艮》(䷳)之八。史曰,是谓《艮》(䷳)之(随)之(䷐),随其出也。君必速出。姜曰:亡。是于《周易》曰,随,元亨利贞,无咎。'元,体之长也。亨,嘉之会也。利,义之和也。贞,事之干也。体仁足以长人,嘉德足以合礼,利物足以和义,贞固足以干事'。然故〔固〕不可诬也,是以虽随无咎。"按:值得注意的是这一段话,从"元,体之长也……到贞固足以干事"文字完全同于《乾文言》。由此也可以推知《易传》(包括文言等)不会迟于春秋中叶。再从卦象的意义来看,意义与《随卦》辞也接近:"随,元亨利贞,无咎。"

襄公二十五年(前547):"武子筮之,遇《困》(䷮)之《大过》(䷛),史皆曰吉,示陈文子。文子曰:夫从风,风陨妻,不可娶也。且其繇曰'困于石,据于蒺藜,入于其宫不见其妻,凶'。困于石,往不济也。"按:今《周易》,《困卦》六三爻辞为:"六三。困于石,据于蒺藜,入于其宫,不见其妻,凶。"

昭公五年(前539):"庄叔以《周易》筮之,遇《明夷》(䷣)之

《谦》（䷎）以示卜楚丘。曰：是将行而归为子祀……明夷日也。日之数十，故有十时，亦当十位。自王以下，其二为公，其三为卿，日上其中，食日为二，旦日为三。明夷之谦，明而未融，其当旦乎。故曰为子祀。日之谦当鸟，故曰明夷于飞。明而未融，故曰垂其翼。象日之动，故曰君子于行。当三在旦，故曰三日不食。离，火也，艮，山也。离为火，火焚山，山败。于人为言，败言为谗。故曰有攸往……"按：今《周易·明夷》初九爻辞是‘初九：明夷于飞，垂其翼，君子于行，三日不食，有攸往，主人有言。"意思基本相同。

昭公七年（前534）："孔成子以《周易》筮之，曰，元尚亨卫国，主其社稷，遇《屯》（䷂）……遇《屯》（䷂）之《比》（䷇）（按：即《屯卦》的初九爻），以示史朝。史朝曰，‘元亨’，又何疑焉。……且其繇曰‘利建侯’。嗣吉何建，建非嗣也。"（按：《屯卦》辞是"屯，元亨，利贞，勿用，有攸往，利建侯"）《屯卦》初九爻辞是"初九、磐桓、利居贞、利建侯"。

昭公十二年（前529）："南蒯枚筮之，遇《坤》（䷁）之《比》（䷇）（按：即《坤卦》六五爻），曰，黄裳元吉……黄中之色也，裳下之饰也，元善之长也，中不忠，不得其色。下不共，不得其饰。事不善，不得其极。外内倡和为忠，率事以信为共，供养三德为善。非此三者弗当。且夫易不可以占险，将何事也，且可饰乎？中美能黄，上美为元，下美则裳。参成可筮，犹有阙也。筮虽吉，未也。"（按：坤卦五六爻辞）是"六五，黄裳元吉"与今《周易》爻辞相同。

昭公二十九年（前512）："《周易》有之，在《乾》（䷀）之《姤》（䷫）（按：即《乾卦》的初九爻辞），曰潜龙勿用。其《同人》（䷌）曰见龙在田，其《大有》（䷍）曰飞龙在天，其《夬》（䷪）曰亢龙有悔。其《坤》（䷁）曰见群龙无首吉，《坤》（䷁）之《剥》（䷖）曰龙战于野。"按：这里讲到的有《乾卦》初九的爻辞、九二的爻辞、九五的爻辞、上九的爻辞及《坤》卦上六的爻辞，都与今《周易》相同。

哀公九年（前 485）："阳虎以《周易》筮之，遇《泰》（䷊）之《需》（䷄）。（按：即《泰卦》的六五爻）曰，宋方吉，不可与也。微子启，帝乙之元子也。宋郑甥舅也。祉禄也。若帝乙之元子归妹而有吉禄，我安得吉？"按：今《周易·泰卦》六五爻辞是"六五，帝乙归妹以祉元吉。"

《左传》保留下来的许多卦辞、爻辞就是现在的《周易》的原文，有些意思稍有出入，甚至《文言》中的一段早已见于《左传》。因此推知，《易传·十翼》中，最迟的是《系辞》上下传，其他部分都应该比《系辞》早。

汉儒郑众、贾逵等以为卦之象辞为文王作，爻下之象辞为周公作，现在还看不出他们有什么证据。但是，为了解释卦辞和爻辞，每一卦每爻之下的《象辞》和《彖辞》多半是从卦的具体的矛盾出发，概括、抽象为一般理论；这是相当早的，比《易传》的其他部分应当更早一些。韩宣子在鲁国看到的《易象》，应当指的是每一爻的《象辞》。他相信周公是《象》的作者，所以才称赞"周公之德"。《易经》哲学思想的基本内容，分为以下几点来说明。

一 观物取象的观念

《易经》从生活中所经常接触的自然事物中，选取了八种东西，作为世界上其他更多的东西的根源：天（乾☰）、地（坤☷）、雷（震☳）、火（离☲）、风（巽☴）、山（艮☶）、泽（兑☱）、水（坎☵）。这八种之中，天和地又是总根源，一切都是天和地产生的。

天地的根源是什么？有没有一个万物的总根源？《易经》认

为万物开始于阴(--)和阳(-)。阴、阳,在《易经》体系里,既是指的阴、阳两种气,又是指的阴、阳两种势力。阴、阳两个基本范畴,正如《系辞》中所说的"近取诸身,远取诸物"。近取诸身,即指的男女两性的区别;远取诸物即天地万物的昼夜、寒暑、牝牡、生死等等自然现象和社会现象。《易经》从复杂的生活经验中抽象出阴、阳两个对立的基本观念。阴、阳同时又是两种对抗性的气(注:天有六气,其中有阴阳、晦明⋯⋯)。

阴、阳这一对范畴,在古代哲学中和五行同样重要,对后来的哲学、科学有着深远的影响。阳代表积极、进取、刚强、阳性这些特性和具有这些特性的事物;阴代表消极、退守、柔弱、阴性这些特性和具有这些特性的事物。世界就在两种对抗性的势力运动推移之下孳生着,发展着。

《易经》作者又根据乾坤八个基本的卦,两个一组,错综配合,结果产生了六十四个卦。这些观念是对事物的变化、发展经过长期的精密的概括而得出来的一条原则。一切东西,都有它的正面反面、阴面阳面,有新生的方面同时也有消亡的方面。没有任何东西可以不受阴阳总规律的制约。《易经》的作者天才地观察到事物的发展有它内在的原因。

二 万物交感的观念

万物在阴、阳两种势力的矛盾推动中产生变化。变化的过程是通过交感。这一观念的起源可能也是素朴的,男女的交感产生子女而引起。但《易经》提出了"天地感而万物化生"(咸象),"天地相遇,品物咸章也"(姤象)。

《易经》是占卜的书,一般说来,占卜问吉凶这件事本身就是迷信。但《易经》对占卜的解释,却有一定的哲学见解。《易经》

所谓"吉"的卦,一般都是具有交感的性质的。《易经》的作者认为上下两个事物,如果各不相交,这一卦就"不吉";上下易位,才可以各得其所,凡是这一类的卦,都有上下交感之象,所以一般是"吉"卦。与此相反的卦,就是不吉的卦。

如《泰》(䷊)卦的涵义,是地在上,天在下,而实际上应当地在下,天在上。这种情况,势必发生地位的变化,要上下相交易位。由于天地的位置错综,才引起上下交感的作用。与此相反,如《否》(䷋)卦的情况是天在上,地在下。天本来就在上,地本来就在下,这就不会引起上下易位的交感作用。不交感,没有变化,事物没有发展前途,所以遇到这一卦就"不吉"。《泰卦》和《否卦》,是一个对立面,一吉一凶。吉和凶的根据,就是变和不变,交感和不交感。透过宗教迷信的形式,反映出极其素朴的辩证法思想。

此外,如《既济》(䷾)是水在上,火在下。火性本来炎上,水性本来润下。火下与水上的情势,一定引起动荡不安,所以《既济》这一卦,代表事情的顺利,有前途。与此相反,《未济》(䷿)是火在上,水在下,这样不会引起上下相交,所以《未济》意味着事物的不成功,《既济》意味着事情的成功。根据这个原则,事物在变化、发展时就有前途,就吉;停滞、不变化时,就没有前途,就凶。这种素朴的辩证观点,是古代人从丰富的生产斗争、社会实践中提炼出来的原理,这是十分可贵的思想,这是公元前十二世纪中国奴隶社会时期辩证法的最高成就。这一原理贯串着整个的《易经》。比如:《革》(䷰)泽在上,火在下;《丰》(䷶)雷在上,火在下,《大畜》(䷙)山在上,天在下;等卦,都意味着顺利。相反的《睽》(䷥)火在上,泽在下;《噬嗑》(䷔)火在上,雷在下;《遯》(䷠)天在上,山在下;等卦,都意味着不顺利,事情不会成功。宋朝朱熹受到当时韩侂胄一派的排挤,他打算上书给皇帝为自己辩解，犹疑不决，占了一卦，是《遯》卦，他认为这一卦不利，就不敢辩解了，容忍下来，并自称"遯翁"，以随时警惕着。荀子也曾利用交感来说明他的哲学思想："《易》之《咸》，见夫妇。夫妇之道，不可不正也。君臣父子之本也。咸，感也，以高下下，以男下女，柔上而刚下，聘士之义，亲迎之道，重始也。"（《大略》篇）

《易经》用占卜的方式猜测未知的命运，这是荒谬的；但就它善于从交感的观点，来观察万物的动静变化，并认为凡是有动象、有交感之象的行为，是符合事物发展的原则，有前途，这一点是可取的。它接触了事物变化、发展的基本原理。停止就是死亡，运动才有生机，《易经》的作者天才地猜测到这一点。它包含着辩证法的真理。

三　发展变化的观念

发展变化的观念也是贯串在《易经》中的一个基本内容。《易经》的作者认为世界上没有东西不在变化。变化是有规律的，有阶段的。《易经》的作者对每一卦从第一爻到第六爻，都做了详细的说明和解释。事物刚刚开始时，变化的迹象还不显著；继续发展，它就深刻化、剧烈化；发展到最后，超过了它最适宜发展的阶段，它就带来了发展的反面的结果。本来开始是有前途的，发展过了它的极限，它反而没有前途了。以《乾卦》为例：

初九（第一爻）：潜龙勿用；

九二（第二爻）：见龙在田，利见大人；

九三（第三爻）：君子终日乾乾，夕惕若厉，无咎；

九四（第四爻）：或跃在渊，无咎；

九五（第五爻）：飞龙在天，利见大人；

上九（第六爻）：亢龙有悔。

为什么事物可以从顺利走向不顺利，从有前途走向没有前途？《易经》的作者认为：一切事物有进就有退，有得就有失，有顺利就有不顺利。事物发展到一定的阶段，它就会招致相反的结果，过渡到它的对立面。

这一"物极必反"的原理，到后来得到更广泛的传播，因为它包含着辩证法的真理，也得到许多人的相信。像蔡泽就曾利用这一道理，分析了范雎的具体情况，取得了秦国宰相的地位。他劝范雎说："《易》曰'亢龙有悔'，此言上而不能下，信（伸）而不能讪（屈），往而不能自返者也。"（《史记·范雎蔡泽列传》）

《易经》指出了事物发展到一定程度，不得不过渡到它的对立面，这是天才的辩证法思想。但是《易经》这种自发的辩证法思想，也和一切古代的自发的辩证法一样，有它的基本弱点：变化、发展是无条件的、抽象的。它不能把辩证法和唯物主义观点密切结合起来。变化、发展如果脱离了具体的条件，最后必然成了人类难以理解、难以驾驭的神物。人尽管能掌握一定的变化、发展的规律，但是变化、发展的方向和前途，人们却无能为力，人们的命运属于不可知的天命，而不属人们自己。

同时也必须指出，科学思想、唯物主义本来就是宗教迷信的敌人。作为思想体系来说，它们两者之间是不能互相包容的。但是从人类认识世界、改造世界的漫长过程来看，它们之间又常常相互纠缠，有时不易分清界限，特别在人类的幼年时期，这种情况极为普遍。比如，古代的天文学，在整个封建时代，没有和占星术彻底割断联系；古代的医学和药物学、化学，也经常和神仙长生之术有一定的联系。从体系上看是对立的，从认识者来看却又并存着。只是科学越发达，唯物主义思想越彻底，宗教迷信的管辖区域就越被迫缩小，直到马克思主义哲学建立以后，才彻底地从理论上摧毁了宗教神学的阵地，彻底地打败了唯心主义。正如列宁所指出的："科学思维的萌芽同宗教、神话之类的幻想的一种联系。而今天呢！同样，还是有那种联系，只是科学和神话间的比例却不同了。"①列宁的话是针对希腊古代毕达哥拉斯的"灵魂不死说"来说的。但对于中国古代宗教中萌芽的科学思维，同样具有原则指导意义。我们很难要求三千年前的古代人不讲鬼神和上帝；但是，也可以通过中国古代哲学史发展的许多事例证明唯物主义和辩证法思想是怎样艰苦地经过了几千年的长期和宗教、唯心主义反复的斗争，才成长起来的。

————————

① 《黑格尔〈哲学史讲演录〉一书摘要》，《列宁全集》第38卷，第275页。

孔子——奴隶社会的
保守派　封建社会的"圣人" *

考察孔子在历史上的作用，必须联系到春秋时期中国社会的性质。中国从什么时候进入封建社会，目前有四种不同的看法：第一，西周进入封建说；第二，春秋进入封建说；第三，秦汉进入封建说，第四，魏晋进入封建说。在分别承认第一、第三或第四各说的前提下，对孔子的评价也各有不同，本文暂不涉及；我是同意第二说的。在承认春秋开始进入封建说的前提下，目前学术界基本上有两派对立的意见：认为孔子是春秋时期新兴封建地主阶级的代言人，孔子的思想中进步的方面是主要的，这一派姑且称作甲方；认为孔子是春秋时期没落的奴隶主阶级的代言人，孔子的思想中保守方面是主要的，这一派姑且称作乙方。我是属于乙方的。

现在只就以下三个方面提出一些很不成熟的看法供讨论。

第一，为什么说孔子是奴隶社会的保守派？第二，说孔子代表新兴封建地主阶级，有哪些困难？第三，孔子既然是奴隶社会的保守派，何以后来被封建社会奉为圣人？

---

* 　原载《北京大学学报》（人文版）1962 年第 5 期。

一

看孔子属于哪个阶级,首先看孔子对于他所处的时代的看法。孔子处在奴隶制在崩溃。封建制正在形成的过渡时期。社会上旧秩序受到新的生产关系的冲击,开始破坏。孔子认为这是"无道"之世。他说:

> 天下有道,则礼乐征伐自天子出。天下无道,则礼乐征伐自诸侯出。自诸侯出,盖十世希不失矣;自大夫出,五世希不失矣;陪臣执国命,三世希不失矣。天下有道,则政不在大夫;天下有道则庶人不议。(《论语·季氏》)

从孔子对他所处时代特点的总估计,不难看出他是站在奴隶主阶级立场的。他认为打乱了旧秩序,是"无道",他甚至断言这种无道现象决不会维持长久,最多延续三代五代,就会垮台。

从孔子对当时社会上发生的重大政治事件的态度,也可以证明孔子是站在奴隶主立场,反对新兴封建势力的。

第一,晋国铸刑鼎,也就是公布了封建制的成文法,孔子对此表示反对。反对的主要理由是它破坏了唐叔以来的"贵贱不愆"的制度(事见《左传》昭公二十九年)。唐叔之法自然是奴隶制的法度,不能有别的解释。对于这个问题,甲方认为"贵贱不愆",封建社会也是需要的。区别贵贱是奴隶制和封建制共同的,封建制不见得一定是奴隶制的"贵贱不愆"。

我认为从这一段史料的上下文来看,孔子听到晋国范宣子铸刑鼎的事,孔子说"晋其亡乎,失其度矣",分明说刑鼎破坏了唐叔所定的法度,唐叔所定的制度当然是奴隶制的等级制,不能有其他的解释。这是在法律方面孔子反对封建制的表现。

第二,随着所有制的改变,鲁国的季氏废止了旧的临时征集的丘赋制度,改用"田赋",按田亩的多少负担兵役的人力物资(事见《左传》哀公十一年,及《国语·鲁语》)。这是与封建制相适应的经常性的赋役制度。孔子反对的理由是与"周公之典"不合,它加重人民的负担。这些理由不过是借口。因为战争频繁的年代,临时征调人力物资,只会给生产带来更大的损害,并不能真正减轻人民的负担。孔子实际上是怕季氏财富集中,会对鲁君更不尊重,他为了反对"季氏富于周公",才反对聚敛的。这是在赋役方面孔子反对封建制的表现。

第三,随着所有制的改变,出现了一批不贵而富的阶层。奴隶制下,贵与富是统一的,孔子批评他的学生子贡"不受命而货殖焉"。这是在经济方面孔子反对封建的所有制的表现。

第四,齐国的大夫陈恒杀了齐国的国君。孔子已退休多年,立刻去见鲁哀公,请求鲁国出兵干涉。这次政变的性质是封建地主阶级向奴隶主争夺政权的斗争。这是在政治方面孔子反对封建势力的表现。

第五,孔子反对破坏周礼的僭越行为。僭越是奴隶制等级制崩坏的表现。如孔子反对"季氏八佾舞于庭",反对"季氏旅于泰山"。这是在礼乐制度方面孔子维护奴隶制的表现。

第六,"周道亲亲",是符合奴隶制的宗法制的精神的。春秋时期,亲亲的制度开始破坏。孔子对于"其父攘羊,其子证之",表示反对。他认为父子之间应当"父为子隐,子为父隐"。当时封建制主张法制,而反对亲亲的。这是在维护奴隶制的宗法制度方面孔子反对封建制的表现。

第七,在政治倾向、宗教信仰方面,孔子对周道有深厚的感情,做梦也梦见周公,他要复兴周道于东方。他说:"凤鸟不至,河不出图,吾已矣夫。"(《论语·子罕》)孔子对于恢复周道有类似宗教徒的虔诚。这是孔子对于奴隶制在思想感情方面的流露。

从以上略举的具体事例，不难看出孔子对奴隶制拥护的态度是十分明确的，他的立场也十分坚定。他对这些个别事件的保守观点和他对于时代总估计的保守立场都是一致的。凡是不利于奴隶制或有利于封建制的重大事件孔子都坚决反对。我们怎么能够设想这样的孔子，在哲学思想上反倒是新兴封建地主阶级的代言人呢？

再看当时思想斗争方面，在最主要的问题上，孔子的态度和立场。

当时关于"天"的问题，辩论"天"是不是有意志，能不能创造一切、主宰一切，是当时思想战线上的主要问题。天是否有意志，看来和社会上阶级斗争不是那末直接联系着的，但是它确有联系。恩格斯说："更高的即更远离物质经济基础的意识形态，采取了哲学和宗教的形式。在这里，观念同自己的物质存在条件的联系，愈来愈混乱，愈来愈被一些中间环节弄模糊了。但是这一联系是存在着的。"①而"天"在孔子的头脑里就是上帝，它能赏善罚恶，决定人事的吉凶。"天"的神学宗教地位并不是孔子发明的，是西周以来与巩固奴隶制度的周礼平行发展的。孔子相信"天"，认为有一个活灵活现的人格神在主宰一切。有一次桓魋想杀孔子，孔子说："天生德于予，桓魋其如予何"（《论语·述而》），孔子在匡这个地方遭到围困时说："天之将丧斯文也，后死者不得与于斯文也；天之未丧斯文也，匡人其如予何！"（《论语·子罕》）子夏说："商闻之矣，死生有命，富贵在天"（《论语·颜渊》）。子夏没有说闻之于什么人，最大可能是闻之于孔子。

————————

① 《路德维希·费尔巴哈和德国古典哲学的终结》，《马克思恩格斯选集》第4卷，人民出版社，1972年版，第249页。

孔子的确认为富贵是不可求的,他说过:"富而可求也,虽执鞭之士吾亦为之。"(《论语·述而》)他认为富是不可求的,他反对子贡"不受命而货殖"的行为。

孔子不但认为个人的死生祸福要靠天命决定,就是自然界的变化,也是天决定的。《论语》记载:"子曰予欲无言。子贡曰,子如不言,则小子何述焉?子曰:天何言哉?四时行焉,百物生焉。天何言哉?"(《论语·阳货》)对于这一章,历来有不同的解释,也有版本的分歧。甲方把天解释为"自然",认为孔子说天是自然界,所以不说话。

我认为"天"能言而不言,所以孔子才说"天何言哉",如果天是个死东西,块然如木石,就不存在言不言的问题。《论语》书中有两章都是反对多言的。一章上说,"巧言令色,鲜矣仁"(《论语·学而》)。另一章上说"恶利口之复邦家者"(《论语·阳货》)。如果不是孔子讲这几句话的时间先后衔接,就是《论语》的编者也认为孔子反对花言巧语。孔子教人向上帝学习。上帝虽然一句话也不说,但它推动了四时的运行,百物的生长。天能主宰一切而不必言,这是唯心主义者共同主张的。《孟子》中也有一段话可以互相印证:

> 万章曰:尧以天下与舜,有诸?孟子曰否。天子不能以天下与人。然则舜有天下也,孰与之?曰天与之。天与之者,谆谆然命之乎?曰否,天不言,以行与事示之而已矣。(《孟子·万章》上)

孟子的话是孔子的"天何言哉"的绝妙注解。甲方只用《论语》中这一句话来证明孔子是无神论,认为孔子说的"天"是自然界,理由是相当薄弱的。如果再联系孔子"天之将丧斯文","天之未丧斯文","天生德于予",就更不能把"天何言哉"解释为"自然"了。如果《论语》的原文被证实是"夫何言哉",甲方连这一条可以两面解释的证据也丧失了。

孔子除了宣扬天有人格，有意志以外，还讲天命，认为天命有绝大权威，不可抗拒。他说："君子有三畏：畏天命，畏大人，畏圣人之言。小人不知天命而不畏也，狎大人，侮圣人之言。"(《论语·季氏》)

对于这一段话，甲方认为"畏"不必是怕，只是敬畏，尊重的意思。

我认为"大人"即周天子和各国的诸侯，不是陪臣执国命的季氏，更不是公山弗扰和阳虎之流的家臣。孔子一生拥护鲁君，反对季氏和阳虎，即可说明孔子不畏季氏、阳虎。"圣人之言"就是文王周公相传下来的典籍训诰。"天命"实际上是地上王命，奴隶主国家统治者的命令的折光反射。这三者是一回事，都是奴隶主贵族统治者的意志的表现。从孔子对周制的崇拜、尊奉，对鲁君的敬畏的态度，完全可以证明孔子的"三畏"，就是对奴隶制所规定的一切表示顺从。汉儒董仲舒对这几句的解释比较符合孔子的原意，因为董仲舒也是一个相信天命鬼神的唯心主义者。他说："天之不可不敬畏，犹主上之不可不谨事。"(《春秋繁露·郊语》)。当奴隶制已经动摇，天命已经不能维系人心的时候，孔子仍然坚信天命，这和他在政治上敌视新兴封建势力的保守立场是完全一致的。孔子甚至认为"知命"是作为统治者(君子)的必要条件，他说"不知命，无以为君子"(《论语·尧曰》)。孔子历数他自己逐步形成自己的世界观的过程时，说："……五十而知天命，六十而耳顺，七十而从心所欲，不逾矩。"(《论语·为政》)这是说，到了五十岁才确认天命，六十岁对事情可以不费力地辨别是非，七十岁可以自觉地按照天命的规定行动而不感到有丝毫勉强。

孔子把恢复垂死的周道看作自己的历史使命。他说，"凤鸟不至,河不出图,吾已矣夫!"(《论语·子罕》)孔子认为凤鸟、河图是代表天命的灵瑞,它们不出现,是见天命对复兴周道不予支持,所以才说"吾已矣夫"。

与相信天命问题相联系的,孔子也讲到鬼神问题。对于孔子是否相信鬼神存在,也有相反的看法。甲方列举出孔子说的"未能事人,焉能事鬼","未知生,焉知死"(《论语·先进》),来证明孔子不相信鬼神,孔子还说过"敬鬼神而远之"(《论语·雍也》),"非其鬼而祭之,谄也"(《论语·为政》),"子不语怪、力、乱、神"(《论语·述而》),"祭如在,祭神如神在"(《论语·八佾》)这些话,证明孔子不相信有鬼神。

"未能事人焉能事鬼","未知生焉知死",最多只能说孔了避开直接回答鬼神的问题,不能认为他承认或否认鬼神的存在。"非其鬼而祭之",是说不要祭错了对象,不要乱祭,也不是反对祭祀鬼神。"敬鬼神而远之",还是要敬,只是不要太接近它。如果不相信有鬼神,鬼神根本不存在,就没有什么对它"远之"的问题了。"不语怪、力、乱、神",只是不谈,并不是孔子认为它们不存在。"祭如在,祭神如神在",是说祭祀时要诚心诚意,不能敷衍潦草,孔子正是对那些不信鬼神的无神论者说的,要他们祭神时,要相信鬼神如在其上,如在其旁。正因为孔子把祭祀看得重要,他才对于祭祀之前的准备工作(斋)看得很重要,"子之所慎斋、战、疾"(《论语·述而》)。"在",是"姜太公在此"的"在",不是存在不存在的在。

甲方也许可以说,孔子毕竟讲鬼神讲得不多,有时避而不谈,总与大讲鬼神,宣扬鬼神的迷信思想有所不同。能存而不论,或存而少论,总是有些怀疑鬼神的倾向。

甲方引用的材料是不全面的。全面看来,孔子对鬼神的倾向是相信,而不是不相信。孔子对禹称赞备至,他的第一条重要理由是禹能做到"菲饮食而致孝乎鬼神"（《论语·泰伯》）。天命和鬼神在人们心目中的地位已经动摇了,孔子相信天命、鬼神的态度,说明他对奴隶制的精神支柱的维护的态度。天命、鬼神同时动摇时,孔子要先保住"天命"神权的地位,其次才是鬼神。孔子宁可说"未能事人,焉能事鬼",但他决不敢说"未能事人,焉能事天";相反,他倒叫人"畏天命"。也有人认为孔子少讲鬼神,从而引用《论语》中"子罕言利、与命与仁"的话,说孔子也少讲利、命和仁。这是对《论语》这句话的标点断句的误解。古人早已说过了,这里不再辨正①。

甲方也许可以说,孔子对天命、鬼神比起西周的旧观点总多少有些修正,对鬼神的少讲总算进步的,因为他是第一个对天命、鬼神怀疑,即使他的态度不坚决,也值得肯定他的无神论倾向。

这种为孔子进行的辩解,理由似乎也不充分。第一孔子对天命没有怀疑,而是坚信。第二,孔子以前的老子早已大胆地明确地否定了上帝和鬼神的地位,孔子在老子之后,反而宣扬天命,以"知天命"自豪,他所修正的不是西周天命旧说,而是对老子无神论的顽抗。当然,老子的时代还是一个争论的问题。如果老子在孔子之前这一说法证实,孔子思想的落后保守程度就更加严重。

----

① （宋）史绳祖《学斋占毕》:"《论语》谓子罕言利,与命与仁。古注及诸家皆以为三者子所希言,余独疑之。利者固圣人深耻而不言也……如命与仁……曷尝不言。且考诸鲁论二十篇问答,言仁凡五十三条。张南轩已集为洙泗言仁,断之曰言矣。又命字,亦言之非一。如道之将行,命也,将废,命也,公伯寮其如命何。又曰亡之,命矣夫,又曰五十知天命,又曰死生有命,又曰不幸短命,又曰不知命无以为君子。是岂不言哉? 孔子罕言者,独利而已,当以此句作一义,曰命曰仁,皆平日所深与,此句别一义。与者,许也。"（卷一）

二

现在再看甲方说孔子的基本学说是为封建地主阶级服务的,有哪些困难。甲方说,孔子口头上讲的是周礼,实际上是借古说今,并不真正保守周礼不变,他有所修正,并认为孔子所讲的周礼是可以损益的。甲方根据是:

> 殷因于夏礼,所损益可知也;周因于殷礼,所损益可知也;其或继周者,虽百世可知也。(《论语·为政》)

甲方把这一段话解释为孔子是主张损益,赞成改变的。

这段话是证明孔子保守主义的材料。历史表明夏朝已确立了私有制,出现了阶级,有了奴隶制的萌芽和国家机构。殷周已进入发达的奴隶社会。夏殷周三代的礼(制度)是奴隶制不断补充发展、逐渐完善的过程。孔子由此推断说,即使百世以后,可以预知它的制度总不外是对周礼的补充。他认为周朝的制度、文化是夏殷以来文化发展的高峰,所以说:"周监于二代,郁郁乎文哉,吾从周。"(《论语·八佾》)周礼是不可超越的,所以孔子才推断百世以后也可以预知。他对当前破坏周礼的礼乐征伐"自诸侯出","自大夫出","陪臣执国命"的新兴事物不相信它能维持长久,并认为总不过三代五代就会失败,仍旧要回到老样子(周礼)。

甲方认为,孔子虽然基本上拥护周礼,但是他对周礼作了一些修正,这些修正符合封建制的要求,所以孔子拥护封建制度。

甲方举出孔子说过"君使臣以礼,臣事君以忠"(《论语·八佾》),并认为这是孔子提出统治者与被统治者双方要有共同遵守的条件,双方的条件尽管是不平等的,但总算承认了有所谓"双方",比根本不承认奴隶这一方进步了。

　　我看这恐怕是一个误解。"君使臣以礼，臣事君以忠"，讲的君臣关系，春秋时代的君臣都是贵族，贵族之间本来要双方讲讲条件的。只有商朝的"臣"才是奴隶。"君臣"关系是奴隶主内部的关系，不是贵族和奴隶的关系。用这一条来论证孔子承认奴隶主贵族，与奴隶的"双方"的说法，根据不能成立。

　　甲方认为，孔子的"道之以政，齐之以刑，民免而无耻；道之以德，齐之以礼，有耻且格"（《论语·为政》）。这句话的前一句是奴隶主阶级统治人民的方法，后一句是封建地主阶级统治人民的方法。

　　孔子主张对奴隶也要用德治、礼教，并不意味着奴隶主放下了皮鞭和刑具而用说服教育。而是说在皮鞭和刑具之外，又给奴隶们灌输以道德品质的思想教育。如果说，道德规范只是为了统治者（贵族）之间用的，而不是为了对付被统治者，这是难以理解的。中国和外国古代的奴隶制社会（不论古代希腊、罗马的奴隶制社会和中国的周代的奴隶社会），都是告诉奴隶们要遵守些什么规定，有什么应该做，什么不应该做。像中国古代《尚书》中的诰命，也不尽是告诫贵族的法令，也有道德的教训，它的对象也有指的是奴隶的。从理论上说，有了阶级以后，道德就带有阶级性，就成为阶级压迫的工具。不同的阶级有不同的道德标准，但并不是说统治阶级的道德只适用于统治阶级内部，而不用来强加在被统治阶级的头上；相反，统治阶级的道德正是用来强加在被统治阶级的头上的。道德和政治、法律一样，也是生产关系的比较直接的反映，一定的社会中占统治地位的道德和法律都是统治阶级意志的表现。说中国奴隶制社会的道德只是用来调整统治阶级内部的社会关系，而不是用来统治奴隶阶级，这是说不通的。以"忠"这一道德规范为例，意味着"不要背叛"，怎能说，只是让奴隶主们自己相互不背叛而不包括要奴隶们不背叛奴隶主呢？"礼不下庶人"，不管从字面对这一句话作何解释，总不好说，礼的规范只管贵族，管不到平民和奴隶。只是由于奴隶们自身还没有自由，没有财产（中国古代种族奴隶制也有些奴隶有一定的财产，只是这种财产如房屋、一部分土地有随时被没收的可能，不能世世代代为他们私有），他们没有实行奴隶主贵族礼乐、仪式的物质条件，因而不便给他们规定出详细的条目来。马克思、恩格斯写道："统治阶级的思想在每一时代都是占统治地位的思想。这就是说，一个阶级是社会上占统治地位的物质力量，同时也是社会上占统治地位的精神力量。支配着物质生产资料的阶级，同时也支配着精神生产的资料，因此，那些没有精神生产资料的人的思想，一般地是受统治阶级支配的。"①马克思、恩格斯说得已十分明白，"占统治地位的精神力量"，其中就有道德。"支配着精神生产的资料"的阶级，怎能理解为只管奴隶主自己而不管奴隶，"礼不下庶人"呢？

如果真像甲方所说的，到了孔子才把礼下到了庶人，并断定这是孔子一大功绩，那就等于说，在孔子以前，中国整个的奴隶制时期的统治者完全是用皮鞭和刑具进行统治的。甲方用这种理由抬高孔子的历史地位，看来是困难的。

说"礼不下庶人"，只是由于庶人没有条件去行礼，他们担负生产的主要任务，不可能像贵族奴隶主那样有足够的时间，有多余财货，才能在吉、凶、军、宾、嘉各方面去讲究排场。西方奴隶主阶级的哲学家亚里士多德说，奴隶缺少慷慨的道德品质，但奴隶可以有忠诚的道德品质。奴隶连身体都不归自己支配，哪里有余财去慷慨好施呢？但奴隶主希望奴隶必须有服从主人的品质。所谓"礼不下庶人"，是由于"庶人贫，无物为礼"，"以其遽

① 《德意志意识形态》，《马克思恩格斯选集》第1卷，第52页。

务不能备之"。哪能理解为从孔子开始用说服教育去对待奴隶？用暴力统治是剥削阶级进行统治的特点，离了暴力，根本统治不下去。但不能说奴隶社会光用暴力统治，不要德治，教化。礼乐教化是暴力统治的辅助工具。在有阶级压迫的社会里的礼乐教化，它必具有暴力统治的精神。不论奴隶社会，封建社会，以至资产阶级社会，礼乐教化，在骨子里不能不带有强制性，封建社会的"以理杀人"，近代资本主义社会的"以舆论杀人"，都是这种强制性的表现。

至于甲方所谓奴隶制社会"刑不上大夫"，这也是一种揣测或误解。"刑不上大夫"，只能理解为"不专为大夫设刑科"，而不能理解为对大夫、贵族们只用礼，不用刑罚。如《周礼》：

……大宰之职，掌建邦之六典，以佐王治邦国……五曰刑典，以诘邦国，以刑百官，以纠万民……（《天官·冢宰》）

岁终，则令百官府各正其治，受其会，听其致事而诏王废置。三岁则大计群吏之治而诛赏之。（同上）

以八柄诏王驭群臣：一曰爵以驭其贵，二曰禄以驭其富，三曰予以驭其幸，四曰置以驭其行，五曰生以驭其福，六曰夺以驭其贫，七曰废以驭其罪，八曰诛以驭其过。（同上）

《周礼》一书的真伪，现在学术界还有不同的看法。尽管它成书较晚，出于后来学者的追记，但基本保存了奴隶制的许多可信的史料。从以上随手举出的几条事例看来，不但看不出奴隶制社会有什么"刑不上大夫"规定，倒是有"刑百官"，对百官进行"诛赏"的明文记载。

为了照顾贵族的身份，周礼规定"凡命夫命妇不躬坐狱讼，凡王之同族，有罪不即市"（《周礼·小司寇》）。并有优待奴隶主贵族的"八议"的规定：

一曰议亲之辟，二曰议故之辟，三曰议贤之辟，四曰议

能之辟,五曰议功之辟,六曰议贵之辟,七曰议勤之辟,八曰议宾之辟。(《周礼·小司寇》)

这也不是说对贵族根本不用刑,周礼规定:

凡杀人者踣诸市,肆之三日,刑盗于市。凡罪之丽于法者亦如之。唯王之同族与有爵者,杀之于甸师氏。(《周礼·小司寇》)

王之同族与有爵者有罪还是要杀,只是刑于隐处,不暴露其尸体以示众。

既然"礼不下庶人","刑不上大夫"不能照甲方那样的解释,那末也说不上孔子对周礼的"礼不下庶人","刑不上大夫"有什么修正。甲方这一论据,看来也是难以成立的。

甲方认为孔子主张劳动人民可以流动迁徙,以论证孔子容许奴隶的逃亡,迁徙。甲方的证据是孔子说过:"近者悦,远者来","四方之民襁负其子而至矣"(《论语·子路》)。

我认为与其说这两章是鼓励奴隶迁徙,不如说孔子用小恩小惠把已逃散的奴隶吸收回来。因为当时的战争和剥削迫使人民四方逃散,孔子为了奴隶主的利益,提出对奴隶的压迫缓和一些,可以使他们回来。正如孟子所描述的:

凶年饥岁,君之民老弱转乎沟壑,壮者散而之四方者几千人矣……(《孟子·梁惠王》下,《公孙丑》下略同)

奴隶逃散了,孔子想了一些笼络办法,怎能说孔子是拥护封建制度?

甲方说孔子主张"来远人",就是招纳四方的劳动者,奴隶是不能随便招纳的,因为都有他们的主人。甲方由此论证孔子是为封建制服务的。

我认为这一条论据也难成立。这句话出于《论语·季氏》章,这一章的全文是:

　　季氏将伐颛臾。冉有、季路见于孔子曰:季氏将有事于
颛臾。孔子曰:求,无乃尔是过与?夫颛臾,昔者先王以为
东蒙主,且在邦域之中矣,是社稷之臣也,何以伐为?冉有
曰:夫子欲之,吾二臣者皆不欲也。孔子曰:求。周任有言
曰,陈力就列,不能者止。危而不持,颠而不扶,则将焉用彼
相矣。且尔言过矣。虎兕出于柙,龟玉毁于椟中,是谁之过
与?冉有曰:今夫颛臾,固而近于费,今不取,后世必为子孙
忧。孔子曰:求,君子疾夫舍曰欲之,而必为之辞。丘也闻
有国有家者,不患寡而患不均,不患贫而患不安。盖均无
贫,和无寡,安无倾。夫如是,故远人不服则修文德以来之。
既来之,则安之。今由与求也,相夫子,远人不服而不能来
也,邦分崩离析而不能守也。而谋动干戈于邦内。吾恐季
孙氏之忧,不在颛臾,而在萧墙之内也。

这一章分明说的是孔子坚决反对季氏吞并颛臾这个附庸小国。
孔子先说颛臾是西周以来先王所封,不应当伐;又说,它处在鲁
国领域包围之中,不必去伐;又说颛臾是社稷之臣,有其合法地
位,季氏没有资格去伐。总之,从对伐颛臾这件事也可以看出孔
子对周礼、周制是怎样地奉行唯谨了。孔子所"来"的"远人",显
然不是流亡奴隶,也不是劳动人民,而是指的别的国家的人。
"来远人"的"人",是春秋时代社会习惯通用的称呼国家的人。
如"丙申,公及楚人、秦人、宋人、陈人、卫人、郑人、齐人、曹人、邾
人、薛人、鄫人盟于蜀"(《春秋经》成公二年),这些国人的"人"。
馈女乐的"齐人",围孔子的"匡人",是指的某一国的"人"。"来
远人"不能认为孔子主张"招兵买马",招纳远方奴隶为封建地主
阶级打天下。

　　甲方说孔子说过"举贤才",它打破了奴隶制的世官世禄,是
有利于封建制的。

我认为这也要看孔子所指的具体内容。不能抽象地把"举贤才"理解为后来封建制社会的官僚察举制度。在公元前514年晋国魏献子(魏舒)为政,灭羊舌氏和祁氏,把羊舌氏的田分为三个县,把祁氏的田分为七个县,同时任命了十个县的大夫,其中也有一个是魏献子的儿子。孔子对此有所评论,认为魏献子能够

> 近不失亲,远不失举,可谓义矣。又闻其命贾辛也,以
> 为忠。诗曰永言配命,自求多福,忠也。魏子之举也义,其
> 命也忠,其长有后于晋国乎?(《左传》昭公二十八年)

孔子称赞魏献子为义,为忠,因为魏献子在大夫跋扈,不听晋侯的命令的时候,削平了他们的叛乱,没收了他们的田,起了"张公室","抑私门"的作用。分为十县,没收了大夫的田,归了公家,并不是实行了封建制,相反,倒是乘机给大奴隶主晋侯增加了一批额外的财富。在孔子的头脑里根本不是考虑支持新生事物。不管他任命了几个县大夫,只要所有制不改变,仍然是奴隶主所有制而不是封建地主所有制。县的大夫,和后来的郡守县令不同。他们还是世官世禄,孔子也是拥护世官世禄的,所以孔子认为魏献子可以"长有后于晋国"。孔子对此新事物是从右的立场称赞的。对于这件事,甚至孔子连"天命"迷信也搬出来了,预祝魏氏子孙会得到上天的保佑。"长有后于晋国乎!"这条例子,恰好证明孔子维护奴隶制,同时也看出孔子的天命迷信思想也够严重的。

甲方说孔子首创私人讲学,过去从没私人讲学的事,并认为他是对周礼的一种改革。

我认为私人讲学并不是孔子开始的,这是当时奴隶制崩溃中,奴隶主阶级没落了,才有知识分子从贵族宫廷流散到民间的。《论语》记载:

太师挚适齐，亚饭干适楚，三饭缭适蔡，四饭缺适秦，鼓方叔入于河，播鼗武入于汉，少师阳、击磬襄入于海。（《微子》）

可见周王朝宫廷中司礼、司乐的大批专家，如挚、干、缭、缺、方叔、武、阳、襄这些人流散到四方各地，有的到了齐、楚、蔡、秦，有的到了晋国的河内，有的隐居在海岛。他们都有文化知识，有些为新兴的地主阶级暴发户服务，有的不得不出卖知识。据《史记》记载，孔子曾跟这位"击磬襄"学过琴。孔子学无常师，他曾从多方面学习文化知识，如果说孔子第一个传授知识，那末孔子没有在贵族宫廷当过文化方面的官，只管过仓库，管过牲畜，他的知识是从那里来的？孔子传播教育只能看作奴隶制崩坏的结果，而不能倒果为因，说孔子传播了教育是破坏了奴隶制的周礼。

甲方说，孔子主张礼乐征伐自天子出，反映了中央集权封建王朝的要求。

这也是忽略具体历史条件来看统一问题。春秋时期，各国的封建势力还没有取得政权。由封建地主阶级统一中国，还提不到历史日程上来。当时只是生产关系在开始变化，不可能有像后来战国时期荀子、韩非那样为地主阶级封建王朝寻求统一的要求。孔子努力于统一是不错的，他是想用旧势力统一新势力，用奴隶制去消灭新兴的封建势力，"张公室"是他的政治路线，如果说孔子主张统一，那是倒退的统一，不是进步的统一。

甲方说，孔子对周礼也主张改革，如他主张"行夏之时，乘殷之辂，服周之冕，乐则韶舞"（《论语·卫灵公》），又说"麻冕礼也，今也纯。俭，吾从众"（《论语·子罕》）。

可以看出，孔子对于历法、车子、帽子以及制作帽子的材料，音乐歌舞都显得不保守。但这些都属于贵族吃的、用的方面的

149

东西,都不涉及周礼的所规定的最根本的方面。上面我们所举的周礼的最根本方面,如所有制、法律、政治、道德,以及礼仪方面,甚至某些小节,孔子是坚守周礼,不肯改动的。孔子说:

> 拜下礼也,今拜乎上,泰也。虽违众,吾从下。(《论语·子罕》)

朱熹在《论语注》中说:

> 臣与君行礼当拜于堂下,君辞之,乃升,成拜。

宋儒程颐阐发孔子的思想,说:

> 君子处世,事之无害于义者,从俗可也。害于义,则不可从也。(朱熹《四书集注》)

奴隶主贵族,生活上可以从新,制度上坚决守旧。凡是没落的阶级,都是对于旧制度坚持不改而对于新出的生活用品积极欢迎的。清末,有些反对变法的顽固派,他们不但不拒绝,而且欢迎外国输入的洋货如呢绒、钟表,甚至鸦片,但坚决拒绝外国的民主平等思想及议会、选举制度。孔子正是这种类型的奴隶主保守派。

甲方举出孔子说过:"如有用我者,吾其为东周乎!"(《论语·阳货》)并认为这是孔子要夺取政权,建立新王朝。

我认为这也是揣测之辞,把孔子革命化了。孔子讲"三畏",在宫廷里遇到国君坐的空位子都肃然起敬,"君命召,不俟驾行矣"(《论语·乡党》),对于被封建势力赶出国外长期流亡,死于国外的鲁昭公,孔子还说他"知礼"。别人指出鲁昭公娶同姓女,违反周礼的事实时,孔子也不分辩,而是把过错包下来,说,"丘也幸,苟有过,人必知之"。孔子这样一个保守人物,如果说他想夺取政权,建立新王朝,恐怕与事实真相相去太远了。

甲方以所列举的事实和言论,来论证孔子对于周礼做出重大的修正的这些理由都很不充足。既然孔子大讲周礼,而又没有什么修正，那么，说孔子代表没落的奴隶主，恐怕未必冤枉他老人家吧！

甲方还有一条最后防线，他们说，即使"礼"是孔子保守的方面，但孔子提出了"仁"；仁是中国哲学史上的新事物，是孔子思想中的进步方面。孔子讲的"仁者爱人"，又讲"己所不欲，勿施于人"。以人与己对举，尽管孔子心目中的"仁"有阶级内容，但这是用普遍形式提出来的。甲方并引了马克思和恩格斯的一段话："事情是这样的，每一个企图代替旧统治阶级的地位的新阶级，为了达到自己的目的就不得不把自己的利益说成是社会全体成员的共同利益，抽象地讲，就是赋予自己的思想以普遍性的形式，把它们描绘成唯一合理的、有普遍意义的思想。进行革命的阶级，仅就它对抗另一个阶级这一点来说，从一开始就不是作为一个阶级，而是作为全社会的代表出现的；它俨然以社会全体群众的姿态反对唯一的统治阶级。它之所以能这样做，是因为它的利益在开始时的确同其余一切非统治阶级的共同利益还有更多的联系，在当时存在的那些关系的压力下还来不及发展为特殊阶级的特殊利益。因此，这一阶级的胜利对于其他未能争得统治的阶级中的许多个人说来也是有利的，但这只是就这种胜利使这些个人有可能上升到统治阶级行列这一点讲的。"①马克思、恩格斯这段经典性的指示说的是处在上升历史时期的阶级，为了反对腐朽的阶级，才有可能提出带有"普遍形式"而实际上有它自己本阶级的特定要求的口号。可是不能由此倒转来说，凡是提出一种抽象普遍形式的口号的必定是进步的阶级。如果我们上面的论证还有一定的事实根据，孔子不但不是什么上升的阶级的代表人物，倒是没落阶级的代表人物。那末，孔子

---

① 《德意志意识形态》，《马克思恩格斯选集》第 1 卷，第 53—54 页。

的"普遍形式"的口号,如"仁者爱人","泛爱众而亲仁",就是欺骗性的口号了。每一个阶级总是希望以自己阶级的面貌去改变世界的。比如孔子把根本没有行过的"三年之丧",说成"天下之通丧",孟子把忠君敬长,说成人类与生俱来的先天道德,这都是从自己阶级偏见提出的普遍口号。在孔子所属的阶级成分还在争论未决的情况下,甲方和乙方似乎都难从马克思恩格斯这段经典性的指示中得到帮助。问题最后决定于孔子究竟属于什么阶级。

现在再回到"仁"的问题。

《论语》中讲到仁的地方很多,有些讲到"仁"的话是针对发问者的具体情况说的,不免强调了某一方面。讲"仁"最清楚的是孔子答复颜渊问仁的一段话。

> 颜渊问仁。子曰:克己复礼为仁。一日克己复礼,天下归仁焉。(《论语·颜渊》)

"克己"是约束自己,"复礼"是把不合礼的言行纳入礼的规范。有人一旦能做到这一点,天下的人都会公认他做到了"仁"("天下归仁焉")[①]。

颜渊进一步问"克己复礼"的具体内容是什么。孔子说:

> 非礼勿视,非礼勿听,非礼勿言,非礼勿动。(《同上》)

孔子认为,做一个符合"仁"的原则的人,在视、听、言、动各个方面都要符合"礼"的规定。当然,孔子讲的礼,就是周礼,不是别的礼,那时候也没有周礼以外的礼。

孔子还说:

---

① 这一章,古人有多种注释。今从马融注及皇侃《论语义疏》的说法。《义疏》说:"克犹约也,复犹反也。言者能自约俭己身,反于礼中,则为仁也。"朱熹注有误,未取。

君子而不仁者有矣夫,未有小人而仁者也。(《论语·宪问》)

"仁"这一道德品质是统治阶级(君子)的道德品质,被统治阶级(小人)是说不上"仁"的,他所讲的"仁"不包括劳动者。

甲方还引用《论语》中"民之于仁也,甚于水火。水火吾见蹈而死者矣。未见蹈仁而死者也"(《卫灵公》)。甲方因此认为孔子是说奴隶与仁的关系同水火一样不可分开,说孔子的"仁"包括奴隶。

如果孔子讲过爱奴隶,当然"仁"可以看作奴隶解放的哲学。但是《论语》这段话难作上述的解释。孔子是说,劳动者需要统治者的恩赐,比需要水火还迫切。水火固然是生活中不可缺少的东西,如不小心,有时会受其害。而统治者的恩赐,对人只有好处,没有害处。孔子认为行仁政一定会得到劳动者的支持。

孔子的学生曾子曾以忠恕两字概括"仁"的全部涵义,这就是说,作为一个统治者,不光要想到自己,也要经常想到别人。忠恕之道,就是以自己作为例子,设身处地为别人着想。孔子说:"己欲立而立人,己欲达而达人,能近取譬,可谓仁之方也已。"(《论语·雍也》)又说:"己所不欲,勿施于人"(《论语·颜渊》)。这两句话,抽象地讲,未尝不可以说"人"是我以外的任何"别人",但事实上孔子心目中的"别人"只是别的贵族,不包括奴隶①。我们很难设想,拥护奴隶制的孔子会想到:他自己不愿意

---

① 有人认为《论语》中孔子讲的"人"和"民"有严格的区别,"人"指贵族,"民"指劳动者或奴隶。这个说法和古代词汇的习惯用法不合。《论语》中有许多地方,"人"是第三人称的词,有时与"尔"对文,如:"尔所不知,人其舍诸?"有时与"己"对文。如"己所不欲,勿施于人"。但孔子的"仁"则是奴隶主之间的相互体谅的原则,不包括奴隶主与奴隶之间相互体谅。

当奴隶,也不让别人当奴隶,他自己不愿受剥削,也不让别人受剥削。孔子的恕道,只能是奴隶主之间的恕道。

孔子看到当时破坏周礼、犯上作乱、弑父弑君的"无道"行为经常发生在统治阶级内部贵族之间。孔子从唯心主义观点去寻求原因,他发现是由于诸侯、大夫、家臣之间不相爱。所以他告诫说"仁者爱人"。孔子提出"仁",是为了调整贵族之间的关系,为了挽救周礼的崩坏。

在生产力发展,劳动者(奴隶)不断反抗的情况下,有些奴隶主被迫采取了封建剥削方式,他们从原来的奴隶主转化为新兴地主阶级。这时奴隶制的礼限制了新的生产关系。代表新兴封建地主阶级的这些贵族,要求突破这种限制,因而僭越、篡弑等违礼的行为不断发生。孔子只看到当时的君臣都是奴隶主身份,他不可能认识到当时处在臣的地位的叛逆者,有些已经是新的生产关系的体现者,他们的矛盾是新旧两种生产关系的矛盾。这种性质的矛盾不能采取互相谅解调和的方式去解决,只能由新的代替旧的。由于孔子把两种制度只看作奴隶主贵族之间君臣关系的不协调,所以他提出君臣之间要互相尊重,按周礼的规定办事,就可上下相安无事了。孔子的原则是"君使臣以礼,臣事君以忠"。孔子站在奴隶主立场,把通过君臣斗争所反映的社会制度的矛盾看做奴隶主之间君臣内部的问题。他企图在政治上用周礼,思想上用仁来消除公室(诸侯)和私家(大夫)的矛盾,所以才提出仁者"爱人""克己复礼"的原则。

忠恕之道,仁的原则完全按周礼的规定,不能违反。这原则并不是那样的广泛应用,并不是对一切人,对一切事,都可以"设身处地"为别人着想,它只能在周礼所规定的范围内去设身处地。照孔子的逻辑,他只能说,"己欲立而立人,己欲达而达人",他却万万不允许说,我想僭越,也允许别人僭越;我想叛乱,也同

154

情别人叛乱;我不愿意当奴隶,也不要别人当奴隶,这样的"忠恕之道",孔子怕想也没想到过。"仁"的奴隶主的阶级特点,从反面一考察,就更昭然若揭了。孔子的"仁"必须服从"礼"的约束。社会的道德总归是为它的基础服务的,"仁"是从属于"礼"的。

在仁与礼的关系上,孔子似乎陷于循环论证:要做到"礼"必须符合仁,"人而不仁如礼何,人而不仁如乐何。"(《论语·八佾》),"礼云礼云,玉帛云乎哉,乐云乐云,钟鼓云乎哉。"(《论语·阳货》)要做到"仁",必须符合"礼","克己复礼为仁"。实际上孔子讲的"仁"和"礼"本来就是一回事两个方面。"礼"是就社会制度方面说的,他要求贵族们实行"礼"的时候不要把"礼"看作从外面加给自己的约束,而是要求他们从思想上对"礼"重视起来,多为别人着想(忠恕)。"仁"是就伦理关系方面说的,他要求贵族们实行"仁"的时候,要遵循"礼"这一客观标准。所谓"能近取譬",不是随意取譬,只能在周礼规定的范围内去取譬。孔子提出了"仁"丝毫也没有突破礼的框框,而是从思想上对周礼进行巩固。

甲方说,孔子提出"仁"给礼增加了新的内容的说法,认为"仁"的爱可以推广到劳动者,这也是没有根据的。对于劳动者,孔子另有规定:

> 子张问仁于孔子。孔子曰:能行五者于天下,为仁矣。
> 请问之。曰:恭、宽、信、敏、惠。恭则不侮,宽则得众,信则
> 人任焉,敏则有功,惠则足以使人。(《论语·阳货》)

这是孔子总结出来作为一个仁者统治人民的态度。孔子还说过,"使民以时","使民如承大祭"。前一句说使用劳动者不要妨害农业生产季节,后一句是说使用劳动者要慎重,不可轻率。孔子在当时奴隶大量逃亡,反抗的情况下,要维持奴隶制不垮,就要相应地采取一些防止奴隶逃亡暴动的措施。孔子劝说奴隶主

们对待奴隶要宽大一些,这就是孔子的"宽"和"惠"了。孔子既要维持奴隶制不变,又要劝说奴隶主贵族对奴隶要"恭、宽、信、敏、惠",这是十分矛盾的一种"善良愿望"。奴隶主不赞成,封建地主也不满意。孔子的政治理想自然要落空。

一方面由于劳动者的反抗,逃亡;另方面统治者之间又篡乱相寻,加速了奴隶制的破坏。孔子提出了"仁",正是为了调整奴隶主内部的关系。孔子提出了"仁"这一道德范畴,作为调整统治阶级内部矛盾的原则,这是一大发现,它标志着人类在社会关系中逐步加深了人与人之间相互关系的认识。由于孔子第一次发现了这一原则,不免夸大了"仁"的作用,不适当地抬高了"仁"的地位,把"仁"看作指导生活,处理事务的普遍原则,认为可终身行之的绝对真理。这显然是过分了。但孔子发现了统治阶级内部要有一个调整关系的原则,这一原则是:多为对方设想(忠恕之道),它比起过去贵族们之间不自觉地按周礼的规定去行动来,人类总算开始去认识自己了。虽然,孔子的仁并不包括对劳动者的仁爱、忠恕。后来的统治阶级继承了孔子仁的学说,经常用仁作为调整阶级内部关系的原则。如果说孔子的仁的学说是"人的发现",就不免说得过分了。"人的发现"只能在反封建的斗争中才有可能初步提出。真正理解人,发现人的社会作用、历史地位是马克思主义以后的事。说孔子时代就会有"人的发现",与历史进程不符。孔子的功劳在于他初步地探求统治阶级内部相处的原则,并做出一定的贡献。因而后来"仁"成为中国哲学史的重要范畴。

三

孔子既然是奴隶制的维护者,反对封建制度的,为什么孔子被后来的封建统治者奉为圣人，可见孔子的学说中有许多对封建地主阶级有利的东西。这是甲方论证孔子属于封建地主阶级的，在历史唯物主义原理方面的一条理由。

对于这样的现象要作具体的分析，不能因为封建社会拥护孔子，就认为他的学说本来就是为封建社会服务的。

历史上把孔子当作圣人，定于一尊，这是汉武帝以后的事。孔子当时的封建地主阶级，以及战国、秦汉时期的封建地主阶级都是反对孔子的。从孔子活动的年代，到汉武帝独尊儒术，中间约隔了四百五十年。这四百五十年，是封建国家由形成到壮大，由分散割据到巩固的中央专制集权的过程。

在孔子活着的时候，到处遭到新兴封建势力的排斥。孔子在齐国时：

> 齐大夫欲害孔子。孔子闻之。景公曰："吾老矣，弗能用也。"孔子遂行。（《史记·孔子世家》）

齐景公是奴隶主贵族的保守势力，齐大夫欲害孔子，齐景公居然不敢管，想见这个欲害孔子的不是一般的大夫，很可能是陈氏这一派。他们知道孔子张公室抑私家的主张总是对大夫们不利的，所以"欲害孔子"。孔子还遭到陈蔡的"用事大夫"的反对，被围困了很久：

> 孔子迁于蔡三岁，吴伐陈。楚救陈，军于城父。闻孔子在陈蔡之间，楚使人聘孔子。孔子将往拜礼，陈蔡大夫谋曰："孔子贤者，所刺讥皆中诸侯之疾。今者久留陈蔡之间，诸大夫所设行皆非仲尼之意。今楚，大国也，来聘孔子。孔子用于楚，则陈蔡用事大夫危矣。"于是乃相与发徒役围孔子于野。不得行。（同上）

可以推知，齐国、陈蔡的用事大夫反对孔子的原因，正是因为孔子要用周礼去制裁他们。孔子在鲁国在季氏的利用下当了短期的司寇。终于和季氏有矛盾，孔子离开了鲁国。孔子还有意参加公山弗扰和佛肸的政治叛乱。这些叛乱的家臣以"张公室"的口号反对他们的上级（大夫），孔子只动了动念头，终于没有去。

从孔子一生的活动看，他从少到老，凡是当时发生的重大政治改革的事件，他总是站在维护奴隶制这一方面去反对封建制的。孔子的学说，也是为周礼进行辩护的。

甲方认为，孔子的学说，虽然主观上他不明确为新制度服务，但客观上，起了为新制度服务的作用。我们从孔子的礼和仁的学说看，不能得出这样的结论。因为礼和仁在客观上也是缓和阶级矛盾，反对新生力量的。

甲方说，孔子是封建社会有远见的政治家，他的主张有利于封建地主阶级的长远利益，限制了封建地主阶级的目前利益，所以季氏和当时的一些用事大夫不能理解孔子。马克思主义经典作家曾指出过，一个阶级的真正的代言人，有时未必就是那个阶级中的某些分子，像真正代表资产阶级的，不见得是小业主、资本家，而是某些知识分子、教授。因为他们的主张更能符合这些阶级的根本利益和长远利益。

我认为不能把当前利益和长远利益对立起来，很难设想孔子代表新兴地主阶级的长远利益就牺牲新兴地主阶级的当前利益。从春秋时期的具体情况看，地主阶级的根本利益是代替奴隶主阶级迅速取得政治上的统治地位，打破一切限制新兴封建生产关系的桎梏——也就是说，只有打破周礼的各种规定，才能有利于新的封建势力的成长。封建地主阶级的当前利益和长远利益都应该为这一总任务而奋斗。奴隶制不打垮，就建立不起封建制度，也就既不符合当前利益更说不上长远利益。

孔子所努力的工作正是维持当时动摇的奴隶制力图使它稳定下来。这对于封建制度的长远利益也是不符合的。何况古人对社会发展规律的盲目无知，即使有"远见"，其所远见的程度也极有限，我们怎能设想孔子能从春秋预见到汉武帝，四百五十年之远？孔子说过："其或继周者，虽百世可知也。"这是孔子自诩的远见，实际上不过是孔子的保守思想作怪，使他的心目中只有奴隶制那一套礼，认为以后总不过是周制的补充。孔子未曾想到，何须百世之后，即在孔子活着的时候奴隶制（周礼）的死亡已成定局，他死后不久，到了战国，中国进入了崭新的历史阶段，孔子所梦寐以求的周公之制已一去不返了；汉以后封建王朝的规模，更非孔子梦想所能及。如果说孔子能远见到四五百年之后，跳过战国，远见到西汉，"前知千岁，后知万世"，这正是王充早已攻击过的宗教迷信说法，把孔子说成神仙了。这是难以使人相信的。

汉以后确实把孔子奉为圣人。孔子生前被封建势力排斥，死后四五百年被奉为圣人，其原因是多方面的。

汉代统治者看到农民革命亲手把秦王朝推翻，因此不得不对农民做些让步，他们感到像法家商鞅、韩非那样赤裸裸地承认要剥削农民，容易激起农民的反抗，他们采取了比较温和的剥削政策。孔子在春秋时期为奴隶主献策，行不通的一些主张，汉代地主阶级把它改造成地主阶级的哲学。汉以后的地主阶级借用了孔子礼乐征伐自天子出，反对僭越，加强等级制度的政治思想。孔子的天子是奴隶主的周天子，汉代的天子是封建王朝刘姓的天子，内容是不同的。孔子的天命是为奴隶主服务的天命，汉代宣扬的天命是为刘家天子服务的天命；孔子的忠孝是巩固奴家制的宗法制的忠孝，汉代的忠孝是巩固封建制的宗法制的忠孝。孔子在春秋末期提出的这些为奴隶主服务的口号，汉代封建学者填充上新的阶级内容（作新的解释），改造为加强封建中央集权，反对分散割据的武器。

至于孔子痛心疾首，大声疾呼，用毕生精力所反对的刑鼎、封建所有制以及陪臣执国命，这些春秋末期的社会矛盾，到了汉初这些问题早已不存在了。

在阶级矛盾十分尖锐时期，新生势力将要代替旧的腐朽势力的情况下，孔子提出的改良路线，目的在于保存旧的，反对新的，所以不能说它有进步性，他的保守性是主要的。当社会矛盾不十分尖锐，革命形势和条件还不具备的情况下，提出改良主义，缓和阶级矛盾，在政治上有一定的进步意义。这就是后来"仁政"思想的基础。

前一社会历史阶段的哲学思想成为后一社会历史阶段的统治思想，在历史上是常见的。比如原始基督教，本来是奴隶社会中下层奴隶及其他劳动者们信奉的民间宗教。但基督教后来成了中世纪欧洲封建王朝的唯一的统治思想。佛教本来是印度的宗教，到了中国，成了与儒家思想并行不悖的统治人民的思想。我们不能说：原始基督教如果不反映中世纪封建统治者的利益，它怎能成为中世纪的圣人、天神金印度佛教如果不反映中国封建地主阶级的利益，佛教为什么得到中国封建王朝的推奉？

任何上层建筑，总归要为它的基础服务。上层建筑不是搬来就能用的，也不是可以移植或焊接在基础上的，它是统治阶级按照自己的阶级需要制造出来的。汉以后的孔子和春秋时期的孔子已经不是一个人了。汉代董仲舒把孔子装塑成为神学家、教主。宋明理学家把孔子改装成一个存天理、去人欲的僧侣主义的理学家。好像演双簧，面向观众的是孔子的偶像，躲在孔子身后说话的，在汉代是董仲舒这一派人，在宋明是朱熹这一派人。当少数民族入侵，民族危机加深的时期，中国统治者就强调孔子尊王攘夷、保卫传统文化的方面。当少数民族统治了中国，政权巩固后，他们又强调孔子学说中的定于一尊、君臣大义不可违抗这一方面。至于孔子学说中唯心主义、宗教思想、宣扬天命鬼神，都是一切剥削阶级取得统治地位后共同需要的。正如中世纪的基督教到了资本主义社会仍然被利用是同样道理。辛亥革命后，袁世凯也很推尊孔子，军阀张宗昌也推奉孔子，抗日战争时期，日寇汉奸也尊奉孔子。我们又怎能由于这些现象得出结论说：如果孔子的学说不符合封建军阀卖国贼袁世凯、张宗昌和汉奸的需要，他们为什么尊奉孔子呢？如果由于封建社会尊奉孔子，就说奴隶社会的孔子为封建社会预先制定了一套上层建筑。不论在事实上在理论上都是讲不通的。上层建筑只有在一定基础上形成，而不能预先订制。不论后人把孔子这个偶像如何改塑，春秋时代的孔丘对此不负责任。

孔子的名字，几乎中国妇孺皆知，还在于他在文化事业上为中国人民做出了重大贡献，立下不可磨灭的功绩。

孔子在教育方面，扩大了受教育面，他的弟子中有贵族，也有比较穷困的城市居民（如颜渊等），当然不会有奴隶。但比起春秋以前，孔子收纳了奴隶主贵族以外的"类"，总算"有教无类"了。

孔子对中国文化的贡献还不止于此。他传授知识的同时，建立了学术团体，即后来的儒家。儒家到了战国中期以后，分成以孟子为代表的唯心主义和以荀子为代表的唯物主义不同流派。各个流派从不同的角度宣传孔子学说的某一方面，扩大了孔子学说的影响。

孔子教学以"文""行""忠""信"为内容。他教的"行""忠""信"是属于宣传奴隶制道德规范方面的；整理古典文献，是孔子教学内容属于"文"的一方面。孔子主观上认为文化知识在他的全部思想中只占比较不重要的地位，但是这一工作客观上对中国文化起的积极作用，比他在行、忠、信方面要大得多。汉以后，历代推传的六经,基本上是经过孔子和他的后学不断整理、补充而流传下来的。司马迁曾指出孔子和他的学派在文化方面的贡献时,说:

> 天下君王至于贤人众矣,当时则荣,没则已焉。孔子布衣,传十余世,学者宗之。自天子王侯,中国言六艺者(按六艺即六经)折中于夫子。(《史记·孔子世家》)

六经中保存了中国古代重要的历史、文学、哲学等文献资料,直到今天它还是我们研究古代历史的重要材料。

对于《诗经》,孔子除了教导他的学生理解它的字面意义、增加文学、自然科学方面的知识外,还开创了死书活读的说诗途径。《论语》记载,孔子弟子子夏读到《诗经》的"巧笑倩兮"(《卫风·硕人》)这首诗时,发挥引申出实行礼要有它的客观条件。孔子称赞他懂得读《诗》的方法。孔子的继承人,孟子、荀子解释《诗经》,也都运用这种方法,汉初齐、鲁、韩三家说《诗》,也是这种方法的继承和发展。孔子自己说,学了《诗》,"可以兴,可以观,可以群,可以怨;迩之事父,远之事君,多识于鸟兽草木之名"(《论语·阳货》)。他认为学习《诗经》可以感发志气,考见得失,团结大家,发抒悒郁;其中有些原理可以用来事父,事君,并可以从中学到关于动植物方面的知识。

孔子没有留下多少直接关于《礼》的解释的材料,但孔子认为"不学礼,无以立"(《论语·季氏》),他把礼看作做人的根本。后来儒家的《礼记》也记载了孔子的一些言行,并对于礼做了理论上的发挥。《易经》,孔子也发生过很大的兴趣,《易·系词》基本上是孔子后学的作品。《书经》的传授也有赖于儒家。《春秋》可能经过孔子的加工,并由后来孔子后学整理过的。如"公羊学"对历史事实做出评论性的论断,是后来史论的萌芽。

先秦诸子各有自己的典籍著作,但他们对于历史文化遗产都不及孔子和他的弟子们这样重视。孔子主张"温故而知新"，"述而不作，信而好古"（《论语·述而》）。他过于迷信古代，是他的保守主义；但在他的保守主义思想指导下，给后人保存下来许多重要文献资料，并经过他和他的弟子们整理、发挥，从而丰富了中国古代文化典籍。尽管孔子主观上认为"道不行"才著书立说，他自以为这是他的不幸。但是孔子的不幸，客观上给后人做了好事。孔子和他的弟子们在中国文化的继承和传播方面的贡献之大，在古代哲学家中是无可比拟的。

孔子和他的弟子们整理、解释过的六经，又经过历代封建学者按照时代的需要不断注释发挥，成了封建王朝规定的教材。所有封建时代的知识分子没有不读六经的。孔子的影响之大，后人对他印象之深，他所以被奉为"圣人"，和他整理六经的工作也有密切关系。

博学多艺的孔子对后来中国文化的影响是多方面的。他是春秋时期重要哲学家、博学的学者、政治活动家、伟大的教育家。作为教育家和作为历史、古典文献专家的孔子，他的积极贡献是主要的。作为政治活动家的孔子，他代表没落奴隶主阶级对抗新兴封建势力，他是保守派。作为哲学家的孔子，他对当时思想战线上争论的"天"是否有意志的人格神这一主要问题上，他站在唯心主义立场与唯物主义的老子的哲学对立，他的错误是主要的。孔子也有些关于学习方面的唯物主义观点。孔子在哲学上要保持已经动摇了的上帝的神权，和他在政治上力图维持已经崩坏了的奴隶制王权的立场是一致的。

如果对孔子这个历史人物进行全面评价，他对文化事业的贡献大于他的缺点；单就哲学这一个方面看，他的缺点多于他的贡献。

孔子政治上的保守立场
和哲学上的唯心主义*

本文的论证是从三个基本前提出发的：第一，孔子生活的春秋时代，是奴隶制向封建制过渡的时代。奴隶主阶级是没落的阶级，封建地主阶级是进步的阶级。反对变革，实际上就是反对封建化，政治上是反动的。第二，维护奴隶制的哲学上层建筑是宗教神学。它具体表现为宣扬天是有人格的神，天命不可违抗。当时唯物主义哲学都反对天是有人格的神。是否维护有人格的神，是划分唯心主义或唯物主义两大阵营的主要标志。第三，作为孔子的对立面，唯物主义哲学家是老子。以下的论证都和以上这三个基本前提有关。

春秋末期的社会主要矛盾

在阶级对抗的社会里，要考察一个人的思想的进步与反动，应该放在一定的阶级斗争中来考察。

春秋末期，奴隶制在解体，封建制在形成，基础的变革，势必

---

* 原载《北京日报》1961 年 7 月 21 日。

引起一系列的文化、思想意识领域内的极大动荡。

这时有的阶级（封建地主阶级）上升了,有的阶级（奴隶主阶级）没落了,在这两个主要阶级一升一沉的变革中,也波及其他一切阶级和阶层。

这时有哪些阶级。(1)奴隶主阶级。(2)奴隶阶级。(3)新兴的地主阶级。新兴的地主阶级中又有两个阶层,一个是不贵而富的新兴的土地占有者,一个是由奴隶主转化而来的贵族封建地主,比如鲁国的季氏,以及各国的陪臣、大夫、“富于周公”的犯上作乱的富贵封建主。(4)与地主阶级相对峙的农奴阶级。(5)小自耕农,它有各种来源,有的是由于奴隶主贵族没落破产,下降为自耕农的,如老子、长沮、桀溺、荷蓧丈人、楚狂等人,以及后来战国的杨朱、许行、陈仲子等人,都属于这一阶级。他们过去在奴隶主制度下是不得意的,封建制的土地兼并也引起他们的恐慌。也有农村公社残留下来的小农。这是中国社会经济发展的不平衡造成的。(6)奴隶制解体过程中,原来失去人身自由的手工业者,现在有些人获得了自由。

在当时阶级斗争中,主要对立面即新兴的地主阶级与旧的世袭的奴隶主阶级的斗争。这两者的斗争是在广大的奴隶以反抗,逃亡的手段、长期革命的手段促成的。如盗跖的起义、各国的“国人”（城市居民、自由民及手工业工人）和奴隶的暴动,即使统治者的记载语焉不详,但也足以说明被压迫阶级的反抗斗争,是促进社会发展的动力。奴隶的暴动,目的在于挣断他们的桎梏,他们对奴隶制主要是用武器的批判答复了奴隶制的不合理。

代表小自耕农的思想的,有春秋后期的老子以及战国时代的杨朱、许行、庄周等人。刚刚从奴隶主控制下解放出来的自由手工业者,利用这一动荡的时代,为改善“农与工肆之人”的社会地位和经济地位而斗争的,有以墨翟为代表的前期墨家。墨子活动的时代在战国之初,但这一阶级中有人开始摆脱奴隶制的羁绊,应当是奴隶制衰亡、崩溃的必然结果。孔子曾说过:"富与贵,是人之所欲也,不以其道得之,不处也。"(《论语·里仁》)如果不是在阶级关系大变动时代,富与贵只能由奴隶制宗法关系决定,不发生得到富贵的途径(道)的问题。

新兴地主阶级利益的思想代言者是以《管子》和子产为代表的法家。

孔子是站在贵族奴隶主阶级的立场,在不触动贵族奴隶主的旧制度前提下,希望对奴隶做出某些让步,他虽容纳了一些新的东西,也只是为了不要让新的势力把旧制度连根拔掉。孔子不只是一个哲学家,他又是一个教育家、政治活动家,他为剥削者想得比较长远。

反对变革,坚决维护奴隶制

从孔子所留下来的全部著作中,可以看出,凡是关于制度的改革,他总是站在保守的方面反对的。至于一般不涉及制度方面的问题,孔子倒也显得不那末顽固化。这也说明孔子对西周以来的奴隶制,有深厚的阶级感情,立场十分坚决。

对于春秋末期社会动荡的性质,孔子一贯认为完全是反常,是不应有的现象,孔子叫它做"无道"之世。

> 天下有道,则礼乐征伐,自天子出;天下无道,则礼乐征伐,自诸侯出。自诸侯出,盖十世希不失矣;自大夫出,五世希不失矣,陪臣执国命,三世希不失矣。

> 天下有道,则政不在大夫。天下有道,则庶人不议。(《论语·季氏》)

> 天下有道,丘不与易也。(《论语·微子》)

166

当时的大夫、陪臣的经济、政治地位上升,孔子认为是反常的现象。那末,孔子心目中具体的"正常"制度是什么呢?孔子也说得很明确,那就是西周以来的奴隶制。

"周监于二代,郁郁乎文哉,吾从周。"(《论语·八佾》)他把周公当作学习的榜样,把西周建国的神话传说和他自己的阶级命运密切联系起来:

"凤鸟不至,河不出图,吾已矣夫!"(《论语·子罕》)

因此,孔子对于一切破坏奴隶制度的"非礼"行为,坚决反对。他对季氏使用天子的仪仗队发出激烈的批评,甚至发出"诛心"之论:连天子的仪仗队都忍心使用,还有什么事情不忍心的呢。("是可忍也,孰不可忍也。"《论语·八佾》)

孔子对管仲的功劳从心里佩服,但对管仲破坏了奴隶制的等级制度有批评;对季氏到泰山祭神也坚决反对。西周以来,历法要由周天子颁布(《周礼》:"颁告朔于邦国")。春秋中叶以后,一方面周天子管不了诸侯,一方面各诸侯也拥有他们的天文历法专家,不再需要一年一度向周天子讨皇历。所以"告朔"名存实亡。子贡"欲去告朔之饩羊"。孔子也反对,他说:省一只羊倒是小事,我可惜的是"告朔"的制度怕从此废止了!("赐也,尔爱其羊,我爱其礼。"《论语·八佾》)

还有《左传》载晋国铸刑鼎的事,孔子发了一篇评论:

晋其亡乎!义失其度矣。夫晋国将守唐叔之所受法度,以经纬其民,卿大夫以序守之,民是以能尊其贵,贵是以能守其业。贵贱不愆,所谓度也。(《左传》昭公二十九年)

这就是说,西周唐叔以来的奴隶制改革不得,改了就有亡国的危险。孔子称赞子产也是从他不破坏旧制度(不毁乡校)方面着眼的。

在具体的阶级斗争中,孔子的保守态度也是十分坚决的。

据说公山弗扰和佛肸两个叛臣都想请孔子去帮助，孔子曾动过念头。孔子的动机是劝他们"改邪归正"，还是通过他们恢复西周以来的奴隶制，我们无从推测。但孔子毕竟没有去参加他们的"叛乱"集团。阳货请孔子去帮忙，被孔子坚决回绝了。孔子的政治态度，正如朱熹所透露的：

> 阳货之欲见孔子，虽其善意，然不过欲使其助己为乱耳。故孔子不见者，义也。(《论语集注·阳货》)

从孔子的行动可证明他毕竟不肯与"叛乱"人物合作。有些学者认为孔子同情"乱党"的说法是缺少事实根据的。

孔子对于一些非原则性的，倒也随和，比如戴的冕，古制用麻制的现在用丝制的，他不坚持用麻制，但是跪拜的礼节，古制（西周以来的旧制）拜于堂下，现在流行的走到堂上才拜，孔子说，即使与众不同，我还是拜于堂下。（"虽违众，吾从下。"《论语·子罕》）这一点宋儒程颐很能体会孔子的精神，他说：

> 君子处世，事之无害于义者，从俗可也，害于义，则不可从矣。(《论语集注》)

孔子不忍看见垂死奴隶制的衰亡，到处流露着缅怀往古的复古倾向。

在历史研究方法上，他认为今不如古：

> 吾犹及史之阙文也……今亡矣夫。(《论语·卫灵公》)

治学态度上也是今不如古：

> 古之学者为己，今之学者为人。(《论语·宪问)》

他自己的学问也是得自"古"籍：

> 述而不作，信而好古。(《论语·述而》)

对于礼乐（按：礼乐包括社会制度）也认为前辈的态度正确，反而遭到批评，他很为此不平：

> 先进于礼乐，"野人也"，后进于礼乐，"君子也"。(《论

语·先进》)

孔子对"古"的有他特殊的感情,甚至连古代人犯的错误也比今人高明些:

> 古者民有三疾,今也或是之亡也!古之狂也肆,今之狂也荡;古之矜也廉,今之矜也忿戾;古之愚也直,今之愚也诈而已矣!(《论语·阳货》)

这里不难看出,孔子对奴隶制有多么深厚的感情,在新事物不断出现的面前,孔老夫子几乎到处有牢骚,看不惯。新制的酒杯子不带棱角了,孔子也会联想古制的沦亡。"觚不觚,觚哉,觚哉?"(《论语·雍也》)这些地方居然有些像鲁迅的小说"风波开"的"九斤老太"型的人物了!我们决不应笼统地认为历史上一切"复古"主张都是反动的,这要看他们所宣扬的"古"的具体内容是什么。古代许多进步思想家往往借古说今,在复古的外衣下,表达了他们批判现实,追求革新的愿望。像《礼运》讲的"大同"社会,认为古代没有私有制,没有剥削,是值得羡慕的,后来的老子、庄子的回到古代去的口号,也有类似的情况。而孔子的复古,就是明确地维护西周以来的奴隶制,不能有别的解释。

政治幻想——仁政和礼教

在广大奴隶不断地逃亡、反抗,以及新兴地主阶级的经济势力不断扩大,又由于铁器的广泛使用,土地得到大量的开垦,贵族奴隶主中间,也有些开明分子,被迫对奴隶劳动者做出某些让步,给劳动者以固定的生产工具,私人房屋,等等,把监督劳动改为地租剥削。奴隶主贵族为了本身利益,如果不愿意没落下去,只有放松一下对劳动者人身束缚,走封建贵族的道路。但孔子就是在这个问题上跌入反动的泥坑,他的主张和社会发展的方向背道而驰。

孔子一方面劝统治者"节用,而爱人,使民以时"(《论语·学而》),宣扬仁者"爱人"的教条,另一方面教受剥削者在任何情况下都不要"犯上作乱",安于命运的安排,不要怨天,不要尤人。孔子在这种认识的基础上提出了"仁"和"礼"两大原则。这两者又是互相联系的。仁的内容是:

> 非礼勿视,非礼勿听,非礼勿言,非礼勿动。(《论语·颜渊》)

"礼"教又不能脱离了仁政:

> 人而不仁,如礼何。人而不仁,如乐何!(《论语·八佾》)

> 出门如见大宾,使民如承大祭。(《论语·颜渊》)

仁与礼的关系已很清楚,旧制度(礼),也就是孔子一贯支持的奴隶制,是不能改变的,上下的统治秩序不能打乱,但他又要求统治者主动地关心劳动者(奴隶)的生活和社会地位的改善。孔子的"仁"是专对统治者讲的,被统治者不在内,"君子而不仁者有矣夫,未有小人而仁者也。"(《论语·宪问》)这种观点正如希腊古代哲学家论证奴隶缺少慷慨好施的道德品质同样具有极深的阶级偏见。奴隶连他自己都不归他自己所有,怎么能表示"慷慨好施"的美德呢?"小人"一无所有,有什么东西可以恩赐给别人呢?

孔子的仁政观点,在很长时期都起着欺骗人民的作用。所谓"爱人",不能离开了一定的阶级的内容,只要有敌对的阶级存在的话。

"世上决没有无缘无故的爱,也没有无缘无故的恨。至于所谓'人类之爱',自从人类分化成为阶级以后,就没有过这种统一的爱。过去的一切统治阶级喜欢提倡这个东西,许多所谓圣人贤人也喜欢提倡这个东西,但是无论谁都没有真正实行过,因为它在阶级社会里是不可能实行的。"①毛泽东同志指出的过去所谓圣人贤人也喜欢提倡这个东西,孔子也不例外。揭开了孔子的普遍的仁爱的外衣,实际上不过是为了:

上好礼,则民易使也。(《论语·宪问》)

君子学道则爱人,小人学道则易使也。(《论语·阳货》)

统治者为了便于统治,必须学礼:

不学礼,无以立。(《论语·季氏》)

仁与礼,不过是统治者用来束缚人心的两条绳子,无论在当时和在以后都起着麻痹人民反抗意志的消极作用。

孔子不但认为礼所规定的上下等级制度不能乱,不能废,而且还要求人民从思想上消除反抗统治者的念头。所以林放向孔子问礼的根本原则时,孔子提醒他,首先要从思想深处接受它、认识它的重要性,而不仅仅是形式上的服从。"礼,与其奢也宁俭;丧,与其易也宁戚。"(《论语·八佾》)"礼云礼云,玉帛云乎哉?乐云乐云,钟鼓云乎哉?"(《论语·阳货》)

从孔子的著作里,虽然他把仁与礼经常分开说,但指的却是一回事。它不仅教人彻底消除犯上作乱的行为,也还教人彻底消灭犯上作乱的思想。这是从消极方面说的。从积极方面说,拥护剥削的等级制度,让被统治者衷心的爱戴统治者,接受他的恩赐,让统治者发出一些恩赐。这也就是历代聪明的统治者所谓"仁政"的真面目,他希望通过"仁"与"礼"两大枷锁维系奴隶制不垮。

----

① 《在延安文艺座谈会上的讲话》,《毛泽东选集》第3卷,人民出版社,1966年版,第827页。

宣扬人格神、唯心主义的天道观

商周以来，奴隶主贵族统治阶级，不仅定出一些法令制度来保障他们的统治秩序，他们还尽量利用宗教、迷信、礼法麻痹人民的反抗意志。周代的敬天保民的思想和殷代的尊天事鬼的思想，在性质上，都是镇压人民、麻醉人民的。宗教总归是起着麻醉人心，加强统治秩序的作用。

如何对天命、鬼神提出怀疑与批判，如何科学地说明世界的存在和变化的根源，就成为当时哲学上唯心主义与唯物主义争论的核心。当时"天道观"的争论中，是有神论还是无神论，是唯心主义还是唯物主义？就在这一问题上划分为两大阵营。这一斗争，应当是春秋战国时期，唯物主义与唯心主义斗争的主要内容。这两种思想斗争，和在政治上维护垂死的奴隶制与反对奴隶制的两种立场密切联系着。

春秋末期，战国时期，唯物主义与唯心主义的各个学派，对于天命、鬼神有了分歧的解释。

> 夫民，神之主也。是以圣王先成民，而后致力于神。（《左传》桓公六年）

> 鬼神非人实亲，唯德是依。故《周书》曰，皇天无亲，唯德是辅。（《左传》僖公五年）

> 国将兴，听于民；将亡，听于神。神，聪明正直而一者也，依人而行。（《左传》庄公三十二年）

> 民之所欲，天必从之。（《左传》襄公三十一年）

> 祸福无门，唯人所召。（《左传》襄公二十三年）

> 善之代不善，天命也。（《左传》襄公二十九年）

当时的统治者中间，也有人从历代历史的教训中看出了"社稷无

常奉,君臣无常位,自古已然","高岸为谷,深谷为陵,三后之姓,于今为庶"。(《左传》昭公三十二年)

讲明天道自然,宣传无神论,唯物主义的老子,在孔子之前曾做出了杰出的贡献。对于"天道"的问题上,孔子是有神论者,是维护一向为奴隶主阶级服务的宗教神学的。宗教神学是奴隶制的哲学上层建筑。

打击有神论、宗教迷信,对科学发展、生产发展有好处,对引起人民反抗旧制度、旧秩序有好处,对新兴的封建地主阶级的壮大有利。虽然老子的唯物主义不是为地主阶级服务的,但在两大政治阵营(奴隶主与封建地主)中老子的思想是有利于地主阶级的发展的。

但是,孔子心目中的"天",就是上帝,有人格、有意志。

　　天之将丧斯文也,后死者,不得与于斯文也,天之未丧斯文也,匡人其如予何!(《论语·子罕》)

　　天生德于予,桓魋其如予何!(《论语·述而》)

　　获罪于天,无所祷也。(《论语·八佾》)

把孔子说成唯物主义的人,举出唯一的一条理由,是:

　　天何言哉,四时行焉,百物生焉,天何言哉!(《论语·阳货》)

好像是讲的自然的和地相对的天。其实孔子认为天是能言而不必言,所以才说"天何言哉"。如果根本不能言,孔子为什么不讲"石何言哉""木何言哉"?

正因为孔子跪在天帝的威力下,抬不起头来,所以孔子教人服从天的意志——天命。

他们这些人要"畏天命",天命其实就是地上奴隶主贵族的意志。畏天命的同时,还要"畏大人之言"。不知"命",就不配当贵族统治者("不知命,无以为君子。"《论语·尧曰》)。

从孔子对待奴隶主贵族地上统治者的毕恭毕敬,谨小慎微的态度,也充分体现了他对天上统治者的天命,对上帝的态度。他听到国君的召唤,不等到备好车就走,和下大夫讲话还稍微大胆些,和上大夫讲话就更加恭顺一些。("与下大夫言,侃侃如也,与上大夫言,訚訚如也。"《论语·乡党》)

在神权下和在君权下,孔子教人越恭顺越好。这种奴化教育,说从孔子开始,并不算过分。正如范文澜同志说的:"孔子学说妥协性多于反抗性,也就很自然的保守性多于进步性。"(《中国通史简编》修订本第一编,第134页)

孔子把讲不通的都归为天命,一切不合理事,归到天命,他以为问题就解决了。孔子门徒一贯相信"生死有命,富贵在天"。孔子自称自己到了五十岁才知道"天命"。这种唯心主义的天命观点,到了孟子手里,又得到进一步的发挥。这里也埋藏着孔子的哲学进一步向神秘主义、不可知论转化的种子。

孔子对鬼神,不多讲,也不明确否认。他说:

未知生,焉知死。(《论语·先进》)

未能事人,焉能事鬼。(同上)

敬鬼神而远之。(《论语·雍也》)

这种对鬼神的态度,有些同志认为这都是无神论的因素,其实孔子倒是公开承认有鬼的,"非其鬼而祭之,谄也。"(《论语·为政》)他只是反对不要乱祭。孔子对于禹十分钦佩,主要理由是禹能够做到"菲饮食而致孝乎鬼神,恶衣服而致美乎黻冕……"(《论语·泰伯》)。

由于孔子承认天是人格神,在这个主要问题上,他站到唯物主义的对立面。在次要的鬼神问题上,即使有某些怀疑主义的因素,仍不能改变他的唯心主义立场,他不是基本上是无神论只有些宗教迷信的残余。这两种看法看来是量的区别,但实际上是质的区别。

也有人认为孔子的哲学中毕竟有些新东西,新的东西处在萌芽状态时,往往不完备。但有新东西提出来,总是可贵的。如果我们在几个主要问题上,把孔子的观点、立场和当时的先进思想家排一排队,立刻发现,所谓"新的东西"其实都不算什么新的东西,孔子早已掉了队,跟不上。比如当时争论的中心问题,天命、鬼神问题,在以老子为首的唯物主义哲学学派发出耀眼的光辉下,以孔子为代表的妥协、改良主义,就更显得旗帜灰暗,站到反面去了。

在春秋战国时期,哲学上争论得最多的问题之一,还有名实问题。凡是认为事物的客观存在(实)是第一性,表达这一客观事物的名词(名)是第二性的学派,是唯物主义的。反之就是唯心主义。在这一争论的领域里,孔子也和老子的唯物主义的名实论对立,他也充当了反面的角色。孔子认为为政要"正名",把名搞正了,才能稳定统治秩序。

当社会上阶级对比的力量已经发生变化,新生力量已经兴起,旧统治势力气息奄奄的时候,改良主义的道路,从来是和社会历史发展的规律相抵触的。因为任何一种社会制度,它的上层建筑必须适应它的基础,同时也必须积极为它的基础服务。孔子一生的理想和他的政治活动都在于给垂死的奴隶主制度注射强心针,知其不可而为之。

孔子幻想不触动奴隶制相沿数百年的社会秩序,又面临着新兴的不可抗拒的地主阶级的崛起,他妄想一方面劝奴隶主发发善心,一方面劝奴隶们不要犯上作乱,安于命运,对奴隶主要衷心爱戴。当然是办不到的事。

简单的结论

孔子对于传统文化有过整理传播的功劳，后来流行的六经多半是经过孔子和他的学派加工整理的，孔子为了培养为统治阶级服务的人才，曾扩大了受教育面，客观上起了积极作用；孔子在哲学思想方面，初步地提出质和量的内在辩证关系，如他讲的"过犹不及""欲速则不达"，都包含着实践的真理；在文化问题上，他提出了文与质的辩证关系，他的"以德报怨"的原则，也体现了我们民族反抗外来侵略的正义精神，孔子对《易经》也曾进行系统的阐发，只是由于他的唯心主义世界观的局限，使他最后不得不落脚于形而上学，他的失误也足以为后人的借鉴。

本文不是全面地评价孔子，只是想从孔子的政治立场看孔子的哲学体系是唯物主义的还是唯心主义的。没有抹杀孔子的历史地位的意思。作为伟大的教育家、历史家、博学的学者，孔子在中国古代历史上占有极重要的地位，他的学说对中国封建文化教育起过积极作用。但伟大的教育家、历史家不一定同时在政治上就是进步的，世界观也不一定是唯物主义者。本来很难要求一个古人，是处处都好的"完人"。

也许有人会问，如果孔子的学说不代表封建地主阶级，为什么孔子在封建社会里能够"俎豆千秋"，成为封建帝王的"万世师表"？

对于这个问题要作具体分析，不能从逻辑上去推论。奴隶制和封建制的意识形态、经济基础有许多很接近的地方，它比封建社会和资本主义社会的差别要小得多。资本主义也还继承了许多封建社会所遗留下来的一部分意识形态。奴隶社会与封建社会之间可以继承的就更多一些。所谓继承，当然不是说现成的拿来就用。而是说有些思想意识基本可用。比如说,结合中国古代的社会历史特点来看,宗法制度、等级制度、维护宗教制度的孝的伦理规范(纲常名教、片面服从关系),奴隶制到封建制虽有所损益,但基本精神差别不大。历代封建统治阶级所尊奉孔子的,不外是纲常名教,忠君孝亲的教条。其中,有些是孔子的话,但经过后代的思想家加工改造,不能完全看作孔子个人的东西。

古代历史上曾经流行过、并很有势力的学说、思想,并不只在于某种学说思想本身有特殊价值,更主要的是当时社会历史的需要。比如,基督教曾经笼罩了中古的欧洲,直到今天它还在资本主义社会中继续传播。基督教纵贯了欧洲的奴隶制、封建制和资本主义制度三个历史阶段。佛教也是导源于奴隶制的印度、风行于封建制的中国南北朝及隋唐。考查基督教和佛教的历史,他们的创始人都不是预先为后来的封建社会的上层建筑做好准备的,而是后来的封建统治者把它改造、加工后才发出封建社会的"神光""佛力"的。

也许可以说,封建社会所尊奉的是孔子而不是别人,足见孔子思想中有封建性的东西。不然,为什么老子、墨子没有被"俎豆千秋"呢?

这种疑问已有现成的答案。因为孔子代表的是奴隶主贵族,封建剥削者与奴隶剥削者在意识形态上有可以继承的,而老子、墨子不代表奴隶主贵族的利益,他们反对世卿世禄,反对宗法制、等级制,甚至主张自食其力,责难剥削,当然封建贵族不需要这样的偶像。

总之,认为中国封建统治者既然信奉孔子,所以孔子应代表封建地主阶级这样的推论的根据是很薄弱的。只能说封建统治阶级按照他们的阶级利益的需要去塑造他们的圣人,正如上古的奴隶主按照他们的阶级利益塑造"上帝"的形象一样。当然，塑造孔子的"圣人"形象和塑造上帝那种无中生有的形象还是有所区别的。从哲学史上看，汉代的孔子确与先秦的孔子不同，朱熹塑造的孔子又与汉代的孔子有所差异。中世纪的基督教和原始基督教、中国的佛教和印度原始佛教也有很大的差别。这些事实都值得作为评价孔子的借鉴。

判断孔子哲学是不是唯心主义，是进步还是保守，必须密切联系当时的实际矛盾去考察，看孔子对新生事物是什么态度和立场，看他对垂死的奴隶制度是什么态度和立场。我们在哲学上考查孔子是唯心主义还是唯物主义，必须把他的宗教观放到当时哲学战线上去考察。如果认为当时哲学思想战线上的主要战斗是环绕"天道观"、天是否有意志的问题开展的，那么对孔子哲学思想不难做出适当的估价。本文认为孔子在当时的新旧制度矛盾中，孔子是守旧的，在天道观问题上，孔子是有神论者。在当时的主要矛盾上，孔子站的位置都不对头，枝节问题上即使有可取之处，瑜不能掩瑕，缺点是主要的。我们不是把孔子的只言片语孤立的分析，而是和他以前的管子、子产以及《管子》这部著作中的某些思想，《左传》《国语》中的某些迎接改革、宣传无神论的思想来比，和他同时的老子来比，也要和当时社会上重大变革，与孔子对那些变革的态度来比。

春秋末期是一个社会制度大变革的时代。在这次大变革中，孔子对奴隶制的经济基础及上层建筑竭力维持，并狂热地宣传奴隶文化。孔子相当顽固，有时还颇以他的顽固自豪，说什么"岁寒，然后知松柏之后凋也"（《论语·子罕》），他竟想抗拒社会前进的怒潮，当然只能以悲剧告终。

孔子讲的"仁"能不能是
人类普遍的爱*

　　近年来报刊上发表了不少关于研究孔子学术思想的文章，并开展了不同观点的争论，无疑的，这对推动学术研究是有益的。这里不准备谈我个人对于孔子的哲学思想的看法，只想谈一谈研究方法中的一个问题，即阶级分析的问题。

　　远在二千多年前，韩非曾说过："孔墨之后，儒分为八，墨离为三，取舍相反、不同，而皆自谓真孔墨，孔墨不可复生，将谁使定后世之学乎？"（《韩非子·显学》）韩非大约认为后人对前人的思想的了解程度总不会比自己了解得更清楚。这种看法有一定的道理，但不能认为就是正确的。在马克思主义以前，人们不懂得阶级分析的方法是研究历史的钥匙，对社会历史现象只能看到现象，而无法看到它的本质。孔、墨自己并不能真正认识自己的思想、历史地位、社会作用。且不必说孔、墨这些几千年前的人物，就以近代资产阶级黑格尔的哲学来看，把黑格尔的哲学研究得最透彻，估价最公允的，并不是黑格尔自己和自称黑格尔门徒的新黑格尔学派，而是马克思和列宁。

----

　　* 原载《学术月刊》1963 年第 8 期。

在论述孔子的学术讨论中,有些人认为,古人自己还不知道他是什么阶级,我们用阶级分析法,是把阶级强加给古人。我想,持这种见解的人,似乎没有把两个概念弄清楚:(1)古人知不知道有阶级;(2)古代有没有阶级。说古人不知道有阶级,是可以的。说古代(如孔子的时代)没有阶级是不可以的。不知道,不等于不存在。从奴隶社会到资本主义社会,阶级存在是事实。在有阶级的社会里,任何人,不属于这个阶级就属于那个阶级,没有中立、游离的余地,这也是事实。怎么能说孔子自己不知属于哪个阶级,就不从阶级分析入手去研究孔子的思想?至于孔子究竟是哪个阶级,这是学术争鸣的问题,可以从长讨论,可以有各人的是非;如果说孔子不属于什么阶级,这就是马克思主义与非马克思主义的争论的问题。

也有人说,研究历史人物不可乱贴阶级标签。这个说法,如果指的是对历史人物要进行全面的、具体的分析,而不能用一个笼统的阶级帽子给古人戴上,代替阶级分析,这是对的。但不能因为有些科学工作者阶级分析的方法不够熟练,就连阶级成分也不加区别。这种倾向将会使科学研究倒退到资产阶级史学方法的老路,是一条走不通的死巷。持这一种见解的人,是极个别的。错误也是显明的,我不想多说什么。

在研究孔子的论文中也有些人表面上承认阶级分析方法,实际上分析孔子的哲学思想时,却采取了相反的道路——超阶级的观点。

比如,孔子的"仁",《论语》讲的是"仁者爱人"。所"爱"的"人",它所包括的范围有多末大,是有争论的。

有人认为孔子爱人,是爱一切人,不论奴隶主或奴隶,都属于孔子所爱的范围。也有人说,孔子心里想的可能是一定阶级的人(如贵族、平民),但他提出的口号都是带有普遍意义的"人类"。这种说法，无论事实上或逻辑上都是讲不通的。

先看事实。如果说奴隶社会是孔子活动的时代，奴隶社会的特征之一，就是劳动者奴隶不被当作人，只看做会说话的工具。我国有些少数民族地区在民主改革以前，还停留在奴隶制社会阶段，那里还是把奴隶叫作会说话的牲口。汉代的《急就》篇中还是把奴婢和生活资料归为一类。汉代早已不是奴隶社会了，奴隶已不是生产的主要负担者，奴隶制只是前一个历史发展阶段的遗迹，即使如此，仍不难看出奴隶不算作人的悲惨的社会地位。汉代对奴隶尚且如此，孔子的时代，就不能设想奴隶和贵族都看作是人，都是孔子"仁爱"所及的对象，可以"一视同仁"。

现在再从逻辑上看，是怎样说不通的。人们所要说的，总应该是他所想到的。自己连想也没有想到的事物，他不会说得出。如果说，孔子想的是有阶级局限的人，讲的是泛指一切的人类，这是难以令人理解的。也许有人援引资产阶级革命时期用全人类的名义发表过人权宣言，宣称人人生下来都有平等的权利，这种权利应受到保护，不应受到限制。自由、平等、博爱的口号，也是以全人类的名义提出的。我想，这种与资产阶级革命时期的口号比附的办法是不恰当的。因为"人的发现"，是资本主义社会才产生的新观念。我国封建社会的广大人民曾紧紧地被束缚在四条绳索上（政权、族权、神权、夫权）。古代欧洲可能族权的压力不如中国势力大，但神权的压力则超过古代中国广大人民所遭受的。资产阶级革命，是革封建地主阶级的命。资产阶级为了使农民从对地主阶级的人身依附关系下解放出来，使原来的农民的劳动力变成自由出卖的商品，他们利用农民要求解放自己的愿望，力图摆脱封建社会所规定的人身依附的不自由，才提出了"人权"的口号。即使如此，资产阶级所提出自由、平等、博爱的口号，也还是有阶级内容的。自由的真正意义是劳动力的自由市场,货物的自由通行;平等是商品等价交换的投影,是对封建贵族特权的抗议,并不是真正主张资本家与劳动者的平等;博爱是资产阶级揭露封建地主阶级的残暴统治的鼓动手段。从资产阶级出现之日,就没有什么真正的全民平等、自由。

也有人说,既然奴隶不当作人,奴隶制社会,像孔子的时代,如果人们想说连贵族带奴隶一起的"人"时,不是很为难吗? 他们怎么说呢? 我想,这种"设想"是以今人之心,测古人之腹。这个困难,是自己给古人想出来的,古人对此一点也不会感到困难,因为他们不会这样想。不同类的事物不能相比,不能相加,这一点古人是明确的。《墨子·经说》下曾指出不能问:"木与夜孰长,智与粟孰多?"因为木的长是空间的长度,夜的长是时间的长久。智与粟不同类,也是不能同一个尺度去衡量它的多少的。孔子时代,贵族数目和奴隶数目也是不能加在一起计算人口数的。在金文铭文里只有连同被征服的贵族和他的奴隶一齐赐给别的贵族时,才把他们统计在一起,这种情况下的"贵族"已经失去贵族的身份了。秦汉之际《大学》这一篇,讲到天子和平民时,还没有一个概括"全人类"的习惯称呼,只能说:"自天子以至于庶人……"今天看来,这种陈述方式未免啰嗦,可是在当时也只有如此。

既然没有把贵族和奴隶加在一起都把他们叫作"人"的必要和可能,他们那个时代的人也不会发生把"全人类"加在一起称呼的困难。只有在童话故事里,有把动物当作人看的。童话的作者有时会说:"猎人和他的马和猎犬三口人,一起生活……"这只是为了故事生动,是说给小孩子们听的,不能当真。今天世界上还有些文化落后的地区的民族,他们的词汇里没有"仁""义""道德"这些抽象观念,只有"好""不好"这些简单的表示性质的词。也许有人要问:他们如果想说"仁""义""道德,这些词时,怎么办？我想，这倒用不着为他们发愁，因为在他们的生活里，头脑里没有这类的观念。既然没有想到过它，当然，不会说到它，也用不着说它。同样的道理，认为孔子自己说了他自己也不懂的"全人类"的普遍的"爱"（仁），这是没有根据的。

上述这种超阶级的"阶级观点"，和上述的怀疑阶级分析方法虽相去有间，但其违反阶级分析方法的原则，倒是没有什么差别，都不能认为是符合历史唯物主义的。

对于孔子的学说的理解、解释、历史地位以至著作真伪的考订，都可以有不同的见解争论下去。我们对于孔子的研究，只能说是才开始，而不是结束。只有充分展开百家争鸣，才可以把是非弄清楚，把科学水平提高一步。为了研究清楚孔子的学术思想，必须要有科学的方法。不用正确的方法，不会获得正确的结论。我们今天研究孔子的学术思想比前人有极大的优越条件，因为我们有了马克思列宁主义、毛泽东思想的指导。我国革命自从有了马克思列宁主义、毛泽东思想，立刻得到发展。学术工作、科学研究工作，经实践的证明，也是一样。我们亲身体会到，哪一门学科比较好地贯彻了马克思列宁主义、毛泽东思想，哪一门学科的成绩就有显著进展。哲学史的研究也是一样，其中最主要的是不能忘了阶级分析的方法。如果忘了从阶级观点看问题，这种"研究"肯定是，没有用，甚至是有害的。

我自己对马克思列宁主义、毛泽东思想学习得很不够，运用得也很不熟练。但是我坚信只有沿着这一方向，不断努力，才能把它学好，此外没有别的捷径。

老子的研究*

本文打算从三个方面对近来关于老子的争论和研究方法，提出一些初步的看法。(一)老子这个人和《老子》这部书的关系;(二)老子的思想反映哪个阶级的利益和要求;(三)老子的世界观是唯物主义还是唯心主义。近年来争论的焦点逐渐集中到老子是唯物主义还是唯心主义,因此,本文对这一问题的阐述也要占较多的篇幅。至于老子的辩证法思想,已没有什么争论,本文从略。

一　老子这个人和《老子》这部书

对于老子这个人和《老子》这部书,归纳起来,有以下三派不同的意见:

第一派认为《老子》一书是老聃遗说的发挥。老聃确在孔子之先。主张这种见解的有马叙伦、张煦、唐兰、郭沫若、吕振羽、高亨、苏联学者杨兴顺等。

马叙伦考证:"老子生当在定王、简王之世(笔者按:周定王

时代是公元前606—前586年,周简王时代是公元前585—前571年)。孔子五十一岁见老子,为敬王十八年(笔者按:公元前502年),盖已八九十岁,其卒年虽不可知,而庄子载秦失吊其死,则非不知所终者也。"(《老子校诂》,第30页)

唐兰:在《老子时代新考》(载《古史辩》第六册)中,作出如下结论:

(1)《老子》的作者及其时代

唐兰引证《庄子·天下》篇和《韩非子·六反》《内储说下》《亡征》诸篇关于老子言论的记载后说:"根据上面的材料,可以知道《天下》篇的作者和韩非子都以为《老子》里的话是老聃所说。《天下》篇的作者,现在很难断定,但总和庄周、惠施都接近,而文章里面又提到公孙龙,可以证明是平原君时代的作品。那么孔子卒后二百年左右,有一本业已流传的著作和今本《老子》差不多,当时人以为是老聃的语录,这大概是很真确的事了。"

但这语录的作者老聃是什么时代的人呢? 作者分为三个问题来说明:

(A)老聃和孔子的关系。根据《曾子问》和《庄子》中对孔老关系的记载及《吕氏春秋·当染》篇,都一致认为老子在孔子前。孔子曾经跟老子学过。所以,"至少可以证明老子和孔子同时,见过面,而年辈比孔子长的事实"。

(B)根据庄子《应帝王》和《寓言》篇,证明阳子居即杨朱是老子的弟子,"是可能的",而"杨朱、墨翟时代相近","杨、墨和曾子时代相当",所以"老子和孔子并时是可能的"。

(C)《史记·老子传》中的恍惚之辞,是根据"假"和"解"的家谱推出来的,其实不可信,"却一则说:与孔子同时云,再则说:自孔子死之后,表明他是深信老子和孔子是同时的"。

(2)《老子》书撰成时代

作者认为,《老子》书的撰成,应当在《墨子》《孟子》撰成的时期。这因为:仁义并称,《论语》所无,而《墨》《孟》所有;老子的文体,很像墨子《尚贤》《尚同》等篇。

郭沫若认为唐兰的说法为近是,并进一步考证:

《老子》上下篇乃环渊所录《老子遗训》,唯文经润色,有失真之处;环渊即关尹、它嚣,因音变与字误成了不同姓名的好几个人;环渊生于楚而游于齐,大率与孟子同时,盖老聃之再传或三传弟子(《青铜时代》)。

吕振羽认为:《老子》书除一部分后人搀入错乱以外,是可以信为老子手著的。孔子受老子影响是显著的,如《论语》中有:"以德报怨","仁者必有勇","无为而治者其舜也与!"老子亦有此说。其次,《老子》书说明的社会情况和代表的阶级,恰合于封建兼并时代的背景和春秋末期没落贵族的身份言论(《中国政治思想史》,第52—54页)。

第二派人的意见,认为老子是战国时代人,《老子》书也是战国时代的书。主张这种说法较早的有清代汪中,现代人有梁启超、冯友兰、范文澜、罗根泽、侯外庐、杨荣国等。

梁启超:在他评胡适之《中国哲学史大纲》中提出六条证据,断定《老子》书的著作时代在战国之末。

(1)老子的八代孙与孔子的十三代孙同时;(2)孔、墨、孟都没有称及老子;(3)《曾子问》所载老子的谈礼,和《老子》书中的反对礼的思想相反;(4)《史记·老子传》本于《庄子》,《庄子》是寓言,不能看作历史;(5)老子有许多太激烈太自由的话,不像春秋时人说的;(6)《老子》书中的"王侯""侯王""王公""万乘之君""取天下""仁义"等字样,也不像春秋时所应有(见《古史辨》)。

冯友兰:《老子》是战国时之作品。一则孔子之前无私人著述之事,故《老子》不能早于《论语》。二则老子之文体非问答体,故应在《论语》《孟子》后。三则《老子》之文为简明之经体,可见其为战国时之作品。其实老学首领战国时之李耳也。传说中之老聃,果为历史人物与否,则不可知(《中国哲学史》,第210页)。

罗根泽:老子即太史儋。《老子》书即太史儋所著。他的证据如下:

(1)《史记》载太史儋即老子,决非虚造;(2)"儋"和"聃"音同字通,《吕氏春秋·不二》篇作老耽;(3)聃为周柱下史,儋亦周之史官;(4)老子有西出关之故事,太史儋见秦献公,亦必出关(见《诸子考索》)。

范文澜:《道德经》五千言,确是战国时期的著作。据《史记·老子列传》所说,《道德经》的著作者是楚国苦县(河南鹿邑县)厉乡曲仁里人李耳。"《道德经》是战国时李耳作,《史记》载李耳乡里世系甚详,决非虚构"。(《中国通史简编》第一编,第197页)

侯外庐:"老子思想为孔墨显学的批判发展,其书出于战国之世。"(《中国思想通史》,第257页)

杨荣国:《老子》不仅成于战国时代,而且成于战国时代的庄子之学大兴之后,理由是:(1)书中包含有先秦道家各派思想。如杨朱的贵生思想,如宋钘的情欲寡浅,关尹的清虚,彭蒙、田骈的"不教",庄周、慎到的弃知去己等。(2)书中有对各派学说的批判。如对孔子的仁,墨子的贵义、尚贤、明鬼,孟子的仁义对举,以至商鞅的变法,一概加以否定。(3)充分发挥了庄子"道先天地"的道的观念而舍了庄子的天的自然观念。把运动静止化,说明道家立场转向反动(《中国古代思想史》,第263—275页)。

第三派认为《老子》成书更晚,在秦汉之间。主张这一派学说的有顾颉刚、刘节等。

顾颉刚：在他的《从〈吕氏春秋〉推测〈老子〉之成书年代》一文中认为"其书成于《吕氏春秋》和《淮南子》之间"。他统计了"《吕氏春秋》的作者……简单地把五千言的三分之二都吸收进去了。但始终不曾吐出这是取材于《老子》的"。"在《吕氏春秋》一书中，虽到处碰见和《老子》相类的词句，但寻不出一点它的引用《老子》的痕迹。于是作一个大胆的假设，在《吕氏春秋》著作时代，还没有今本《老子》存在。"至《淮南子》中，则老聃的独尊的地位已确立。《老子》成书必在此二书之间，但"非一人之言，亦非一时之作"。"上自春秋时的'以德报怨'，下至战国末的'绝圣弃智'，大约有三百年的历史"，"所包涵的学说甚复杂，自杨朱的贵生，宋钘的非斗，老聃的柔弱，关尹的清虚，慎到、庄周的弃知去己，战国末年的重农愚民思想，以及倪良的兵家言，都有"。至于老聃则是"杨朱、宋钘以后的人，已当战国的中叶。他的学徒的宣传，使孔子为其弟子，而他的生年遂移前，又使黄帝与之同道，而他的学术地位遂益高"。

刘节：今本《老子》所讨论的中心思想在孟子和庄子之间，而五千言则在西汉文景之间才出现。老子讲心讲气，并没有以宋钘、孟子思想作根据，那便是无源之水。假定把五千言放在孟、宋诸家之后，便语语有据了，盖《庄子·天下》篇里所说的老子思想是最朴素的隐君子之说。在这一基地上，经过杨朱、孟轲、宋钘、慎到乃至庄周，才孕育成今本《老子》五千言里的思想。在五千言的形式方面，也是经过"丹书"的杂抄先秦诗式格言以后，又经过一番洗炼才有今本的《老子》。五千言的撰成是在《易传》和《中庸》之间，这三部书的立足点是相同的，而说法是不相同的。《淮南子·修务训》："书传之微者，唯圣人能论之。今取新圣人书名之孔、墨，则弟子句指而受者必众矣！"今本《老子》正是作《修务训》的学者所看到的新圣人之书（《古史考存·老子考》，第 174—175 页）。

＊　　＊　　＊

关于老子的时代和老子的著作可归纳为三种不同的说法。

（1）一派认为《老子》书即孔子以前的老聃所著，如马叙伦。（2）一派认为《老子》书与老聃毫无关系，出自战国末期，如顾颉刚、杨荣国。（3）还有一派人认为老子其人和老子其书可以区别开来。这一派又有两种说法。一种说法，认为《老子》书虽非老子亲手写的，但是《老子》书中的基本思想是老子本人所固有的，这样主张的有唐兰、郭沫若等人；有一种说法认为《老子》书中的基本思想代表战国时期的思想，和老子这个人没有什么关系，如侯外庐。我们认为这一说法的证据主要是从思想上推论得来的，不及前一种（唐、郭等）说法证据充分。从思想方面进行考察是一种方法，但主要证据放在这一方面就不够严格。

我们基本上同意郭沫若等人考证所举的理由（除环渊为《老子》撰者上可还存疑）外，还有以下几点理由：

（1）在先秦的典籍中，如《老子》《荀子》《韩非子》《吕氏春秋》及《墨子》佚文中都不曾怀疑过老子这个人和他的学说的关系，以上这些不同的学派都从不同角度描绘着一个轮廓大致相同的思想面貌的老子。他们所描绘的老子学说与《老子》书的基本思想是符合的，只是到了汉初，才开始把老聃、李耳、太史儋三人的关系弄混了，以致时代先后相差两百多年，连老子这个人的存在也变得模糊起来。

（2）《老子》的成书，是经过一段时间的，先秦的典籍很少由个人执笔写成，而是由各学派的门徒不断地发展、补充经过若干年代才成为"定本"。这一补充和发展的时间可以长达一二百年以至几百年以上。像《易经》的形成至少经过五百年甚至更长的时间；墨子的《墨经》与墨翟的时代也有一百多年的间隔；《管子》

一书,包含了从春秋到汉初的法家思想;《孙子兵法》也是长期集结成书的。此外,很少值得怀疑的《论语》《荀子》《韩非子》书中也都夹杂着汉儒所增补的材料,但并不能因此否认孔、墨、管、庄、韩、荀诸哲学家是他们的书的基本思想的奠基人。《老子》书也不应例外。我们不能因为其中发现个别地方有战国时代思想的一些迹象,就把全书的时代移到最后。

(3)《老子》书中有些思想在老子以前就已相当流行。如"无为""贵柔"、不信"天命"的思想,在春秋初期早已具有雏形,只是还没有概括为哲学的普遍原则。

因此我们认为,《老子》书中如反对仁义,反对法令的一些思想,可能晚出。但《老子》的天道观(也就是老子哲学的基本部分)是老子本人的思想;贵柔,反对战争和辩证法思想也是老子本人的思想;小国寡民的政治理想也接近老子本人的思想。这个看法是从先秦诸子中从不同的角度所描绘的老子的精神面貌综合概括出来的。

二 老子代表哪个阶级? 是进步还是反动?

(甲)认为老子代表没落阶级的有:

范文澜:《老子》一书反映了没落领主的思想。老子利用无为的学说在阶级矛盾上,对统治阶级主张无为。对被统治者主张愚民。事实上愚民是困难的。因此它想倒退到小国寡民的远古时代去。老子想分解正在走向统一的社会为定型的和分离的无数小点,人们被拘禁在小点里,永远过着极低水平的生活,彼此孤立,没有接触的机会,社会进步所不可缺少的愿望和努力。老子都看作有害。这种反动思想,正是没落领主的思想。(《中国通史简编》第一编,第199—202页)

吕振羽:老子的思想,基本的和新兴地主——商人相反对。因而老子便无疑是属于统治阶层中的一分子,不过他由楚跑到周去做"守藏史",必已失去其自有的领地。在春秋二百余年间,由于强大领主的兼并,曾引起若干小领主的没落,这种没落者的呼声和其悲观失望的愤懑情绪,在老聃的全部著作中能充分表现出来。

最后作者把老子的社会思想和政治理想归纳为以下几点:一、老聃之所以提出"小国寡民"的政治思想,正因为其自己所代表的社会阶层存在的依据是封建初期的社会秩序,所以他的要求是永恒不变的西周型社会。二、他之反对大封建主和封建战争,正因为其自身的社会地位是消失在这种封建兼并的战争中。三、他之反对新兴地主——商人,正因为其自己没落的另一面是这些分子之部分的代起,而且商人又是促进封建战争的一个因子。四、他主张调和统治阶级内部的矛盾,取消斗争,也主张愚民政策,正因为他出身于统治阶级,又还在代表统治阶级利益。

最后说到他的政治主张之所以不能实现,一方面因为社会在其本质上便是不能后退的;一方面他的主张和大封建主、新兴地主——商人都有矛盾而立于利益相反的地位。从其主张维持利益关系这一点上又和农民根本对立着。其自身所代表的没落集团,则已失去其政治的经济的依据,特别重要的,是他的"无为",即取消斗争的主张,是根本违反了客观法则的。(《中国政治思想史》,第 64 页)

这一派认为老子代表没落贵族或小贵族。它的特点表现为感到自己阶级的没落,又无力挽回,因此表现为复古、消极、倒退。

(乙)认为老子代表农民思想的有:

杨兴顺:老子的社会伦理学说有以下中心思想:

1. 对压迫者深恶痛绝的老子,揭发了中国古代社会的罪恶,对灾难深重的人民,表示了真挚的同情。老子认为,社会中的一切不幸与灾害,乃是废弃自然法则"道"与破坏人民原来的生活的后果。他认为这一切都不是合乎规律的现象,并深信:以非正义性与压迫人民为基础的社会政治制度,必然垮台。2. 按照老子的学说、智慧,对精美之物的迷恋,"大伪",是社会罪恶的根源。必须恢复"损有余而补不足"的"天之道"。3. 圣人为恢复自然法则"道",并使人民"甘其食,美其服",应和人民紧密地联系,没有个人利益,应以个人的正当行为成为人民的领袖。4. 圣人的主要品质,对人民的忠诚和热爱,勤劳和谦逊。除了为人民服务外,他没有其他的目的。5. 慈是圣人实际活动的主要基础。6. 热爱人民是老子论战争的学说基础。他在原则上反对战争的,又认为防御战争是必要的。7. 要想把人民从战争及其严重的后果中拯救出来,唯一的出路是复归于原始社会。

《道德经》所反映的是周代社会的公社农民的思想,这些古代的公社农民由于奴隶制经济发展和不断的战争而日益破产。他们的情况有两方面:一方面,当时社会的现实条件和他们的根本利益有极大矛盾,迫使他们激烈地反对现存的社会政治制度,即反抗压迫者对被压迫者的统治;另一方面,反对社会的不公道,力图恢复农村公社的闭塞的农业生活,他们认为这是当时忍无可忍的困境中的唯一出路。正因为古代公社农民带有二重性,《道德经》的社会伦理学说也带有二重性。老子学说揭发了社会的罪恶,这就加深了受压迫人民的大众对统治阶级的仇恨。因此,这种学说在客观上加速了旧的、保守的社会制度的破灭,并为历史的继续发展扫清了道路。同时,老子学说宣传这种思想:恢复过去,恢复原始公社,停止社会的智力与文化的发展,这样,《道德经》的社会伦理学说同时又是反动的乌托邦思想,不论过去和现在,在一定的程度上,它使中国的剥削阶级有可能以此作为一种反对社会前进发展斗争中的精神武器。但要点并不在于此,而在于这一学说的客观意义,在于它对一小撮剥削者当政的中国旧社会不公道和灾害的深刻批判。老子对于社会罪恶的揭发表达了被压迫的人民对奴隶主的抗议①。

侯外庐:现在同意杨兴顺在这一点上的意见,即老子代表了没落的公社农民。因为第一,老子所幻想的"小国寡民"的氏族公社正是公社农民的幻想。第二,在战国时代公社农民的没落是由阶级分化所形成的,老子以损的观点反对"以求生之厚"的国民阶级,这种否定阶级并反对阶级分化的思想正反映了公社农民的情绪。第三,老子思想中的天真观点是和公社农民的想法是一致的。正因为公社农民的没落,才反映出"为者败之,执者失之"的败北主义视点。

老子站在宗法组织支配的天真的公社农民的观点上,有其积极因素。但也表现了公社农民的消极情绪,其表现如下:

婴儿状态的天真:"我愚人之心"(二十章)。朴素状态的憧憬:"绝圣弃智。"对政治的疏远:"其政闷闷,其民淳淳。""神秘主义"的"道"。"无名"的离奇古怪的世界观。不抵抗主义的"无为"和"不争"。对金钱的咒骂。

黑格尔所说:"非历史的历史",正是公社农民的天真的幻想的写照②。

我们认为春秋后半期奴隶主贵族制逐渐破坏,多数小国被大国吞并。这些小国的贵族,一部分降为皂隶,大部分变为大国的庶民,取得自由民的身份。再加上原有的自由民、农民及小生

① 《老子及其学说》,第75—78页。
② 《中国思想通史》,第263页。

产者,以及从农奴解放出来的一部分自耕农,因此这个阶层逐渐在扩大,成为社会上一个相当巨大的阶级力量。像《老子》这部书就部分地,而不是全部地,反映了农民和小私有者的要求。由于小生产者的经济特点,使他们"不敢为天下先",他们贵柔,不与人争强斗胜,怕冒险,怕冒尖,他们有自给自足的经济,他们希望政府对他们不干涉或少干涉。他们反对工商业者对他们的剥削,所以"不贵难得之货"。因为他们还直接参加了些生产劳动,他们也是被剥削的对象,因此,他们不相信统治阶级对人民进行的欺骗宣传。当时一般农民不可能学到文化知识,像老子这样由贵族下降的隐士,有条件说出自己的要求和希望。在他们的要求和希望中也反映了农民的某些要求。

同时,像老子这一阶层的隐士,并不是自愿下降为农民身份的,老子以及和老子情况相类似的隐士,与当时真正的农民之间还有一定程度的差别。《老子》书中责骂统治者,表现了反压迫、反剥削、爱自由的进步要求。但这种进步,由于他的阶级局限性,不能不停留在一定的限度内,所以在社会观、历史观方面他又是保守的。历史向着老子所最不愿走的一条道路进行着。

至于老子本人的阶级出身可能是没落贵族,但《老子》书中反映的"损有余以补不足",对剥削者的憎恨,反对政治压迫,主张让百姓自化、自正、自朴的农村公社的理想,不像是没落贵族。

春秋末期,社会已起了阶级分化。新兴的封建地主阶级刚刚露面,奴隶制已开始崩溃,旧贵族的统治已经动摇,这时,各个阶级、各个阶层都引起了震动。孔子代表从奴隶主阶级向地主阶级转化的势力,一方面要保存旧的制度,一方面又要向新的方向过渡。孟子、荀子这一派的儒家,都代表这一倾向。墨子代表新兴自由手工业者、农民、小私有者的利益和要求。法家中商鞅、吴起、韩非等人虽然出身于旧贵族,但他们代表的是不贵而富的、在政治上还没有享有特权的新兴地主阶级，所以他们特别强调除国君以外，一律受法律的约束。这是从下面涌现出来的地主阶级，和孔子等人代表从旧贵族转化过去的地主阶级不同。所以孔、孟、荀都讲礼、讲等级制度；而商鞅、韩非只讲法，而与礼表示决绝。老子代表的是另一部分群众。他们多半是由贵族下降为农民的，他们当时身份是小生产者、自由农民，同时还带着原来出身的阶级烙印，因而在老子的政治思想、社会思想中不免充满着矛盾。一方面提供了一些统治人民的愚民政策，一方面又对当时的统治者的残酷剥削提出抗议和控诉。如果只看重《老子》书中为统治者献策的一些思想，老子就是反动的；如果只看重《老子》书中反抗压迫、反抗剥削的一些思想，就容易把老子说成农民思想的代言人。现在有些人偏重前一看法，也有些人偏重后一看法。

老子的素朴的唯物主义思想固然和当时的天文学、自然科学有关，也和老子这一派人未曾完全脱离生产劳动的现实生活有关。我们可以看到春秋战国时期无数的隐者，多半是一面劳动、一面发出他们的揭露现实剥削阶级的黑暗诅咒的，长沮、桀溺等人都和老子的阶级地位、政治倾向差不多的；杨朱、於陵陈仲子也差不多是老子类型的人物。

只要生活、社会地位和劳动人民有了某种程度的一致，那末，思想感情必然会反映一些劳动者的呼声，老子是一个例子，后来的陶潜、杜甫、陆游等人也有类似的情况。一定要抹杀《老子》书中愤世嫉俗、反抗压迫、向往自由的一方面，这种看法，恐怕是不全面的。

也正是由于老子的哲学思想带着他的旧贵族的烙印，他的辩证法思想和唯物主义思想不可避免地伴随着严重的弱点，他的辩证法，表现为不敢迎接矛盾，片面夸大了柔弱的作用；他的唯物主义也不能彻底。

至于老子在社会观、历史观方面的"倒退"思想，也要作具体分析。中国古代许多农业空想社会主义者，如人所公认的有进步意义的《礼运》大同思想、南北朝的鲍敬言的无君论；明末清初黄宗羲的《原君》《原臣》，没有一个是面向前看，把美好的理想放在未来的（从先秦到明末清初，中间许多具有进步思想的学说不必一一列举），它和具有资本主义性质的空想社会主义有所不同。这正是古代和近代的差别，却不能因此而完全抹杀它对现实批判的积极意义。有人叫作"托古改制"，也就是"借古说今"。问题在于老子借的什么古，说的什么今？如果他所向往的是无压迫、无剥削的理想社会，他的小国寡民应当和《礼运》的"大同"社会在性质上不应当有所歧视。正如我们不能以卢梭号召回到自然，而认为他可以招致蒙昧主义一样（这里不是把卢梭和老子相提并论，而在于说明衡量一种学说，要看他从什么立场出发反对的是什么，在客观上会有什么作用）。马克思指出，在古代一切进步的思想都要披上一件复古外衣，披上复古的外衣，未必就是"倒退"的。

老子的社会、历史观是不现实的，但和教人安于现状，不反抗，在贵族奴隶制下当守法循礼的温顺良民有本质上的不同，在这一点，老子和庄子是有性质上区别的。老子为了反对当时的剥削制度，从而反对一切社会制度；为了反对剥削阶级的文化，才反对一切文化；为了反对欺诈和不信任，才反对知识。这是老子的错误所在。老子提出的解决方案错了，却不能说老子对不合理现象的攻击也错了。有些研究老子的学者，似乎过于看重老子说错了的方案，忽视了老子对不合理社会现象的攻击中的正确部分。

也许有人会想到欧洲19世纪初期，有些封建贵族从右的方面攻击资本主义,他们讲什么"封建的社会主义","向资产阶级声罪致讨","其中半是挽歌,半是谤文;半是过去的回音,半是未来的恫吓;它有时也能用辛辣、俏皮而尖刻的评论刺中资产阶级的心,但是它由于完全不能理解现代历史的进程而总是令人感到可笑"①。

老子以复古的口号对当时的剥削制度提出了批判,看来有些和封建社会主义对资本主义的攻击相似,但也有所不同。欧洲十九世纪的初期封建的社会主义思想只能唱出封建残余的挽歌,他们的目的还是剥削,梦想用更落后的封建剥削代替已经开始朽败的资本主义制的剥削,它一点也不反映劳动人民的愿望和要求,所以它是彻底反动的。老子企图用公社制代替剥削制在一定程度上反映了劳动者农民的愿望,所以它和彻底反动的思想应有所区别。

三 老子的哲学是唯物主义还是唯心主义

这个问题有二派意见:一派认为是唯心主义,一派认为是唯物主义,其中不少唯心主义成分。

(一)主张老子是唯心主义者,有吕振羽、侯外庐、杨荣国、杨柳桥等人。

(甲)主张老子思想是彻底的唯心主义的有吕振羽、杨荣国等。

吕振羽:"在他说到物质和精神的依存关系时,虽还承认本体(朴)是先于概念(名)而存在的;但当他进一步去研究本体的究极时,便又绕回去了。""他所谓道的内容,并不是物质的东西;

---

① 《共产党宣言》,《马克思恩格斯选集》第 1 卷,人民出版社,1972 年版,第 274 页。

而是神化的东西;同时,在这个本源的道的地方,一切斗争是完全没有的,它只是一'虚'而'静'的'无为'的本体。""天和道还是有意识地主宰万物。所以在老聃的思想体系中,'道才是第一义的''名'和'朴'不过是第二义的东西。道是创造宇宙,统制宇宙的最高主宰(道冲而用之……渊兮似万物之宗)……老聃在这里,不但是一个不可知论者,而且是倾向着有神论了。"①

杨荣国:《老子》书的思想中心是帝王术,是汩没人的理性消灭人斗志的柔弱思想,崇尚阳谋。"道"有如下几种涵义:(1)帝王术:老子的道是先天地生的,是超然独处的,是永恒不变而可以应万变的。"道"为"德"的全体,"德"乃"道"的部分,有"常道",也有"常德",帝王把握了常道,也就握住了个别性的常德,可以为"天下贞",人民万物自然宾服。(2)柔弱:老子的道,是指的柔弱,所谓"德",是为了使刚强之趋向柔弱。因此,A.《老子》书中的中心思想是柔弱;B. 道也就是柔弱;C. 道散而为万物,而万物之各自得逐其柔弱,便是"德"。(3)阴谋:老子主张上下都浑浑噩噩,都无所作为,才能太太平平。结论,老子以道为先验的,又认为这先验的道为柔弱而多归侯王所持守②。

(乙)认为老子哲学的上半截是唯心主义,下半截是唯物主义,但从根本上说是唯心主义。持这种看法的有侯外庐、杨柳桥。

侯外庐:老子哲学的道和德的二元论思想,德以下的半截(天地万物)和物质联系着,德以上的半截(道)脱离了物质实体。同时,就其思想体系而言,基本上是唯心主义③。

---

① 《中国政治思想史》,第57—59页。
② 《中国古代思想史》,第257—270页。
③ 《中国思想通史》第一卷,第264页。

（1）唯物主义的因素：这是指讲天地万物时所说的物，它既指物质的实体，也指物质属性。这里还包含哲学所说的物质的意义[①]。

（2）道这个范畴，就其义理性方面而言，是有一定的规律性的，而在反乎自然万物的性质上而言，是背叛于规律性的，其中并不包含有物质的实体[②]。

《老子》书中的道，除了讲知识论和伦理学的"道"而外，可以分为三类：

第一，道字和万物在一起形容时，道并不指的是"道"的本身，第二，道字用于和万物的性质相反对时，如"复归于无物，是谓无状之状，无物之象……"等等，道不仅不是物质实体，而且和物质实体性质相反，第三，道用于物质生成之先而和物质背向而行时，如"道……渊兮似万物之宗……象帝之先"，"有物混成；先天地生"，等等，道不但是万物之宗，而且和万物背向而反动，这显然是上帝的别名，也即所谓神秘的力在最初的一击。

（3）老子的"德，是介于"道"和"万物"之间的范畴，是可以当作万物无限的本源来理解的。

（4）"道"之陷于唯心主义，不但因为"道"的义理性类似泛神论的神，而且是超越人类认识的彼岸的东西。我们知道，凡是否定了现实世界的可认识性的，那就不可避免地要走向唯心主义。

老子哲学主要是唯心主义的，他的"道"是超自然的绝对体，在他的学说中占支配地位；然而当他讲到德时，就向唯物主义动摇过去，特别是讲到万物生成发展的自然规律时，便富有唯物主

---

① 《中国思想通史》第一卷，第266页。

② 同上。

义观点了①。

杨柳桥:"道之为物"的物,应理解为:"道这个概念",是天地生成以前存在的,这个"物"不是物质。

老子的"一"和"玄"才是指的物质实体,就原始物质的浑沦之数而言则谓之一,就原始物质的浑沦之象而言则谓之玄,玄和一兼有与无。

老子重视无、道,而轻视有、物,认为道是最根本的,物是道所生。把道提升为万物的主宰,带有神秘主义(《老子译话》,第69—83页)。

认为《老子》书中的思想基本上是唯心主义的看法,归纳起来可以有以下的理由:

1.道,宇宙万物的最后的实体是抽象的观念。无形象,不是感觉所能认识。

2.道具有超时空、超经验的永恒性。

3.老子的"道"是"无",从无生有,不是唯物论。

4.老子的道也叫作一,一是抽象的数的概念。

5.老子以道代表自然法则,以玄或一代表物质整体。"一"和"玄"之上才是道。所以说"道生一,一生二⋯⋯"。

6.古代唯物主义的一般特点是以现实生活中的某一具体元素或几种元素为宇宙的最后根源。不可能拿一个抽象性很高的道作为万物的根源。

7.老子轻视感觉经验,而把玄览、静观的抽象思维活动看作知识来源。他的认识论的道路,也不像唯物论。

从以上几个特点来看,说"老子"是唯心主义的,又有两派,一派认为老子是彻底的唯心主义的,一派认为老子的哲学体系

---

① 《中国思想通史》第一卷,第263—273页。

基本上是唯心主义的,但其中容纳了一些唯物主义因素。像天道自然观,就有唯物主义因素。

(二)主张老子是唯物主义者,有范文澜和杨兴顺(苏联)等人。

杨兴顺:老子的道可以归结为如下基本特点:(1)道是物的自然法则,它排斥一切神或天志。(2)道永远存在,它是永恒的物质世界的自然性。道在时间和空间上都是无限的。(3)道是万物的本质,它通过它自己的属性(德)而显现。没有万物,道就不存在。(4)作为本质来说,道是世界的物质基础气及其变化法则的统一。(5)道是物质世界中不可破灭的必然性,万物都从属于道的法则。(6)道的基本法则是:万物与一切现象,处于经常的运动和变化之中,万物与一切现象都转化为自身的对立物。(7)万物与一切现象,都处在互相联系的状态中,这种联系通过统一的道而完成。(8)道是视之不见,搏之不得的,它是我们感官所不能感知的,但在逻辑思维中它是可以认识的。

结论,老子是唯物主义者。(《中国古代哲学家老子及其学说》,第53—54页)

范文澜:"老子的唯物论是把天地万物的运行生灭,看作纯循自然规律,并无人格化的神存在。人对自然只能任(顺从)和法(效法);不能违背它。"[①]

＊　＊　＊

除了上面列举的一些理由以外,我们还可以补充以下的一些理由说老子是唯物主义比说它是唯心主义似乎更有道理。

如何解释《老子》原书的基本概念? 比如对老子的"道",应如何理解。

---

① 《中国通史简编》第一编,第203页。

古人和近代人不少把《老子》的第一章看作全书的纲领。我们认为这样做有困难。先秦诸子的书都难说哪一篇、哪一章是它的纲领。《论语》《孟子》固然很难这样做,较晚的荀子、韩非的著作论点已很集中,并已有了论文的形式,但也难指出哪一篇可以作为他的学说的纲领。荀子的《天论》固然重要,但有人认为《显学》或《王制》《富国》《礼论》等篇为纲领似乎也说得通。把墨子的中心思想,说是兼爱、非攻,大概不会错,但把《兼爱》这几篇文章作为墨子思想的纲领,似乎也困难,《天志》《明鬼》《节用》《节葬》实在也很重要。古今人研究庄子的唯心主义思想的,特别喜欢采用《齐物论》作为庄子的代表作;但司马迁向读者介绍庄子的思想时,却特别提到《盗跖》《胠箧》那些篇,讲到庄子的活动时特别介绍了他辞掉楚王的聘礼一段故事。先秦各家中,像邹衍可以说比孟子还要神气,所到之处,国君为他"拥篲前驱",但从保留下来的材料看(如大九州之说),实在难以看出它耸动朝野的理由,可能代表邹子的中心思想的著作完全遗失了。

对《老子》一书,也和许多先秦诸子的著作有同样的情形,很难拿出其中的一句或一章概括全书。古今研究老子的人,往往喜欢拿《老子》的第一章作为《老子》全书的纲领。我们想这是不妥当的办法。单就这一章来说,本来可以有唯物主义或唯心主义的解释。这一章的断句方法也有不同,有人以"常无""常有"断句,有人以"常无欲""常有欲"断句。也有的同志把《庄子·天下》篇中介绍的老子作为老子本来的思想。《天下》篇说老子的思想是"建之以常无有,主之以太一"。这句话古人和今人的许多注解中,就有不同的断句方法,一种是"建之以常、无、有,主之以太一",一种是"建之以常无、(常)有,主之以太一"。这两种断句方法,以前一种断句方法更接近古代的语法。看来,是个字句上的小问题,可是意思有了很大的出入。即使断句上没有争论,用《庄子》解释《老子》,不如用老子自己解释《老子》更妥当。

当我们还不能证明另一种断句是完全错的,就不好不考虑对方的意见,只讲自己的意见,这样,会把问题无休止地争论下去,很难取得共同讨论的基础。如果通观《老子》全书,把《老子》书中提到道的七十六处综合考虑,就会使得双方结论有可能趋向于接近。

许多同志指出老子的道是看不见,摸不着的东西,有些神秘,难以捉摸。并且引用了恩格斯指出的希腊古代唯物主义的特点时说:"……它在自己的萌芽时期就十分自然地把自然现象的无限多样性的统一看作不言而喻的,并且在某种具有固定形体的东西中,在某种特殊的东西中去寻找这个统一,比如泰勒斯就在水里去寻找。"①恩格斯这一段话只是对希腊古代唯物主义的描写而不是指的古代唯物主义的一般规律。经典作家对古希腊的伊奥尼亚学派早已做出了结论。这一批唯物主义者,有人认为世界的根源是水,但也有人认为是空气(如阿那克西米尼),有人认为是无限(如阿那克西曼德)。"无限"和空气在性质上是不同的,虽然都是看不见的,却都可以说是"万物之母"或"天地之始"。后来的原子论者,如德谟克利特,所讲的原子也是看不见摸不着的最原始的物质。即使稍后的赫拉克利特认为万物的本原是火,也不就是烧饭、取暖的火,而是说它是"按规律燃烧着,按规律熄灭着的永恒的火"。

其实,老子的道,虽然看不见,但并不是不可捉摸,不可认识。我们同意郭沫若的看法,他在《先秦天道观之进展》一文说:"道字本来是道路的道,在老子以前的人又多用为法则。""选用

---

① 恩格斯:《自然辩证法》,人民出版社,1971 年版,第 164 页。

了这个道字的动机,大约就因为有'天道'的成语在前,而且在这个字中是包含有四通八达的意义的吧。"(《青铜时代》,第38页)"道"不是来自天上,恰恰是来自人间,来自人们日常生活中所接触到的道路,比起希腊古代唯物论者所讲的"无限"来,似乎更实际些,一点也不玄虚,可能人们受后来的神秘化了的"道"的观念的影响,才认为它神秘、玄虚的。

老子对于道的理解,决不及我们今天有了科学的分析方法这样清楚。老子要给天地万物的原始找出唯物主义的说明,所遇到的困难远非我们所能想象。他没有一个现成名词可用,但又要打破天、帝的有神论的传统。他对"道",有过种种的描绘:说它是浑然一体的东西("有物混成"),它是无声无形的("寂兮、寥兮"),它以自己的样子为法则("道法自然"),道不是脱离了物质而悬空存在的空洞的格式("其中有精,其精甚真,其中有信"),宗教迷信的传统说法,认为上帝是世界的主宰者,老子说道出现在上帝之先("象帝之先"),传统宗教认为世界主宰者是天,老子把天还原为"天空",道是"先天地生"的。

道,在老子的书中也有规律的意义,但老子所谓规律,如果不是脱离物质实体的悬空存在的永恒实体(如绝对观念),老子的哲学就不是唯心主义的世界观,而是唯物主义的。

老子是中国古代较早的一位唯物主义思想家,他的思想不像后来的唯物主义者那样明确,他理解的道是世界赖以发生的一团混沌的物质,有变化,也包含变化的法则。这种现象并不值得奇怪。老子第一个提出了"道"这一概念,但还没有能够给道下一个明确的定义。他对道的解释没有讲得十分清楚。这种情况正像孔子第一次采用了"仁"这一概念,没有能给仁下一明确的定义一样。老子的"道"没有讲得清楚,倒是符合人类认识自然的过程的法则的。一开始时,总是认识比较粗糙,讲不十分清楚的。恩格斯曾指出古代希腊的哲学的特点是："在希腊人那里——正因为他们还没有进步到对自然界的解剖、分析——自然界还被当作一个整体而从总的方面来观察。自然现象的总联系还没有在细节方面得到证明，这种联系对希腊人来说是直接的直观的结果。这里就存在着希腊哲学的缺陷，由于这些缺陷，它在以后就必须屈服于另一种观点。"[①]

老子的哲学，无论在世界方面或在辩证法方面都具有这种素朴的、直观的特点。"道"在老子的书中也是用直观来说明自然现象的普遍联系的。老子对世界的本原，说："吾不知其名，字之曰道，强名之曰'大'"，又把道叫作"朴"（"道常无名，朴虽小，天下莫能臣也"）。有时把道叫作"无名"（第一章，"无名，天地之始"。第三十二章，"道常无名"。第三十七章，"……镇之以无名之朴"。第四十一章，"道隐无名"）。从这些例子可以证明《老子》书中的"道"，实在是浑然一体"无名"或"朴"。把老子的道看作纯精神的客观实在为绝对理念与老子的原意不合。

也许可以说，老子的"道"不过是物质范畴，范畴并不是物质性的，不能说世界是由个空洞的"物质"构成的，它是对物质存在的概括，并不是说天地间有这么一个"物质"。关于物质的说明，列宁早已做出了经典的指示，这里不去重复。我们认为老子的道，并不能解释成为一个观念性的其大无外的"东西"。

也许可以说，老子指出世界有开始，找出它是从哪里产生的，所以是客观唯心主义的。我们认为给宇宙找出开始，和论证这一学派是否是唯物主义，应有所区别。唯物主义者，一再说明宇宙开始于混沌一团的是朴、无名、道、气，最后又回到混沌一团的气、朴、无名、道。这正是古代唯物主义的一般答案，只要它不

---

① 恩格斯：《自然辩证法》，人民出版社，1971年版，第30页。

主张物质世界之前还有一个非物质的上帝或者别的精神性的"东西"创造物质世界,它就是唯物主义的。古代的哲学家,在人类全部认识过程中,处在幼稚时期,追问世界是怎样开始的,有没有开始,完全是可以理解的,这种追问不能引导出唯心主义的必然结果。区别老子是不是唯物主义,不能看他提出天地有没有开始,而是看他如何说明这个开始。像"无名天地之始,有名万物之母",正是老子的唯物主义的答案。老子是说"无名"(混沌的,还说不上名字的朴,或道)是天地的开始。有名字的东西产生了万物。鸡产生鸡,树产生树……有名的个别东西都可以找到它的产生者(母),至于天地的产生,只能找到"无名"这个总根源。这正如西方古代的哲学家,说水是天地之始,无限是天地之始一样,它们都是唯物主义地回答了哲学上的根本问题。

也许可以说,既然认为天地开始于水、气、无限、无名,那末,在水、气、无限、无名之前是什么?这种疑问是不必要的。老子以及古代的素朴唯物主义者都只说到归根到底世界是不同物质构成的已经够了。这样追问,未免近于深文周纳了。

也许可以说,唯物主义认为世界归根到底是物质的,通过感觉可以认识的;但是老子的"道"看不见、摸不到,就无法感知,所以应当是唯心主义的。我们认为,老子的道,是无名、是朴、是素材,但不一定凡是物质都是肉眼看得见、身体可感触的。希腊的原子论者所说的原子,就是看不见,摸不着的。"无限"也难以摸到。"气"也许勉强说可感受(如刮风),但却实在看不见。这些哲学流派都是不折不扣的唯物主义。列宁对这个问题早已有过指示:"因为物质的唯一'特性'就是:它是客观实在,它存在于我们的意识之外。哲学唯物主义是同承认这个特性分不开的。"①

---

① 列宁:《唯物主义和经验批判主义》,人民出版社,1960年,第261页。

也许可以说,物质的最后实体即使看不见,但唯物主义必须认为世界毕竟是可以通过感觉去认识的,而老子却反对感觉经验对认识的作用。老子说,"不窥牖,见天道","不出户,知天下",认为"其出弥远,其知弥少"(四十七章)。

老子在许多地方提到"观其妙""观其徼"(第一章)。"明白四达,能无为乎?"(十章)"能知古始,是谓道纪"(十四章)。"不自见,故明。不自是,故彰"(二十二章)。"自见者不明,自是者不彰"(二十四章)。"知人者智,自知者明"(三十三章)。"明道若昧,进道若退"(四十一章),"见小曰明,守柔曰强"(五十二章),"以身观身,以家观家,以乡观乡,以国观国,以天下观天下"(五十四章),"知和曰常,知常曰明"(五十五章),"知者不言,言者不知"(五十六章),"是以圣人……直而不肆,光而不耀"(五十八章),"美言可以市尊,美行可以加人"(六十二章),"图难于其易,为大于其细"(六十三章),"吾言甚易知,甚易行"(七十章),"知不知上,不知知病"(七十一章),"自知不自见,自爱不自贵"(七十二章),"知者不博,博者不知"(八十一章)。

不必多举,老子没有反对一般的认识作用,也没有说世界上的事事物物不能认识。他只说认识"道",不能用一般认识个别事物的办法,而要用深入的思维。道是细微的、无定形的、混沌的东西,当然感觉经验对它用不上,所以老子提出了"静观""玄览"。如果认为老子反对一般认识,是招致蒙昧主义,赞扬"无知",是没有根据的。从以上的证据,可以看出老子轻视感官经验,这是老子认识论的唯心主义的弱点。但老子在这里也有他重视理性的一方面。古代希腊的赫拉克利特也说过,"博学并不能使人智慧","眼睛和耳朵是很坏的证人,如果他们有着粗鄙的灵魂的话"。"自然界总爱隐蔽起来"。"他们即便听见了它(指逻各斯),也不了解它,就像聋子一样"(赫拉克利特著作残篇)。

老子对于具体的个别的一般事物的知识,采取了可知论的态度,并不能是反对外界的事物可以认识,所以他说"为学日益,为道日损。"(四十八章)可见老子承认求学问,天天积累知识,越积累,知识越丰富。至于要认识宇宙变化的总规律或是认识宇宙最后的根源,就不能靠积累知识,而要靠"玄览""静观"。他注重理性思维这一点是对的,指出认识总规律和认识个别的东西的方法应有所不同,也是对的。老子的错误在于把理性思维绝对化,使他倒向了唯心主义,甚至陷于排斥感性知识的错误。

因为老子的时代较早,他企图从宗教神学的束缚中使人们的思想获得解放,即使说得不够圆满,有些漏洞,有些唯心主义的思想残余,未能把唯物主义的观点贯彻到各个方面(如认识论、方法论、人生观、社会观)也不能动摇他在唯物主义阵营中的主要地位。

也许可以说,老子的道好像超时空的永恒的存在,有些像黑格尔的绝对观念。我们认为后来的唯心主义者(像王弼等人)的《老子》注释,确实把道说成绝言,超象的本体,把老子的"道"歪曲成了理念。老子本来对道的意义,只是说明世界的物质性长住不变,不随着时间的迁流而消灭,物质永存,正是每一个唯物主义者应当坚持的原则。

也许可以说,老子既然是唯物主义者,为什么后来的唯心主义者都信仰他,被奉为道教的祖师?我们认为老子的著作中的确有说不清楚的地方,唯物主义并不彻底;至于后人对它的歪曲,不能算在老子的账上。只要对反动的剥削阶级有利,唯心主义者什么事也干得出。科学的、彻底的唯物主义的马克思主义哲学是最不容易被歪曲的了,但国际修正主义者为了掩盖他们的反动本质,不惜对马克思主义进行歪曲。何况老子本来就没有能够说清楚,其中也有唯心主义的因素,它的被歪曲,乃是意料中的事。这和孔子不能对后来"素王"的头衔负责一样。

也许可以说,老子的认识论是唯心主义的,它的世界观是唯物主义的。是否说得通?世界观和认识论的观点可不可以分裂?我们认为老子的认识论不能说就是唯心主义的。古代哲学家中世界观和认识论不一致的现象倒是有的。像墨子的宗教世界观和他的唯物主义认识论就是分裂的,他甚至用唯物主义的思想方法去论证上帝鬼神的存在!如果当时的主要斗争的问题是世界观方面的,认识论即使是唯物主义的,也不能改变它世界观的唯心主义的性质。墨子的认识论和思想方法是唯物主义的,但他的体系是唯心主义的。

也许可以说,老子所代表的阶级是自由农民(有人认为是公社破产的农民),说农民有唯物主义世界观,是难以理解的;相反,农民倒是经常和宗教迷信思想打交道。我们认为,说老子的思想是唯物主义的,不是因为他的社会观点反映了部分的农民的一些要求,而是根据老子的原书的意思。老子的唯物主义思想主要来源是当时的自然科学(如天文学、生物学)和生产知识,我们不是因为老子接近农民而推论出老子是唯物主义者。

也许可以举出,像"道生一,一生二,二生三,三生万物"(四十二章)这些例子证明道是在一切之上,是唯心主义的。我们认为"道生一,一生二……"并没有更多的意义,只是说,事物因混沌的气(或朴,或一)分化成为万物,由简单到复杂的过程罢了。老子对这一问题并没有一种严格的说法,有时道就是"一",如"天得一以清,地得一以宁……"(三十九章)。老子本人没有严格地对道下过明确的定义,我们只能照它本来的素朴、简单的样子去说明它,而不宜于替他发挥。还有一种可能,这句话是《周易》的解释。《周易》这部书远在《老子》之前就已存在,并已流传了。有些唯心主义者把《易》的"一"神秘化,认为"一""太极"

是世界的根源。老子认为"一""太极"和道比起来也不能认为是最根本的,正如上帝、天不是最根本的东西一样,只有道才是世界最后实体,万物之所从出。所以说道在一之上。

衡量唯物主义和唯心主义的准则,只有看它认为物质存在是第一性,还是思维、精神是第一性,不能有另外的标准。

另外,在哲学史上看唯物主义和唯心主义还要看它在思想战线上起的什么作用。凡是唯物主义哲学,必然是捍卫唯物主义、捍卫科学、反对宗教迷信的。唯物主义必然给科学开辟道路,宣扬无神论,唯心主义起的作用刚刚相反。唯物主义经常反映它当时的科学成就,和人类的一般认识进程;唯心主义刚刚相反。

在马克思主义哲学以前,从来没有一个哲学家能够把唯物主义观点贯彻到底的。唯物主义与辩证法还未有机地结合以前,唯物主义思想和辩证法思想都有它的局限性。因此,任何唯物主义哲学家(老子也不例外),都有唯心主义成分,这一点也不奇怪,反倒是正常的现象。

但是,唯物主义,毕竟是唯物主义,不能因为它有唯心主义的杂质而说它不是唯物主义。

在思想战线上,比如欧洲中古的唯名论,首先在思维和存在的关系问题上,它坚持了存在第一性,观念第二性的原则。但是它还没有能完全突破中古宗教的框子。较后,有些泛神论者、自然神论者,经典作家都已明确指出他们"实质上是唯物主义的自然观"。唯名论者不但提出了实先于名的唯物主义的观点,而且这种学说限制了神干预自然界的范围,缩小了神权的领域。马克思在《神圣家族》中指出唯名论是中世纪"唯物主义最初的表现"。经典作家处理哲学史上的哲学家和流派,不仅看它说了些什么,还要看它在当时的唯物主义与唯心主义的斗争中,起了什么作用,它捍卫了什么,反对了什么。像欧洲17世纪的斯宾诺莎的唯物主义和无神论,如果单从某些字面上推求,说他是唯心主义和有神论者,似乎也能"言之成理"。

春秋战国时期,思想战线上斗争得最激烈的是什么问题呢?我们认为"天道观"是基本的问题。每一个哲学家都对天道问题发表了不同的意见,是有神论还是无神论,是唯心主义还是唯物主义,就在这个问题上划分对立的两大阵营。唯心主义者,支持宗教,宣传有人格的上帝;唯物主义反对宗教,反对有人格的神支配世界,推翻了殷周以来的宗教迷信,指出"天地不仁"。认为自然现象是自然界自己造成的,否认有造物主。这一斗争,应当说是春秋战国时期唯物主义与唯心主义的主要内容。

主张天道无为,否认有人格的神,不是一件普通的小事。在人类认识发展史上应当大书特书。老子的天道自然的思想,在当时思想斗争的主要战场上,在主力战斗中起着攻坚战的作用。他打击的是宗教神学、唯心主义,开辟了无神论的道路。老子的天道自然的思想,在中国古代哲学中是唯物主义者在人类认识道路上的里程碑。只要回顾一下西周以来,统治阶级怎样利用上帝、鬼神对人民所施加的精神压力,就更加认识到老子的天道自然观,无神论思想的光辉。

也许可以说,老子用唯物主义的道,代替了上帝,把上帝哲学化了,结果不过用更精致的宗教代替了粗糙的宗教罢了。这种说法,虽然不是没有根据,但结合老子时代的具体情况来看,也难于成立。宗教到不能继续骗人的时候,反动的剥削者会利用新的代用品,或改造一下。黑格尔的"绝对理念"就是宗教上帝的化身。但在老子的时代,旧宗教的势力并没有成为"告朔之饩羊",上帝、鬼神还能对人起着严重的威胁作用,老子为什么要搞一种不必要的代用品出来呢?况且,我们从老子的原书中只能看见它对宗教迷信的反击,只能看出它充满了无神论的战斗精神,它压缩了宗教迷信的地盘("其鬼不神"六十章,"神得一以灵",三十九章),它运用当时可能掌握的科学知识向有人格的天、帝宣战。

根据老子原书的涵义和我们对它的理解,我们认为老子的哲学应属于唯物主义阵营;根据先秦时代唯物主义和唯心主义实际的斗争和老子思想的客观效果,我们认为老子的哲学应属于唯物主义阵营;参照经典作家对西方哲学史中唯物主义所作出的分析(划分唯物主义和唯心主义的标准),我们认为老子应属于唯物主义阵营。

论老子哲学的唯物主义本质 *

　　《哲学研究》第 6 期刊载了关锋、林聿时的《论老子哲学体系的唯心主义本质》一文，意在论证老子哲学是唯心主义体系，文章中主要论点是对我和冯景远在《光明日报》"哲学"副刊登载的《老子的研究》一文而发。最近又读到《人民日报》冯友兰先生和关锋、林聿时的关于老子的文章。对于老子的时代问题上，我和关、林的意见一致；对于老子哲学问题上，我和关、林的意见对立。冯先生的结论虽与我相同，但采用的方法我不完全同意。

　　到现在为止，关于老子的哲学思想是不是唯物主义的问题，有些分歧意见是由于方法论的不一致所引起的，有些分歧意见是由于对老子的原文的理解不同而引起的。本文打算从这两方面把个人的看法作进一步的说明，《光明日报》上已谈过的，这里不再重复。意见未必正确，谨写出请教。文中引用关、林的文章都是摘自《哲学研究》第六期和《人民日报》发表的《再谈老子哲学》，不再注出处。

　　为什么说"天道观"是先秦时代中国哲学史的中心问题？

　　关、林二位说"老子哲学就其否定人格的神、主张天道无为

---

　　* 原载《哲学研究》1959 年第 9 期。

说来,具有唯物主义倾向或因素;并且它有内容相当丰富的辩证法"。这是对老子哲学的总估价。现在且从这里说起。问题在于老子的哲学是仅仅有唯物主义因素或"倾向",还是老子的哲学基本上是唯物主义而有唯心主义的"倾向"或因素?

恩格斯说的:"凡是断定精神对自然界说来是本原的,从而归根到底以某种方式承认创世说的人(在哲学家那里,例如在黑格尔那里,创世说往往采取了比在基督教那里还要混乱而荒唐的形式),组成唯心主义阵营。凡是认为自然界是本原的,则属于唯物主义的各种学派。"①这是我们研究问题的根据和出发点。

我们现在争论老子的哲学是唯心或唯物,用的正是这一共同的尺度。

讲有人格的上帝、神有绝对的权力,正是奴隶制社会开始以后,统治阶级御用的"神"的特点。在这以前,神话传说中的神,差不多都是创造物质财富,改进生产,关心人民生活的"劳动英雄"式的"人物"。像开天辟地的盘古,炼石补天的女娲,中毒不死、发明医药的神农,为民除害、指天射日的羿,为民兴利的鲧和禹等等。这些"神"是在"不切实际的意识形态的领域"中对社会发展起过积极作用。恩格斯指出:"这些关于自然界、关于人本身的本质,关于灵魂、魔力等等的形形色色的虚假观念,大都只有否定性的经济基础;史前时期的低级经济发展有关于自然界的虚假观念作为自己的补充,但是有时也作为条件,甚至作为原因。"②我们不是不加区分地说凡是主张"有神"的,不论时代,不

---

① 《路德维希·费尔巴哈和德国古典哲学的终结》。《马克思恩格斯选集》第4卷,人民出版社,1992年版,第220页。

② 《致康·施米特(1890年10月27日)》。《马克思恩格斯选集》第4卷,人民出版社,1992年版,第484页。

论条件都是反动的。墨子也相信神，太平天国起义者也相信上帝，他们都是进步的。但无论如何，墨子的上帝总归是幻想出来的东西，是对现实生活歪曲的反映，是唯心主义的。我们正是这样把墨子划归唯心主义阵营的。在这个问题上，似乎和关、林两位的意见很不一致。比如说墨子的"上帝、鬼神""听墨子的哲学体系和政治思想差遣"，由于墨子是劳动者的代言人，就把墨子划归唯物主义，这显然和衡量哲学上唯物主义或唯心主义的原则有了出入。反动的统治阶级的上帝、鬼神又何尝不听反动的统治阶级的"哲学体系和政治思想差遣"？这是另一个问题，这里不必多说。只是附带提一下，意在说明对划分唯物主义还是唯心主义，我们争论的双方用的标准是一个。只是运用这一标准衡量具体的哲学家时，才发生了分歧。

分歧在哪里？

主张老子是唯心主义的同志们，把当时的宗教迷信思想（用来压迫人民的反抗的思想武器）的威势估计过低了，而且对当时上帝、鬼神的"用处"的看法也值得商榷。贵族奴隶主们提倡上帝、鬼神，为了对付谁？是对付贵族自己，还是对付平民？我认为在主观上、在客观上都是对付平民的。"维系人心，进行统治"正是维系统治者的统治权，维系被统治者的人心。因此，不能不管"当时是否有人、还有多少人信仰有意志有人格的天"，不能说"在群众中还有若干人相信那是不重要的"。

列宁曾指出，在西方的哲学发展史上，神是否创造世界的问题"是哲学上最重要的也是最困难的问题"，并指出："全部哲学史就是在这个问题的周围兜圈子——在古代哲学中有斯多葛派和伊壁鸠鲁主义者、柏拉图主义者和亚里士多德主义者、怀疑论者和独断主义者之间的争论；在中世纪有唯名论者和实在论者之间的争论；在近代有唯心主义者和'实在论者或经验论者'（原文如此!)之间的争论。"①当然,西方的哲学史的情况,不必和中国情况相比。宗教形式在古代、中古、近代也有所不同。但无论如何,不能说上帝和鬼神在春秋战国时期"实际上基本上坍台了",不起作用了,骗不了人了。如果春秋战国时期的宗教无神论思想已经大大占了上风,宗教迷信思想已经坍台了,那末,秦汉以后,一直到鸦片战争这一长时期的哲学思想为什么还是在神权中兜圈子?"神权"又能成为束缚人民的"四大绳索"之一?何况事实上还并不如此?战国快要结束的时候,唯物主义者荀子、韩非又何必大力宣扬无神论,反对上帝、鬼神呢?岂不是无的放矢吗?

现在再看一看春秋战国时期社会发展的总趋势。春秋是中国奴隶制社会的结束,战国是中国封建制社会的开始,这一点我同意郭沫若同志的历史分期的意见。从春秋到战国,从奴隶制社会到封建制社会的转化,中间没有经过大的革命或外族侵入,它是由于生产力的发展,从社会内部逐渐推动生产关系起了变化的。本来是奴隶主贵族的,在新形势的逼迫下,有些人不得不被迫放弃奴隶制的剥削而代之以封建性的剥削。当时东方各国和西方的秦国进度有快有慢,各国之间也有早有迟。奴隶主有些由于兼并战争被消灭了的,但上层统治者从春秋到战国,总还是那些人(有家臣、大夫成了国君的,这是奴隶主内部的阶层的升降)。新兴的地主阶级则力图通过官僚政治的形式参加一部分政权。新兴的地主阶级直到汉帝国的建立,才正式登上历史舞台,六国的贵族才被一扫而空。汉初一批屠狗的、贩布的成了王、侯、将、相,得到裂土分封。这种情况在春秋战国是根本无法设想的。

---

① 列宁:《哲学笔记》,人民出版社,1974年版,第63页。

由于生产发展的客观需要,春秋中叶以后直到战国之末,列国的兼并战争一直进行着。国家的数目越来越少,中央集权的趋势越来越显著。以周天子为首的"共主",在老子、孔子时代逐渐被人忘记了,小国被并入大国,大国被更大的国家所并,兼并的活动一天一天加快。国家的集权力量也逐渐加强,"尚贤"即官僚政治的呼声,如果没有强有力的政府机构,"尚贤"就办不到,新兴的地主阶级不能参加政权。陪臣执国命,篡夺君位,只能说明下层的统治者与旧的最上层统治者有矛盾,国家机构的统治权的逐步加强。这是总趋势,谁也改变不了这一历史的方向。

马克思主义告诉了我们,天上的王国是地上的王国的影子。既然地上王国情形是由分散趋向集中,天上的王国又如何能够没有反映,上帝如何不起作用了呢? 周朝平王东迁,曾经引起一度旧的统治秩序的混乱,但同时新的统治秩序又开始形成。从春秋经战国一直到秦汉,地上王国的权力逐渐加强,这种情况下,能不能设想天上王国(上帝、鬼神)反而削弱了呢? 不能。

随着统治阶级对上帝、鬼神的宣传的加强,对天道(上帝、鬼神)的看法也开展了争论。因为当时有些进步势力、集团不满意于上帝、鬼神对他们的限制,他们要反对宗教迷信;还有,随着生产的发展,科学思想也得到发展(如古代的天文、医学、农业科学的知识等等),科学生来就是宗教的死对头。

关、林两位指出的春秋时代有些进步思想家的无神论思想的抬头,不但不能说明上帝鬼神的统治势力的结束。相反,倒正足以说明由于新的阶级的出现,科学的发展,无神论思想与宗教迷信(有神论)思想斗争的尖锐。老子时期,有神论与无神论的思想斗争刚刚开始揭开论战的序幕,离收场还早着哩。有神论思想到汉朝董仲舒达到了高峰。天、帝的力量的加强,反动宗教迷信的逆流和封建地主阶级走向统一大帝国的总趋势相互配合,政治、宗教齐头并进。

由于这一看法,我才说"天道观"是春秋战国时期哲学思想中的中心问题。中国哲学上唯物主义向唯心主义的斗争,在不同历史时期,有不同的中心问题和不同的表现形式。比如说,"五四"时期,是新旧文化之争,中学西学之争,透过这些争论的题目可以看出中心问题是马克思主义与其他一切反马克思主义的斗争。归根结底,都可以还原到唯物主义与唯心主义之争。

从"五四"上溯到鸦片战争,这一时期的中心问题是要不要向西方学习,走什么道路可以富国强兵,挽救民族的危亡的问题;归根结底,仍然是唯物主义与唯心主义的斗争。古代亦复如是。隋唐时期主要问题是排佛教与护佛教的斗争。排佛教派有从左的方面出发的,又有从右的方面出发的。有了佛教后,"天道观"的问题已冷了下来。近来有人大力鼓吹柳宗元、刘禹锡的唯物主义地位。这未免过高地估价了柳宗元和刘禹锡了。"天道"问题已不重要"天"对人民的思想危害远远赶不上"佛"的"法力无边"。而柳宗元、刘禹锡偏偏在当时反佛教的斗争中充当了反面人物。南北朝时的中心问题是形神问题,即神灭、神不灭的争论。两汉时期是唯物主义反对天人感应、目的论的斗争。这些争论都是唯物主义反对唯心主义的斗争的具体表现。

我不是说,哲学史可以离开唯物主义与唯心主义的基本问题(物质第一还是精神第一),而是说要找出哲学上的基本问题,在不同时代有不同的历史任务,哲学上的基本问题是透过每一历史时期的具体的"中心问题"而表现出来的。所谓每一历史时期的具体的"中心问题",乃是说这些问题是当时大多数人比较关心的问题,和当时的阶级斗争、政治生活、科学发展息息相关的,而不是由少数人的兴趣或创见提出来的。

那末,先秦时代,哲学史的中心问题是什么? 关于宇宙的起源、发展、变化方面的中心问题是"天道观"的问题;关于社会政治生活方面的中心问题是"礼"与"法"的问题。研究个别哲学家的思想,要找到它的纲,纲举则目张。个别哲学家的思想是一定的历史时期的社会意识形态,每一历史时期的社会意识形态也要找到它的纲。个别哲学家思想的纲,对他的时代的纲来说,只能算作目。个人服从时代,部分跳不出全体。因此,研究老子的哲学,不能把他主张的"天道自然",等闲视之。

我没有把老子的"天道观"故意"孤立地突出",而是"天道观"的问题本身太突出了,这个问题已经成为先秦的一切哲学家(说一切哲学家一点也不夸张,也不过分)共同关心的问题。偏偏在这样一个当时举世瞩目的突出的问题上老子说对了,又怎能抹杀它的杰出的贡献呢? 对这个问题,关、林两位也认为"老子哲学就其否定有人格神、主张天道无为说来,具有唯物主义倾向或因素";又说"老子哲学中这些因素,对当时的思想界和对以后的哲学发展,是起了积极作用的"。问题就在这里。上帝、鬼神如果"基本上坍台了",已经起不了骗人的作用了,"在统治阶级已经不能利用天道鬼神、利用形象上的上帝来维系人心、进行统治了",老子反对上帝、鬼神,只不过是打死老虎,甚至千方百计为统治者寻找上帝、鬼神的代用品,简直是为虎作伥,哪能说得上对当时的思想界以及以后的哲学发展起了积极作用呢? 又哪能说得上有唯物主义倾向或因素呢? 只不过是替"垂死"的宗教注射强心针罢了。关、林二位在对老子的估价上,无论在否定老子的地方或肯定老子的地方,似乎都有些进退失据。倒不如吕振羽同志干脆把老子划归彻底的唯心主义阵营还言之成理一些,虽然吕振羽同志的意见同样有很大的困难。

而且,关、林两位所举出的子产不信龙能对人危害,说"天道远，人道迩"。但是子产还没有从理论上、从哲学世界观的高度给宗教、上帝、鬼神以根本性的打击。最多不过是一种存疑主义，对鬼神采取各走各的路，"互不干涉"的态度而已，和孔子的"敬鬼神而远之"差不多。而且对"上帝"，不论《诗经》《左传》《国语》，都还没有人敢否认它的存在，也没有人敢于贬低它的至高无上的地位，只是说几句抱怨话，埋怨上帝不长眼，赏罚不公平而已。既然恨天、骂天，可是遇到有委屈还要向天倾诉衷肠，这算什么无神论、"灭神论"呢？老子的哲学，其光辉前无古人的地方恰恰在这里。他说天地不过是天空和大地；他说道是万物的祖宗，上帝也不例外。不简单！

唯物主义和唯心主义争论的，就是物质和精神谁坐第一把交椅的问题，唯物主义也不是说精神性的东西不存在，在古代更不可能把"神"赶尽杀绝，连伟大的王充、范缜还给鬼神留有一定的地盘，何况远在王充、范缜以前的老子？关、林两位说老子"用不着进行严肃的战斗，把'道'置于天地、上帝之先就够了"。把道置于上帝之先不正是唯物主义的特色吗？我看，如果道是物质实体，"把道置于上帝之先"，在老子的时代，的确"就够了"。

关于分析老子五千言的方法和入手处，我和关、林二位是有分歧的。

古人说，"知人论世"，这个见解今天看来还有可采之处。对哲学史上的许多思想家的思想，如果只看他说了些什么，而不考虑到他所说那些话的环境、时代，是难以做出正确的评价的。且不说春秋时代的老子，且以今天人所共知的康有为来说罢。1898年康有为为了挽救清帝国的危机，一再"谨竭愚诚，伏乞皇上圣鉴"，"上渎圣明，拳拳上告"（戊戌奏稿）。今天看来，甚是十足的奴才相，可是细考当时国内外时势和康有为为代表的一些具有资产阶级思想的知识分子的具体情况，我们还是肯定康

220

有为的改良主义还有进步性,他在1898年前,曾经是中国先进的爱国知识分子向西方寻找救国救民的真理的人物。曾几何时,革命派出现后,康有为还是这些主张,继续在海外,"谨竭愚诚,伏乞皇上圣鉴"时,他就是革命运动的绊脚石,成为反动人物了。康有为自己说得好,他"三十岁时学问已成,此后未再进,亦不须进"。他进不进是他的事,时代进了,康有为就成了时代的渣滓。同样反对上帝创造世界,老子就是无神论的战士,胡适也反对上帝创造世界,他却是宗教的支持者。反对上帝创造世界,在胡适的口中说出了,不值半分钱。胡适且不必说,他本是一个政客,可以不提他。即使唐朝的柳宗元、刘禹锡他们也提出了"天道无为",不承认有人格的上帝,但他们的话,就远远赶不上老子的话那样光辉夺目。因为柳宗元、刘禹锡不信上帝,却深信"佛法无边"。他们的无神论不得不为之减色,因为他们面临着当时主要敌人不敢动,只打打落水狗,虽不无可取,毕竟有些孱弱、畏葸。

关、林两位在文章中说过"分析老子哲学体系产生的时代、阶级背景是重要的",接着又说:"但这并不是说,除非先对此作出确当的分析,就不能判定这个体系是唯心主义还是唯物主义。因为决定一个体系是唯物主义还是唯心主义,不是别的,而在于它是承认物质是第一性的,还是承认精神是第一性的。"

我不能同意这个说法,也不主张研究中国哲学史可以用这个办法。

照这个办法,研究古人的哲学思想,对阶级分析,时代背景是重要的(我也认为关、林两位指出了这一点),但不是必要的。所以才说,即使不作时代和阶级的分析,也可以进行研究,并能正确地判定它是唯物或唯心。当然,有些哲学家的思想体系,有显明的唯心主义或唯物主义倾向,可以一望而知。但是,即使一望而知,如果离开了时代,就难做出科学的评价。正如我们对康有为的思想不"知人论世"，只看他的上皇帝书，就不免讨厌他那副奴才相，不知道1898年中国革命局势的转折点，就难于评价康有为的全部思想的历史地位。单凭康有为的话，虽然康有为的文章比老子的文章清楚多了，却难从文章里面全面地分析出进步或反动来。

上述这种情况，西方哲学史中也不乏先例。如十七世纪荷兰杰出的唯物主义哲学家斯宾诺莎，如果不了解他反对教会的坚决立场和他被教会放逐、迫害的遭遇，只拿了斯宾诺莎的书来读，我想，说他是唯心主义者，也能找到充分的根据，他的著作中的神秘主义气息是相当浓厚的。事实也是如此，资产阶级学者就是把斯宾诺莎强拉在唯心主义阵营中的。幸亏马克思才把他从唯心主义的哲学史中抢救出来。同样的学说和主张，现在的泛神论者、自然神论者就是企图调和科学和宗教的一种唯心主义流派，是反动的了。

近代的康有为的思想我们还不能仅从他的著作本身做出全面的评价，对千载以上的老子，更不能操刀直入，而不"知人论世"了。这里，我并不是说，我已经把老子的哲学思想的阶级分析，时代背景研究透了，我的研究是十分不够的；也不是说关、林二位没有做这方面的工夫，而是说，越是值得引起争论的哲学家和思想流派，越要从四方上下，前后左右去考索。原则上，我认为知人论世，不但是"重要"的（当然是重要的），而且是必要的；不是缺少了这一环还可以，而是缺了这一环不行。

因此，我之所以斤斤于老子的"天道观"，而把它当作春秋战国时期哲学上的中心问题，正是因为除了《老子》书以外，孔子、墨子、庄子、孟子、荀子、韩非等，几乎毫无例外地把它当作头等重要的问题来反复申论。他们中间有从唯心主义观点出发的，也有从唯物主义观点出发的；有从自然科学、生产斗争的总结中提出问题的，也有从宗教迷信观点提出问题。哪里是我把"天道观"弄得突出呢，实在这个问题太突出了。

"天道观"既然是春秋战国时期哲学上的中心问题，讲天道的问题能不能概括全部哲学问题？不能。

先秦哲学中，还有"礼"和"法"的问题也是相当普遍存在的问题，也是贯彻从春秋到战国的全部时代的大问题。还有名实关系问题，认识论问题、坚白同异问题、人性论等问题。但这些问题所牵涉的哲学家的广泛的程度，和它对当时阶级斗争中的联系，比起"天道"问题和"礼法"问题来，重要性就差了些。那些问题也是重要的，但天道问题更为重要。

"天道观"是不是宇宙观？如果认为宇宙观是今天哲学的世界观，那末，它不是今天我们所说的世界观。它的范围只限于天地万物的生成、变化、发展的学说，范围比世界观小。天道观是专讲天地万物生成变化原理的。中国哲学前进的道路和西方的古代哲学差不多。西方古代哲学最初也是从研究他们的"天道观"开始的，探寻世界万物生成、变化、发展的原因，由于解释的不同而分唯物主义与唯心主义。至于认识论、方法论上的问题，是资本主义社会才开展深入研究的，是大工业、科学发展的结果。在西方古代，除了他们的"天道观"以外，也搭配一些逻辑、认识论、人性论、社会政治问题等等，但是"天道观"是西方古代哲学发展中的中心线索。不但西方如此，印度古代哲学也是从他们的"天道观"开始。这大约是人类认识世界的必要过程，向来是先认识"身外之物"，然后再认识自己的。古代哲学相当人类认识世界的童年时期，这一过程是符合人类文化发展的客观逻辑的。

"天道观"能不能概括先秦一切哲学流派？不能。天道观是先秦各家几乎都涉及的重要问题，其中有的哲学家只讲逻辑和认识论的;也有的哲学家著作散失,难窥全豹的;但绝大多数的哲学家都对这些问题做了重点发言,因此不能对这个问题忽视,也不能把这一问题和其他的问题放在平列的地位。

讲天道观的,是否就是唯物主义?不是。墨子、孟子就是唯心主义。具体分析,墨子与孟子不同。孔子在天道观问题上基本上也是唯心主义的。

也有人说老子的哲学因为出现在战国以前,所以有进步作用,假如出现在战国时期,他的天道观就没有价值了。这也不见得。唯物主义和唯心主义区别的唯一标志,是看它主张物质第一性还是精神第一性。即使在战国时期,主张"天"不是最高的神,主张自然界的生成是由于自己的原因,没有一个精神性的主宰在物质世界之上,它就是唯物主义的。因此,我认为庄子在天道观方面是唯物主义的(至于庄子其他方面是唯心主义的,这里不多说)。因为上帝在汉以前不但没有坍台,而且随着封建社会的成长,代表地上王国统治者的天上王国也在加强。反对天上王国的思想是唯物主义的。

关于老子的"道",前在《光明日报》哲学副刊已说过的,这里不再重复。现在只谈关于老子的"道"的几个问题。

无能不能生有?无中生有,如何能说老子的哲学是唯物主义?

老子的哲学在先秦哲学中巨大贡献之一就是"无"与"有"一对范畴的初次被认识。老子在他五千言里,反反复复讲明事物中有个别和一般,有本质和现象的区别。现象是个别的,本质是一般的。个别的东西有生灭,本质的东西没有生灭。这是许多研究老子哲学的朋友们都承认的。只就这一点来说,就是人类认识史上一大进步。范畴的提出,标志着哲学思维的深入。问题是老子所谓本质性的东西、一般的东西(道)是物质性的还是精神性的?

　　古代唯物主义学说的萌芽,是阴阳五行学说。阴阳学说最早是指阴阳二气,这阴阳二气,可以体现在男女、昼夜、寒暑等方面(所谓"近取诸身,远取诸物")。但古代唯物主义也把阴阳当作对立的(互相矛盾的)两个符号;阴经常用来表示衰退、消逝、柔弱……这些消极方面的事物的属性,阳经常用来表示生长、前进、刚强……这些积极方面的事物的属性。阴阳,既是两种气(物质的),又是两种原则(非物质的)。五行也是一样。五行是五种物质元素,是物质的,万物都是由此五种元素不同比例的配合而产生,性质简单的东西可以是其中的一种元素构成的,性质复杂的东西可以是多种元素构成的。后来,用五行表示事物"炎上""润下"的种种性质。当五行指的是五种元素时,它是物质性的;当五行指五种不同的原则时,它是非物质性的。

　　这是中国古代唯物主义哲学思想所常用的表达方式。同一个词,两种意义。在不同的地方用不同的意义。古代名词、动词经常用同一个字,但用起来不会错。这是常见的例子'如"春风风人,夏雨雨人","人其人,火其书,庐其居","解衣衣我,推食食我"等等。

　　老子的道,是同时具有物质和物质变化所遵循的道路这两种意义的。具有物质实体的意义的有:

　　　　道可道,非常道。(一章)

　　　　道冲而用之或不盈。(四章)

　　　　故几于道。(八章)

　　　　道之为物,(二十一章)

　　　　故从事于道者……(二十三章)

　　　　其在道也……(二十四章)

　　　　字之曰道。(二十五章)

故道大……天法道,道法自然,(二十五章)

道常无名,譬道之在天下,(三十二章)

大道泛兮,(三十四章)

道之出口,(三十五章)

道常无为,(三十七章)

故失道而后德……(三十八章)

反者道之动,弱者道之用。(四十章)

明道若昧,进道若退,夷道若纇……道隐无名,夫唯道,善贷且成。(四十一章)

道生一,一生二……(四十二章)

道生之……莫不尊道而贵德……(五十一章)

长生久视之道……(五十九章)

道者万物之奥……(六十二章)

天下皆谓我道大,似不肖……(六十七章)

此外,老子的道具有规律的意义的,有:

功成身退,天之道(九章)

是谓不道,不道早已。(三十章)

天下有道……天下无道……(四十六章)

行于大道……大道甚夷。而民好径……(五十三章)

谓之不道,不道早已。(五十五章)

不如坐进此道,古之所以贵此道者何?(六十二章)

古之善为道者……(六十五章)

天之道,不争而善胜……(七十三章)

天之道其犹张弓欤?……天之道损有余而补不足,人之道则不然……唯有道者……(七十七章)

天道无亲……(七十九章)

天之道……圣人之道……(八十一章)

老子单独讲到道的时候,更多的情况是指的物质实体,而在特定的情况下所讲的是指:如天之道,人之道,坐进此道,天道无亲,有道、无道、不道、大道,善为道者,等等。

说老子的道,具有规律性的意义,大概没有什么不同的意见,但对道是不是具有物质性的意义,就有分歧。其实《老子》书中,已有自己的解释,解释就在《老子》书中的二十五章和二十一章。

二十五章的原文是:

> 有物混成(按:这里的物不是物质,只是"东西"的意思),先天地生。寂兮、寥兮,独立不改,周行而不殆,可以为天下母。吾不知其名,字之曰道,强为之名曰大。

这里说,有这样一个浑然一体的东西,它比天地更在先。听不见,看不见,但它不靠外力(独立)而存在,永远循环往复地运行着。可以作为天下万物的根源。吾不知应当叫它什么好,叫它做道,勉强给它起名叫作大。有"字"有"名"正是春秋时的古礼。宇宙万物的起源是浑然一体的东西,正是古代素朴唯物主义的特点。恩格斯论希腊古代唯物主义时说:"在希腊哲学家看来,世界在本质上是某种从混沌中产生出来的东西,是某种发展起来的东西、某种逐渐生成的东西。"①这里,恩格斯的话虽然说的是古希腊唯物主义哲学,我看老子的哲学是符合恩格斯这段话的基本精神的。而且恩格斯这段话的意思还在于指明古希腊唯物主义哲学反对世界是上帝一下子创造出来的,是外来的原因。而老子的哲学也正是反对上帝,反对世界的形成由于外因的。老子在这一章里又接着说:

> 大曰逝,逝曰远,远曰反。故道大,天大、地大、人(从宋

---

① 恩格斯:《自然辩证法》,人民出版社,1971年版,第10页。

范应元本,王应作人)亦大。域中有四大,而人居其一焉。

老子的大曰逝,逝曰远,远曰反,对道的形容、描绘也可以透露出老子对道的唯物主义理解和当时天文学的知识的联系。道的运行,正是模拟自然界天体自然运行的规律的。下面又说:

> 人法地,地法天,天法道,道法自然。

这里说的道,是以它自己的样子为根据,内在的原因决定了它的存在、运动,不是靠其他的原因。在这里,也没有给上帝留下地盘。

在二十一章中,对道也有十分明确的描绘:

> ……道之为物,惟恍惟惚。惚兮恍兮,其中有象,恍兮惚兮,其中有物。窈兮冥兮,其中有精,其精甚真,其中有信。

在这一章中,"道之为物",是不能照关、林两位以"为"物解作"生"物的。道之为物,从古代语法习惯,只能解作"道这个东西",在古书中不乏同样的例子,如《论语》"其为人也孝弟……","中庸之为德也""其为物也……",在语法结构上是一样的。语法是古代人们共同使用的语言公例,"道之为物"只能解释为"道这个东西","其为人也孝弟"只能解释为"他这个人孝弟"……

道是不能通过感官直接感触的,但是它包含着精。精,古代通常用来表示细小粒子状的细微的东西,米碾得碎叫作精米,细致的气叫作精气。说道之中包含了有形有象的东西,和道本身看不见、摸不着并没有矛盾的地方。这和"道者万物之奥",是同样的意思。道是细微的物质,一切有的东西既然从它那里出来,当然可以说,它是万物的仓库(奥,深藏的地方),其中有精,有信。

即使如关、林两位的解释,"精"是"情"(以庄解老的话),

"情"古代本来有"实"的意义。如"声闻过情,君子耻之","乃若其情,则可以为善矣","物之不齐,物之情也",情就是实,不是一切情字都指的是七情六欲。

因为道是一切物的属性(德)的根源,所以"自古及今,其名不去"。"以阅众父",就是从道和德(物的属性)来认识(阅:《左传》襄公九年,"商人阅其祸败之衅……"。《诗经·谷风》,"我躬不阅,遑恤我后"《管子·度地》篇"常以秋岁末之时阅其民"。)万物的开始。父和母都有本源、开始的意义。这里我倒是主张死书活读。

老子的道,和古代阴阳五行学派(不是邹衍的一派,而是较早的阴阳五行学派,当另文评论)一样,都是把物质实体(如阴阳,五行)和从物质实体抽象出来的具有范畴性质的阴阳、五行这个词混而不加分别。道也是这样的。如果说这是弱点和缺点,这是中国较早的唯物主义的共同的弱点和缺点。尽管有缺点和弱点,但不因此而动摇了老子的唯物主义的地位。

其次,关于"道生一"的问题,也是给人们认为老子哲学是唯心主义的口实的地方。老子只有一处讲到道生一。全章的主旨,不过在于说明事物由简单到复杂的过程,用不着专在道生一上死抠字眼。老子在"一"和"道"的用法上也不是十分严格的。老子全书共用"一"字十五次。其中除了"三十辐共一毂"(十一章)、"故混而为一"(十四章)、"一曰慈"(六十七章)几处的"一"是数目字以外。其余许多处所用的"一",都是"道"的同义语。如:

> 载营魄抱一,能无离乎。(十章)
> 是以圣人抱一为天下式。(二十二章)
> 昔之得一者,天得一以清,地得一以宁,神得一以灵,谷得一以盈,万物得一以生,侯王得一以为天下贞。(三十九

章）

《老子》书中,形容道的字是很多的,如"大""道""一""朴""大象"("执大象,天下往")、无名、无,等等。用法也不太严格。

第一次提出道这个概念用在哲学上,这种不够严格的现象是难以避免的。正如孔子提出了"仁"的概念,但问孔子什么是"仁",孔子也不能十分明确地给"仁"下一个定义,仁和礼的关系是哪个更主要,孔子自己也讲不清楚,仁和其他道德又有什么关系,孔子也没有讲到。仁是否就是忠和恕,也没有从孔子自己的口里得到证实。尽管有这些"含混不清"的地方,并不影响我们今天对孔子的"仁"进行分析和评价。对老子第一次用在哲学上的"道",是否也应当这样去认识呢? 我觉得应当取其基本精神,不必作超过古人理解思辨能力的要求。古代唯物主义本来就具有素朴性、直观性,有几分天才的臆测。

由于刚刚从古代的宗教迷信的桎梏下解放出来,难免不带有旧的宗教残余的瘢痕。因而老子也不免冒出一两句"天道无亲,常与善人"的错误的话来。虽然如此,但是我不同意冯友兰先生所说的:"不能对于古代的唯物主义思想要求太高。"冯友兰先生接着又说:"不能拿现代的唯物主义标准衡量他们。"这后一句话是对的,我们要有历史主义的态度。但前一句话至少有语病。唯物主义就是唯物主义,不能早晚市价不同。唯物主义它标志着人类认识世界总规律的里程。所以,古代的唯物主义,不及后来的彻底,这是事实,但唯物主义在当时的确能代表人类最先进的认识世界的水平。老子的唯物主义有唯心主义的残余,不十分纯净,但在当时没有比他更唯物的哲学家或流派,它就是最先进的。他的简单的唯物主义就是攻击唯心主义、宗教、迷信最锋利的武器。并不是有高标准的唯物主义、低标准的唯物主义、廉价的唯物主义。因此,今天评价不是由于要求"太高""太低"才出观对老子哲学不同的两派看法的争论,老子的唯物主义哲学决不是由于我们对它"要求不高",才变成了唯物主义的。因为老子的唯物主义如实地反映了春秋时期(人类幼年时期)认识世界的深度和广度,他结合了当时的科学成就,给宗教、上帝、鬼神以有力的打击。所以是唯物主义的,也有战斗作用。

此外,在关、林两位的文章中,曾举出老子的辩证法不彻底,以证明老子的哲学是唯心主义。用这个方法,来分析老子的辩证法,以说明它的内在的弱点是可以的。但由此佐证老子的哲学思想是唯心主义,就不见得妥当了。因为老子的辩证法不彻底,首先是他的形而上学的残滓在他的思想体系内部起着破坏作用,还不是直接涉及唯物或唯心的问题。如照这个方法推下去,古代的辩证法都带有自发的、朴素的性质,只凭这一点,古代就不会有唯物主义了。

至于说老子出身没落阶级,所以不能成为唯物主义,恐怕也要具体分析。马列主义经典作家就指出过英国的没落贵族(如霍布士)阶级也能出现唯物主义。

至于说老子的思想没有战斗性,所以不像唯物主义,这种说法也不见得正确。战斗可以根据不同的问题、不同的情况,采取不同的方式。有具体的对象,就批判得具体些,如老子对剥削者的抗议,对战争的诅咒就很尖锐。老子对于"天"就没有"金刚怒目"式地剑拔弩张的样子。因为"天"的危害性,就在于它的无上权威,神圣不可侵犯性。把它从至高无上的宝座上拉下来,使其屈居在浑然一体的物质的道之下,这就是战斗,也是最有效的战斗。我看来,老子"把道置于天地、上帝之先",这一招正是老子的"严肃的战斗"。

用常有、常无作为解剖老子哲学的钥匙,关、林两位的方法我不同意,理由倒不是像冯友兰先生所指摘的"把老子现代化",

而是我认为这样讲,把老子的哲学系统化了。老子的哲学不是那末系统完整,前后一致的。

因为我认为春秋战国时期(特别是春秋时期)上帝没有坍台(他们所举的证据都不能证明春秋时代上帝已坍台了),那末,老子发明(姑且退一步说)一套精致的唯心主义,反对什么呢?道比上帝更能对人民起压迫作用吗?看不出来。老子的时代实在看不出有什么必要找一个代用品为上帝鬼神解救"危急"。如果说一个唯心主义的老子不是为了反对什么,仅仅为了创造体系,凭空抬出一个"道"来,显然不大合情理。如果说真有这样一个唯心主义的老子,提出一套精密的唯心主义,来反对某些比较鲜明的唯物主义也许说得过去。但老了当时的确没有一种旗鼓大致相当的精密的唯物主义出现。那末唯心主义是否可以凭空发展?不会。因为只有唯物主义可以即使在没有成体系的唯心主义对手存在的时候也会发展,因为只要有生产斗争,有科学,就有唯物主义的发展的基地,唯心主义总是为了应付唯物主义才被迫改变花样的,唯心主义从来是打被动仗的。

说老子是唯心主义既然不像,那末根据老子的原文,说老子的"道"为了反对上帝,反对鬼神,倒是顺理成章,不费分疏的。

至于说老子的辩证法不彻底,老子的认识论是唯心主义的,方法论、社会观是唯心主义的,这里不打算一一辩驳。认识论和宇宙观不一致,在古代是常有的现象,社会、历史观的唯心主义,更是一般的事实。即使这些观点都是唯心主义的,也不能动摇老子的哲学体系的唯物主义的地位。因为天道观这一步棋,老子走对了。就是认为老子是唯心主义的朋友们也不得不承认这一点。这一点恰恰是先秦唯物主义哲学与唯心主义哲学争论的"淮海战役"。在这一场战役中,唯物主义的老子是胜利者。

在老子以前,没有人能在天道观问题上达到唯物主义世界观的高度,所以说老子"就成了中国古代唯物主义发展的里程碑"。

　　既然老子的哲学是唯物主义的,道是物质性的实体,又具有法则的涵义。那末,老子把道放在至高无上的地位,使它"绝对化","永恒化",高据首席,一点也不会产生"流弊",唯物主义争的就是物的地位高于一切。辩证唯物主义的"辩证法"和"唯物论"都是绝对的。不是一讲到"绝对",就毁了辩证法;取消了"绝对"倒是危险的。

春秋时代天文学和老子的
唯物主义思想 *

科学总是在生产发展的推动下前进的。科学的许多规律是人们在征服自然的斗争中在某些方面的总结。中国古代的天文学是在农业生产的发展和要求下被推动前进的。古书上所谓"观象授时""敬授民时",都是为指导农业生产,而不是古代"圣人"对日月的运行凭空发生兴趣才去研究的。

《尧典》已载有鸟、昂、虚、火等星;《洪范》有好雨、好风等星;夏小正有大火、织女、昂、参等星;《诗经》里提到的有火、箕、斗、室、昂、毕、参、牵牛、织女等星。《左传》《国语》《尔雅》各书中已有完整的二十八宿的记载。(《诗经》是抒情诗集,只是讲到自然环境顺便提到一些星宿,它没有必要一一列举。)认识二十八宿不是一件小事,这说明春秋时已知道把黄道、赤道附近天空分成二十八个不等的部分,它们还把同一方面的天空又分为四陆、十二辰、十二次(后来"次"又称为宫)。

春秋时代的天文学家又根据地上的地区配合天上的星宿建立了星宿的分野,还把银河比作地上的汉水,因而叫作天汉、河

---

* 原载《北京大学学报》(人文版)1959 年第 4 期。

汉。《周礼》讲到保章氏（周礼春官之属的职责）：

> 掌天星以志星辰日月之变动，以观天下之迁，辨其吉凶。以星土辨九州之地，所封封域皆有分星，以观妖祥。以十有二岁之相，观天下之妖祥，以五云之物，辨吉凶水旱，降丰荒之襮象，以十有二风，察天地之和，命乖别之妖祥。（《周礼·春官宗伯》下）

古人以星纪配吴越，玄枵配齐，娵訾配卫，降娄配鲁，大梁配赵，实沈配晋，鹑首配秦，鹑火配周，鹑尾配楚，寿星配郑，大火配宋，析木配燕。

在采用岁星纪年法以前，古人以冬至夜半所见的方位为准，并对照地上的方位，把周天自东而西配以子、丑、寅、卯等十二辰。这是分野的原始观念（参看陈遵妫《中国古代天文学简史》，第92页）。

《周礼》所列保章氏的职务在于实际观测恒星、流星、彗星、岁星的出没现象以及天上云气、风云和地上收获的关系，其中也有一部分气象学的内容。郑玄注：“保、守也，世守天文之变。”贾公彦疏：“（保章氏）掌天星以志日月星辰之变动，以观天下之迁。”观测星象还不止保章氏这类官吏，像春秋时代的梓慎、裨灶、史嚚、周太史等都掌握这类知识。

《周礼》还讲到掌管天文的冯相氏（周礼春官之属）的职责是：

> 掌十有二岁、十有二月、十有二辰、十日、二十有八星之位，辨其叙事，以会天位，冬夏致日，春秋致月以辨四时之叙。（同上）

郑玄注：“冯，乘也，相，视也，世登高台以视天文之次序。”冯相氏这一官职在观测和推算相验证。保章氏偏重在天文，冯相氏偏重在历法，事实上这两者在古代没有划分得十分清楚，只是大致分工,各有侧重。周代太史之官也做这些工作。《礼记·月令》说"(太史)司天日月星辰之行,宿离不贷"。

又《春秋经》及《左传》共记载过三十七次日蚀。根据近代历法家的推算,证明其中有三十三次是正确的,有四次是误记的。在宣公、成公以后的日蚀记载开始精确①。这也说明在公元前六世纪初叶,中国天文历法已较西周有所发展。

中国古代采用的历法一向是阴阳合历。就是说,根据太阳绕日一周的周期为一年,根据月亮绕地球一周的周期为一月。测定一年的标准是每年的冬至和夏至,测定一月的标准是朔和望。地球绕太阳公转一周的时间为 365.2422 天,月亮绕地球一周的时间是 29.53059 天,一月或一年的时间都不是整数,两者相互除不尽。月与年要搭配妥当很不容易。从殷商的文字记载中已经有了闰月的规定。甲骨文和周初的金文中都有过"十四月"的记载。古人为了二十四个节气的安排(主要是为了安排农业生产)有时要在一年之终连闰两月。春秋时期,已有了比较精密的天文学知识,已懂得在十九年中插进七个闰月,在当时全世界来说是最先进的历法了。

古人还发现木星在星座中的位置逐年移动,从某星座回到某星座大约要十二年。古人把黄道分为十二次(宫),岁星每年移住一个次(宫)。岁星每年和太阳会合的次(宫)逐年退后一个月。也就是说,约计一年又一个月岁星移一个次。每一个次有二十八宿的星座两个或三个。为了使用上的方便,在战国中叶以后开始采用了十二个太岁的年名,如摄提格、单阏格等等②。

---

① 参看(日)新城新藏:《东洋天文学史》,中译本第 343 页。
② 参看浦江清:《屈原生卒年月日的推算问题》,《历史研究》1954 年第 1 期。

天文学和农业生产有直接联系,二十四节气有指导农业生产的作用。统治阶级为了自己的收入打算,不能不关心生产。生产不好,他们自己也会减少收入。像《礼记·月令》,就是周王室颁布的年历。诸侯、大夫可以根据一年的季节安排一年的生产和应采取的政治措施。试举几条为例:

> 孟春之月,日在营室,昏参中……

这是说的天象运行的方位、宫次。

> 东风解冻,蛰虫始振,鱼上冰,獭祭鱼,鸿雁来……

这是说自然界气温、时令物候的特征。

> 乃命太史守典奉法,司天日月星辰之行,宿离不贷,勿失经纪,以初为常。

这是行政上与天象的配合措施。

> 是月也,天气下降,地气上腾,天地和同,草木萌动。王命布农事,命田舍东郊,皆修封疆。审端经术。善相丘陵、阪险、原隰土地所宜,五谷所殖,以教道,民必躬亲之。田事既饬,先定准直,农乃不惑。

这是根据时令,对生产的安排和要求。

> 禁止伐木,勿覆巢,勿杀孩虫、胎夭飞鸟,勿麛勿卵,勿聚大众,勿置城郭……
> 是月也不可以称兵,称兵必天殃……

这是根据季节、时令宣布几条妨害生产的禁令和禁忌。

二月、三月以至十二月,都有这样类似的指示和规定。有些规定是有科学根据的,也有些本来有科学根据,但又和宗教迷信纠缠在一起的。如春天不能发动战争,否则会有“天殃”。事实上,古代采用劳役地租的时候,春天发动战争误了耕种季节,不但农民没有收入,连“公田”的收入也会减少,当然会给一年的生活带来灾害,叫作“天殃”也可以,但这绝不是什么“春行秋令”所引起的。

夏季、秋季、冬季都有不同的重点农活的安排和不同的禁忌。每月都先指明它的节气(如立春、立夏、立秋、立冬等等)、气候、自然界生物的变化。结合这些变化,安排生产。如春、夏重点在督促农民生产,秋、冬重点在督促农民交田赋、兴兵、打猎、捕鱼、伐木、修建、烧炭、习武等等。

从上述的事实可以看出春秋时期的天文学已有了进一步的发展,测算的方法也比较精密。孟子曾说:

　　苟求其故,千岁之日至,可坐而致也。(《孟子·离娄》)
孟子能这样夸口,正是由于春秋以来天文学发展的结果。

春秋时期,由于天文历算日趋精密,对于每月的朔、望的测算也比过去更准确了。因为一个月的时间在 29 到 30 日之间,朔是一个月的开始。朔在每个月的新月出现前一两天。在周初,对朔还没有十分精确的算法,只是大致根据月亮的圆缺,把一个月的时间分为四部分:初吉(大月 2—8 日、小月 3—9 日)、既生霸(大月 9—15 日、小月 10—16 日)、既望(大月 16—22 日、小月 17—23 日)、既死霸(大月 23—下月 1 日、小月 24—下月 2 日)①。

一年开始的朔日,关系到全年日历的精确程度,《周礼》规定要"颁告朔于邦国"。到了春秋中叶以后,历法大为进步,一方面周天子管不了诸侯,一方面各国诸侯也拥有他们的天文历法的专家,不再需要向周天子讨皇历。"告朔"名存实亡,所以"子贡欲去告朔之饩羊"了。这未必就是人心不古,倒是反映了历法的发展和进步。

春秋时期的天文学比过去有了很大的进步。但也在很大的程度上没有摆脱和宗教迷信的占星术有联系。古代的巫、卜、

①　参看王国维:《观堂集林·生霸死霸考》。

祝、史的职责，虽然有分工，也有时界限划不清楚。宗教和科学最初是混在一起的。事实上科学和宗教势不两立，科学越发展，宗教的地盘就越缩小。在春秋时期的科学还在幼年状态，当时还不可能有纯粹的科学思想与宗教思想彻底决裂。

古代文献记载中都表明当时的天文学与占星术没有割断联系。

《左传》僖公五年卜偃推测晋灭虢的日期是"丙子旦、日在尾，月在策，鹑火中"。

《左传》文公十四年，"有星孛入于北斗"。周内史叔服预言："不出七年，宋、齐、晋之君皆将死乱。"

《左传》昭公十年，"春王正月有星出于婺女"。郑裨灶对子产说："七月戊子，晋君将死。今兹岁在颛顼之虚，姜氏任氏实守其地。居其维首而有妖星焉，告邑姜也。邑姜，晋之姒也。天以七纪，戊子，逢公以登，星斯于是乎出。吾是以讥之。"

《左传》昭公三十一年，"（史墨）对曰：……日月在辰尾，庚午之日，日始有谪，火胜金，故弗克。"

《左传》哀公六年，"是岁也，有云如众赤鸟，夹日以飞，三日。楚子使问诸周太史。周太史曰："其当王身乎，若禜之，可移于令尹。"

战国中期，齐人甘德（注：一说楚人）、魏人石申编制了世界上第一个恒星表，包括了一百二十颗恒星的黄经度和距离北极的度数（注：用现代科学方法推算，他们测定的年代约在公元前350年）。他们的著作《甘石星经》虽然成于战国，但星表的测定决非一朝一夕之功，它必须靠长期的观测知识的积累，它和春秋时期天文学的研究是分不开的。

《甘石星经》中曾指出许多星宿的位置、分布、分野。如：

太阳（星名）……入张十三度，北极四十五度。

> 相星在北极斗南……出太阳,入张十三度,去北辰四十
> 五度,相入翼一度,去北辰三十一度。
>
> 库楼星二十九星……西入轸一度,去北北辰四十九度,
> 昏中西去北辰八十九度。

这些记载今天推算的结果证明是相当精确的。但是这部著作中也包括了不少占星术的成分。讲到每一个重要的星座,都要把它和人间的战争、吉凶附会在一起。如认为北斗七星是"天之诸侯,亦为帝车"。又说七星中第一星代表太子,第二星代表女主。"客彗孛入角(按:星名),色白者,国有兵起及大丧,亦军败、城陷"。又如:"天一星……主战斗,知吉凶,若离本位而乖斗,后九十日必兵大起。"

春秋时期一般认为天缺、弧逆、刑星、荧惑、奎台所临地区的国家不利;丰隆、五行、太一、王相、摄提、六神、五括、天河、殷抢(按:当是天枪)、岁星所临地区的国家有利,"国不可伐,可以伐人"(参看《韩非子·饰邪篇》)。

总起来看,这一时期的天文学得到很大的发展,寻找到天象变化的一些规律,并开始与占星术分离,但尚未完全分离。大致可以说有以下的特点:

(1)天道运行有规律可循,它的规律不随人的意志为转移,它的结果可以预知,不是神秘不可知的;

(2)天上星象可以影响人世上安危、治乱、丰歉,但人世上的安危、治乱、丰歉却不能反转来影响天上星象的运行、变化(这一点和汉代的阴阳五行说不同);

(3)天道的运行循环无端,周而复始;

(4)天文学起初观测与推算并重,互相补充,后来由于分工的精密,推算和观测有了分化;

(5)天文学的知识掌握在为贵族服务的知识分子手里,如

史、卜、巫、祝都是这一方面的专门人才；

（6）贵族们运用天文学来指导农业生产活动和政治活动；

（7）由于天文学的发展，"千岁之日至可坐而致"，有些古礼开始被冲垮，如"告朔之饩羊"已成了形式。

从古代文献记载中知老子曾为周朝的史官，孔子曾向他问过礼（《礼记》）。一说老子曾为周"守藏室之史"（《史记》），"守藏史"，可能是档案保管、图书保管一类的官吏；一说老子曾为周"柱下史"（《史记索隐》）；一说老子曾为"周之太史"（郑玄《论语注》）。

这些说法看来很不一致，但都认为老子在周王宫廷中当过"史官"，这一点是没有问题的。

据《周礼》，周王宫廷中各个主管部门中都有一些"史"，这种"史"的地位在"下士"和"府"之下，胥、徒之上。胥和徒，有的是贵族的家内奴隶，根据《周礼》的天官、地官、春官、夏官、秋官这五大部门的"史"的人数约计在千人以上。像管捕鱼的、管打猎的、管牛马牲畜的、管冰窖的、管造酒的、管厨房的、管山林的、管锁钥的都有许多"史"。从他们的政治地位和主管的工作看来，不难想见他们用不着什么文化知识。但周的太史、柱下史、守藏室史，都在周王左右、主管礼乐，这些人是有文化的重要史官。

太史的官阶是下大夫，与太祝、太卜的地位相同。他的职掌大致如下：

太史掌建邦之六典，以逆邦国之治，掌法以逆官府之治，掌则以逆都鄙之治。凡辨法者考焉，不信者刑之。

正岁年以序事，颁之于官府及都鄙，颁告朔于邦国。闰月，诏王居门终月。

大祭祀与执事卜日，戒及宿之日，与群执事读礼书而协事。祭之日，执书以次位常，辨事者考焉，不信者诛之。

> 大会同朝觐,以书协礼事,及将币之日,执书以诏王。
>
> 大师抱天时与大师同车;大迁国,抱法以前;大丧,执法
> 以莅劝防;遣之日,读诔。凡丧事考焉。小丧、赐谥。凡射
> 事,饰中,舍筭,执其礼事。(《周礼·春官宗伯》)

从以上的记载看来,太史掌管一部分法律的工作,但主要职责是掌管天文,颁布历法,掌管祭礼等大典以及诸侯朝见的礼节,赐给诸侯的谥号等等。

小史是大史的助手,职位是中士,比大史的地位低。

柱下史,是周王的左右史官。据《甘石星经》:

> 柱下史(按:星座名)在北辰东,主左右史,记过事也。

《甘石星经》经常以人事比附天上星座,由此可以想见春秋时柱下史的职责和地位。《汉书·王莽传》:

> 置柱下五史,秩为御史。

王莽是一位信古专家,柱下史的职责和地位应当和周朝差不多的。秦仍周制,也有柱下史。(按:《史记·张苍传》,苍曾为秦柱下史。)

《周礼》一书,后人疑为伪造,王莽时才正式列为国家的教科书之一。今天看来,《周礼》一书有些内容是后人羼入的,但不是伪书,其中保存了许多古代奴隶主贵族的礼制的特点。比如宫中和外廷都由太宰管理,天子对生产的直接领导,农、牧、渔等生产分工之细,巫、史、卜、祝的并用和并重,生产与战斗的统一,井田制的赋税制度等等,都反映了古代周制的特点。后来有许多怀疑《周礼》的人,往往以今拟古,以为伪书。他们的根据是不充分的。

《国语·周语》也说"瞽献典,史献书",又说"瞽史教诲"。韦注:"瞽、乐太师,史、太史也,掌阴阳天时礼法之书以相教诲者。"

> 古者太史顺时覛土,阳瘅愤盈、土气震发,农祥晨正,日月底于天庙,土乃脉发。先时九日,太史告稷曰,自今至于初吉,阳气俱蒸,土膏其动,弗震弗渝,脉其满眚,谷乃不殖。稷以告王曰:史帅阳官,以命我司事曰:距今九日,土其俱动,王其只祓,监农不易……(《国语·周语》)

《国语·周语》下,单子谓鲁成公曰:"吾非瞽史,焉知天道。"(韦注:"瞽乐太师掌知音乐风气,执同律以听军声而诏吉凶;史太史掌抱天时与太师同车,皆知天道也"。)

又《周礼·春官宗伯》:"大史下大夫二人,上士四人,小史中士八人,下士十有六人。"贾公彦疏:"大史知天道,虽下大夫,得与内史中大夫为长。"

史官都有一定的天文、历法、星象运行的知识。如果天象出现了一些"变异",他们(史、卜等)要负责解释、说明。春秋时的史官如史苏、史赵、史墨、史龟、史嚚、内史叔服等都是较为著名的,还有许多不任史职,也负责一些史、卜、祝的工作的。

老子既然是史官,也必具备这样的知识。老子反对礼法、反对仁义,正是由于他亲身经历到周王室及奴隶主贵族的虚伪、腐朽和没落而引起的抗议。他诅咒"礼者,忠信之薄而乱之首也"。古代的史和卜又都是些自作聪明的预言家,老子以他亲身的体会说:"前识者道之华而愚之始。"他把那些预言家挖苦得一钱不值,正是由于他懂得其中的底细。

老子的哲学的唯物主义思想体系,还在争论中,《老子》书中唯物主义观点和当时的天文学的关系却至为明显。

为了叙述的方便,先从老子书中经常被忽略的一个问题说起:

> 知其雄守其雌,为天下溪。为天下溪,常德不离,复归于婴儿。知其白守其黑,为天下式。为天下式,常德不忒,

> 复归于无极。知其荣守其辱，为天下谷。为天下谷，常德乃足，复归于朴。(二十八章)

在这一章，从上下文看，"为天下溪""为天下谷"的溪和谷都是指的东西。旧注都以"式"为"模式""楷式""法式"。现代的《老子》注释者觉得为"天下式"句与"溪""谷"不类，认为后人之所加，因而主张把这一句删去。其实这一句没有错。

清惠士奇《礼说》中说：太史主抱式，引郑注"王大出师，大史抱天时与太师同车"，"太史主抱式以知天时，处吉凶"。

现在我们进一步问，太史抱的"式"是什么东西呢？《史记·日者列传》：

> 今夫卜者，必法天地、象四时……分策定卦，旋式正棋，然后言天地之利害、事之成败。

《史记·龟策列传》：

> 平运式，定日月，分衡度，视吉凶。

扬雄的《太玄》中有：

> 戴神墨，履灵式。

这里所讲的"式"，是用可以旋转的两块木板，中间有轴，上面一块木板圆形，像天；下面一块木板方形，像地。上下两块木板上分别刻着天干、地支。《汉书·王莽传》记载王莽在自杀前还使"天文郎案栻于前"。颜师古注："栻所以占时日。""式"的写法先秦作"式"，汉代作"栻"，广雅从木，作栻。后来的算卦摊上还有这种器具。

《老子》书中的"为天下式"，乃是说为了使是非、吉凶的判断准确无误，甘心当太史用的式，才可以"常德不忒(不发生差错)。我在前几年曾把"式"释作车的轼(《老子今译》22 页注)，不妥；汉唐以来的《老子》的注释者都毫无例外地解作法式，与原意相去更远；近人怀疑"为天下式"与上下文不相类，主张删去，似乎也欠客观。

《老子》书中所讲的"式"就是当时太史用来占天文的工具，从他运用的例子、术语，还可以看出太史抱式的痕迹。《老子》书中还说：

> 曲则全，枉则直，洼则盈，敝则新，少则得，多则惑。是
> 以圣人抱一为天下式。（二十二章）

这一章也是说如果能找到了道（一），就可以像史官抱式，"定日月，分衡度"那样明确地处理世界上许多纷乱复杂的现象而不致迷惑。抱一为天下式，所抱的是道（而不是式），这已和抱式的太史有所区别。《老子》书中还说：

> 以智治国，国之贼；不以智治国，国之福。知此两者亦
> 稽式。（六十五章）

老子认为用他这两条标准（以智治国和不以智治国）来衡量一国的政治，就像用"式"去考察日月那样容易、简单。

天文学的研究，一方面靠观测，一方面靠计算。春秋后期的天文学的计算方法比过去进了一步，像日食、朔望的测算，历法的精确，都是天文学发展的证明，所以老子说"不窥牖，见天道"（四十七章）。当时的天文学的成就已可以完全通过计算推知星辰运行的规律，不必趴着窗洞看星辰就会知道日月星辰的运行的度数。这和孟子的"千岁之日至可坐而致"（《孟子·离娄》下）的说法有一致的地方。老子用这种办法推算星辰运行的躔度，本来没有什么不可以，但老子不适当地滥用这一天文学计算的方法，并把它当作一般认识的方法，说"不出户，知天下"，势必走向唯心主义的泥坑，这就错了。

《老子》书中还说"天门开阖，能为雌乎"（十章），也是说人对待自然只能顺从它（雌即有顺、驯的意义），不能违抗它。下文接着说，"生而不有，为而不恃，长而不宰"，固然说的是"道"，却

不难看出"道"的这些特点从天道运行引申出来的迹象。至于《老子》第二十五章：

> 有物混成,先天地生。寂兮寥兮,独立不改,周行而不
> 殆,可以为天下母。吾不知其名,字之曰道,强为之名曰大。
> 大曰逝,逝曰远,远曰反。

这里所说的"独立不改,周行而不殆",显然是从"天道"的运行联系到"道"。"独立"(不以人的意志为转移)、"周行"(黄道、赤道上星辰的运行)都表明他从星辰的运行讲到道的运行的。下文的"大曰逝,逝曰远,远曰反",更和天上星辰运行有关系了。春秋时代所用的岁星纪年法,约十二年一度移"次",天上其他星辰的出没的轨道,一般说来总是高远的,有时消逝,到了一定的时期又回到原来状态的。当然,老子讲的是"道",是老子的哲学,不是讲的天文学,也不是讲的岁星和天象,但老子从天体运行的有规律可循,周而复始、不以人的意志为转移这些特点对"道"做了种种描绘,不能不使人想到当时的天文学,对一个像老子这样的史官出身的思想家所起的影响。

也许有人可以说,《老子》书中这些现象只能用来说明老子的哲学词句曾借助于春秋时期的天文学知识,但老子的唯物主义思想是否也受了天文学的影响呢？这一疑问不难答复。上文举出的许多例子都可以证明老子的哲学的基本观念——道——是从"天道"发展来的。老子用当时天文学的知识对宇宙的奥秘进行了探索,根据天文学的知识(当时科学成就)以反对有人格的上帝支配一切,这是春秋时期唯物主义哲学的主要使命。这一使命老子完成得很好。只有掌握了当时足够的天文学知识,才会有效地说明天变不足畏,天道不神秘,有客观规律可循。也只有具备了一定的天文学知识,才会使人相信天不能对人类降祸、降福(天地不仁)。有了天文学的知识,就能有效地说明天象

的变化、天道的运行有周期,有规律,是客观存在的,它不以人的意志为转移。天文学的知识开阔了人类的眼界,人们开始懂得一个人的人生是短促的,宇宙的存在是无穷的。客观世界存在在先,人及万物发生在后,这样得出唯物主义的结论就不会是偶然的了。《老子》的"道"(宇宙最后物质实体)是无限的,连头上的青天,脚下的土地也是有限的,所以《老子》说:

　　天地尚不能久,而况于人乎?(二十三章)

天地虽大,在老子看来也有成毁,如"无名天地之始"(一章)就是说天地也有开始,开始于无名(道)。又说:

　　玄牝之门,是谓天地根。(六章)

天地有它出生的地方(玄牝)。天地的存在是有条件的,不是无条件的:

　　天得一以清,地得一以宁。(三十九章)

　　关于事物运动变化的一般规律,在《老子》书中也充分表现出和天文学知识相联系的迹象。如:

　　反者道之动。(四十章)

　　万物并作,吾以观复,夫物芸芸,各复归其根。(十六章)

　　孔德之容,唯道是从。(二十一章)

这些光辉的辩证法思想都和自然界的昼夜、寒暑、四季的代换、寒暑的往来有关系。星辰及其他事物都不可避免地要过渡到它的反面,又从反面回到原来的出发点。老子认为一切事物都变化,就像天道的变化一样。变化的方式是循环往复,周期性的,永远如此的。事物都变,但事物变化的这一总规律却是永恒不变的。老子把"道"也叫作"常"。

　　天道既然如此,人类的行动也应当以天道为范本,模仿天道,就不会犯错误。老子承认自然界的客观存在和它自己运动的规律,人们不能违反它,但老子却由此得出结论,认为人对自然界只能屈从,不能对自然界进行改造,因而成了自然界的俘虏。

本来是真理,如果不适当地把它夸大,也会变成荒谬。天文学是自然科学中的一个部门,研究天体运动的矛盾发展规律,是它的对象和范围。超出了这个范围,把天体运动的矛盾发展的规律强加到社会现象上去,用来作为指导生活的原则,那就会陷于错误。正如机械力学用于物理学是可以的,如果用来说明世界,作为世界观,就是机械论,就变成了不科学的学说了。

老子"道"的基本概念的形成,如上文所述,确实吸取了当时的天文学的科学成就,充实了他的唯物主义。由于他有了一定的科学根据,才有效地向当时束缚人心的"上帝"进行斗争,这是好的,也是对的。没有春秋的天文学,很难设想会有老子的唯物主义。但老子把天道的规律(当时天文学的知识)和"道"(世界存在、发展的总规律)有时混同起来,这就给他带来始料所不及的困难。《老子》书中,这种含混不清的地方很多,如:

> 天之道不争而善胜,不言而善应,不召而自来,繟然而善谋。天网恢恢,疏而不失。(七十三章)

> 天之道其犹张弓欤?高者抑之,下者举之,有余者损之,不足者补之。天之道损有余而补不足,人之道则不然。(七十七章)

> 天道无亲,常与善人。(七十九章)

> 天之道利而不害,圣人之道,为而不争。(八十一章)

像这些地方,显然把当时天文学的规律和哲学上的问题不自觉地混为一谈了。

又由于春秋时期的天文学虽较春秋以前的天文学有了很大的发展,但没有摆脱占星术的影响。天象的变化和人世的吉凶还没完全割断联系（老子已讲到"天地不仁"是正确的），所以唯物主义的老子，反对上帝决定人类的命运，但还不免冒出"天道无亲，常与善人"这样的话来。如果明白了春秋时代天文学的发展状况，像老子这些错误倒是容易理解的。当时的史官（职业的天文学家）的科学水平只能达到这样的高度。

附记：本文的看法和我过去所发表的关于老子的哲学思想的看法是一贯的。我认为老子即春秋时老聃。如果有人认为老子生于战国，或者认为老子这个人根本不存在，《老子》一书为秦汉时期的著作，那末结论可能另是一样。即使如此，指出《老子》书中某些思想和春秋时代天文学有某些联系，或受到天文学的某些启发，似乎还有考虑的价值。稿已写成数年，放置箧中，因涉及一些近似繁琐考证，我在论老子文章中没有谈到这些老子思想和当时天文学的具体联系。现在为了更好地说明老子的唯物主义和当时科学的关系，特发表在这里，供参考，请教正。

唯物主义的王夫之为什么
反对唯物主义的老子?*

　　按照哲学史发展的一般情况,唯物主义继承唯物主义,反对唯心主义;唯心主义继承唯心主义,反对唯物主义。拿先秦两汉的哲学史看,韩非和王充两个唯物主义哲学家都继承了先秦的唯物主义者老子,而反对唯心主义的孔子、孟子。王夫之是明末清初的最重要的唯物主义哲学家,他经常批评释老(释是佛教,老即老子)。唯物主义者老子遭到另一个唯物主义者的严厉的批判,这一现象很值得研究。老子是唯物主义者还是唯心主义者,目前学术界还有不同的看法,王夫之是唯物主义者,则已有定论。如果王夫之所指摘的老子的哲学的"错误"查明属实,说老子的哲学是唯物主义,就站不住脚。本文企图对这一现象做初步的考察。

哲学史上唯物主义与唯心主义的斗争

　　从来没有过、将来也不会有,既非唯物又非唯心主义的"哲

　　* 原载《光明日报》1962 年 12 月 21 日。

学"。唯物主义与唯心主义的斗争贯串着全部的哲学史。双方的壁垒是分明的。但是，哲学史上的唯物主义与唯心主义的具体斗争则是错综复杂的。不成问题，哲学史即唯物主义向唯心主义斗争中，不断壮大发展的历史。与此相联系，也是辩证法思想战胜形而上学的历史。但斗争的每一个战役，要比设想的情况复杂得多，它不止是唯物主义与唯心主义互相反对这一种现象。如果只有唯物主义者反对唯心主义者，唯心主义者反对唯物主义者，问题就简单多了。我们只要把斗争的一方的思想体系的性质分析清楚，它的斗争的对方即可推而知之。甲反对乙，甲是唯物主义，乙必是唯心主义。历史的实际果真这样，哲学史也就不成其为训练思维能力的科学了。

以中国哲学史为例。我们除了看到唯物主义与唯心主义互相战斗以外，唯心主义者之间也有相当激烈的争吵。宋朝有朱陆之争，明朝有王守仁反对朱熹学派的斗争，清朝又有朱熹学派的喽啰们（如张伯行、陆稼书等人）反对陆王的斗争。思想领域内的斗争和阶级斗争有十分相似之处。阶级斗争，是统治的剥削阶级与被剥削的劳动人民的斗争。但也有统治阶级的内部矛盾发展为对抗性的矛盾。古代宫廷政变，弑父弑君，如曹魏与汉、司马氏与曹魏的矛盾都属于此类。也有同属被压迫的起义农民，在政治路线模糊、觉悟不高的情况下，因偶然事件引起火并的现象也是有的。像朱元璋的起义军未变质以前，一方面打元朝统治者，同时也吞并其他的农民起义军。李自成和张献忠两支农民起义军，也曾有过矛盾。历史事件是十分复杂的，思想斗争更是十分曲折、细致的。从王夫之反对老子这一历史现象中，我们可以获得不少的教益。

王夫之和老子的阶级立场不同

王夫之的著作中经常高举反对"二氏"的大旗。王夫之的反对佛教这里不谈,现在只谈他反对老子的问题。

王夫之是以继承孔孟的道统自任的。对孔孟以外的学派,他一概敌视。他对古人或当代人,有许多评论,今天看来是有相当深的阶级偏见的。历史证明申不害、韩非是进步的思想家,对王安石的政治改革,李贽的批判假道学,历史也肯定了他们的成绩和贡献,王夫之对他们都给以否定的评价。明末农民起义,推翻腐败残暴的朱家王朝统治,完全是革命的仁义之师,而王夫之斥为"乱臣贼子",誓死抗拒。这些都表明王夫之的正统观念和封建地主阶级的立场是十分顽固的。如果用他这样的政治标准来看老子的哲学,他必然会反对老子。因为老子的政治主张与孔孟有根本的差别。老子主张"小国寡民"的理想社会,反对剥削阶级用来欺骗人民的礼乐教化,说"礼者忠信之薄而乱之首",王夫之则相信"文之礼乐以建中和之极"的孔孟的政治原则。老子主张无为,使民自正、自化、自富、自朴,王夫之则主张以仁义为本,严君臣上下之序。老子反对剥削,孔孟则主张适当缓和剥削的程度。除了上述政治观点的分歧外,在文化观点方面,老子与孔孟的观点也是对立的。老子主张反朴抱素,回到自然,向自然学习;王夫之则认为朴素是倒退的、落后的。文化教育只能加强,不能减弱。

老子的政治观点,反映了春秋末期小私有者的阶级要求。这种思想在当时曾与新兴地主阶级的思想配合,共同打击了没落奴隶主阶级的统治思想。它不但不能说成反动的,而且应当认为是进步的。

　　同一个学说，时代变了，学说所起的社会作用也会发生变化。明末清初王夫之生活的时代，民族矛盾占着主要地位，老子这些无为而治，回到自然、贵柔、守雌、不敢为天下先的主张，对于当时团结广大人民抵抗清贵族的种族压迫，显然无用而有害。王夫之亲身经历了当时"地坼天乖"（王船山悼明桂王有《长相思》词二首。其一有云"长相思，永离别，地坼天乖清泪竭……"）的大震动。痛定思痛，他总结了明代亡国的经验。他认为明代亡国，一是由于农民起义，一是由于民族的危机。农民起义破坏了纲常名教。释老二氏讲空、讲无为的学说影响了一些知识分子，使他们对纲常名教不去积极维护。及至"天下大乱"，"四海分崩"，一些士大夫又采取了超然事外、明哲保身的态度，不肯积极参加政治，以致国家的危机益发不可挽救。民族危机，是不辨夷夏之防所招致的，而不辨夷夏之防，又是释老二氏讲空、说无的后果。因此，王夫之对于崇尚"空""无"的学术流派一律痛加驳斥，不遗余力。老子的哲学是讲无的，也是讲明哲保身的。老子当时教人远离奴隶主贵族统治集团，当时不失为进步思想。而在明末，民族矛盾加深的时候，"明哲保身"势必成为逃避保卫民族的责任、无视国家安危的借口。王船山反对释、老，从他当时的历史条件出发，完全是可以理解的。

　　王夫之在《老子衍》序中指出老子的哲学有三大缺点（瑕疵）：

　　　　天下之言道者，激俗而故反之，则不公；偶见而乐持之，
　　则不经；凿慧而数（按：数疑为敫之误）扬之，则不祥。三者
　　之失，老子兼之矣。

他认为老子哲学的第一个缺点是片面性（不公），老子为了反对世俗见解，矫枉过正，以片面性对片面性（激俗而故反之），所以不公，老子对真理偶有所见，而洋洋得意，所以"不经"；老子把他

的哲学过分穿凿地宣扬,将会给社会带来不幸后果(不祥)。王夫之对老子的哲学有所肯定,只是老子把他的哲学片面夸大了,才有害。他认为在特定的历史时期,老子之学还不失为一种治天下的方术。他接着说:

> 世移道丧,覆败接武,守文而流伪窃;昧几而为祸先。治天下者生事扰民以自敝,取天下者力竭智尽而敝其民。使测老子之几以俊其自复,则有瘳也。文、景踵起而迄升平,张子房、孙仲和异尚而远危殆,用是物也。较之释氏之荒远苛酷,究于离披缠棘,轻物理于一掷,而仅取欢于光怪者,岂不贤乎? 司马迁曰:老聃无为自化,清净自正,近之矣。(《老子衍》序)

王夫之看来,老子"于圣道所谓文之礼乐以建中和之极者,未足以与其深也"。是有所见,而深度不够。他要"入其垒,袭其辎,暴其恃而见其瑕"。老子哲学之垒(体系)中,还是有"辎"可袭,有"恃"可暴,可见老子的哲学不是一座空营寨。

王夫之批判老子的哲学根据

王夫之主要从两方面对老子进行了批判。第一,王夫之反对老子的"无"能生"有",第二,王夫之反对老子的"道"在"物"先。王夫之对老子的批判,作为王夫之自己的哲学观点来看,无疑是深刻的;作为对老子哲学的批判则是不全面的,有的地方也是失之于不公的。

现在先看王夫之如何反对"无"能生"有"的问题。

无中生有,这是说世界的起源不源于物质而是源于空无。这是唯心主义的观点。王夫之反对当时广泛流行的佛教哲学、主观唯心主义的陆王之学,以及当时的客观唯心主义的程朱之学,因而坚决反对无中生有的学说。陆王的主观唯心主义认为天地万物皆由心造,本来空寂。没有人的良知,天地万物即不存在。这是有生于无的观点。佛教也讲世界虚幻,本来空寂。王夫之说:"浮屠谓真空常寂之圆成实性,止一光明藏,而地水火风根尘等皆由妄现"(《正蒙·太和》篇注)。王夫之指出:世界是物质性的,是"有"而不是"无"。他说:

> 无形非无形也,人之目力穷于微,遂见为无也。(《正蒙·太和》篇注)

> 人之所见为太虚者,气也,非虚也。虚涵气,气充虚。无有所谓无者。(同上)

这是说,事物由太虚中和之气生,但太虚中和之气不是空无,而是实有的物质,物不能从无到有;事物变坏、消散,也不能认为物质消灭。他说:

> 车薪之火,一烈已尽,而为焰、为烟、为烬、木者仍归木,水者仍归水,土者仍归土,特希微而人不见尔。(同上)

这是说事物不能从有到无。他坚持了物质永存,不会消灭的唯物主义立场。王夫之这一见解,比他过去的一切唯物主义者所论证的物质不会消灭,在理论上更加完善了。不只用臆测,也有一些实测的因素(如一"车之薪……")。

但王夫之对老子的"有"生于"无"的批判则是不正确的。老子的"无"不是空无,不是"无有",不是"零"。老子的"无",也称为"无名",也叫作"朴",也叫作"一",也叫作"道"。老子在春秋末期,为了反对上帝创造万物、决定人类命运的宗教迷信思想,他提出了"道"来打倒上帝。老子说道(细微的物质)不是肉眼可以看得见的,也不是用手可以摸得到的,它对身体的感觉器官来说,它是无形无象的,它相当于王夫之所同意的张载所描述的"太和""太虚":"自其气之冲微而未凝者,则阴阳皆不可见",

"纲缊太和之真体,非目力所及,不可得而见也"(《正蒙·太和》篇)。从老子到张载再到王夫之,唯物主义经过了长期的发展过程。在理论上越往后来越趋于完备。老子的"无"不是空无(详《老子哲学讨论集》,第18—24页)。王夫之用无不能生有,反对佛教寂灭之说,是正确的,他指出佛教"谓太虚之中本无一物,而气从幻起以成诸恶,为障碍真如之根本……妄欲销陨世界以为大涅槃,彼亦乌能销陨之哉! 徒有妄想以惑世诬民而已。"(《正蒙·神化》篇注)

王夫之主张无不能生有,有不能复销陨为无,这是唯物主义的观点。当他用这一原则驳斥佛教唯心主义,驳斥魏晋以后被王弼学派所曲解了的老子,是正确的。王弼的哲学正是以观念性的"无"作为本体,当作万物的根源的。但用来驳斥老子的"无"生"有"的说法,是不对题的。老子的"天地万物生于有,有生于无",只是说有形的东西的本原是从肉眼看不见的混沌的元气产生的。

现在有些人从列宁给物质的定义来论证老子的哲学不是唯物主义的。列宁说:"物质的唯一'特性'就是:它是客观实在,它存在于我们的意识之外。"[1]列宁还对"物质"做出了科学的论断说:"物质是标志客观实在的哲学范畴,这种客观实在是人感觉到的,它不依赖于我们的感觉而存在,为我们的感觉所复写、摄影、反映。"[2]这里列宁是说物质是独立存在的,就认识论来说,是人类认识的源泉,是作用于人们的感觉器官而引起人们的感觉的实在的东西,它为感觉所反映。但不能把列宁的指示理解为:凡是物质的必须是耳目身体所能直接感受得到的,更不能理解

---

[1] 列宁:《唯物主义和经验批判主义》,人民出版社,1960年版,第261页。
[2] 同上书,第120—121页。

为,只有被感到的才是物质。因为人的感觉器官所能感受的范围是有限的。比如耳朵的听觉只能感受一定振动频率范围内的声波;眼睛的视觉只能感受一定波长范围内的光波。而听觉、视觉接受限度以外运动着的物质仍然客观地存在着。不能说,没有被耳或眼直接感知,它就不存在。今天人们可以借助于科学仪器以扩大感觉接受的领域。即使如此,人类感觉毕竟有它的限度。我们只能遵循列宁的指示:"物质……指的只是不依赖于人的意识并且为人的意识所反映的客观实在,而不是任何别的东西。"①

肉眼不能直接看见和不存在是两个不同的概念。对于老子讲的"无""无名",用不着担心,主要看老子的"无""无名"指的是什么。现代资产阶级唯心主义某些学派就是把耳闻目见的有限范围说成客观世界存在的范围,他们说"经验"以外的不存在,从而企图否认世界的物质性。

我国古代的唯物主义,先是主张某种具体的元素产生天地万物,《管子》说"水"是万物的根源,也有说五行的,也有说阴阳二气的。后来,发现用个别的具体的物质说明万物的起源在理论上有困难。比如说,主张水是万物的起源的,怎么解释"火"也是从水产生的呢?用一种特殊的物质怎能说明万物多种特性的总根源呢?因此,素朴唯物主义者进一步有了提高,老子用更原始的物质来说明世界万物的成因,"无""无名""朴""道"在老子的哲学体系内都是同义词(在不同的情形下,意义有所侧重),"道""无"它的共同的特点是肉眼看不见,而且不仅仅具有某一种特殊物质的属性的。

从用看得见的某一种物质作为世界的起源说到用肉眼看不

---

① 列宁:《唯物主义和经验批判主义》,人民出版社,1960 年版,第 261 页。

见的一种更具有普遍性质的物质作为世界的起源说,这是朴素
唯物主义的进一步的发展。无论中外哲学史都是走的这样的道
路,(希腊古代从泰利斯的水是万物的根源,到德谟克利特的原
子论,与我国老子以前的唯物主义发展阶段相当。)这也是符合
人类思维规律的。从看得见的某种特殊物质的世界起源说到看
不见的"无""无名"的世界起源说,是唯物主义的进步和提高。
不但不应批判,反而应当表扬。现代唯心主义者,又利用人"看
得见"作为物质存在的根据,用"看不见"作为物质消灭的借口,
恰恰是用来反对唯物主义的。我们必须对列宁的指示作正确的
了解。如果说,只有直接耳可以闻、目可以见的才算物质,那是
违背了列宁的科学的指示的,那和马赫主义、实用主义的界限就
划不清了。

现在再看王夫之如何反对老子的"道在物先"的问题的。

客观唯心主义者硬说个别事物的产生,是由于先有这个事
物的规律(理),天地万物的产生则是由于先有天地万物的总规
律(道,或太极)。他们把物质世界的根源建立在永恒不变的、超
物质的精神实体的基础上。王夫之对于这种头脚倒置的唯心主
义观点给以有力的驳斥。他关于道与器的论证说:

天下唯器而已矣。道者器之道,器者不可谓之道之器
也……苟有其器矣,岂患无道哉?(《周易外传》卷五)

又说:

天下无象外之道何也? 有外则相与为两,即甚亲而亦
如父之与子也。无外则相与为一。虽有异名,而亦若耳目
之于聪明也。(《周易外传》卷六)

然则象外无道,欲详道而略象,奚可哉? (同上)

王夫之一再申述辨明器(具体事物)和道(事物的规律)的关系,
必须首先分清楚哪是第一性的,哪是第二性的。他认为这是真

258

理与谬误的分野。只有把"器"放在第一性的地位,才能正确地理解事物和它的规律的关系。现象(象)和它们的规律(道)的关系,也是把"象"放在第一性的地位,道是第二性的,道只能是现象的道。不能反过来说,器和象是道派生的。王夫之坚持了唯物主义原则,打击了客观唯心主义虚构的所谓超于万物(器、象)之上的本体学说。

鸦片战争以前,我国唯物主义一直是朴素唯物主义阶段,它肯定世界物质统一性,还没有摆脱感性直观或臆测的成分,还缺乏近代科学的论证。由于我国封建社会发展得比较完全而典型,它的朴素唯物主义也发展得比较完备。根据经典作家的原则指示,斟酌中国哲学史的实际状况,试把我国朴素唯物主义初步分为四个阶段,各个阶段又有它独自的形态。

第一阶段,暂时称它为"元素论的朴素唯物主义"。它的特点是用现实世界上一种或几种特殊的物质元素,如"水""五行"以说明世界的构成,用这种学说以打击上帝创造世界的宗教迷信思想。这种形态的朴素唯物主义出现在春秋以前。这是朴素唯物主义形态中的最低级阶段的唯物主义。

第二阶段,暂时称它为"原子论的朴素唯物主义"。它用比较具有普遍性的物质说明世界的构成,如老子的道的学说;宋、尹的气的学说,都属于这一形态,它相当于古代希腊原子论的发展阶段,它的基本精神也类似古代希腊的原子论。比起"元素论",它是较高级的朴素唯物主义,它出现在春秋中叶到战国末,荀子、韩非等哲学流派都属于这一形态的朴素唯物主义。

第三阶段,暂时称它为"自然论的朴素唯物主义"。它主要锋芒在于驳斥两汉宗教神学的目的论和后来佛教的因果报应论的迷信思想。以王充及范缜为这一阶段唯物主义的代表人物。王充的自然论偏重于命定论,范缜的自然论偏重于偶然论。这一阶段包括的历史时期从汉到唐。

第四阶段,暂时称它为"本体论的朴素唯物主义"。它的主要锋芒在于打击宋明以来的理学客观唯心主义。宋明以后,唯心主义哲学在唯物主义的攻击下,抛弃了粗糙的宗教形式,开始以精致的形式(即哲学唯心主义)出现。唯心主义流派继承了魏晋的唯心主义,认为现实世界不是最真实的,在现实世界"之上""之后"还有一个更根本的理念世界作为现实世界的基础。这个理念世界被称为"太极""理""道"。这一派以周敦颐、二程、朱熹为代表。与此种唯心主义针锋相对的唯物主义,即本体论的朴素唯物主义。张载、王夫之、戴震是它们的代表人物。这一历史时期是由北宋到鸦片战争前。鸦片战争以后,由于西方资产阶级哲学在中国的影响,也有了庸俗进化论与机械唯物主义,但由于中国资产阶级的软弱,没有能够形成自己的机械唯物主义哲学体系。以上是马克思主义传入中国以前,我国唯物主义发展的基本情况。

我国朴素唯物主义与西方哲学史的朴素唯物主义不同。西欧的朴素唯物主义以原子论为最高峰;西欧中世纪封建社会的历史条件使他们的朴素唯物主义发展受到限制,缺少像我国朴素唯物主义的第三和第四阶段。由于我国的朴素唯物主义是以封建社会的生产关系为基础的,它还处在近代资本主义社会的前期,它毕竟只能是臆测的、直观的,没有超出阴阳五行的旧框子,它们一直以"气"为世界的物质基础。

王夫之的道器说,是中国朴素唯物主义发展的第四个阶段中,对程朱学派的理在气先的唯心主义有力的驳斥。他在驳斥唯心主义的斗争中,把中国朴素唯物主义提高到世界上朴素唯物主义的最高水平。王夫之说:

> 道者,物所众著而共由者也。物之所著,惟其有可见之

实也。物之所由,惟其有可循之恒也。既盈两间而无不可
见,盈两间而无不可循。故盈两间皆道也,可见者其象也,
可循者其形也。出乎象,入乎形;出乎形,入乎象。两间皆
形象,则两间皆阴阳也。两间皆阴阳,两间皆道。夫谁留余
地以授之虚而使游,谁复为大圆者以函之而转之乎? 其际
无间,不可以游;其外无涯,不可以函。(《周易外传》卷五)

王夫之反复中明,规律不能离开有形有象的具体事物,充满了天
地之间(两间)的都是有形有象的事物,没有超于有形有象的事
物之上、之外、之后还有所谓孤零零的道,也没有有形有象的世
界之外还有一个无的空虚世界。王夫之反对有所谓先天存在的
理念世界,也反对老子的道先天地生的命题。老子说:"有物混
成先天地生",王夫之对此提出诘难:

夫道之生天地者,则即天地之体道者是已。故天体道
以为行,则健而乾;地体道以为势,则顺而坤;无有先之者
矣。(《周易外传》卷一)

又说:

道者,天地精粹之用,与天地并行,而未有先后者也。
使先天地以生,则有有道而无天地之日矣。彼(按:"彼"即
道)何寓哉? (同上)

照王夫之看来,唯物主义的立场不能承认有一个先于任何事物
的道作为万物的起点。这样的"道",如果说它是物质的,但又不
具有现实物质世界中任何一种物质的特点,它到底是什么性质
的物质呢? 如果说它什么性质也不具备,这样没有性质的物质
只能是"无"(不存在)而不能是有。王夫之又进一步诘难说,如
果说,老子的道先于天地万物而存在,在天地万物存在之先,就
有一个超然独立的道,这个脱离物质的道,只能是精神性的,实
际上并不存在,又回到第一个问题,"有"生于"无"了。所以王夫

之提出,没有天地万物之前,道存在什么地方(彼何寓哉)?

王夫之认为脱离了个别的一般,事实上是不存在的,一般只能寓于个别之中。这也是唯物主义的基本观点。道在天地之先,不但理论上说不通,实际上也不可能。他用人身体的生存来作比喻:

> 今夫水谷之化为清浊之气以育荣卫,其化也合同,其分也纤悉,不然则病。道有留滞于阴阳未判之先而混成者,则道病矣,而恶乎其生天地也?(《周易外传》卷一)

这分明是反对老子的"有物混成,先天地生"的观点的。

王夫之这种见解,作为他自己的哲学见解是卓越的,但用它来反对老子的道生天地之说仍然是有问题的。因为老子的"道"即混沌状态的物质。如果要指出"道"或"无"的性质,它的性质就是混沌。而且老子指出,天地也是物质的。春秋以前,"天"一向被宗教家说成神或上帝,老子把它还原为与大地相对待的天空。老子说天地有开始,不能认为是错误的,天地本来是万物中的一物。只有那些说宇宙有开始才是唯心主义的。天地既然是物质性的东西,它必然由于气的聚散而有成有毁。从老子的唯物主义体系,论证未有天地之前已有物质性的道(混沌未分的元气),这是我国古代朴素唯物主义传统的见解,在理论上没有错误。

老子在中国哲学史上的贡献正在于他提出道生天地、道在万物之先的唯物主义命题以反对上帝在万物之先,上帝创造万物的宗教唯心主义观点。老子的时代与王夫之的时代相差一两千年,唯物主义的老子所反对的是春秋末期的宗教唯心主义上帝创造世界说。老子抬出了道,打击有人格的上帝的权威,理论是粗糙了些。但是这种粗糙的唯物主义与当时比较粗糙的唯心主义作战时,它还是最锐利的武器。因为在朴素唯物主义的第一和第二阶段,所争论的问题是:世界是怎么构成的,是由什么构成的问题。是上帝还是世界自己? 是神,还是物质? 老子对当时的哲学界争论的问题,做出了卓越的唯物主义的解答,对于人类的认识起了积极作用,这是无可否认的。

王夫之面临的哲学问题,已不再是春秋末期,人类幼年时期那末天真的问题了,他面临的是比较精致的唯心主义:有陆王的主观唯心主义;有程朱的客观唯心主义。他要回答有没有器外之道,物外之理;有没有超于万物之上的太极? 他还要回答的是人们能不能通过事物的现象以认识事物的本质? 规律在事物之中还是在事物之上;"个别"在"一般"之中,还是在"一般"之外? 也就是说,用老子那样的早期的朴素唯物主义已打不倒后来的比较精致的唯心主义了。王夫之对老子哲学的批判,不是两条路线的斗争,而应当看作是后期的朴素唯物主义对前一时期朴素唯物主义的缺点的指摘。

从王夫之对老子哲学的批判中
我们吸取哪些经验教训?

第一,王夫之对老子的批判,既有阶级成见,也有认识上的局限。对于这一点,王夫之自己是无法理解的。王夫之没有把老子和经过王弼篡改歪曲了的老子加以区别。王夫之所指出的老子哲学的瑕疵,作为王夫之自己的学说看,是有道理的。但不能当真看作老子的瑕疵。正如孟子讲井田,当作孟子的社会思想考察,是有价值的,当作西周的井田,就不可信了。

第二,研究历史现象要有历史主义观点。老子的"无"能生"有","道"在物先,在当时的思想斗争中是最犀利的武器,老子的"道"的理论也是当时朴素唯物主义的最高形态——"原子论的朴素唯物主义"。王夫之的朴素唯物主义已达到了"本体论的朴素唯物主义"阶段。从王夫之的理论水平回顾老子的唯物主义,当然会发现它有这样那样的缺点。正如今天以我国现代人与周口店北京猿人相比,从生活方式到肢体结构都相差很远,北京猿人有显著的某些接近猿类的特征。但是科学已完全证明北京猿人是人类而不是猿类。与此相仿,我们今天回顾古代的唯物主义,尽管它们有这样那样的缺点,甚至某些理论上的不够完善,给唯心主义留下了可乘之隙。但是,由于它承认物质第一性、精神第二性,用自然界本身的原因说明世界,它只能是唯物主义而不是唯心主义。王夫之以他当时的唯物主义理论水平要求老子,显然是不适当的。如果我们不用历史主义的态度,用现在辩证唯物主义的科学标准来要求王夫之,首先就可以对王夫之所坚信的阴阳五行之气的"元气"概念提出责难。因为,阴阳五行之气,即使王夫之说是真实的,现代科学只能证明这种气根本不存在。我们要防止以今人的理解要求古人。今天用老子的道不足以反击宋明理学家的唯心主义;用王夫之的唯物主义反击有现代科学武装的唯心主义也显然是不够的。王夫之对待老子的哲学的非历史主义的态度,造成他的判断的失误,可为治史者借鉴。

第三,毛泽东同志指出:"人们的认识,不论对于自然界方面,对于社会方面,也都是一步又一步地由低级向高级发展,即由浅入深,由片面到更多的方面。"[①]有发展观点,才能认识随时在发展中的事物。从老子到王夫之,表明前一时期唯物主义的某些缺点是怎么为后来的唯物主义所补充完善的。而后一时期的唯物主义的新局限,则有待于更后的继承者的开拓。老子时

---

① 毛泽东:《实践论》,《毛泽东选集》第1卷,1966年版,第260页。

代讲"道"在物先,"无(名)"生万物,是唯物主义的命题,它显然比用"水""五行"等有形有象的具体物质元素说明宇宙的构成前进了一步。到了宋明时期,唯心主义者把"道"的物质性取消,把道说成脱离任何具体物体的本体,这就是周敦颐、二程、朱熹等人客观唯心主义的"太极"和"理"。王夫之反对这种超于物象之外、先天的理(或太极),是完全正确的。王夫之依据的是阴阳五行之气在道之先的理论,也是符合当时科学精神的。如果今天还有人不相信现代科学成就,不接受科学的唯物主义对物质的解释,还坚守王夫之所相信的阴阳五行之气的理论,他就背离唯物主义而陷于唯心主义。这不是说古代的唯物主义到了今天会变成唯心主义,而是说唯物主义是与科学并肩前进的,它有它的发展的过程。王夫之对这一点不理解或不大理解,所以对老子的批判"不中肯綮",虽然这些批判作为王夫之的自己的思想还是极有价值的。王夫之是朴素唯物主义最后阶段的最大的哲学家,这是无可争辩的。由于他缺乏历史主义观点和地主阶级的偏见,对老子的批评不能认为是准确的。

如果老子是唯物主义者[*]

1962 年 12 月我在《光明日报》哲学副刊发表了一篇文章,题目是《唯物主义的王夫之为什么反对唯物主义的老子》。大意是说哲学史上的两军对阵是唯物主义与唯心主义的斗争,但是实际上,中国古代哲学史上唯心主义者之间,唯物主义者之间,也常发生误会,也有互相指摘的情况。因此,研究哲学史不能简单化。最近看到了钟兴锦同志的文章,他文章中说,"有人认为王夫之对老子的指摘都不是老子的真正过错,有些地方不但不应该批判,反而应当表扬。"钟兴锦同志认为持着上述看法的人,其结果会"走上否认哲学史上两条路线斗争的死胡同"[①]。意思是说唯物主义者只能批评唯心主义,如果说出有唯物主义者批评过唯物主义者,就是否认两条路线的斗争,如此说来,这个错误是严重的。钟兴锦同志的文章很客气,批评时只是说"有人说",并没有指名道姓。这里涉及研究哲学史的原则问题,还是应当认真对待,如果是错了,我愿意承认,并改正。

对老子的哲学的看法,不打算在这里争辩,因为这是一个老

---

* 原载《哲学研究》1963 年第 6 期。

① 引文见《哲学研究》1963 年第 5 期。

问题了,三言两语说不清楚。钟兴锦同志的文章有一个研究方法的问题,我一时还想不通。能通过讨论,把问题的性质弄明确,是我十分希望的。

作为哲学史斗争的路线,作为两大阵营,唯物主义与唯心主义的斗争是绝对的,是贯彻始终的,今后一万年也不会停止。但是,一个唯物主义哲学家,特别在古代,说错了话,看错了人,把唯物主义当作唯心主义来反对,或者把唯心主义者当作唯物主义者去崇拜,在中外哲学史上是常见的。王夫之对老子的批评仅是其中的一例。现在只说中国哲学史有的实例,如认为古代唯物主义者之间没有批评,这是不符合历史事实的。

王夫之是我国重要的唯物主义哲学家,他对我国朴素唯物主义有所发展,今天说他是正确的,主要指他在古代朴素唯物主义哲学阵营内有贡献,而不是说他一贯正确,也不是说他的学说和马克思主义哲学相比,也无懈可击。王夫之既然是一定历史时期地主阶级的代言人,就不能不受时代的局限和阶级的局限。他说过的话,有对的,也有错的。他骂过唯物主义哲学家韩非,骂过唯物主义哲学家王安石,他骂人民为"禽兽",对唯物主义者荀子也很轻蔑。从王夫之的言论中可以看出他对于古代同属于唯物主义阵营的哲学家的认识不是那末正确的。作为一个唯物主义者本应该对唯心主义者深恶痛绝,和他们划清界限,可是王夫之对《论语》《孟子》《大学》《中庸》这些露骨的唯心主义著作不但没有批判,反而奉为经典。也许可以说,王夫之是通过注释来宣传他自己的唯物主义哲学的。即使如此,至少王夫之是相信孔、孟的著作中有真理,所以他才去"代圣贤立言"的。

古代唯物主义哲学家对唯物主义和唯心主义认识得不清楚的,并不止王夫之一个人。像先秦的荀子,对孟子的唯心主义有所认识,但对孔子的唯心主义就没有认识。荀子对孔子的推崇,主要是出于认识不清。明代罗钦顺以程、朱的继承人自居,但他自己是个唯物主义者,他竟不理解他的哲学与程朱的哲学在体系上是根本对立的。像这些例子在中国哲学史上并不是个别的。

钟兴锦同志说,"王夫之是我国十七世纪思想上的巨人",因而对王夫之对老子的批评要重视。我也认为王夫之的确是明末清初的一个大唯物主义者,但是这个"巨人",也只能是直观的、臆测的、近代科学以前的朴素唯物主义的巨人。王夫之的成就,不但和马克思主义的辩证唯物主义不能相比,就是比起经过近代科学武装了的机械唯物主义,也还差着一个历史发展阶段,在某些方面,王夫之比我国的章炳麟(如《訄书》中唯物主义思想)、谭嗣同、孙中山要落后得多。因为机械唯物主义在历史上比朴素唯物主义先进,正如资产阶级在历史上比封建地主阶级先进一样。

这里也牵涉到对待古代进步的唯物主义的态度的问题。我们今天要对过去的一切文化遗产都要批判地继承,即使王夫之是个"巨人",这个"巨人"站在马克思主义哲学前面,也是渺小的。辩证唯物主义与旧唯物主义相比,正如泰山之于丘垤,河海之于行潦,因此,我们才说马克思主义哲学是哲学史上的革命的变革。

李贽生活在封建势力极大的明朝,还敢于提出"不应以孔子之是非为是非"。我们生活在马列主义、毛泽东时代,更不能以王夫之的是非为是非。正由于王夫之是个大唯物主义哲学家,有巨大的影响,我们对他的错误和失足的教训更应当引起注意,该批判就批判。对旧文化中糟粕固然要批判,对旧文化中的精华更要批判才能吸收。

即使王夫之批判老子是批判错了,我们还不能就说他混淆了哲学上的唯物主义与唯心主义的路线。因为王夫之批判老子的那些话如用来当作王夫之个人反对客观唯心主义的论据，是十分可贵的遗产，那是王夫之的贡献。我在那篇文章中说过，他所批判的那个"老子"的思想并不是春秋时期的那个老聃，而是王弼《老子注》的老子。不能因为王夫之批判过老子，老子就变成了唯心主义者，正如同不能因为王夫之推崇过唯心主义的孔子、孟子，孔子、孟子就应该变成唯物主义者一样。我们有了放诸四海而皆准的马克思列宁主义的真理，就有充分的根据不以王夫之的是非为是非。

恩格斯早已指出过划分哲学上唯物主义与唯心主义的标准，我正是遵循马克思、恩格斯所指示的标准，才判定老子、王夫之都是唯物主义者的。

研究哲学史（研究任何问题都是一样）从概念出发，好像坚持了原则，未必就是坚持原则，倒有时会导致背离唯物主义。到现在为止，在哲学史上还没有发现一条规律：古代唯物主义者对前一时期的唯物主义者完全理解，没有误会，只有膜拜，没有指摘，也没有发现一条规律：古代唯心主义者只反对唯物主义者，唯心主义者之间没有批评，没有矛盾。作为根本对立的两种世界观，唯物主义与唯心主义有不可调和的矛盾，这是不成问题的。谁要不承认这一点，就是有意抹杀哲学史上的两条路线的斗争。但是这两种思想却常常并存在一个人的头脑里、一个哲学家的体系里。如果不深入追究，这种矛盾有时不易暴露出来，这种情况在古代哲学史上太多了。有的哲学家，唯物主义思想占主要地位；有的哲学家相反，有二元论，也有彻底的唯心主义。马克思以前的唯物主义都不彻底。古代有些哲学家，对某些问题认识不清，误伤了自己阵营的同伴，也是常有的。我在《光明日报》中的那篇文章是说，阵线在古人的头脑里并不是那末十分明确,不能认为每一个唯物主义者的话百分之百的正确,也不能认为犯错误的都是唯心主义的哲学家。历史的实际情况要比有些人设想的复杂得多。唯物主义哲学家之间有误会,也有不恰当的批评。唯心主义与唯心主义之间也有矛盾,程朱与陆王之争不是就延续了几百年之久吗?只是唯物主义与唯物主义之间的争论和唯心主义与唯心主义之间的争论,其性质不同罢了。唯心主义反对另一派唯心主义,有利于唯物主义,这是经典作家早已指出过的。后期的唯物主义者批评前期的唯物主义者,说明唯物主义有了发展,并不是坏事,不必掩饰。

荀子曾说过:"天不为人之恶寒也,辍冬;地不为人之恶辽远也,辍广"。(《天论》)我们也可以说,历史事件不以我们研究历史的人怕麻烦就变得简单些,正像有些疾病经常不按医书上所记载病象在病人身上出现一样。我们每一个哲学史工作者只有加倍努力,遵照马克思列宁主义的原则,对具体的问题作具体的分析,一个一个地解决那些疑难问题。此外没有省力气的捷径,历史上唯物主义者对唯物主义者有过批评,我们哲学史工作者首先要考查一下,这是不是事实,且不忙断定应不应当批评。如果历史上确有一个唯物主义的老子,后来又有一个唯物主义的王夫之批判了这个老子。面对这一现象,忠实于历史的哲学史工作者应当怎么办?为了迁就主观公式——"唯物主义者不许批评唯物主义者",那末老子只有被说成唯心主义者才行。相信老子是唯物主义者的人,对这一事实要不要承认呢?我认为应当承认它,然后再解释它,而不是把事实从哲学史上抹掉。是事实,就用不着抹掉,也不应当抹掉,何况,既然是事实,想抹也抹不掉。

钟兴锦同志先认定老子是一个唯心主义者,才断言老子应当受到王夫之的批判。细看了钟文之后,他论证老子是唯心主义的一些理由,似乎《老子哲学讨论集》中早已说过了。但是《老子哲学讨论集》中还有一大堆文章论证老子哲学是唯物主义的,今天看来,还不尽是言之无据的,尚可聊备一说。本来这是一个争鸣问题,不一致也不要紧。这里必须提出的是,老子哲学是唯心主义还是唯物主义没有得到科学的最后定论以前,争论的一方就宣布:主张老子是唯物主义的人,又主张王夫之是唯物主义的人就是犯了路线的错误。理由是两个唯物主义哲学家之间有批评,因而"否认了哲学史上两条路线的斗争"。退一步说,就算是"否认哲学史上两条路线的斗争"吧,这个责任也应当由王夫之来负才公允。总不应当根据王夫之的批评,而追溯到二千年前去改变老子的唯物主义的既成事实(当然,老子是否唯物主义还在争论,我认为这是事实)。更不能让今天指出这一事实的哲学史工作者代王夫之承担"否认哲学史上两条路线的斗争"的责任。何况王夫之也没有否认两条路线的斗争,如上面已讲过的。

主张老子是唯物主义者的人,将来可能证明是错了,真错了,改过来就是了。但现在就断言持这种见解的人就是犯了路线性的错误,是不是为时过早?

一个唯物主义者反对过另一个唯物主义者,如果这种现象确曾在历史上出现过,作为一个马克思主义的哲学史工作者,面对这一历史现象,是服从历史事实呢,还是修改事实以迁就自己的公式呢?是根据事实进行分析说明这种现象的产生的根源呢,还是背对这种现象含混过去?我认为应当采取前一种态度和方法,而反对后一种态度和方法。因为前一种态度和方法坚持了唯物主义原则,后一种态度和方法看来像维护了"哲学史上两条路线的斗争"的原则,实际上背离了唯物主义,如果不顾事实,则所谓两条路线,也就无从落实。因为它和实际存在的两条路线不符。

科学研究将会证明老子的哲学体系的性质,会做出符合历史真相的结论的。如果老子的哲学被证实为唯心主义,我那篇文章的话就可以取消;如果老子的哲学最后被证实为唯物主义,对王夫之反对老子,这一历史现象总不能置之不理。这里似乎不存在"否认哲学史上两条路线的斗争"问题。

老子是唯心主义还是唯物主义,现在还在争论中。争论的双方在没有取得一致意见以前,任何一方把自己的结论强加给别人,都是不应当的,采用这种辩论的方法,也未必是妥当的。如果按照钟兴锦同志的意见,主张老子是唯物主义的人,就很难研究老子以后的哲学史了。因为只讲先秦哲学史还好办,一写到明清之际,就要碰到王夫之,势必要犯"否认两条路线斗争"的"错误"。如果主张老子是唯物主义的一方硬说主张老子是唯心主义的一方故意打击、贬低、歪曲了唯物主义,违反哲学史研究的党性原则,我想,这样的逻辑推论一定不能使对方心服。当然这仅仅是"如果",并没有人真正这样做,假使真有人这样做了,大约钟兴锦同志也不一定就认为解决了自己的问题吧。

在马克思主义的指导下,正确地贯彻党的百家争鸣方针,真理总会愈辩愈明,殊途不难同归。在讨论过程中,我不愿把我的结论强加于人,我从不敢说主张老子是唯心主义的人是背离了马克思主义路线,虽然我不同意那些意见。我认为那样做对于实际解决学术问题有害无益。

总结我的意思,有以下四点:第一,哲学史上(包括中、外)有没有唯物主义者批评唯物主义者的事实? 答曰:有。第二,对于这种事实可不可以掩盖起来? 答曰:不可以。第三,忠实地对这种事实做出说明、分析,是不是否认哲学史上两条路线的斗争? 答曰:不是。第四,要不要把自己的学术见解强加于别人? 答曰:最好不要这样。

　　中国哲学史这门科学的研究现在还很不成熟,许多重大问题都有着很大的分歧。只有大家共同讨论,从不同的方面进行探索,才可以逐步把问题搞清楚。我个人的能力有限,水平也很低,这些意见很不成熟,希望得到指教。

释《老子》书中的"式"*

　　《老子》书中第廿八章说："知其雄守其雌,为天下溪;为天下溪,常德不离,复归于婴儿。知其白守其黑,为天下式;为天下式,常德不成,复归于无极。知其荣守其辱,为天下谷;为天下谷,常德乃足,复归于朴。"对于这一章,在《老子今译》中,曾把"式"释为车上的轼。当时以为从上下文看,这几句是平行的句子。"为天下溪","为天下式","为天下谷",它们语法结构是一样的。而"溪"和"谷"都是指的具体的东西,不是抽象名词。历来旧注,都把"式"解为"模式""楷式""法式"。我怀疑不应当在两个具体的名词中间插入一个抽象的名词。《老子》的原义,本来是说要柔弱谦下,像溪、像谷,那样,才能体现为道的精神。为什么又说像"楷式""模范"呢? 古人的注解不能解决这个谜。"为天下式"这一句和上下文不大调和,于是有人主张把这一句删去,认为不是老子的原文。

　　清惠士奇《礼说》中说,太史主抱式,引郑注:"王大出师,太史抱天时与太师同车。""太史主抱式以知天时,处吉凶。"

　　现在进一步看,太史抱的"式"是什么东西呢?《史记·日者

---

　　* 原载《文汇报》1961 年 12 月 10 日。

列传》：

> 今夫卜者，必法天地，象四时……分策定封，旋式正棋，然后言天地之利害，事之成败。

《史记·龟策列传》：

> 平运式，定日月，分衡度，视吉凶。

扬雄《太玄赋》：

> 戴神墨、履灵式。

这里所讲的"式"是可以旋转的两块重叠的木板，中间有轴。上面一块木板圆形，像天，下面一块木板方式，像地。上下两块木板上分别刻着天干和地支的度数。《汉书·王莽传》记载王莽在失败自杀前，使"天文郎（官名）案栻于前"。颜师古注："栻，所以占时日"。"式"，先秦写作"式"，汉代作"栻"，《广雅》从木，作"栻"。后来的算卦摊上还有这种器具。

《老子》书中的"为天下式"，正是说，甘心当太史用的"式"，才可以"常德不离"。老子本人为史官，先秦各书记载大致相同。"式"是用来占天文排列干、支的工具。老子书中所讲的"式"，除了二十八章外，还有二十二章及六十五章：

> 曲则全，枉则直，洼则盈，敝则新，少则得，多则惑。是以圣人抱一为天下式。（二十二章）

> 故以智治国，国之贼；不以智治国，国之福。知此两者亦稽式。（六十五章）

二十二章是说，如果有了"道"作为标准（"抱一"，一即道），就可以像史官抱式，"定日月，分衡度"那样明确地处理世界上许多复杂纷乱的现象而不致迷失方向。老子这里讲的"抱一为天下式"，所抱的是"道"，而不是木制的"式"，和太史所抱的式有所区别，但仍可在这里看出老子作为一个史官，他的抽象思维中所透露出的他的出身和他所属阶层的时代特点。

第六十五章是说,用"以智治国"和"不以智治国"这两条不同的原则可以作为衡量一国治乱的标准,它就像考察日月那样容易、简单。

从以上这三处讲到"式"的地方,可以帮助说明老子的出身于史官,这里说法是可信的,虽然有的说他为柱下史、太史、藏书史。史官一向是与天文、星占打交道的。也还可以看出老子的学说,和古代的天文学有一定的联系。这种设想如果能成立的话,老子的唯物主义思想和当时的自然科学挂上钩,说老子的哲学是唯物主义的,似乎又多了一条旁证。把式解为占天文的工具,对老子的这几章更好解释了,老子原文很平实,并不玄虚。

附记:本文的基本看法曾发表于《北京大学学报》1959 年第4 期《春秋时期天文学和老子的唯物主义思想》。现在作了一些修改。

庄子探源之一[*]

——从唯物主义的庄周到唯心主义的"后期庄学"

　　1957 年 1 月曾在《新建设》发表《庄子的唯物主义世界观》一文。几年来对庄周哲学的看法，基本上没有改变，但也有不少的修改与补充的意见。愿意提出来供讨论。

　　对先秦诸子的著作，经过几十年来历史、哲学史特别是从马克思主义的观点、方法的整理，取得了很大的成绩。成绩之一就是把先秦一些整部的大丛书进行了剖析，从内容、思想体系上分别出里面各部分的时代、作者等。比如对《易经》一书区分开《易经》和《易传》(包括《十翼》)的时代，这就有助于说明古代辩证法发展的道路；对《墨子》一书分别出哪些是前期墨家，哪些是后期墨家，从而有助于说明墨子和他们的继承者的发展变化；从《管子》一部书中分析出宋钘、尹文的著作，从而有助于说明从老

---

　　[*]　原载《哲学研究》1961 年第 3 期。

子的唯物主义哲学如何过渡到荀子的唯物主义哲学体系,等等。先秦古籍需要整理、剖析的远不止以上这些,对以上这些古籍的整理分析还有许多工作要做。《庄子》这部书,内容芜杂,很需要整理与剖析的工夫。

一 《庄子》书和庄周的哲学思想

《汉书·艺文志》说《庄子》五十二篇。古人所谓"篇"本来没有什么绝对精确划分标准,只是根据作品的内容和作品的长短大致分一下,可长可短。古人著作不太严格,内容、情节也有时前后调动一下,今天见到的《庄子》已经和郭象整理过的《庄子》一样,共三十三篇。三十三篇是内七、外十五、杂十一。郭象以后的学者都认为内篇是庄周的思想或庄周自著,外篇(包括杂篇,下仿此)不见得是庄周的思想。千余年来几乎成为"定论"。现在看来,问题恰恰出在这成为"定论"的内篇七篇上。这七篇决不是庄周的思想,而是"后期庄学"的思想。因此,解剖庄周的哲学体系时,以《盗跖》《马蹄》《胠箧》《庚桑楚》《渔父》《天地》《天运》《天道》《在宥》《知北游》等篇为主,而以其他各篇中相类似的观点作为参考。也就是力图以荀子和司马迁所见到的庄周的著作为主,以其他有关各篇与上述观点相类似的观点作为参考,内篇即"后期庄学"的思想一律摒除。除掉了内篇这一堆糟粕,其余的精华部分才可以显露出来。看来,精华部分还不算少。

认为内篇七篇是庄周著作的理由

历来认为《庄子》书中内篇七篇是真庄周的著作的理由不外以下三种:

（1）内篇七篇思想体系首尾一贯,文章风格一致,有典型的代表性,所以是庄周所著。持这种意见的可以王船山为代表:

> 内篇虽参差旁引,而意皆连属;外篇则踳驳而不续。内篇虽洋溢无方,而指归则约;外篇则言穷意尽,徒为繁说而神理不挚。内篇虽极意形容,而自说自扫,无所沾滞;外篇则固执粗说,能死而不能活。内篇虽轻尧舜,抑孔子,而格外相求,不党邪以丑正;外篇则忿戾诎诽,徒为轻薄以快其喙鸣。内篇虽与《老子》相近,而别为一宗,以脱卸其矫激权诈之失;外篇则但为《老子》作训诂,而不能探化理于玄微,故其可与内篇相发明者十之二三,而浅薄虚嚣之说杂出而厌观,盖非出一人之手,乃学庄者杂辑以成书。其间若《骈拇》《马蹄》《胠箧》《天道》《缮性》《至乐》诸篇,尤为惝劣。读者遇庄子之意于象言之外,则知凡此之不足存矣。（《庄子解·外篇》）

王船山不愧为古代的一个思想深刻的哲学家,他的确看出了一个现象,并指出内篇的体系与外篇不同,外篇继承了《老子》,内篇自成体系。王船山从封建正统观念出发,认为内篇有些话,他虽不能赞同,但还可以容忍;外篇则"忿戾诎诽",对儒墨近乎破口大骂,以至于骂得王船山认为不能容忍。

从上面引述的王船山的话里面,有几点值得注意:(1)内、外篇思想体系不同,不可能全是庄周所作的。(2)内篇是真,外篇是伪。(3)外篇对儒墨的态度比较激烈,内篇的态度比较缓和。以上三点,只有他指出内、外篇的思想不同这一点是对的,因为这是有目共睹的事实。其余的两点就没有根据,内篇自成系统并不等于非庄周所作不可。这是两回事。

（2）内篇文章好,除了庄周谁也做不出,这种意见可以焦竑为代表:

> 内篇断非庄生不能作,外篇杂篇则后人窜入者多。

(《焦氏笔乘》)

这个论断也是站不住的,在没有证实庄周作过内篇以前,逻辑上不能说非庄周写不出某种文章。

(3)绝大多数学者认为庄子是内篇作者的理由是:过去没有怀疑过,所以今天也不必怀疑。这当然也不算什么证据。如果一旦有人提出怀疑的证据,当然这个理由也就不能成立。虚假的现象,过去没有怀疑过的多着哩,一旦有了新的科学证据,自然可以推翻过去的那些"迷信"。

以上三种意见,今天看来,都不足以证明《庄子》内篇可以代表庄周的思想;相反,倒是有相当充分的理由证明内篇不是庄周的思想。

司马迁见到的《庄子》

司马迁直接读过《庄子》一书,并对书中某些篇目,做过介绍。他在《史记·老子韩非列传》中说过:

> 庄子……作《渔父》《盗跖》《胠箧》以诋訾孔子之徒,以明老子之术。《畏累虚》《亢桑子》①之属,皆空语无事实。然善属书离辞,指事类情,用剽剥儒墨。

司马迁列举的这几篇庄周的代表作,都不属于《庄子》内篇,而属于外篇。这些篇的主要思想和内篇有极大的不同。这种不同,王船山早已初步地指出过了。这些"离经叛道"的过激的言论,如果是庄周的思想(司马迁看到的《庄子》就是这个样子的),那

---

① 《畏累虚》《亢桑子》都是用一篇开头的三个字为篇名的。《亢桑子》即《庚桑楚》,在今本《庄子》三十三篇之内。《畏累虚》这三个字也在今本《庄子·庚桑楚》篇中。

末,和这些篇有极大差异的,内篇中所集中表现的滑头主义、相对主义、不可知论、神仙宗教思想,就不应记在庄周的名下,应当另有所属。

荀子眼里的《庄子》

荀子是先秦时期孔子以后最博学的学者,也是先秦最大的唯物主义哲学家。他对先秦各学派都研究过,并批判地吸取了他们的某些长处。《荀子·解蔽》说:

> 墨子蔽于用而不知文;宋子蔽于欲而不知得;慎子蔽于法而不知贤;申子蔽于势而不知知;惠子蔽于辞而不知实;庄子蔽于天而不知人。

荀子所指出他们各家的所"蔽",不是说上述各家没有看到他所蔽的那些方面,而是批判他们只看到他们所看到的一部分("道之一隅"),而没有看到真理的全部。荀子认为只看到局部往往被他所看到的局部所蔽,应当"体常而尽变,一隅不足以举之"。(《解蔽》)

荀子承认墨子见到了实用的价值是对的,只是由于他看不到文化的作用,所以才错了。庄周看到天(自然)的客观存在是对的,只是他看不到人的主动作用,所以才错了。荀子接着指出:如果照庄周那样,只看见天(自然)的决定作用,看不到人的主观作用,那末,只能因循,不能创造。("由天谓之,道尽因矣")荀子是先秦诸子中杰出的唯物主义哲学家,他对庄周的自然(天)观是同意的。荀子的自然观是唯物主义的,他肯定庄周的自然观,也是从唯物主义观点来肯定的。可见最早指出庄周的自然观是唯物主义的是二千多年前的荀子。荀子不但对庄周的哲学做出了公平的估价,而且由此线索提供了研究庄周思想应当根据《庄子》书中的哪些篇。荀子所看到的《庄子》书,不会是现在《庄子》书中的内篇，特别不会是《齐物论》《逍遥游》《养生主》……这些篇。像现在的内篇各篇的相对主义、唯心主义、神秘主义、滑头主义的处世态度，都是荀子所不能容忍的。对于诡辩论、相对主义、唯心主义，从《荀子》书可以证明，他不仅善于识别，而且还有和这些唯心主义思想斗争的丰富的经验。由此也可推知荀子所读到的《庄子》，虽未必和司马迁看到的是一种底本，但他看到的具有唯物主义自然观的那些篇决不是内篇，这是可以断言的。具有荀子所指出的唯物主义自然观的篇章，现在《庄子》中是有的，那就是《天道》《天地》《天运》……这些篇。而这些篇恰恰都在外篇。司马迁提到的"剽剥儒墨"的庄周，或荀子谈到的唯物主义自然观的庄周，都和现在的《庄子》内篇，没有关系，这一现象不能不引起重视。

荀子所指出具有唯物主义自然观的庄周，只看到天（自然）而看不见人的积极作用。这一缺点，不只庄周有，连老子，汉朝的王充也有。王充也公开表明他的学说是继承黄老，和当时在朝派官方儒家对立的。从自然观方面看，老子、庄子、荀子直到王充，他们之间是一脉相承的。从以上这些线索看来，司马迁说，"（庄子）其学无所不窥，然其要归本于老子之言"的论断，是符合实际情况的，也是可信的。王船山所揭示《庄子》的"外篇则但为《老子》作训诂"也是符合事实的。只是王船山把外篇不当作庄周所作，这一点是错了。

内篇是哪里来的？是谁的思想？

春秋以后才有单篇的论文，每篇有一个中心题目，反复论述。最早的文章一般都用开首两个字作为篇名，《论语》的第一篇并不是讲的"学而"，《孟子》的《梁惠王》也不是只讲见梁惠王这一件事，只是用一篇开始头两个字或三个字作为篇名。从篇名看不出全篇的涵义来。《老子》书最初也是不分章节、没有题目,一路顺写下来的。战国以后的著作,才有了贯串全篇的题目,《墨子》中的《兼爱》讲的就是兼相爱的道理,《非攻》就是反对侵略战争,《荀子》中的《性恶》就是反复讲人性是恶的道理。韩非的《五蠹》《六反》,都是一样。题目明白易晓,顾名可以思义。《庄子》外篇都是以一篇开头的两个字作为题目,保持着古代的体例。内篇倒是有了题目。从时代上看,应晚于外篇,晚到什么时候,正是我们现在进一步探究的问题。

篇分内外,起于两汉

《韩非子》有内储说、外储说,这和内篇、外篇的文章分类没有关系。《淮南子》《抱朴子》分为内外篇,汉人解经,也分内外,如《韩诗》内传、外传并见《汉志》。《公羊》《谷梁》当时也有内、外传,今外传不存。《汉武帝内传》(旧题班固撰,今考订为葛洪撰),《抱朴子》内篇讲神仙吐纳符箓,外篇讲社会政治观点。两汉习惯,图谶之类的书,一般统称为"内",和这些学问有关的称为"内学"。后来佛教传入中国,从宗教立场出发,也自称为"内学"("内学"一词见《后汉书·方术列传》)。关于养生养神治病的书,也在当时流行的学术风气影响之下,被称为《黄帝内经》。《黄帝内经》一书是春秋战国以来,长期医疗积累的结果,编纂成书是在汉初。

篇分内外,既始于汉初,《庄子》内篇应当是汉初编辑成书的。内篇七篇可以称为"后期庄学",表示与庄周的哲学应有所区别。

离奇的篇名

内篇七篇从篇名到内容,都带有浓厚的汉代宗教神仙方术

283

的特色①。《庄子》中的《逍遥游》《养生主》《大宗师》《人间世》《德充符》《应帝王》,和纬书的标题十分相似。《庄子》书中的《德充符》篇中列举了许多奇形怪状的神仙人物,以作为德行充实的证验(符)。"符"的涵义和纬书中《通卦验》《帝命验》《稽命征》《叶图征》等"验""征"的意思差不多。例如,《大宗师》里指出,以道为万物万人之师,《养生主》提出"养生"的原理,《应帝王》以"超政治"掩盖其消极逃避现实的政治观点,《人间世》宣扬"心斋""坐忘"的游戏人间滑头主义哲学。这些篇的篇名和它的内容有某些意义上的联系,但又不是那末紧密地联系着。这种情况也和纬书中的篇名和内容似乎有意义的关联,可又不与紧密关联着的神秘主义十分相似。

纬书的广泛流行在东汉,但在西汉初期就出现了。像董仲舒的《春秋繁露》,实际上就是纬书。如果不是我们已知道了确切的作者,想早已把它列为纬书。

再从《庄子》内篇内容来看,也可以看出它带有汉初的时代思想的特征。这里面提到的人物中的黄帝、老子以及有特殊本领的神人,正是秦始皇、汉武帝所向往的神仙。

> 至人神矣:大泽焚而不能热,河汉冱而不能寒,疾雷破山,风振海而不能惊。若然者,乘云气,骑日月,而游乎四海之外。死生无变于己,而况利害之端乎?(《齐物论》)

那些神人能"入水不濡""入火不爇",吸风饮露,长生不死,

---

① 汉代的纬书,易纬如《乾凿度》《坤凿度》《通卦验》《九厄谶》等,书纬如《璇玑钤》《考灵曜》《刑德放》《帝命验》《运期授》等,诗纬如《推度灾》《氾历枢》《含神雾》等,礼纬如《含文嘉》《稽命征》《斗威仪》等,乐纬如《动声仪》《稽曜嘉》《叶图征》等,春秋纬如《文耀钩》《运斗枢》《感精符》《合诚图》《考异邮》《保乾图》《汉含孳》《佐助期》《握诚图》《潜潭巴》《说题辞》《演孔图》《元命苞》《命历序》等,孝经纬如《援神契》《钩命诀》《雌雄图》等。

有的美好如处子,有的丑陋像鬼怪。方士卢生骗秦始皇也曾用过类似的鬼话:

> 真人者,入水不濡,入火不爇,陵云气,与天地长久。

(《史记·秦始皇本纪》)

汉初,在秦末农民大起义之后,统治者接受了一次深刻的前朝覆亡的教训,开始时约法三章,以后是用黄帝、老子之术,用清静无为治天下。这时期"黄帝"这个人物忽然行时起来,内篇中对黄帝、老子推崇备至。他们把老子的唯物主义神秘化,使它与宗教神学建立了联系。

从哲学的发展来看,汉初黄、老之学盛行了七八十年。汉武帝以后,以董仲舒为代表的儒家宗教神学才取得统治地位,汉初的统治阶级思想是以黄、老为幌子的道家宗教神学。汉初统治者,在内政上对农民采取了某些让步政策,满足了农民的某些基本要求,在政治思想上他们采取了清静无为、少思寡欲的学说,要统治者降低一下生活方面的要求,寻求精神上的安适;在外交上对北方匈奴的掳掠,主张退让、怀柔,以避其锋芒,等等。这七八十年的政治路线,不能看作是什么曹参、惠帝、文帝、景帝、窦太后这些统治人物的偏好,而是被当时现实的阶级斗争的形势,生产恢复的水平所决定了的。

由于文献的不足,我们无从详知汉初当时系统的宗教神学(或称神学哲学)的全貌。幸好有了《庄子》内篇可以透露一点消息。我们姑且称它为"后期庄学"。

这一套相对主义、滑头主义、不谴是非,甚至某些悲观厌世主义的哲学,怎能作为汉朝的统治思想呢? 像不像一种开国气象呢? 看来不像。如果和汉初当时的实际情况联系起来,倒也没有什么不可理解的。

会不会在汉初还有反映没落奴隶主阶级的思想呢? 应当说

会有的。庄周、孟子活动的时代,奴隶制和封建制还有交叉并存的现象。到了汉初,奴隶主还有残余的势力,不过这时奴隶主阶级才真正感到"大势已去",不可挽回,已输定了。"后期庄学"在新兴的强大的封建帝国的面前,才发出寒蝉的哀鸣。即使阶级消灭了,为那个阶级服务的思想并不会同时消灭,甚至在一个很长的时期内还起作用。这是经过古代和现代历次阶级斗争的实践所证明了的。

因为当时在空前规模的农民战争之后,疮痍未复,"天子不能具纯驷,将相或乘牛车"。这时来不及创立一套比较完整的哲学体系,《吕氏春秋》也是一种开创新局面的思想体系,汉代对秦代的一切都视为亡国的余孽,当然是不敢考虑的。儒家像辕固生、贾谊这些人,打算有所改革,由于时机不成熟,条件不具备,没有能成功。"黄、老之学"中,《庄子》内篇,极大可能是这个时期许多黄帝、老子书①中的一个支派。它有几点基本精神和汉初统治阶级的需要是符合的。第一,他不主张采取儒、墨的那一套,认为那不过是先王的糟粕。这一点符合了汉初"与民休息"的方针。当时还来不及从理论上去批判先秦儒、墨各家的是非得失,他们就以不了了之的措施,把问题回避开来。在当时统治阶级还腾不出手来建立自己需要的上层建筑时,暂时因循敷衍一下,这是可以理解的。第二,当时统治者都注意神仙、养生,这"后期庄学"(内篇)也给了一定的满足。第三,滑头主义、相对主义、唯心主义,不论它主观上讲什么超是非、超利害,客观上终归是对统治阶级有利的。因为他们有了这种思想的麻醉,就可以不在现实生活中和统治者去算细账,不去找统治者的麻烦。这

---

① 据《汉书·艺文志》有《黄帝四经》《黄帝铭》《黄帝君臣》《杂黄帝》《黄帝泰素》等书。

是历代的统治者都懂得的。第四,从战国末期的情况来看,当时影响最大的势力是儒家和墨家(《韩非子·显学》),在汉初,儒和墨的办法,都不能用,能用的只有黄、老。"后期庄学"被看作黄、老之学的羽翼,对黄、老起了一些辅助作用,特别在它反对儒、墨这点看来,尚有胜过《老子》的地方。

"后期庄学"(内篇),流行于汉初是有它的充足根据的。但是也必须指出,这种思想作为一种统治思想,只能在短时期起些辅助作用,而不能用作统治思想的主力军。因为地主阶级大一统的局面已奠定、巩固后,地主阶级的政权得到进一步的发展时,如果再不建立一套积极的宗教神学体系,就不能满足统治者的需要。北方民族矛盾日渐尖锐,当时汉代统治者经过长期的积蓄力量,不满足于现状的维持,他们认为怀柔、退让不如进攻、出击对统治者更为有利。这时黄、老告退,儒家兴起。同时"后期庄学"里面,还夹杂着一些消极因素,对于当时充满信心的地主阶级要求定于一尊,加强中央集权的统一帝国来说,不能满足要求。汉武帝时,把道家压下去,"后期庄学"和淮南子一派,摒除于庙堂之外,这和当时的政治斗争形势也有密切的关联。《淮南子》这一派,以老、庄相标榜的学术流派,在文、景之世并不"反动",在汉武帝时代就不被容忍。即使淮南王不造反,思想意识的敌对,也不会被武帝所容。

"后期庄学"(内篇)既然不是庄周的思想,那末研究庄周的思想,就不能从内篇出发,因而对庄周的阶级分析,逻辑思想的剖析,都要另作安排。

《庄子》中有糟粕,也有精华,应当还它以本来面目。是庄周的归庄周,是后期庄学的归后期庄学。三十三篇中只取其七篇作为反面教材,未免因小失大,对庄周哲学也要具体分析,不应笼统对待。根据先秦的荀子和汉初司马迁的记载,庄周自有其面貌,内、外篇若径渭之分流,不可不辨。

庄周这个人

一部大书往往代表一派,而不是出于一人之手,这是先秦著作中常见的现象,但值得注意的是《庄子》一书的思想,在思想体系中有明显的不相融的矛盾。因此首先弄清庄周的思想和"后期庄学"的区别,是十分必要的。

现在知道的关于庄周的材料不多。主要的根据《史记》和战国时期著作中零星记载,和《庄子》书中散见的一些庄周的活动,其中寓言式的描写,不能完全当作真人真事,但从这些材料中不难勾画出一个庄周的轮廓。

关于庄周的生卒年代,据近人研究的结果,大致有以下五种说法:

(1)生于公元前369年—死于前286年(马叙伦)

(2)生于公元前355年—死于前275年(吕振羽)

(3)生于公元前328年—死于前286年(范文澜)

(4)生于公元前365年—死于前290年(杨荣国)

(5)生于公元前375年—死于前295年(闻一多)

对庄周的生年,各说先后相差约40年,庄周死的年代几种说法比较接近。对庄周的活动,虽不能完全清楚,但所知道的关于庄周的一些活动,比起对老子的知识要丰富多了。

从许多不同来源的材料综合归纳起来,可知道庄周是蒙人(河南安徽交界),和孟子同时,比孟子略晚一些。孟子见齐宣王、梁惠王时,已到了老年,庄周这时还没有开展学术活动。孟子和庄周估计没有见过面。庄周除了和惠施经常来往,进行辩论外,朋友不多,门徒也有限。朱熹说:"庄子当时也无人宗之,他只在僻处自说。"(《朱子语类》卷一二五)先秦诸子中只有荀子提到了庄周,并且有所肯定,也有所批判。

庄周有一个短时期,他做过蒙这个地方(他的家乡)的漆园吏。这个职位想必没有干过多久,后来,他可能也和战国时代其他思想家一样,开始讲学著书,他生活很贫困,在穷得没有办法的时候,曾向监河侯借过米。有时靠打草鞋过活,他曾穿了补了又补的粗布衣服见过魏王,连草鞋上的带子也是断了又结起来的。

《史记·老子韩非列传》曾记载(今译):

> 楚威王听说庄周有才干,派了两名使者,带着贵重的礼物,聘他做楚国的宰相,庄子嘲笑地对楚国的使者说:"千两黄金确是很重的聘礼,宰相也确是尊贵的职位。你们没有看见过祭祀天地时供神用的肥牛吗? 养了好几年,把它养肥了之后,宰杀了,给它盖上绣花的单子,抬到太庙里去。试替这个被宰的肥牛着想:这时候它即使想当一个又瘦又小的猪崽,办得到吗? 你们赶快走开,不要玷污了我。我愿意终身不做官,只图个精神痛快。"

《庄子·列御寇》中还记载着一个生动的故事:宋国有一个叫曹商的人,宋王派他出使秦国。他去的时候,只得到宋王给他的几辆车子。到了秦国,秦王很高兴,赏给他百辆车子。他回到宋国,见了庄周,对庄周说(今译):

> 住在破巷子里,穷得织草鞋,饿得颈子细长,面孔黄瘦,我可赶不上你;至于一旦见了大国的国君,就得到上百辆的车子,这就是我的长处了。

曹商这个暴发户炫耀自己的财富和能干,显然有些得意忘形了。

庄子对他说:

> 我听说秦王得了痔疮,找医生给他治,谁能把痔疮弄破,就得到一辆车子,谁能舐他的痔疮,就得到五辆车子,治

病越治得下流,得的车子就越多。你是不是给秦王治过痔疮? 怎么搞到这么多的车子呢? 去你的吧!(《庄子·列御寇》)

庄周可能是没落贵族,但是他不是以没落贵族的身份活动,而是以知识分子的身份活动的。知识分子不是一个独立的阶级,假如他自己不占有生产资料,只能为一定的占有生产资料的阶级服务。如果过多的注意先秦哲学家的阶级出身,那末十分之九都可以算作没落贵族。老子、孔子、孟子是没落贵族,是有明文记载的。商鞅、韩非也都是在本国混不下去,才出外找机会进行政治活动的。当然,我们不是唯成分论者,主要还是看庄周的思想为哪一个阶级服务,反映了哪一个阶级的要求和愿望。现在许多研究庄周思想的文章,也多是从这一点出发的。

庄周的思想和活动与老子十分相似,他们是一批隐士。在春秋战国时期有一批这样的有知识的小自耕农。这一批人可能是由贵族的地位下降为农民的,也可能他们不是自愿地当上农民的。他们参加一些劳动,在自己耕种的小块土地上,收获自己的作物,但在封建地主阶级上升,奴隶主的地位没落下降的激烈的转变中,感到有些惶恐。小农的经济经不起风吹雨打,随时有破产、失去自由的危险,因而他们诅咒剥削制度,对一切剥削者,以及为剥削者出谋献策的富贵者,也一并攻击。如老子、孔子同时的长沮、桀溺、楚狂、荷篠丈人、杨朱、陈仲子等人,都是这一阶层的人物。由于他们的经济地位,经济生活是个体的,分散的,他们不可能以自己的名义来保护自己的阶级利益。但是既然是一个人数众多,在动荡中有深刻感受的阶级,它不能不有它的代言人。先秦诸子中,老聃、庄周、许行、陈仲子、杨朱,应当都属于这阶层的思想代表。真正的地道个体农民,既然没有条件产生他们自己的代表。那末只能通过来自其他阶层或阶级转化过来的农民的代言人提出了不同的方案。他们无疑地会带过来一些其他阶级的残余烙印。

看庄周是否代表农民，可以从以下几个基本问题上来考察。

对待劳动者和劳动的态度，庄周是肯定的，而不是否定的，他和孔子、孟子的贵族老爷式的轻视劳动根本不同。且看庄周通过盗跖的口，怎样责骂孔子和他的门徒们：

> 尔(孔丘)作言造语，妄称文武，冠枝木之冠，带死牛之胁，多辞缪说，不耕而食，不织而衣。摇唇鼓舌，擅生是非。(《盗跖》)

庄周理想的社会是人人劳动的：

> ……神农之世，卧则居居，起则于于。民知其母，不知其父，与麋鹿共处。耕而食，织而衣，无有相害之心，此至德之隆也。(《盗跖》)

> 吾意善治天下者……彼民有常性，织而衣，耕而食，是谓同德。(《马蹄》)

不但他理想的人民要耕织过活，连他理想中的统治人物也认为应当耕田：

> 尧治天下，伯成子高立为诸侯。尧授舜，舜授禹。伯成子高辞为诸侯而耕。禹往见之，则耕在野。禹趋就下风，立而问焉。曰：昔尧治天下，吾子立为诸侯。尧授舜，舜授予，而吾子辞为诸侯而耕。敢问其故何也？子高曰：昔尧治天下，不赏而民劝，不罚而民畏。今子赏罚而民且不仁。德自此衰，刑自此立，后世之乱，自此始矣。夫子阖行邪，无落吾事。俋俋乎耕而不顾。(《天地》)

对体力劳动是尊重的，而不是菲薄的态度：

> 子贡南游于楚，反于晋，过汉阴，见一丈人，方将为圃畦，凿隧而入井，抱瓮而出灌。搰搰然，用力甚多而见功寡。

> 子贡曰:"有械于此,一日浸百畦,用力甚寡而见功多,夫子不欲乎?"为圃者卬而视之曰:"奈何"?(子贡)曰:"凿木为机,后重前轻,挈水若抽,数如泆汤,其名为槔"。为圃者忿然作色而笑曰:"吾闻之吾师,有机械者必有机事,有机事者必有机心……吾非不知,羞而不为也。"(《天地》)

庄周反对用机器,是一种开倒车的落后想法,用机械改造自然面貌,和用巧诈的心思去损人利己,完全是两回事,庄周这里犯了逻辑的类比不当的错误。但是对待体力劳动的态度,却远比孔子、子贡正确。子贡提出提水工具的改良,也不是他自己干,而是让别人去干。正如孔子骂樊须不应当学种田、学种菜,就是一个明证。从对待体力劳动的态度上,也可以看出,庄子和小自耕农的思想、身份有着密切的联系。

考察庄周对待农民暴动的态度,也有助于认识庄周的政治立场和阶级立场。庄周对当时统治者一致责骂的"强盗"头子盗跖,表示同情,并通过盗跖的语言直接斥责了那批不劳动的"君子"们的虚伪。指出做强盗的不是别人,正是那些满口仁义道德的说教者,斥责了正统派所尊奉的"圣人"们:

> 黄帝不能致德,与蚩尤战于涿鹿之野,流血百里。尧舜作,立群臣,汤放其主,武王杀纣。自是之后,以强陵弱,以众暴寡。汤武以来,皆乱人之徒也。(《盗跖》)

指出孔子

> 修文武之道,掌天下之辩,以教后世。缝衣浅带,矫言伪行,以迷惑天下之主,而欲求富贵焉。盗莫大于子,天下何故不谓子为盗丘而乃谓我为盗跖!(同上)

庄周敢于冒"大不韪",揭露剥削者和为他服务的人,是最大的强盗,并指出社会不当有"以强陵弱,以众暴寡"的不合理的现象。从黄帝到尧、舜、汤、武不过是一路货色。这些激烈的言词,显然一点也没有滑头主义、相对主义、不黑不白、混淆是非的情况，而是爱憎分明，立场明确的。从这些事实看来，庄子的农民小私有者的立场，比老子更为鲜明。

庄周的政治理想，也同样说明了他反映了一些农民的愿望。他的政治理想仍然继承了老子的理想？反对兼人土地的战争，反对机谋和巧诈。主张：

> ……无藏逆于得，无以巧胜人，无以谋胜人，无以战胜人。夫杀人之士民，兼人之土地，以养吾私与吾神者，其战不知孰善？胜之恶乎在？（《徐无鬼》）

他理想的圣人应当是：

> 并包天地，泽及天下而不知其谁氏。（同上）

这和老子所提到圣人"为而不恃，长而不宰"。"不以兵强天下"有同样的思想。他理想的社会（"至德之世"）是：

> 不尚贤，不使能，上如标枝，民如野鹿。端正而不知以为义，相爱而不知以为仁，实而不知以为忠，当而不知以为信……（《天地》）

> 至德之世，同与禽兽居，族与万物并，恶乎知君子小人哉？同乎无知，其德不离。同乎无欲，是谓素朴。素朴而民性得矣。（《马蹄》）

庄周反对有剥削、有压迫的文化，指出统治者满口仁义道德的虚伪性，并指出了"至德之世"素朴无文的可贵。他没有认识到给人类带来阶级压迫痛苦灾难的不是"文化"和"知识"本身，而是剥削制度。庄周当然更不懂得剥削制度，在一定的历史时期把原始公社的发展，推向更高历史阶段，它是有利于历史发展的。他的错误在于他在反对阶级剥削和压迫的同时，对一切文化制度一律反对。好像文化本身给人类带来无穷的灾难，因而希望回到蒙昧时期，这是十分错误的，是反历史的。但是人类社会在很长的远古时期内是没有阶级压迫的,在今后的更长的时期内也将是没有阶级压迫的社会。庄周指出阶级剥削和压迫应当消灭,这种要求完全是合理的,也是可以理解的。正是由于庄周这些人从劳动者、小生产者的愿望出发,才提出消灭剥削的理想,他和站在剥削者立场的孟子主张"劳心者治人,劳力者治于人"形成了尖锐的对比。

庄周这种"回到原始"的号召,也可以反映出古代农民大同思想、平均思想、自给自足的小生产者的美好理想的萌芽。这种"向后看"的倒退观,却包涵着打破现状,要求前进的合理内核。庄周以后,如《礼运》中的大同思想,南北朝鲍敬言的无君论的思想,以及历代的平均主义、农业社会主义思想,都是在不满于现状的条件下,以缅怀往古的形式,透露出瞻望未来的信念。

小农思想本来就有其落后面,在没有得到先进的阶级领导的历史条件下,落后面时常起着作用。但落后思想还不能说就是反动的。庄周的复古主义,和五四时代抗拒新文化的彻底反动的复古主义性质上有所不同。

二 庄周的唯物主义世界观及其弱点

庄周是唯物主义者老子的直接继承者和发扬者。老子哲学中的基本观点,庄周都继承了。首先对于"道"的理解老庄是一致的,只是老子第一个提出"道"来,对于道的性质特点没有庄周讲得更明确,这也是学术发展的规律,由粗到精必经的过程。在以下几个方面庄周都有他的独特的贡献,里面许多是先秦唯物主义哲学的精华,而不是糟粕。

宇宙的形成和起源的探寻

庄周唯物主义地对宇宙形成和起源问题进行了探寻。他问道：

> 天其运乎？地其处乎？日月其争于所乎？孰主张是？孰维纲是？孰居无事推而行是？意者其有机缄而不得已邪？意者其运转而不能自止邪？云者为雨乎？雨者为云乎？孰隆施是？孰居无事淫乐而劝是？风起北方，一西一东，有上彷徨，孰嘘吸是？孰居无事而披拂是？（《天运》）

问题的提法和答案，都是唯物主义的。他回答这些自然现象，不是向天地运行之外去找，而是在天地的运转本身中去找。他说这都是"六极、五常"的作用的结果。换言之，就是金、木、水、火、土五种元素（五常），在空间（六极）运动的结果。

宇宙有没有开始？这一问题在哲学史上从来就有唯物主义的回答和唯心主义的回答。认为"有开始"的其逻辑的结果必然导致宇宙最初是没有东西的虚空，而陷入唯心主义。庄周对这一问题也有明确的答案。他说：

> 有不能以有为有，必出乎无有，而无有一无有。圣人藏乎是。古之人其知有所至矣。恶乎至？有以为未始有物者，至矣、尽矣、弗可以加矣。其次以为有物矣，将以生为丧也，以死为反也。（《庚桑楚》）

> 有先天地生者物邪？物物者非物。物出不得先物也。犹其有物也，犹其有物也，无已。（《知北游》）

庄周这里提出一个有哲学思辨意义的问题，追问宇宙万物的起源，如果一定拘泥在某一件具体的东西，生出某一具体的东西，这样推论下去，最后非推到上帝不可。所以庄周说"圣人"不在这些问题上去纠缠（"圣人藏乎是"）。庄周和老子一样，从根本

295

上提出答案:

> 昭昭生于冥冥,有伦生于无形。精神生于道,形本生于精。而万物以形相生。(《知北游》)

有形的具体的东西,推到最后,都是从肉眼不能直接看到(无形)的道生出来的,精神也是从道生出来的。至于某些具体的东西,(如动植物)它们有它自己的种源,世代相传。只有道才会产生一切。庄周继承了老子"道"的观念,道是人和物的最后的物质基础。得到了"道"("邀于此〔道〕者")的人,就会

> 四肢强,思虑恂达,耳目聪明。其用心不劳,其应物无方。(同上)

不但人不能离开了"道",连天、地、日、月、万物都不能离开了"道"。

> 天不得,不高;地不得,不广;日月不得,不行;万物不得,不昌。此其道与!(同上)

庄周的道的作用和性质,和老子的"道"完全一致。(也和先秦其他唯物主义者所理解的一样),道是万物运行的规律。宇宙万物有它自己存在着的客观秩序和规律,这种秩序和规律独立于人们的意识之外,客观存在着:

> 天地固有常矣,日月固有明矣,星辰固有列矣,禽兽固有群矣,树木固有立矣。(《天道》)

道也是精气和物质。可与《吕氏春秋·尽数》相比较:

> 精气之集也,必有入也。集于羽鸟,与为飞扬;集于走兽,与为流行;集于珠玉,与为精朗;集于树木,与为茂长;集于圣人,与为夐明。

这样的物质实体,"道",是万物成毁、变化的最后根源,所以庄周以道为师,对道发出了由衷的赞叹:

> 吾师乎!吾师乎!齑万物而不为戾;泽及万世而不为

仁;长于上古而不为寿;覆载天地,刻雕众形而不为巧。(《天道》与《大宗师》文义略同)

老子一再指出道是耳目感官不能直接触到的物质实体,叫人不能用认识一般具体的东西的方法去认识道。一般的具体的东西,上面光线照到的地方亮一些,下面背光处就暗些。可是"道"它不同于这些具体的东西"其上不皦,其下不昧"。道是难以形容的,它不像任何物件那样具体("绳绳不可名,复归于无物")。庄周完全接受了老子的学说,而又有所发展。

道是物质。世界是物质性的,所以道无所不在。庄周有名的论证"道在屎溺"(《知北游》)的问答,不能看作开玩笑,而是符合他的唯物主义逻辑体系的。道只有永存而无终始。

认识论中的唯物主义观点

庄周的认识论与宋尹学派有共同之处,上承老子,下开荀子一派,并对老子的认识论有所补充。

庄周还提出感性作用和理性作用:

> 知者接也(感官与外界对象的接触),知者谟也(思维把接触到的素材进行整理)。(《庚桑楚》)

这样明确地提出认识的两个步骤,它在后期墨家和荀子之前,提出了这样有意义的命题,这是值得肯定的。

他还根据古代素朴唯物主义反映论的共同原理,把认识过程比做照镜子,提出了认识时要使心"静""虚",不杂有主观的成见:

> 圣人之静也,非曰静也善,故静也。万物无足以铙心者,故静也。水静则明烛须眉,平中准,大匠取法焉。水静犹明,而况精神?圣人之心,静乎,天地之鉴也,万物之镜也。(《天道》)

认识不能心粗气浮,不仅要感官起作用,还要心思起作用:

> 视乎冥冥,听乎无声。冥冥之中,独见晓焉。无声之中,独闻和焉。(《天地》)

认识时还要摒除主观成见,尽量做到客观。富、贵、显、严、名、利,会影响到认识者的意志;容、动、色、理、气、意,会影响到认识者的心灵;恶、欲、喜、怒、哀、乐,会影响到认识者的接受;去、就、取、与、知、能会阻塞认识者的方法。这二十四种影响认识者的因素,必须去掉。

> 此四六者不荡胸中则正;正则静;静则明;明则虚;虚则无为而无不为也。(《庚桑楚》)

因此,庄周说:

> 欲静则平气,欲神则顺心。(同上)

在虚静的条件下,注意力集中,人就会变得聪明了,认识将会正确。

> 正汝形,一汝视,天和将至,摄汝知,一汝度,神将来舍。德将为汝美,道将为汝居。(《知北游》)

庄周的认识论和宋、尹学派的认识论;基本上是相同的。如《内业》"心能执静,道将自定","彼心之情,利安以宁,勿烦勿乱,和乃自成"。《心术》上也说:"故物至则应,过则舍矣。""动则失位,静乃自得。"

庄周唯物主义认识论的贡献和它的片面性纠缠在一起。他的贡献在于提出认识要排除主观成见,要求客观。但是他把虚静强调到绝对化的程度,比作止水、明镜,把认识完全讲成"应物"被动的过程,这就是把取得正确认识只看做调整主观的能力,而忽略如何去掉客观事物的不同情况给认识造成的幻象。其次,庄子和宋、尹学派把可以避免的主观片面的因素和不可避免的认识者的立场、观点,混为一谈。照他们的见解,只有任何立场任何观点都不要的人,才能正确地认识事物的真相。这样,把认识过程抽掉社会内容、阶级内容,把人当作一个没有立场、观点的映象机。当然这是人类认识史上从来不会有的事,也是不可能的事。现代资产阶级的唯心主义哲学,不敢讲他们的哲学为少数剥削阶级服务,而自称什么空灵的哲学,超乎唯心、唯物之外,是十足反动的。我们驳斥了几千年的庄周的超阶级观点,对于剥露今天资产阶级哲学的伪科学不是没有好处的。庄周、宋、尹或者可以说是认识上的错误,而现代资产阶级哲学只能归结为政治上的反动。这两者的性质和作用应有所区别。庄周这种错误观点必然导致错误的结论:用"自然"去观物,以"天"观人,而不是在一定社会关系中去认识世界。所以庄周、宋、尹等人认为喜、怒、哀、乐、富、贵等因素都除掉才能避免主观、片面达到正确的认识。那末,看到强暴者的暴行难道可以不怒吗?如果真正有人看到了而不怒、心平气和,不但不足以证明他的态度"客观",倒正足以说明这种人已站到强暴者那一方面去了。具有"先天下之忧而忧,后天下之乐而乐"的胸怀去认识事物,不但不会蔽塞聪明,应当说这样更能使人聪明。第三,庄周、宋尹的认识论,和古代一切旧唯物主义的认识论一样,只能静观的反映,而缺了认识论最基本的核心——实践。(包括阶级斗争、生产斗争、科学实验)因此对认识就失去它的基础和应有的真假是非的客观标准。归根到底,最多只能达到机械唯物主义的高度,再前进一步,即会跌入唯心主义的泥坑。自以为追求绝对的"客观",恰好在这个绝对"客观"的跟前,跌入了主观的陷阱而不自觉。

唯物主义的时空观

庄周在认识论方面,还有一大贡献,是他在哲学史上第一次唯物主义地提出了时空一对范畴。对时空的认识虽不自庄周始,但自觉地给时间、空间下定义,明确它在哲学上的意义,应归功于庄周。

> 有实而无乎处者宇也!〔空间〕有长而无本(按:"本"疑"乎"之讹字),剽者宙也〔时间〕。(《庚桑楚》)

这里虽然没有十分科学地说明时间与空间是物质存在的形式,但他明确地指出时间(宙)是在物的连续性(有长)而不断绝(剽)的存在的形式;空间(宇)是在物的客观存在(有实)而不固定于一个地区(按:到处都有它)的存在的形式。他不是从主观方面去理解时间和空间,也不是脱离了物质的客观存在去理解时间和空间,而是结合了客观物质世界的无限延续性,无限广延性来理解时空范畴的。他的唯物主义观点的贯彻比《墨经》上所下的时间和空间的定义,更具有哲学意义。《墨经》给时空的定义,有两个缺点:一,与物理学的时空观念有些混淆;二,与唯心主义的时空观念的界限不大分明。

生命的起源与养生的唯物主义观点

由于战国中期以后,医学科学的发达,人们积累了更为丰富的向疾病做斗争的经验,这些科学知识,在庄周的哲学中也得到了反映。庄周的哲学思想中,有不少的地方唯物主义地对待生死、疾病、保健、养生的问题,也透露了当时医学科学知识:

> 吹呴呼吸,吐故纳新,〔按:这是气功医疗的前身〕熊经鸟申,〔按:这是体育锻炼的前身〕为寿而已矣。此导引之士、养形之人,彭祖寿考者之所好也。(《刻意》)

还讲到

> 醉者之坠车,虽疾不死,骨节与人同,而犯害与人异,其神全也。乘亦不知也,坠亦不知也,死生惊惧不入乎其胸

中,是故逞物而不慑。(《达生》)

庄周的著作中,还透露了一些古代医药的知识:

> 药也,其实堇也,桔梗也,鸡壅也,豕零也,是时为帝者
> 也,何可胜言!(《徐无鬼》)

这里不但列举了乌头(堇)、桔梗、鸡茨、猪苓这些药,并且指出这些常见的贱药,在一定的条件下,可以起主治的作用(为帝)。可见当时中药处方已在运用中药"君臣佐使"的原理。

除养身体、治疾病之外,庄周还讲到养精神、养心的"卫生之经"。

> 形劳而不休则弊,精用而不已则劳。(《刻意》)

生活要

> 平易恬淡;则忧患不能入,邪气不能袭。故其德全而其
> 神不亏。(同上)

在当时达到的一定的科学基础上,庄周进而从哲学的高度唯物主义地提出形神的问题和生死的问题。

> 人之生,气之聚也,聚则为生,散则为死。(《知北游》)

庄子妻死,不但不哭反而鼓盆而歌。他讲了他的道理,这些道理的正确程度当然还可以讨论,但对生死的看法,确吸取了当时的科学,摆脱了上帝、鬼神对人类生死命运的摆布,而把生死仅仅看做是自然现象,认为死生不过像四时的代谢交替一样。他不相信死后有鬼,反对厚葬。下面一段寓言,至少可以说明庄周对于生死的态度:

> 庄子将死,弟子欲厚葬之。庄子曰:吾以天地为棺椁,
> 以日月为连璧,星辰为珠玑,万物为齑送,吾葬具岂不备邪?
> 何以加此!弟子曰:吾恐乌鸢之食夫子也!庄子曰:在上为
> 乌鸢食,在下为蝼蚁食。夺彼与此,何其偏也。(《列御寇》)

这种完全超脱鬼神的对待生死的态度,与汉代的杨王孙论葬的

301

观点十分接近,也是可贵的。

在生活问题上,庄周有许多观点与杨朱的贵生重己、不以物累生,不以天下累生的为我主义十分接近。这些思想在《庄子》书中的《让王》《盗跖》《刻意》《庚桑楚》等篇发挥得相当充分。关于杨朱的为我主义,在当时不能认为是反动的,倒是应当说它有一定的进步作用。这种拔一毛而利天下不为的思想,在今天,显然是社会主义集体主义的敌人,应当彻底批判(关于杨朱思想的批判,当另文详论)。

只就庄周反对宗教迷信,提倡自然主义的对待生死的态度,在当时曾对宗教迷信起过一定的打击作用,应该认为它有进步的一方面。

庄周对待生活的意义,为什么活着,为了谁活着,虽避而不谈,实际上是为了个人。他把个人为集体为历史应尽的义务,都看成生活的累赘。为了个人的利益,起来反对压迫剥削,对当时剥削制度提出抗议,在一定的历史条件下有正确的一面。庄周不可能懂得即使是为了个人的生存和发展,不获得集体的生存和发展是办不到的。小农生产者只看到、想到个人的那块小土地,在思想领域内,精神领域内也只能停留于个人的小天地里。

而且,庄周把人的社会性抽掉,只留下自然属性的"人",这种"人"实际上是不存在的。人是"一切社会关系的总和"[1],庄周追求的是抽象化的脱离一定阶级内容的"人性"。毛泽东同志也指出:"只有具体的人性,没有抽象的人性。"[2]庄周对待生死问

---

[1] 马克思:《关于费尔巴哈的提纲》,《马克思恩格斯选集》第1卷,人民出版社,1972年版,第18页。

[2] 《在延安文艺座谈会上的讲话》,《毛泽东选集》第3卷,人民出版社,1966年版,第827页。

题尽管有他的唯物主义的某些看法,但一涉及社会生活,立刻陷入唯心主义的荒谬结论中。

关于事物运动变化的辩证法思想及其局限性

庄周是老子的继承者,在辩证法思想方面,他也有所继承,有所发展。

庄周首先认为事物的发展有它的对立面,并向着它的对立面转化。

> 合则离,成则毁,廉则挫,尊则议,有为则亏,贤则谋,不肖则欺。(《山木》)
>
> 安危相易,祸福相生,缓急相摩,聚散以成。(《则阳》)
>
> 随序之相理,桥运之相使,穷则反,终则始。(同上)

既然事物都不可避免地向着它的对立面转化,如果不让它转化,就是不要促进它的发展。照庄周的哲学,为了避免"挫"折,就不要有棱角(廉);为了避免引起人家的注意和批评,就不要出人头地(尊),为了避免离别的痛苦,就不要聚合,等等。总之,庄周认为多一事不如少一事,怕引起新的矛盾。他认识了矛盾,但不是对矛盾采取欢迎的态度。这一点和老子对待辩证发展的基本态度是一致的。这不仅反映了小农民私有者的保守、落后的一面,也反映了小农经济的脆弱、怕出头、怕剧烈的变化的客观情况。所以庄周要处于"材与不材之间"。照庄周的逻辑,"材"了必然发展到"不材",如果"不材"又不免发展到"材"。无论"材"或"不材",都不免遭到危险,所以他希望保持中间状态,事物发展不到头,自然不会变成它的对立物。庄周看到了辩证法,但他无法理解辩证法本身具有革新、变革现实的性格,却又在思想上、行动上逆着辩证法的原则办事。他妄想利用革命性的辩证法为他的保守主义服务!他认为:

> 天下皆知求其所不知,而莫知求其所已知者;皆知非其
> 所不善,而莫知非其所已善者,是以大乱。(《胠箧》)

这种态度给滑头、不负责任、逃避斗争开了方便之门,也给后来
庄学的信奉者树立了投机取巧的"中间路线"。这是庄周继承老
子的亦步亦趋的地方。老子讲到事物的发展时很少讲到发展需
要的条件。离开条件讲变化、发展,不免给唯心主义、相对主义
留下活动的余地。庄周与老子不同的,是他比老子较多地注意
到事物的存在和发展不能离开它的条件,好事和坏事,正确与错
误,都是在一定的条件下才能实现的。

> 水行莫如用舟,而陆行莫如用车。以舟之可行于水也,
> 而求推之于陆,则没世不行寻常(按:"寻""常"是古代量长
> 度的单位)。古今非水陆与? 周、鲁非舟车与? 今蕲(按:力
> 求)行周于鲁,是犹推舟于陆也。劳而无功,身必有殃。
> (《天运》)

庄周批判有些人力求在鲁国推行已死亡的周道的人,实际上是
批判孔子一派复古主义。他还假借西施捧心的寓言,说明条件
的重要:

> 西施病心而矉其里,其里之丑人见而美之,归亦捧心而
> 矉其里。其里之富人见之,坚闭门而不出。贫人见之,挈妻
> 子而去之走。彼知矉美,而不知矉之所以美。(同上)

看到了事物存在都有它的客观条件,比老子进了一步。这也是
庄周的唯物主义思想的一方面的表现。

庄周的辩证法,和老子一样,最后都没有超越出循环论的圈
子。

> 阴阳相照,相盖相治,四时相代,相生相杀。(《则阳》)

老庄的辩证法都和古代的天文学、自然科学有一定的联系。古
代的天文学、农业、医学所揭示的客观规律,都没有超出循环往

复的圈子,老庄的阶级立场,和当时生产规模的狭小,都限制了他们的辩证法的正常发展,最后不得不陷入循环论:

> 万物皆种也,以不同形相禅。始卒若环,莫得其伦,是谓天均。(《寓言》)

对老子哲学的继承和发展

庄周继承了老子而发展了老子的思想,总起来看有以下几方面可说。

庄周提出事物的发展和存在都有条件。比老子孤立地讲变化,更具有唯物主义的特色。只有"后期庄学"(内篇)把老子的唯物主义不彻底的观点向右的方向歪曲,讲什么"无待"的逍遥。因而走向唯心主义。"无待"的思想在庄周的哲学体系内是不存在的。

老子强调了"柔弱胜刚强"的事物发展的原则。在一定的条件下,柔弱胜刚强,不能算错。一般新生的事物,总是弱小的,也是事实。但脱离了具体条件抽象地讲柔能胜刚,就不能正确地分辨出哪是新生事物柔弱的幼芽,哪是衰老疲惫垂死的躯壳,在生活中、在行动中、在革命实践中会迷失方向,看不清前途。庄周的哲学里也讲到事物的互相转化,但没有不适当地强调柔弱的优越性。这也是庄周超过老子的地方。

庄周与老子都从唯物主义自然观出发,指出自然的力量远远超过了人的力量。人只能顺从自然(天),而不能对天进行改造,利用。"人不能胜天"的思想在老子、庄周的思想里都是根深蒂固的。但老庄之间还有所区别。老子从现实生活中揭示天与人的对立。

> 天之道其犹张弓欤……人之道则不然,损不足以奉有余。

庄周虽也讲到"天道之与人道也,相去远矣"(《在宥》)但他从天道比人道高明,而不是从天道与人道对立的观点来看天人关系。他说:

> 是故古之明大道者,先明天,而道德次之;道德已明而仁义次之;仁义已明而分守次之;分守已明而形名次之;形名已明而因任次之;因任已明而原省次之;原省已明而是非次之;是非已明而赏罚次之;赏罚已明而愚知处宜,贵贱履位,仁贤不肖袭情。(《天道》)

老子的天道与人道的对立,在理论上给他的体系带来了一定的困难。要么就屈从人道而放弃天道,要么就改造人道(把损不足以奉有余的状况加以革命的改变)以使它合乎天道(损有余以补不足)的原则。但"贵柔""不争"的老子站在这个矛盾的前面徘徊不进了。

庄周企图解决"天道"与"人道"对立的矛盾。他从理论上使它系统化,不把天道与人道看作对立的关系,而看作从属的关系,从天到人,拼成了一套完整的体系。看来,似乎解决了老子面临的理论的困难,但带来了新的困难。

庄周在这里混同了自然规律和社会发展规律的差别。自然发展的规律,在古代素朴唯物主义时期用"阴阳""五行",用"道"可以做出在当时足以令人信服的说明。但用"道"来统一地说明自然和人类社会的发展,只能得出唯心主义的结论,严重地破坏了他的唯物主义哲学体系。唯物主义地说明自然,可以用"道""气"来说明,唯物主义地说明社会和历史的发展,只能通过生产力与生产关系的矛盾,基础与上层建筑的矛盾等历史唯物主义的范畴来说明。脱离了社会的客观物质存在,在自然界找它的物质基础,看来,即使它主观愿望是唯物主义的路线,结果必然陷入唯心主义。当然自然观是唯物主义、社会观是唯心主义的不止庄周一个人,从古代唯物主义一直到马克思以前的费尔巴哈,都毫无例外地在这一领域内跌了交。从哲学史的无数事例中,更可使我们深刻领会马克思主义的哲学,在哲学上的伟大变革的深远意义。

唯物主义向唯心主义的转化

唯物主义的庄周的哲学转化为唯心主义的"后期庄学",不是偶然的,是有它的内在的逻辑发展规律的。

老子、庄周的唯物主义哲学的积极作用在于向统治者用来压迫人民的人格上帝开战。他们和其他唯物主义者先后不断地向人格的上帝(天)进行猛烈的冲击,用物质第一性的道否定了精神第一性的天或上帝。在人类认识史的幼年时期,他们试图从理论上把人们从神权下解放出来,这是一件大事、好事。

"天"是不是有人格、有意志、能赏善罚恶,在古代确是个大问题。连博学的孔子对人格的天还不敢怀疑,其他保守分子更不用说了。墨子曾想用宗教来为劳动者、手工业者谋些福利,对上帝进行改装。但是宗教迷信,归根到底,只能对统治者有利,不是劳动人民解放自己的有效武器。有人格的"天"对科学的发展直接起着抑制作用,对人民直接起着精神压迫作用。

因此,环绕天道观这一中心问题开展了唯物主义与唯心主义两条路线的斗争,老庄是站在一条战线上的。他们都是无神论者、唯物主义者。

庄周的唯物主义哲学体系本身有它严重的缺点,所以给唯心主义的"后期庄学"以活动的机会,其严重的缺点表现在以下几个方面。

庄周继承了老子的关于道的基本学说,认为道是宇宙万物的最后根源。庄周和老子一样,没有把物质第一性的道与物质运动规律的道划分清楚。用同一个词表示两件事物,给后来的唯心主义钻了空子。有些唯心主义者,有意地只讲老庄的"道"的抽象规律性这一方面,故意不讲老庄的道具有精气,细微粒子的内容。自然,就把老庄强拉在唯心主义的阵营中,并给它加以改装。本来是唯物主义哲学家,他死后被唯心主义哲学家拉去作幌子的事,中外都不乏先例。中国有老庄;西方有斯宾诺莎。西方资产阶级唯心主义哲学家,都利用斯宾诺莎大讲"上帝",而对他进行歪曲。

老庄的思想,本身又有许多漏洞,比如它在自然观方面,对最基本的观念——道——的解释不清楚;造成两种解释的可能(只有一种解释是正确的)。比如,在认识论上,强调静观的消极反映论而未认识到实践对认识的决定作用,也给唯心主义认识论留下了空隙。他们的认识论还留了一些不可知论的残渣。

　　故足之于地也浅,虽浅,恃其所不蹍而后善博也。[1]

　　人之于知也少。虽少,恃其所不知,而后知天之所谓也。(《徐无鬼》)

庄周为了说明无用之用,指出,两脚所踏的土地不过脚掌这样大的小块。但是把人们身旁的土地都挖得极深,只留下脚下踏的一小块,人们必然害怕,站不稳了。用这样的观点来对待人类的认识,就不对了。庄周认为人的知识的作用,是靠许多不知道的事物的衬托。如果没有大量的无所知,知识也将失去价值。庄周不但抹杀了知识对实践的积极指导作用、生产斗争的作用,否认知识源于实践,相反,倒认为知识靠无知才有它的价值。这样从逻辑上给不可知论制造了温床。那么像"后期庄学"《养生主》

---

　　[1] 这个意思同《外物篇》"夫地非不广且大也,人之所用容足耳。然则厕足而垫之,致黄泉,人尚有用乎?"可参看。

所说的：

> 吾生也有涯而知也无涯，以有涯随无涯殆已。

就会得出既然不能求得完全的知识，也就不必求什么完全的知识。再进一步，就"齐是非，一物我"，把认识看成一篇糊涂账。

从庄周的不彻底的唯物主义认识论，导致出相对主义，不可知论，就不是什么奇怪的事情了。

在生死问题上，庄周基本上是气一元论，是个无神论者。但他的精气说本身有缺点。照他的体系，应把精神说成物质的产物，但他混淆了精神与物质的质的界限，精神也成了物质。同样，物质也成了精神。在一定的意义下，物活论与唯心论本来没有什么不可逾越的鸿沟，给精神不死留了余地。他反对了上帝创造生命，但留下了通向"帝乡"的后门。

> 千岁厌世，去而上仙，乘彼白云，至于帝乡。（《天地》）

由于他忽略物质的气和精神的质的区别，《庄子》书中也留了"鬼"的活动地盘（《达生》齐桓公遇鬼的故事）。当然庄子还指出，即使是鬼，也是忿滀之气，散而反的产物，虽然以唯物主义开始，而通向唯心主义的后门是敞着。那末"后期庄学"（内篇）歌颂的神仙长寿，遨游天地的思想，也就不是没有根据了。

在辩证法的问题上，他也只是自发的辩证法，一切古代自发的辩证法，都不可避免地最后陷于循环论。循环论是没有发展阶段的"发展观"，实质上没有跳出形而上学的束缚，最后必然导致唯心主义，与唯物主义决裂。这也是历史上无数事例证明了的。

自然观的唯物主义与社会观的唯心主义，在他的同一体系内并存，也会导致他自己的哲学和后期庄学走入唯心主义。这更是马克思主义以前的一切唯物主义哲学共同失足的地方。庄周也不例外。

从唯物主义庄周的哲学到唯心主义的后期庄学的转化,使我们更加确信彻底的唯物主义和彻底的辩证法必须有机地结合。唯物主义——离开了辩证法,必然最后会从唯物主义陷入唯心主义。辩证法脱离了唯物主义,必然最后陷入形而上学。为了避免陷于唯心主义和形而上学的错误,必须坚持辩证唯物主义的真理。任何理论上的让步、甚至微小的疏忽,都会导致完全错误的道路。马克思列宁主义、毛泽东思想的高度革命性和科学性相结合,就在于此,它体现了人类最高的智慧成就也在此。我们马克思主义者必须坚决维护马克思列宁主义、毛泽东思想的纯洁性,不允许遭到任何修正和歪曲的实践意义也在此。

庄子探源之二[*]

这是本人于 1961 年在北京大学哲学系"五四"科学讨论会上关于《庄子探源》一文补充说明的内容的一部分。这里着重探究"后期庄学"应在汉初而不应在战国的问题。至于《庄子》一书的其他问题，另有专篇论述。文中有涉及与冯友兰先生讨论的地方，所引冯文均见于《哲学研究》1961 年第 3 期《再论庄子》，不另注明出处。

旧话重提不是翻案

本文是继拙著《庄子探源》的第一篇补充。《庄子探源》发表后，有人认为它是翻案文章，故意翻几千年来已成之定案。这可能是误会。它只是把荀子、司马迁等人早已讲过的旧话重新提出，企图引起研究者对以上两家之说的重视。如果说是"翻案"，也不过翻出哲学史资料库中的旧档案，提供参考罢了，说不上什么新见解。

有些同志说我把《庄子》中的外篇、杂篇当作庄周自著，这也

---

[*]　原载《光明日报》1961 年 8 月 25 日。

是一个误会。我的文章中说王船山把外篇、杂篇"不当作庄周所作,错了。"我们虽然不便肯定庄周亲笔写过自己的哲学论文,但不能因此就认为无法区分《庄子》书中哪些篇能代表庄周的思想,哪些篇不能代表庄周的思想。庄周是否亲笔著书是一回事,庄周有没有他的哲学体系又是一回事。我们将不放弃进一步探索《庄子》书中哪些篇足以代表"庄之所以为庄者"。

《庄子探源》曾说过内篇完全不代表庄周的思想。后来有些同志就认为,我主张《庄子》的外篇、杂篇完全代表庄周的思想,这也可能出于误会。研究任何问题都不应简单化,研究哲学史也一样。我只是说,找庄周的哲学思想,要根据荀子、司马迁所提供的内容和篇目去找,这些篇目和内容,只保存在现存《庄子》的外篇、杂篇中的某几篇里,而不在内篇。

解剖庄周的哲学体系以《盗跖》《马蹄》《胠箧》《庚桑楚》《渔父》《天地》《天道》《天运》《在宥》《知北游》等篇为主,而以其他哲学思想相接近的篇章作为参考。这也是大家都用的一种方法。冯友兰先生和关锋的文章中也用了这种方法,只是他们"为主"的那几篇和我"为主"的那几篇很不相同罢了。

《庄子探源》一文没有提到《天下》篇和庄周思想的关系以及它在研究庄周思想的史料价值。本专文要谈谈这个问题,因为这一篇历来很被重视,对于研究庄周思想的关系也比较重大。因此,本文关于《天下》篇的探索,占的篇幅稍多一些。

为什么说"后期庄学"出于汉初

有人提出"后期庄学"所体现的没落贵族奴隶主思想,只能产生于战国中期,而不能发生于秦汉之际或西汉之初。我认为"后期庄学"只能产生于秦汉之际或西汉之初,而不能产生于战国中期。这也是争论点分歧之一。这个意思已经在《庄子探源》中讲到的，这里不再重述，现在只作些必要的补充。

"后期庄学"体现没落阶级的悲观绝望的世界观，这是有目共睹的。在论证"后期庄学"是奴隶主没落思想之前，首先要看看庄周活动的时代，奴隶主阶级已经没落的程度。战国中期，新兴封建地主阶级与奴隶主贵族的斗争，从趋势来看，是地主阶级占优势，它是新生的、有前途的阶级。但在当时谁战胜谁的问题还没有解决。作为阶级斗争中的一个方面，即使它是没落的，"日薄西山，气息奄奄"，它总不可能只看到一点失败的苗头，就自动退出历史舞台认输了。

庄周与孟子、商鞅差不多同时。战国时吴起在楚国进行封建化的变法改革，当楚悼王死后，奴隶主贵族立即复辟；商鞅在秦国的变法，虽沉重地打击了奴隶主贵族的势力，但奴隶主贵族并没有认输，反映没落奴隶主贵族思想的孟子，不但没有丧失信心，而且对加强维护奴隶制，充满着自信，认为大有可为。（孟子所代表的阶级，目前还有争论，我认为孟子是奴隶主贵族的代言人。）从当时阶级斗争的形势看，还没有奴隶主甘心承认失败的迹象。历史上哪里有这样"温驯""识时务"的剥削阶级？在中国的古代，封建的生产关系已出现于春秋的中期，但是由于新兴地主阶级相当软弱，他们没有形成自己的政治集团和政治势力，因而战国以来的变法者，从李悝、吴起、商鞅直到申不害、韩非，他们都依附于奴隶主中间的开明势力，通过他们去实现封建化。汉王朝以前，新兴的封建关系的体现者也是从昔日的奴隶主贵族转化过来的，如齐国的田氏，鲁国的三桓，以及三桓以下的家臣的叛乱，都说明了这一点。翻开春秋战国的历史记载，没有一个例外。只有盗跖领导的奴隶暴动，根本不承认旧政权、旧法统。盗跖本人虽以寿终，但盗跖的事业最后是失败的而不是成功的。这是中国封建化过程的一个特点。封建的生产关系,特别是封建的土地所有制,在春秋中叶已开始成长,战国时期已进入确立阶段,但是作为这一新生产关系所需要的政治机构,全国大统一的封建王朝,却在秦、汉以后才建立。汉以后,新兴的封建地主阶级,利用人民群众的大革命,扫清了六国之后旧贵族的残余势力及其社会影响,这时才算彻底摧毁了奴隶制的上层建筑(包括意识形态)。地主阶级说法家和秦王朝"严而少恩",这不能认为只是秦始皇个性的残暴和韩非法治思想的冷酷,而应当看作为奴隶主转化过来的地主阶级统治者,必然带着它所出身的阶级烙印,它不能胜任执行封建地主阶级交付给它的历史任务。

阶级斗争的经验表明,即使一个阶级真输了,在意识形态上出现它的失败主义哲学,也是较后的事。说战国中期就有奴隶主阶级认输的哲学,未免为时过早。几年前有的地区的叛乱集团,他们早已处于人民力量的包围之中,却还要组织武装叛乱,企图阻止历史前进。我们怎能设想战国中期,和孟子、商鞅同时的庄周,就代表认输的没落奴隶主阶级立言,完成了一套失败主义的哲学体系呢?

当然,任何社会里都有个别的人,可能遇到某些意外的不幸事件,甚至某些人可能有时灰心丧气。但是个人的不幸遭遇和没落阶级的失败不能混为一谈。个人遭遇的偶然不幸事件,不会形成反映没落阶级思想意识的世界观。《庄子》内篇的思想,显然是没落阶级的思想。

把"后期庄学"的思想说成战国中期的没落阶级的思想情绪,终嫌为时过早了些。因为当时的奴隶主贵族和封建地主阶级的斗争,虽已看出胜败的端倪,但还未见最后分晓。只有到汉政权建立以后,封建地主阶级的政权已巩固,奴隶主贵族阶级再也没有复辟的可能,这时出现奴隶主阶级绝望的哀鸣,倒是可以理解的。

　　也有人提出疑问,像《庄子》内篇里的没落思想能不能作为新兴地主阶级汉王朝的统治思想呢?因为有的上层建筑,特别是像哲学这种上层建筑,不是直接为它的基础服务的。上层建筑对它的基础,有积极帮忙的,也有从旁帮闲的。黄老思想在汉初占统治地位,但是,它与儒墨思想相比,则更接近黄老一些。只要从某一方面对黄老思想的发展有利而无害,起些辅助作用,有什么不可以存在呢?我在《庄子探源之一》文章中也指出过,"后期庄学"不是汉初哲学上层建筑的主力军。

　　至于说《齐物论》的口气,是跟同时代人争辩的口气,我也认为《齐物论》等篇是和当时人争辩的文章。汉初黄老思想在社会上比较吃得开,但它没有定于一尊,在汉武帝以后,儒家才定于一尊的。当时百家异论的风气还相当普遍。董仲舒说过:

　　　　今师异道,人异论,百家殊方,指意不同,是以上亡以持一统,法制数变,下不知所守。臣愚以为诸不在六艺之科、孔子之术者,皆绝其道,勿使并进,邪辟之说灭息,然后统纪可一,而法度可明,民知所从矣。(《举贤良对策》)

武帝号称英明,想董仲舒不敢扯谎。从他说的事实也可以看出当时"百家殊方,指意不同"的复杂情况。既然有这么多的学派争争吵吵,《齐物论》有跟同时代的人争论的口气,就不是不可以理解的了。

据《天下》篇难窥庄周的思想面貌

　　一向被认为论证《庄子》思想最可靠的资料是《天下》篇。历来认为它是庄周自著,或认为和庄子学派有密切关系。现在看来,至少有以下四点值得怀疑,它既非庄周自著,也不像庄子学派的作品。

第一,《天下》篇的时代不能早于秦汉之际。人所公认,《天下》篇是中国古代的"哲学史"性质的著作,它论述了以前的重要学派六家的优缺点,带有总结性质。

"哲学史"的总结,不可能为时过早,经常是思想流派由形成到确立、相当定型并已有相当影响以后,经常是百家争鸣的高峰已经过去,争论者需要冷静下来,平心静气考虑一下它们之间的利害得失的时候;更重要的是政治上的统一局面已经形成,至少是统一形势已经造成,需要清理一下当时繁复纷乱的思想战场,并从中整理出一套比较合用的哲学思想体系,为新政权服务的时候。

因此,《吕氏春秋》的《不二》篇,就说到思想界不能长期纷争下去,需要定于一。此外像荀子的《非十二子》,韩非的《显学》,虽不是"哲学史",但也带有总结、评论性质,对战国以来各重要流派有所论述,有所取,也有所舍。他们不同的是,荀子以孔子为号召,体现了由礼治的形式下容纳了法治的内容;韩非则集前期法家的大成。至于《吕氏春秋》,号称"杂家",它的"杂"也带有综合、概括、吸取众家之长的精神(参看《用众》)。汉初太史公《论六家要旨》和《淮南子·要略》同时并出,都非偶然巧合,而是由于时代的需要。时机不成熟,不会出现"哲学史"式的总结性的著作。《天下》篇和以上这些著作相比,在性质上、方法上、表现形式上都极为相似。

把《天下》篇的时代放在战国中期,是不恰当的。也就是说,庄周和它没有关系,因而不存在庄周自著的问题。既然《天下》篇时代较晚,庄周与《天下》篇没有关系,那可以进一步反过来探索一下,《天下》篇和庄周的思想有没有关系。

第二,《天下》篇疑非庄子学派的作品。写哲学史,不论作者是不是自觉,作者的立场、观点、倾向性是无法掩饰的。《天下》篇列举了六大流派的哲学思想,一一加以客观的评论,除对惠施一派完全贬抑以外,对其余各家都指出它的优点、缺点和不足之处。《天下》篇没有把庄周的哲学估得很高,也没有把庄周的哲学看作学术的中心,它只把庄周之学看作许多方术流派中的一个分支。这个态度,和荀子以自己的学术观点为中心,驱指各家各派的批判态度不同。也和秦朝《吕氏春秋》以及汉代太史公《论六家要旨》《淮南子·要略》不同。《吕氏春秋》一向被认为"杂家",但是它也主张有自己的中心,"杂"也表现了它为秦王朝的统一做思想上的准备:

> 听群众人议以治国,国危无日矣。何以知其然也? 老聃贵柔,孔子贵仁,墨翟贵廉,关尹贵清,子列子贵虚,陈骈贵齐,阳生贵己,孙膑贵势,王廖贵先,儿良贵后……故一则治,异则乱;一则安,异则危。夫能齐万不同,愚智工拙皆尽力竭能,如出乎一空者,其唯圣人矣乎!(《吕氏春秋·不二》)

太史公从汉初道家的学术立场评论六家时,认为道家最高:

> 〔道家〕其为术也,因阴阳之大顺,采儒墨之善,撮名法之要,与时迁移,应物变化,立俗施事,无所不宜。指约而易操,事少而功多。(《史记·太史公自序》)

《淮南子》也以为自己的学派地位最高:

> 若刘氏之书,观天地之象,通古今之事,权事而立制,度形而施宜,原道之心,合三王之风,以储与扈冶玄眇之中,精摇靡览,弃其畛挈,斟其淑静,以统天下,理万物,应变化,通殊类。非循一迹之路,守一隅之指,拘系牵连于物,而不与世推移也。故置之寻常而不塞,布之天下而不窕。(《淮南

子·要略》)

以上这些带有原始性质的"哲学史",都把本学派抬高,倒不是什么"自以为是"、态度"不谦虚"的问题。因为这是一条理论战线,也是作战。作战就是争取自己的胜利,而不能对敌对阶级(包括敌对阶级的理论)客气。照历来的许多注释家的理解,《天下》篇所代表的是"庄子学派",那末它的态度就未免显得过分"谦虚"了,它没有骂倒别的学派,突出自己。这一现象值得注意,应当说是不应有的现象。

从文章的结构形式看,一般都是把最正确的、最高的放在最后,上面所引的那些家都是这样。只有《天下》篇讲到庄周以后,又列举了一个惠施。也有说它是按学派的时代排的次序,那末,老耽当在墨子前,惠施不该在庄子后。而《天下》篇开始讲天下的学术流派都以为自己的最高。接着就提出了"道"无所不在的泛神论观点。下面就讲到"天人""真人"……"圣人"、"君子"、百官,最后到小百姓的份位、义务。这种等级差别的道德修养的层次和社会地位的等级联系起来的观点,和庄周的反对干涉、主张放任的社会政治理想相反。试与《马蹄》《胠箧》等篇相比,它们之间的差别是十分明显的。

《天下》篇中的理想的人格是:

> 配神明,醇天地,育万物,和天下,泽及百姓,明于本数,系于末度,六通四辟,小大精粗,其运无乎不在。

"泽及百姓"以后,就是"明于本数,系于末度"。在开首序论部分,却是把儒家摆在最后的。"本数""末度"是当时的政治范畴,它和新兴地主阶级法治思想有一定的联系。下文也明确地说到能够明于数度(礼乐治治、制度)的人是邹鲁的儒者,讲明数度的书是儒家的经典:

> 其明而在数度者,旧法世传之史,尚多有之。其在于

《诗》《书》《礼》《乐》者，邹鲁之士，搢绅先生，多能明之。这里不但没有"剿剥儒墨"的激烈言论，反而对邹鲁的儒者（搢绅之士）表示推崇。可以看出《天下》篇在道家的言辞的外衣下，终于透露出儒家（甚至一部分法家）的社会政治思想。它不但抬高了邹鲁搢绅之士的地位，并以同情的态度，简明扼要地论述了儒家"六经"的内容和作用。这种论述，决不是儒家以外的学者所能写得出的。比如它说的"《诗》以道志，《书》以道事，《礼》以道行，《乐》以道和，《易》以道阴阳，《春秋》以道名分"，连宋儒权威人士朱熹也称赞说："若见不分晓，焉敢如此道？"（《朱子语类》卷一二五）

《天下》篇对关尹老聃的哲学评价较高，称他们是"古之博大真人"。但是他对于老子哲学的理解是不够深刻的，而且是从唯心主义观点去理解的，说老子的体系的特点是"建之以常无有，主之以太一"。"太一"这一名词不见于《老子》，可能《天下》篇的作者把汉初流行的"太一"神拉扯到老子的哲学体系里，弄得不伦不类。这也可以看出，《天下》篇的作者对儒家有好感，研究得也较深，对道家的研究和理解就浅得多，不及论述儒家那么内行。

《天下》篇独有对庄周的哲学叙述不具体。讲到其他学术流派时，都引用了一些有代表性的原文，可是讲到庄周的哲学时，夹叙夹议，没有引用一句《庄子》的原文，只对庄周的治学态度、生活作风作了些抽象的描绘。因而很难使人依据这些描绘进一步研究《庄子》书的真伪。如果根据这里讲庄周哲学的抽象描述去揣测哪是《逍遥游》的思想，哪是《齐物论》的思想，恐形同射复，将治丝益棼。这一点下面还要讲到。

第三，《天下》篇对庄周的批评值得重视。我们看到《天下》篇在讲到庄周思想的最后一段时，还有一段批评，指出庄子不足

的地方:

> 虽然,其应于化而解于物也,其理不竭,其来不蜕;芒乎,昧乎,未之尽者。

对于这一段话,古今注释者几乎都从正面去体会庄子的思想,没有严格通过文句仔细去分析它的真正涵义,只有郭象的注解,虽不完全,但颇能道出它的原义:

> 庄子通以平意说己,与说他人无异也。案其辞,明为汪汪然。禹亦昌言,亦何嫌乎此也?(《庄子·天下》篇注)

郭象这段话的意思是说,庄子最后讲到自己的哲学时客观地和其他流派平列论述。它还谈到自己的缺点("禹闻昌言则拜"),并愿意认识自己的缺点,有什么不好呢?《天下》篇讲到庄周的思想的最后这一段,文章不易懂,用今译表达,大意是:

> 〔庄周确有所见〕,但是他(庄周)的学说对于变化的适应和从外物解脱方面,他的道理尽管滔滔不绝,而他在行动上却没有真正解脱,还有些朦胧暗昧,还有些不够,没有达到最高的要求。

这分明在批评庄周,不能理解为庄周做"自我批评"。事实上,它既不是庄周所著,更不可能自我批评。郭象说庄周有"自我批评"的美德,显然错了。

宋代哲学家王安石也注意到《天下》篇的这一特点,他讲到《天下》篇时说:

> 譬如耳目鼻口皆有所明,不能相通,犹百家众技,皆有所长,时有所用。用是以明圣人之道,其全在彼而不在此。而亦自列其书于宋钘、慎到、墨翟、老聃之徒,俱为不该不偏一曲之士。盖欲明吾之言有为而作,非大道之全云耳。然则庄子岂非有意于天下之弊而存圣人之道乎?(《庄子论》上)

郭象和王安石虽然有所见,但是,他们都没有打破《天下》篇是庄子所做的这个框子,可惜走到真理的大门口,却滑过去了。此外,宋代苏轼也从他的错误的立场,"歪打正着",接触到《天下》篇的真实情况:

> 故庄子之言,皆实予而文不予,阳挤而阴助之。其正言盖无几,至于诋訾孔子,未尝不微见其意。其论天下道术,自墨翟、禽滑厘、彭蒙、慎到、田骈、关尹、老聃之徒,以至于其身,皆以为一家而孔子不与,其尊之也至矣。然余尝疑(《盗跖》《渔父》)则若真诋孔子者。(《庄子祠堂记》)

苏轼说,"阳挤而阴助之",是错的,而他指出其论天下道术,自居一家,却说对了,他还指出没有把儒家等同于六派,是尊重孔子,这也天才地猜对了。苏轼也是因为不敢设想《天下》篇的作者不是庄周,所以他的议论显得有些支离、牵强;苏轼既然相信《天下》篇出于庄周之手,不得不怀疑《盗跖》等篇是假的了。苏轼的结论不对,而思考问题的途径是符合逻辑的。

王安石、苏轼都指出《天下》篇同情儒家,不敢批评儒家。现在剥除了他们儒家正统观念的偏见之后,他们的见解确有其合理的地方。《天下》篇认为合于内圣外王之道的,不是六派之中"多得一察焉以自好"的、被分裂了的道术,而是能够"判天地之美析万物之理,察古今之全"的道术。

第四,不能从《天下》篇的文句中,论证出《庄子》内篇的"逍遥""齐物"的思想。

《逍遥游》和《齐物论》中从来没有讲过"析万物之理,察古今之全",与此相反,"齐物""逍遥"倒是要人不析、不察,取消分别,抹杀是非,更说不上对邹鲁之士,搢绅先生有什么敬意了。

也许可以说,《天下》篇中"独与天地精神往来",不正是《逍遥游》的思想吗?"不谴是非以与世俗处",不正是《齐物论》的思想吗? 我看,《天下》篇独对庄周的著作没有引用它的原文,随便引申,难免主观臆断。像"独与天地精神往来",说它和关尹、老聃的"澹然独与神明居"有关系似乎也说得通;"不谴是非以与世俗处",说它和彭蒙、田骈、慎到的思想一样,也能说得顺理成章。试以《天下》篇讲的彭蒙、田骈、慎到的思想特征为例:

〔例一〕知万物皆有所可,有所不可,故曰选则不遍,教则不至,道则无遗者矣。

〔例二〕椎拍輐断,与物宛转。舍是与非,苟可以免。不师知虑,不知前后,魏然而已矣。

〔例三〕彭蒙之师曰:古之道人,至于莫之是莫之非而已矣。

我们试看,〔例一〕不更像《齐物论》的"有成与亏,故昭氏之鼓琴也;无成与亏,故昭氏之不鼓琴也。""是非之彰也,道之所以亏也"吗?

再看〔例二〕和〔例三〕,不更像《齐物论》的"物无非彼,物无非是""彼亦一是非,此亦一是非""得其环中,以应无穷"吗?也许正由于两派有这些相似之处,才有人推论《齐物论》的作者是慎到。如照冯友兰先生那篇文章的论证办法,通过《天下》篇好像也能论证出《齐物论》的作者是慎到而不是庄周的结论来。

通过上面这些探索,似可以得到这样初步的结论:《天下》篇既不代表庄周本人的思想,也难说它代表"后期庄学"的思想。《天下》篇不是研究庄学很好的"证人"。

也许有人说,你又翻《天下》篇的案了。这个看法,其实也不是我的新说,也还是前人说过的。对不对,还可以继续研究讨论。

很难说《墨经》的任务就在于反对《齐物论》

冯友兰先生证明《齐物论》是庄周的思想的另一主要论据是引用《墨经》的四条,认为《墨经》这四条反对的具体对象是《齐物论》的思想。这四条中第一条例子,冯友兰先生认为比较重要,其他三条作为辅助的证据。现在也就冯友兰先生所列举的第一条例子作些分析,其余三条,附及。第一条说:

> 谓辩无胜,必不当,说在〔不〕(依照谭戒甫《墨辩发微》据《经说下》补)辩。

《经说下》对这一条的解释:

> 谓,所谓非同也,则异也。同,则或谓之狗,其或谓之犬也。异,则或谓之牛,牛或谓之马也。俱无胜,是不辩也。辩也者,或谓之是,或谓之非,当者胜也。

现在不妨分析一下,看这一条墨经到底说的是什么,所批判的对象是不是指的《齐物论》。

这里的"谓",是概念。辩论的双方所指的概念不是相同,就是相异。"狗"与"犬"这两个概念指的是一个东西,即《墨经》所说的异名同实的"重同"。如果双方说的是一回事,所以辩不起来(说在不辩);如果双方争论的不是一回事,譬如说,甲方说这是牛,乙方把牛说成马(则或谓之牛,牛或谓之马也),甲乙双方之所以没有一方得到胜利,那是由于没有展开辩论的缘故;只要展开辩论,总归是与事实符合的一方得到胜利。

上面是按照《经说》对《墨经》这一条解释的原文提出了我对《经说》的解释。这一段文字对初学者不大习惯,但是,意思还显豁易懂。根据这一条《墨经》和《经说》很难断定它是针对《齐物论》而发。从《经说》所举的例子看,应当是当时社会上比较有广泛影响的、人所共知的诡辩论的典型例子。它讲的是诡辩论者如何混淆"犬"与"狗","牛"与"马"的概念。这里的典型例子不出于《齐物论》,倒是出于惠施。惠施明确地说过"狗非犬","犬可以为羊","黄马骊牛三"。《墨经》揭露谁,反对谁,可谓"昭然若揭"。冯友兰先生引用《墨经》这一条之后,紧接着抄引了《经说》对这一条的解释,却没有考虑到它和惠施的联系。因此,冯友兰先生的文章中说:"他(《墨经》)的批判当然是'有的放矢'。它的'的'是谁呢?如果说是惠施,惠施诚然也是个相对主义者,但他在什么地方发表过这些具体的主张呢?如果说,惠施的著作很多,都失传了;他的这些主张,就发表在那些失传的著作之中;这完全是一种揣测之辞。在说明战国时期思想斗争的情况时,放着现成的材料不用,却用一种揣测之辞,推测当时思想斗争内容,这未免太迂曲了。"其实《墨经》反对惠施的证据,就在冯友兰先生反驳我的文章所引用的这一条里,不是在"失传"的著作中。

至于冯友兰先生引用的另外三条《墨经》和《经说》的例子,我认为比这一条离得《齐物论》的观点更远一些。这几条说的是关于逻辑学的概念、判断的问题。如果勉强给它找一个批判的对象,说它指的惠施、公孙龙,均无不可。三条之中,其中有一条可能是批判孔子的"知之为知之"的思想。谭戒甫先生的《墨辩发微》,关于"知,知之否之是同也,誖。说在无以也"这一条的解释,我认为是可信的。

《墨经》的逻辑学,有中国逻辑的特点,它不是孤立地研究思维的形式,而是在于明辨是非。不错,《墨经》是谴是非。只要与事实不合的概念、命题,《墨经》就要"谴",但是不能因此得出结论,说《墨经》的任务就在于反对《齐物论》。不必从远处找例子,就像《天下》篇中提到的彭蒙、田骈、慎到的"不谴是非,以与世俗处"，"与物宛转"，"舍是与非"，《墨经》一定也要反对的。所谓"有的放矢"，似不宜看得太呆板，如果扣死了，认定《墨经》哪一条只限于反哪一家，有时失于胶柱，将会低估了《墨经》的积极的战斗的作用。

荀子和司马迁提供的支点不宜忽视

研究庄周的哲学，司马迁和荀子的话，到今天为止，仍不失为可靠的、有力的支点。但也不等于说这些篇百分之百的可靠。古书经过无数道传抄的手续，难免有其他各家思想羼入。比如在自然观方面比较可信为庄周思想的，如《庄子》书中《天道》《天运》《天地》等篇，只能根据荀子所提供的以天道自然无为的唯物主义自然观为支点，至于这些篇的其他部分，有些可以看出是老子的政治思想的发展，也有接近新兴地主阶级思想的某些倾向。采用这些篇的材料应比采用司马迁提供的材料更要慎重，不能一股脑儿都当作庄周的思想。但不能因为有些夹杂着其他学派的思想，就根本上否定全篇的真实性。这个问题将在论《庄子》的外篇、杂篇时详论。对一篇文章分段、分节的甄别，不等于就是断章取义。古书中，窜乱较多的著作，不是全篇文章动不得。

司马迁说《渔父》等篇，"以诋訿孔子之徒，以明老子之术"，下面接着是对庄周思想的总估价，认为他"善写书、离辞，指事类情，用剽剥儒墨"。以上这几句，分明是说庄周的全部著作的主要倾向都"剽剥儒墨"，决不是说只有这五篇文章"剽剥儒墨"，其余几十篇就不"剽剥儒墨"。既然庄周的思想要本归于老子之言，必然要"剽剥儒墨"，不论从逻辑上或从文句上讲，司马迁这几句话的意思是十分清楚明白的。这也算我和冯友兰先生对

325

《庄子传》理解上的小出入吧。

冯友兰先生还提出一个疑问:司马迁说的庄子著作有"十余万言",现存的三十三篇"按字数说,离十余万言还差得远。"据我的统计,现存的《庄子》,字数由于版本不同,略有出入,共有六万五千八百九十五字,离"十余万言"还差一倍。其实,古书佚失的何止《庄子》,即使有一半实在找不到下落,也不能对现有的这一半勉强宽容,不加甄别。

甄别《庄子》中真正代表庄周思想的篇章的标准,就是以前讲过的司马迁和荀子所提供的支点。凡是《庄子》中某些篇的基本思想和支点相符合的,归为一类,不相近的、抵牾的,再分别性质,另外处置。如果认为抨击儒墨、抗议剥削的思想是庄周的社会政治思想的基本方面;那末,和这些思想相反的就不能认为是庄周的思想。如果认为宣扬唯物主义自然观、天道无为的思想是庄周的思想的基本方面;那些神秘主义、不可知论的思想就不能认为是庄周的思想。

我们不能武断地说,司马迁、荀子所没有提到的那些篇完全不可信,或完全可信;但我们没有理由推翻司马迁、荀子所提供的资料线索的真实性以前,用他们的旧说作为支点,不失为一种比较稳妥的方法。

冯友兰先生力图推翻司马迁、荀子的案,因而专在他们没有提到的那些篇中搜寻"庄之所以为庄者"的思想。冯先生说:"荀子在好几篇中批判墨子,都没有批判墨子的'天志'。我们能不能说墨子不讲'天志'。我们不能因为荀子没有批判庄子的唯心主义、神秘主义的哲学思想,就断定庄子没有这样的思想,就好像我们不能因为荀子没有批判墨子的宗教思想,就说墨子没有这种思想"。

这个诘难的理由似难成立。因为《墨子》书和《庄子》的情况很不相同。从保存下来的《墨子》这部著作看来(不包括后期墨家),它的功利主义和"天志"没有矛盾。不能说承认墨子讲过天志,就要否认他的"蔽于用而不知文"的功利主义;反过来也是一样。荀子批判了他的"蔽于用而不知文","天志"自然也会站不住。而《庄子》和《墨子》很不一样。承认《盗跖》《渔父》……这些"剽剥儒墨"的言论是庄周的,那些"不谴是非"的相对主义就不应该是庄周的。庄周的政治思想爱憎分明,决不模棱两可。庄周的唯物主义自然观旗帜鲜明,它讲天地的起源、构成、运动变化的客观规律,而不是唯心主义、神秘主义的。《庄子》中这两种思想的对立是甲与非甲的性质。古人早已说过了,而冯友兰先生也是承认的。

由于上述根据,可以说,司马迁和荀子的案不是轻易翻得动的。冯友兰先生对司马迁等人的说法置之不理,一反其道而行之。这也算在取材的方法上我和冯先生的分歧吧。

冯友兰先生的文章中还提到东汉的班固,并说班固说《齐物论》有一半在外篇。班固的说法和根据已不可详考。即使有一半在外篇,只要我们有了甄别《庄子》真伪的标准,也不会因为它在外篇,就算做庄周的思想。冯友兰先生文章里还提到班嗣。这也是一个有趣的掌故。桓谭向班嗣借《庄子》,班嗣不借给他,反把桓谭挖苦了一通:

> 若夫严子(按:东汉明帝的名字叫"庄",汉人为了避用他的名字,"庄子"改称"严子")者,绝圣弃智,修生保真,清虚澹泊,归之自然,独师友造化,而不为世俗所役者也。渔钓于一壑,则万物不奸其志,栖迟于一丘,则天下不易其乐。不絓圣人之网,不嗅骄君之饵,荡然肆志,谈者不得而名焉,故可贵也。今吾子已贯仁谊之羁绊,系名声之缰锁,伏周孔之轨躅,驰颜闵之极挚。既系挛于世教矣,何用大道为自炫

曜？昔有学步于邯郸者，曾未得其仿佛，又复失其故步，遂
匍匐而归耳！恐似此类，故不进。(《汉书·叙传》)

众所周知，"后期庄学"宣扬的滑头主义，教人与世委顺，不谴是
非：

> 彼且为婴儿，亦与之为婴儿；彼且为无町畦，亦与之为
> 无町畦；彼且为无崖，亦与之为无崖。(《人间世》)

班嗣心目中的庄周，硬不做官，脾气有些倔强，和司马迁所描绘
的辞楚王之聘的庄周相似。班嗣讲的不大像内篇与世浮沉的庄
周；不然，就是他所看到的《庄子》没有内篇，文中所引用"邯郸学
步"的故事也仅见于外篇《秋水》；再不然，就是他不相信内篇是
庄周的思想，和我的看法有些接近。

此外，《天道》和《大宗师》两篇都有"吾师乎……"这一段
话，冯友兰先生认为是《天道》篇抄《大宗师》的。照我说是《大
宗师》抄《天道》篇，而不是相反。这个问题大概一时不容易扯得
清楚。《韩非子》中有一个故事，说有两个人争论谁的年纪大。
一个说他和尧同年，一个说他和尧的哥哥同年。两个人争论不
休。韩非说这个争论不会有真正结果，只能"后息者胜"。就是
说，争到最后，两人中有一个不发言了，那个最后发言的就算胜
利了。关于《庄子》的争论，如果上述带有关键性的问题解决了，
这两篇谁抄谁的问题也不难解决。在许多关键性问题未解决之
前，没有必要采取"后息者胜"。这类小问题，似可暂时存而不
论。

庄子探源之三 *

——论庄周哲学思想的阶级实质

春秋战国时期,是从奴隶制向封建制过渡的时期。它的结果是封建地主阶级不断壮大,奴隶主阶级日趋没落。生产关系的巨大变革,势必牵涉到当时的各个不同的阶级和阶层。当时没落的生产关系的体现者是奴隶主阶级,新兴的生产关系的体现者是封建地主阶级。其他阶层为了它本身的利益,都不得不表示自己的态度和倾向。归根到底,必然被卷进新旧斗争的激流,它们不站在奴隶主阶级方面,就要站在新兴地主方面,不论它们是否自觉,它们终不能置身于局外。它们不是赞成革新就是赞成守旧;不是促进新生事物的成长,就是保护旧事物的衰亡的生命。

在这一总的趋势中,值得引起注意的是当时小生产者的地位和作用。

＊　原载《北京大学学报》(人文版)1961 年第 5 期。

旧制度逐渐崩溃,奴隶主对于手工业者的控制被迫放松,有了一批"工商食官"的手工业者获得了自由的身份。他们要求过安定的生活,要求改善自己的社会经济地位,甚至要求奴隶主贵族根据每人的才干(包括"农与工肆之人")安排他们参加一部分政权。这就是墨子"尚贤"主张的阶级基础。墨子的哲学思想,这里不谈。现在要探索的是另一部分农民小生产者的立场和要求。

早在春秋末期,社会上有不少所谓隐者。《论语》中保存了不少这种人物。孔子去叶反蔡,路上先后遇到了长沮、桀溺①和荷蓧丈人②,在楚国还遇到过接舆③(按:接舆未必是这个人的姓名)。《孟子》中记载有陈良之徒陈相,"其徒数十人,皆衣褐,捆屦,织席以为食。"(《孟子·滕文公》上)《孟子》书中还提到许行一派的政治理想:

> 陈相见孟子,道许行之言曰:滕君则诚贤君也。虽然,未闻道也。贤者与民并耕而食,饔飧而治;今也,滕有仓廪府库,则是厉民而以自养也,恶得贤?(《孟子·滕文公》上)

和孟子同时,齐国贵族有于陵陈仲子,他的哥哥当大官,有很多

① "长沮桀溺耦而耕,孔子过之。使子路问津焉。长沮曰:夫执舆者为谁?子路曰:为孔丘。曰:是鲁孔丘与?曰:是也。曰:是知津矣。问于桀溺。桀溺曰:子为谁?曰:为仲由。曰:是鲁孔丘之徒与?对曰:然。曰:滔滔者天下皆是也,而谁以易之?且而与其从辟人之士也,岂若从辟世之士哉?耰而不辍。"(《论语·微子》)

② "子路从而后,遇丈人,以杖荷蓧。子路问曰:子见夫子乎?丈人曰:四体不勤,五谷不分,孰为夫子?植其杖而芸。子路拱而立。止子路宿,杀鸡为黍而食之,见其二子焉。明日子路行,以告。子曰:隐者也。使子路反见之。至,则行矣。"(《论语·微子》,并见《史记·孔子世家》)

③ "楚狂接舆歌而过,孔子曰:凤兮,凤兮,何德之衰,往者不可谏,来者犹可追。已而已而,今之从政者殆而!"(《论语·微子》)

的俸禄，可是这个仲子以他哥哥的钱是不义之财，不用；以他哥哥的房子为不义之室，不住。他因此，和他哥哥分居，靠编草鞋、织席子过日子。有时穷困、饥饿，连眼睛也睁不开、站不起来，但是他下定决心，不做官。

像陈仲子这类的隐者，当时是有社会影响的，他的影响甚至超出了齐国，并为统治阶级所仇视①。孟子说陈仲子"无君臣上下"，赵威后说他该杀（《韩非子·外储说右》）②，以及荀子也责骂这种人是欺世盗名，比盗窃东西的强盗还坏③。荀子反对这些隐者的理由是他们破坏了君臣上下的秩序，只图个人的自由：

> 忍情性，綦溪利跂，苟以分异人为高，不足以合大众，明大分。然而其持之有故，其言之成理，足以欺惑愚众，是陈仲史鳅也。（《荀子·非十二子》）

稍后的韩非也对这一批人提出批评：

> 畏死难，降北之民也，而世尊之曰贵生之士。（《韩非子·六反）》

战国时期这一派的典型代表人物即杨朱。从孔子到孟子、荀子、韩非，他们反对这一批隐者的理由，也正是孟子反对杨朱的理由：

> 圣王不作，诸侯放恣，处士横议，杨朱、墨翟之言盈天下。天下之言不归杨则归墨。杨氏为我，是无君也，墨氏兼爱，是无父也。无父无君是禽兽也。

---

① 有一次齐国的使臣到赵国，赵威后问齐使："于陵子仲尚存乎？是其为人也，上不臣于王，下不治其家，中不索交于诸侯，此率民而出于无用者，何为至今不杀乎？"（《战国策·齐策》四）

② "齐有居士田仲（按田仲即陈仲）者，宋人屈谷见之曰，谷闻先生之义，不恃人而食，然亦无益人之国。"

③ "盗名不如盗货，田仲、史鳅不如盗也。"（《荀子·不苟》）

孟子又说：

> 杨墨之道不息，孔子之道不著，是邪说诬民，充塞仁义也。仁义充塞，则率兽食人，人将相食！（《孟子·滕文公》下）

"杨子为我"，已成为天下公认的杨朱思想的特征。战国中期与孟子同时的还有子华子。子华子也有类似杨朱的主张：

> 子华子曰："全生为上，亏生次之，死次之，迫生为下。"（《吕氏春秋·贵生》）

先秦诸子中不少地方记述这些隐者的活动和他们的社会理想。他们有共同的特点是：不参加政治活动，不做官，安于穷困的生活，多半依靠农业维持生活，他们不是奴隶主或新兴的地主阶级，占有的土地不多，其中多半是从旧贵族没落下来的人物，体力劳动的本领有限，经常半饥半饱，也是可以理解的。

杨朱的中心思想是"为我"，"拔一毛而利天下不为"。综合战国到汉初所记载的杨朱的思想面貌大致如下：

> 杨子取为我，拔一毛而利天下，不为也。（《孟子·尽心》上）

> 杨氏为我，是无君也。（《孟子·滕文公》下）

> 阳生贵己。（《吕氏春秋·不二》）

> 今有人于此，义不入危城，不处军旅，不以天下大利易其胫一毛。（《韩非子·显学》）

> 全性保真，不以物累形，杨子之所立也。（《淮南子·泛论训》）

> 杨子曰：事之可以之贫可以之富者，其伤行者也；事之可以之生可以之死者，其伤勇者也。（《说苑·权谋》）

试以《史记》所讲到的《盗跖》《渔父》《胠箧》三篇的主要精神与杨朱等隐者的思想相比较，可以发现有许多相似或接近的地方。

仅以这三篇而论，除了抨击儒墨这些思想，由于杨朱的著作不全，无法比较外，至于养生、全性保真的思想，在这些篇里都有相当充分的说明。

《盗跖》篇从儒家尊奉的尧、舜、禹、汤、文、武这六位圣人批评起，说这些人"世之所高也"，仔细考察一下，他们都是"以利惑其真而强反其情性，其行乃甚可羞也"。庄周认为，凡不能"说（通悦）其志意，养其寿命者，皆非通道者也"。最后列举出"乱""苦""疾""辱""忧""畏"是"天下之至害"，应当尽力避免。

《渔父》这一篇更是集中地讲养生的道理，反对"苦心劳形，以危其真"。并举出"四优""八疵""四患"，都为人生之累。必须摆脱了这一些，才可以达到真正养生的要求。

《盗跖》《渔父》篇里讲的养生，和"后期庄学"（内篇）的养生有本质的区别。《养生主》的养生是精神的"自由""自在"，教人像庖丁解牛那样"以无厚入于有间"，并不要求人们避开或改造这个现实世界，而是教人：

> 依乎天理，批大却，导大窾，因其固然，技经肯綮之未尝。

它的目的无非教人当个与世浮沉的滑头分子，"安时而处顺，哀乐不能入"的自我陶醉者。庄周、杨朱讲的养生，和后期庄学不同之处，在于它硬是教人有所不为，在政治上与贵族统治者不合作，而不是"安时而处顺"，俯仰于世俗之中，当一个无是无非、不黑不白的乡愿。它教人"法天（自然）贵真，不拘于俗"；反对那些拘于俗，受世俗支配的"愚者"。养生的目的，是不参加那些"小盗者拘，大盗者侯"的剥削集团。它主张"殚残天下之圣法，而民始可与论议"。最终目的是庄周理想的"至德之世"：

> 当是时也，民结绳而用之，甘其食，美其服，乐其俗，安其居。邻国相望，鸡狗之音相闻，民至老死而不相往来。若

此之时,则至治已。(《胠箧》)

在庄周所幻想的理想社会里,没有剥削阶级的所谓文化,也没有剥削的制度。庄周一般地反对文化是错的,他这种错误,已经引起许多研究庄子哲学的人的注意,并已给以批判。但也有不少人似乎忽略了庄周反对文化(民结绳而用之)的同时,他更着重反对剥削制度,要求过着小农经济的"甘其食,美其服……"的小国寡民的生活。这种愿望,势必反对君主、国家对人民的剥削、压迫。这必然会得出"杨氏为我,是无君也"的同样的政治结论。这种无君论的思想,在中国古代社会,经常和"大同"思想有密切的联系。

如果我们承认阶级斗争是推动阶级社会向前发展的内在动力,甚至是最后通过无产阶级专政达到消灭阶级,达到真正大同的话,那末,阶级斗争的主要内容就是剥削与反对剥削,压迫与反抗压迫的斗争。毛泽东同志指出:"阶级斗争,一些阶级胜利了,一些阶级消灭了。这就是历史,这就是几千年的文明史。"[①]根据马克思列宁主义、毛泽东思想所指示的原则,我们不能不认为人类历史上,反剥削、反压迫的斗争是历史的骨架;反剥削、反压迫的思想是阶级社会思想的灵魂;建立无剥削、无压迫的大同世界,是人类历史的方向。当人类历史发展的条件不具备,没有科学的世界观,没有先进的工人阶级和它的政党出现以前,大同的理想只能停留在空想的阶段。今天才有可能逐步把这一理想变成现实。但是,我们不能以为古代人民反剥削、反压迫、向往大同的方案不能实现,就说这种理想也不应当有,也错了;不能认为古人分不清反对剥削的文化连一切文化都

---

① 《丢掉幻想,准备斗争》,《毛泽东选集》第 4 卷,人民出版社,1966 年版,第 1424 页。

反对这一错误认识,就连古人反对剥削的愿望的合理性也一笔勾销,认为它毫无是处。我们说,庄周的思想尽管有许多缺点、错误,如果它的思想中的确有"剽剥儒墨",反对剥削的合理内核,这一点,就值得大大表扬,而庄周的思想中,反对剥削这一点是无可怀疑的。

这批知识分子,绝大多数不著书立说,像杨朱这样的在当时有广大社会影响的思想家,都没有著作留传下来(老子这个"古之隐君子"也只有五千言)。他们虽不参加政治活动,但不参加也是一种政治倾向,他们的不活动,未尝不可以说是活动的另一种表现形式。不能认为他们力图摆脱当前的激烈政治斗争("不入危城,不处军旅")就认为没有参加斗争。大变革的时代洪流,任何阶层都不能置身局外。春秋战国时代的变革,不是一家一姓的兴亡,而是所有制的变革。

从保存的史料看,这些隐士们是真正的隐居者,和后来统治阶级收买来作为点缀升平的"充隐"①有真伪的不同。那末,我们可以追究一下,这些隐者的政治目的是什么?"为我"是政治目的吗? 他们又为什么引起统治者的仇视呢?

在阶级社会里,推动历史前进的是社会的基本矛盾。奴隶制社会,是奴隶主与奴隶的矛盾;封建社会里是封建地主与农奴、农民的矛盾。"自由民和奴隶、贵族和平民、领主和农奴、行会师傅和帮工,一句话,压迫者和被压迫者,始终处于相互对立的地位,进行不断的、有时隐蔽有时公开的斗争,而每一次斗争的结局都是整个社会受到革命改造或者斗争的各阶级

---

① "桓玄以历代咸有肥遁之士,而己世独无。乃征皇甫谧六世孙希之为著作,并给其资用,皆令之让而不受,号曰'高士',时人名为'充隐'。"(《晋书·桓玄传》)

同归于尽。"①只要有阶级,就有阶级斗争,阶级斗争贯串着人类阶级社会的历史。在古代,阶级关系比现代更为复杂:"在过去的各个历史时代,我们几乎到处都可以看到社会完全划分为各个不同的等级,看到由各种社会地位构成的多级的阶梯。在古罗马,有贵族、骑士、平民、奴隶,在中世纪,有封建领主、陪臣、行会师傅、帮工、农奴,而且几乎在每一个阶级内部又有各种独特的等第。"②只有到现代,进入资本主义社会后,阶级矛盾才简单化了:"但是,我们的时代,资产阶级时代,却有一个特点:它使阶级对立简单化了。整个社会日益分裂为两大敌对的阵营,分裂为两大相互直接对立的阶级:资产阶级和无产阶级。"③

经典作家虽然讲的是欧洲历史,但是给我们研究中国哲学史提供了重要的线索。由于中国的近代社会一开始即没有进入正规的资本主义化的道路,它的社会各阶级的矛盾关系比古代更为复杂一些,关于这一点,毛泽东同志已做出了卓越的阶级分析;这里只讲古代的各阶级。

中国春秋战国时期,有以下这些阶级:

(1)奴隶主阶级,(2)奴隶阶级,(3)新兴的地主阶级,(4)与地主阶级相对峙的农奴阶级,(5)农民小生产者,(6)自由手工业者。随着奴隶主阶级的衰颓没落,奴隶阶级也起了变化,有的转化为农奴,依附于新兴的地主阶级;随着新兴地主阶级的壮大,农奴阶级也在扩大。封建地主阶级的上升与奴隶主阶级的没落,是春秋战国时期社会大变革的主要内容,其他阶级和阶层的变动都是由这

---

① 马克思:《共产党宣言》,《马克思恩格斯选集》第 1 卷,人民出版社,第 251 页。

② 同上。

③ 同上。

两大阶级的升降关系所带动起来的。但是,这并不意味着只有地主阶级和奴隶主阶级的斗争起作用,其他的阶级在这个大变动中就置身局外,不闻不问。比如在奴隶制解体的过程中,从奴隶地位解放出来的自由手工业者,就提出了自己的政治要求,为改善"农与工肆之人"的社会地位和经济地位而斗争。这时代表农民小生产者的思想的,春秋时有老子和他同时的那些隐者,战国时期有杨朱、许行、陈仲子等;庄周也是这一派隐者的思想代表人物。这一批农民小生产者,不是新的生产关系的体现者,他们在奴隶制和封建制下,都有自己的小块土地供自己耕种。也许由于他们有着没落贵族的特殊身份,才不致于沦为奴隶或农奴,可是他们的生活水平、经济地位比较接近于下层劳动者。他们有自己的小块土地,收获物归自己享用(正确地说,交税后,归自己享用),他们要求的是政府对他们少干涉或不干涉,就是《老子》书中所说的,要人民过着"自朴""自富""自化"的生活。

小私有者,有自给自足的生活手段,商品交换,对他们来说不是十分必要的,这种自然经济直到鸦片战争前,还大量存在[①],何况战国时期? 只有一些工艺性较高的,或需要特殊设备的物品、工具,自己不能生产的,才用粮食去换,比如耕田的铁制农具,做饭的釜、甑、戴的帽子[②]等等。

庄周和老子以及其他隐者的阶级地位,经济状况,以及阶级命运都是一致的。他们这些人,不是奴隶主没落得一无所有了,只剩下一条命,才感到"养生""全性保真"的重要;而是,由于他

---

①　"在印度和中国,生产方式的广阔基础,是由小农业和家内工业的统一形成的。"(《资本论》第3卷,412页)

②　"许子冠乎? 曰冠。曰奚冠? 曰冠素。曰自织之与? 曰否,以粟易之。……许子以釜甑爨,以铁耕乎? 曰然。自为之与? 曰否,以粟易之。"(《孟子·滕文公》上)

们,作为农民小生产者,为了保全自己的小生产者的私有权,才提出"为我""贵生"的。

主张庄周的思想反映农民小生产者,根据如下:

(1)庄周对体力劳动和对体力劳动者的态度是尊重的,而不是轻视的(参看拙著《庄子探源》所引用的《盗跖》《马蹄》《天地》)。也有人说,庄周既然赞成体力劳动,为什么反对工具改革? 为什么他宁肯"抱瓮而汲",却反对子贡的合理化建议,不用桔槔呢? 这个问题庄周自己已有了回答,庄周怕的是有了机械,因而使人产生了"机心",这是他的保守落后的一面。今天在农村中进行农具改革也不是没有保守思想的抵触的。在长期分散落后的生产和生活方式下的个体农民,他们有保守、怕革新的思想是可以理解的。他们的经济基础薄弱,经不起大胆的革新试验。十月革命后的苏联农民也是如此。列宁曾指出过:"他们(中农)固守着已经习惯了的东西,小心谨慎地对待一切新事物,对任何号召总要先用事实、用实践加以检验,如果还不相信有改变的必要,就决不改变自己的生活方式。"①

(2)庄周这些人,对当时的文化、礼乐等级制度坚决反对,向往原始的无剥削、无压迫的社会。这也充分反映了小农的平均主义思想②。在这些合理的愿望中,夹杂着倒退、落后的渣滓,这也是事实。庄周错认为上古的人生活过得舒适,无拘无束。不但庄周美化了古代,即使先秦具有最进步的社会历史观的思想家,也还不免暴露出崇古的幻想。像韩非,认为古代人谋生活比后来容易,他说古代"丈夫不耕",是由于"草木之实足食";古代"妇人不织",是由于"禽兽之皮足衣"。古代"不事力而养足,人

① 《留声机片录音演说》,《列宁全集》第29卷,第216页。
② 可参看《马蹄》《胠箧》《盗跖》等篇。

民少而财有余，故民不争，是以厚赏不行，重罚不用而民自治"（《韩非子·五蠹》）。在古代，散布这些不合实际的幻想的，不止庄周这一家。

中国古代公社制解体的过程，发展很不平衡，又加上汉族与非汉族交错杂处，以至春秋时，还有相当数量的农村公社的残余。农村公社的经济组织和生活习惯，它和阶级社会的奴隶制或封建制有显著的距离。庄周这一派的思想家，只看到伴随着剥削出现了文化、礼乐、典章制度；而这些礼乐、典章制度又是加固剥削制度的。因此庄周提出"绝圣弃知，大盗乃止"，"焚符破玺，而民朴鄙"，"殚残天下之圣法，而民始可与论议"（《胠箧》）。

历史科学表明，在剥削制度下，有了脑力劳动与体力劳动的分工，才有可能在古代生产力十分低下的条件下创造出高度的科学文化。劳动人民虽是文化的直接或间接的创造者，但文化的精神面貌，发展的方向，主要是按照统治阶级的利益建造的。作为小私有者的农民，它不是剥削者，而是精神和物质财富的直接或间接的创造者，他们完全有权利反对剥削制度。这不能认为是什么"酸葡萄"，不是由于他们做不上官才骂做官的。我们不应当把北洋军阀、国民党时代下野的万恶军阀和无耻政客在租界"隐居"，读《南华经》和小生产者农民对政治的诅咒的正义性混同起来。

老子、庄周反对商业、高利贷，不贵难得之货，这些思想都有它的阶级基础。反对高利贷的态度以农民小私有者为最坚决，这是可以理解的。马克思曾指出："一方面，高利贷对于古代的和封建的财富，对于古代的和封建的所有制，发生破坏和解体的作用。另一方面，它又破坏和毁灭小农民和小市民的生产，总之，破坏和毁灭生产者仍然是自己的生产资料的所有者的一切形式。"①马克思又说:"高利贷在生产资料分散的地方,把货币财产集中起来。高利贷不改变生产方式,而是像寄生虫那样紧紧地吸在它身上,使它虚弱不堪。高利贷吮吸着它的脂膏,使它精疲力竭,并迫使再生产在每况愈下的条件下进行。由此产生了民众对高利贷的憎恶,这种憎恶在古代世界达到了极点"②。这里马克思论证的是古代罗马,但是这一基本原则仍可适于研究中国的古代社会。他从阶级的根本的利益分析了小生产者、农民对高利贷的憎恶的根源。而高利贷,在春秋战国时期,和商品交易、经济剥削是相辅而行的,都是使个体农民破产、贫困,沦为奴隶或农奴的无形镣铐。

也有人提出疑问,说《盗跖》篇所描绘的不像农民的形象。农民哪里会"脍人肝而铺之",农民哪里会有"目欲视色,耳欲听声,口欲察味,志气欲盈"的追求享乐的思想?农民也不会认为人生"无异骐骥之驰过隙也"。

这里也要作具体的分析。作为一个奴隶暴动的领袖的形象,他们的暴动都是从当时统治他们、压迫他们的奴隶主那里学来的。正如武装革命是由于武装的反革命逼成的是一个道理。残暴的奴隶主教会了暴动的奴隶"以其人之道还治其人之身"。古代奴隶暴动不同于现代的马克思主义的政党领导下的农民革命。农奴主集团把剜人眼睛、残人肢体看作常事,而今天翻了身的农奴并没有用农奴主那种残暴野蛮的办法对待他们。因为有了共产党的领导,我们不是狭隘的报复主义者。古代的奴隶暴动和共产党领导下的革命有本质的区别。

至于说,"目欲视色,耳欲听声",这些物质生活方面欲望应

---

① 《资本论》,《马克思恩格斯全集》第25卷,第674页。

② 同上,第674—675页。

当满足,不能认为只有贵族才有生活欲望的享受。把农民理解为只知道干活吃饭,这是对农民的歪曲。至于说到生命的短促,"其中开口而笑者,一月之中不过四五日而已矣"(《盗跖》),和《列子·杨朱》篇的纵情享乐的生活态度要加以区别。要求快乐地生活,又有什么不应该?

司马迁所提到的庄周这几篇的共同的特色是它反对剥削。在反对剥削的坚决性、彻底性方面,农民中各个阶层是有区别的,小生产者,由于有自己的私有土地,除非压迫得活不下去,它是不会起来革命的。但是,由于它是直接参加生产的阶级,在"反对剥削"这一点来说,和贫农、农奴有一致性。反对剥削是各阶层农民的共同的阶级本质。不能认为一讲到农民,就想到在党领导下的、坚决反帝反封建的农民;走合作化的道路,成立人民公社走社会主义道路的农民。现在我们所讲的是个体小私有者的农民,是两千多年前的个体小私有者的农民。

老子以后,一直到杨朱、庄周这批隐者的另一共同特色是"为我"的个人主义、利己主义。这种利己主义、个人主义在一定的历史时期,进步性大于保守性,与今天的反对社会主义集体主义只有反动没有进步作用的个人主义应有所区别。不能笼统地认为个人主义在任何时候都是反动的。从封建制向资本主义过渡时期的个人主义有进步性,已取得不少学者的公认;由奴隶制向封建制过渡时期,个人主义对奴隶制起的破坏作用,似乎也应给予足够的重视。个人主义,也不是与没落阶级的思想意识有必然内在的联系,它是与私有制度有内在联系的。也可以说,个人主义是私有制的产物,而不是没落阶级的必然产物。

小生产者的这一特点,反映在社会思想上,就是"小国寡民"的幻想,是对农村公社美化的幻想。这些幻想的图景,在古代却成为他们针对当时人剥削人、人压迫人的抗议的理论根据。他们的错误,在于企图以小生产者小农经济的落后标准来观察世界和改造世界。但是,幻想,也不是无中生有,它有它的现实基础作为根据。

根据庄周所处的社会历史条件来考察当时农民小生产者所起的社会作用是进步还是反动,这对当时评价老、庄哲学思想具有关键性的重要意义。

农民小生产者,不剥削人,经济上自给自足,没有政治权利。他们家底子薄,经常处在不能自保的边缘。在奴隶制度下,他们有沦为奴隶的危险;在封建制度下,他们又有沦为农奴的危险。他们的经济地位,决定了他们必然反对强大的兼并战争,财富集中,高利贷剥削,大都市的繁荣,等等。变革之前(奴隶制)和变革之后(封建制),都没有给他们带来什么好处。实际上得到好处的是封建地主阶级。因此,庄周对奴隶制和封建制都表示不满:

> 今世,殊死者相枕也,桁杨者相推也,刑戮者相望也!而儒墨乃始离跂攘臂乎桎梏之间。噫!甚矣哉,其无愧而不知耻也,甚矣!(《在宥》)

正如郭沫若同志所说的:

> 他(庄周)生的时代就是这样的时代。前一时代人奔走呼号,要求奴隶的解放,要求对私有权的承认,谈仁说义,要人把人当成人,把事当成事,现在是实现了。韩、赵、魏、齐都是新兴的国家,是由奴隶王国蜕化出来了的,然而毕竟怎样呢?新的法令成立了,私有权确实是神化了,而受了保障的只是新的统治阶级。他们更聪明,把你发明了的一切斗斛、权衡、符玺、仁义,通通盗窃了去,成为了他们的护符。而下层的人民呢?在新的重重束缚里面,依然还是奴隶,而且是奴隶的奴隶。这种经过动荡之后的反省和失望,就是

酝酿出庄子的厌世乃至愤世倾向的酵母。(《十批判书》,第168 页)

由奴隶制度向封建制度过渡,大批劳动者从奴隶的地位转到了农奴或农民的地位,他们被固定在土地上,有了自己的一些简单的生产工具。他们的生产积极性会比奴隶对生产的积极性要高一些。但农民实际上仍然是地主阶级的奴隶。至于小自耕农,在全部农民中毕竟是少数,而且这些隐者所反映的某些农民的思想中,必然也夹杂着从其他阶级,特别是从他们出身的奴隶主贵族阶级,带过来的影响,混杂着一些非农民思想意识。真正纯粹的农民,不能产生自己的哲学家。即使在反封建压迫的农民革命阵营中,也不可能由农民提出符合历史进程的政治纲领。农民革命,在封建社会所建立的政权,仍然是封建性的。这是社会发展的规律,历史地规定了的。

农民只能提出两种社会政治理想的方案:(1)平均主义的、空想的大同理想,不要君主,不要国家;(2)要求一个真正代表农民利益的好皇帝,"君臣并耕而食,饔飧而治",尽可能地按照农民的理想去塑造自己的好皇帝的形象。老子、许行倾向第二种方案,庄周倾向于第一种方案。这两者又有一定的联系,不是可以截然划分的。正是由于历史的和阶级的局限性,才不得不使农民革命的果实,被剥削阶级利用了去。农民问题,尽管在不断起义的冲击下,打碎了不少剥削人民压迫人民过剩的封建王朝,但农民作为一个阶级,并不能真正解放自己,不能冲破封建制度的生产关系。历史证明,只有在工人阶级领导下,才真正解决了农民的问题。列宁曾说过:"奴隶举行过起义,进行过暴动,掀起过国内战争,但是他们始终未能造成自觉的多数,未能建立起领导斗争的政党,未能清楚地了解他们所要达到的目的,甚至在历史上最革命的时机,还是往往成为统治阶级手下的小卒。"①列宁的指示,不止限于奴隶革命时期,农民革命也是如此。

毛泽东同志告诉我们,农民革命,如果"没有新的阶级力量,没有先进的政党","得不到如同现在所有的无产阶级和共产党的正确领导"②,结果不是胜利果实给剥削阶级篡夺了去,就是以失败而告终。虽然如此,却也不应因此低估了春秋战国时期农民小生产者在历史上的进步作用。

春秋中叶开始,已出现了封建的土地所有制,这是封建化的最主要的标志。但是中国古代由奴隶制到封建制的过渡又有它的特点。特点是封建制国家完好无损地继承了奴隶制的国家机器。当然,从一种私有制到另一种私有制,它的上层建筑,包括国家机器,不少是可以继承的而不需要彻底打碎它。由奴隶制到封建制远比由封建制到资本主义制可以继承的更多些。尽管如此,总不能原封不动地搬过来。因为奴隶制与封建制毕竟是两种所有制。中国古代封建化的过程是通过奴隶主开明势力去执行新兴地主阶级的政治、经济以及文化要求的。战国时期封建国家的掌权者,毫无例外地都是由旧的奴隶主贵族中涌现出来的。他们都是东周甚至西周以来奴隶主蜕变过来的。前者如三家分晋后的韩、赵、魏,和田氏的齐国;后者如商鞅变法后的秦国;等等。

上述现象,颇值得注意。也就是说,奴隶制一贯相沿的礼乐刑政、典章文物制度,没有经过彻底否定,也没有经过重新估价。正如《庄子》书中所指摘和抨击的:

---

① 《论国家》,《列宁选集》第4卷,第55页。
② 《中国革命和中国共产党》,《毛泽东选集》第2卷,人民出版社,1966年版,第588页。

为之斗斛以量之,则并与斗斛而窃之;为之权衡以称之,则并与权衡而窃之;为之符玺以信之,则并与符玺而窃之;为之仁义以矫之,则并与仁义而窃之。何以知其然邪?彼窃钩者诛,窃国者为诸侯。诸侯之门而仁义存焉。(《胠箧》)

*　　*　　*

第一,透过《庄子》书中这些激烈的对儒家的抨击的词句,不难看出它实质上在反对从奴隶制到封建制相沿相窃的那一套典章制度,道德规范等等。他所"破"的这些东西,也正是奴隶制的残余。这些攻击,在客观上,对奴隶制上层建筑进一步的破坏有积极作用,对正在确立的封建制社会有利。因为彻底封建化,是西汉以后,经过秦末农民大起义,才奠定了封建制的稳定局面。封建王朝的基础和上层建筑才基本相适应,西汉才把六国的旧贵族的残余势力完全打垮,连根拔掉。

第二,以老、庄、杨朱为代表的这些农民小生产者的思想家,一般地反对文化、知识、教育是不正确的,将会导致蒙昧主义,但是他们揭露了剥削者利用文化、通过文化来宣传剥削制度的"合理",是欺骗行为,这种见解还是相当深刻的,有它的积极意义。

第三,老、庄的自然、无为天道观,打破有人格的神的权威,打击西周以来的传统迷信,剥夺了"上帝"决定世界的"特权",为科学开辟道路,在客观上只有对没落的奴隶主不利,对新兴的封建地主阶级是有利的。我们不能因为他的表面上好像不关心政治,就认为他们真对当前的政治生活不起作用。

最后,仍然要说明,农民小生产者的经济地位决定了他们的革命性不是很坚决的,但在反对剥削这一基本立场上,他和其余各阶层的农民有一致性。他们人数是少数,他们的来源成分也复杂,像杨朱、庄周也不是百分之百的农民,因而他们的思想中有剥削阶级的残余,不足奇怪。他们的"为我""全性保真"的生活态度、政治态度,是小私有者的思想反映。在对抗绝对权威,反抗抹杀个人的生活权利以供奉剥削者的过分享乐生活方面它有一定的进步作用。剥削者宣传的"大公无私",本身也是一种自私,剥削者认为剥削制度合于"义",这种"义"本身就是剥削阶级的私利和偏见,他们只是以他们的阶级私利冒充天下之公义罢了。杨朱、庄周与儒墨不同,在于公开宣扬"为我"而不加掩饰。杨朱、庄周的"为我",与儒墨的贵仁义,都是为了自己阶级的私利。这些道德范畴的基本内容和无产阶级的大公无私有本质的不同。只是孔、孟的仁义是剥削者的利;墨子的义是手工业小生产者的利;庄周、杨朱的"为我"是农民小生产者的利。只是所利的阶级不同罢了。在当时的历史条件下,"为我"的个人主义,全性保真,不拔自己的一毛以利天下,也不拔别人的一毛以利己,是针对剥削者的损人利己的批判,有其合理的因素。不能与今天的对抗社会主义集体主义的个人主义一样看待。因此,庄周和当时的一批隐者,在社会作用上也是进步多于保守。虽然他们不是生产关系的主要体现者,进步性也有它一定的局限。因为它(农民小私有者)在破旧立新的变革过程中,客观上起了促进奴隶制的瓦解作用,实际上也就有利于新兴地主阶级的壮大。在破旧立新的斗争中,由于它的阶级地位的决定,它不可能站在斗争的最前面,它起的积极作用也是有限的。否定庄周、杨朱以及当时这批隐者的进步性,是不应该的,把他们看作反动的思想代表是不符合实际情况的,但是,也不宜过分夸大它的进步作用。真正反映先进阶级利益的,代表进步势力的,是新兴地主阶级的思想,荀子、韩非是这一新兴阶级的主要哲学家。

庄子探源之四[*]

——"后期庄学"(内篇)的唯心主义哲学体系

庄周提出了人类认识的相对性,并指出这种认识的相对性给人们带来了困惑,造成一些麻烦。仅就这一点来说,其见解是深刻的,比以前的哲学家有所前进,标志着人类认识论的进一步深化。后期庄学发展了庄子哲学中的唯心主义部分和相对主义部分。相对主义和辩证法有本质的区别,二者不能混同。辩证法通过辩证的分析,使认识在新的基础上得到进一步的确定,它的归宿是明白、确实、肯定。它告诉人们认识的道路尽管曲折,但认识是可能的,可以由不知达到有知。而相对主义的归宿则引导人们陷于蒙昧、怀疑、否定,它的归宿是世界无法认识。

现在的《庄子》内篇,是经过整理,把一些唯心主义观点十分明确的论文集中起来,编为"内篇"。传统看法,认为"内篇"是庄子自著,或代表庄子的思想。我认为"内篇"为后期庄学的思想,

---

[*]　原载《北京大学学报》(人文版)1962 年第 5 期。

不代表庄子思想。

后期庄学要避免实际的政治斗争,不参加政治活动,却不敢公开进行实际反抗。尽管他希望不过问政治,而现实政治却随时来干预他的生活。在外来的压力下开始软化了,不敢对现实进行抗议,而是寻求所谓精神解脱,幻想出一个自我陶醉的精神境界。它表现为唯心主义、相对主义。

老子的哲学,到了战国时期,向左右两个方面分化。继续它的唯物主义传统的有宋尹、荀子、韩非等人。从老子哲学体系中的某些缺点向唯心主义发展的,即后期庄学的哲学思想。

一 从天道自然无为到宿命论

为了反对有一个万能的上帝,老子开始提出了物质性的道。道是事物的最后物质根源,又是事物的总规律,因为它具有不同于任何具体事物的特点。老子提出了道,并强调了道之区别于具体的、个别事物的特点,但老子讲得不够明确。后期庄学从唯心主义观点歪曲了老子的学说。《大宗师》说:"夫道有情有信,无为无形。可传而不可受,可得而不可见。自本自根,未有天地,自古以固存。神鬼神帝,生天生地。在太极之先而不为高,在六极之下而不为深,先天地生而不为久,长于上古而不为老。"这都是对老子的道所做的唯心主义的解释,强调了道是脱离一切事物的神秘的精神。在《齐物论》中又说:"有始也者,有未始有始也者,有未始有夫未始有始也者;有有也者,有无也者,有未始有无也者,有未始有夫未始有无也者。俄而有无矣,而未知有无之果孰有孰无也。"意思是说,世界有它的没有开始,推上去,还有它的未开始的未开始。这就是一种神秘主义的答案了。又说,世界有"有",有"无",再推上去有"没有有和无",再推上去连"没有有和无"也没有。这就陷入虚无、神秘主义的深渊。但后期庄学并没有到此止步,它说,究竟世界是真有还是真无,也无从知道("未知有无之果孰有孰无也"),这就是彻底的唯心主义了。老子也讲到世界最后的根源是物质性的道,是混沌状态的气,说不上固定的形象,叫做无,所以认为无比有更根本。但老子有时混淆了无形无象的无和空无的无的区别。他说房子不止是有墙壁门窗,有了墙壁门窗中间的空虚部分,才起了房子的作用,器皿有了中间的空虚地方,才可以盛东西,起了器皿的作用。老子这里说的房子、器皿中间的空虚部分的"无"是空隙,是空无而不是处于混沌状态的无定形的物质。老子在这里把"虚无"说成比"有"更根本,造成了理论上的漏洞。后期庄学却利用了老子哲学中这一错误观点,并沿着这一错误方向继续前进。他说:"古之人其知有所至矣,恶乎至? 有以为未始有物者,至矣,尽矣,不可以加矣;其次以为有物矣,而未始有封也;其次以为有封矣,而未始有是非也;是非之彰也,道之所以亏也"(《齐物论》)。后期庄学所谓"古之人"就是他认为认识正确的人,"古之人"认为世界最初未始有物,后来有了事物,后来有了名词、概念,后来有了是非。是非观念的明确化,意味着道的完整性遭到破坏。后期庄学把无、无名理解为超越认识范围之外,不可言说的神秘的本体了。

《齐物论》用形象化的语言论述大风的声音时,说"夫吹万不同而使其自已也。咸其自取,怒者其谁邪?"这是说风是自己在吹的,是"自取",并不是有什么外在怒者使它发出不同的声音。只就它反对有一个所谓造物者、上帝这一点说,它不是没有积极意义的。但是它完全排斥人对于自然界的作用,所以在讲到人在自然界的地位时,陷入唯心主义、宿命论的错误。它说:"日月出矣,而爝火不息,其于光也,不亦难乎? 时雨降矣,而犹浸灌,其于泽也,不亦劳乎?"(《逍遥游》)意思是说,自然界最崇高,人力是不能超越的,人类只能当自然的俘虏。在道或自然面前,人只有听它的安排、摆布,完全无法掌握自己的命运:"一受其成形,不忘以待尽,与物相刃相靡,其行尽如驰而莫之能止,不亦悲乎? 终身役役而不见其成功,苶然疲役而不知其所归,可不哀邪"(《齐物论》)?

当它反对上帝有意志、神的"能动"作用时,强调了道的自然无为、无知的特点,不失为一种反对宗教目的论斗争的方式。但这种宣扬天道自然无为的主张,摆脱了目的论,立刻陷入了宿命论。它说:"知其不可奈何而安之若命,德之至也。"(《人间世》)又说:"死生、存亡、穷达、贫富、贤与不肖、毁誉、饥渴、寒暑,是事之变,命之行也。"(《德充符》)后期庄学宣称,"命"(冥冥中决定一切的主宰者)是定数难逃的。他们认为寒暑、死生、饥渴这些自然现象和由阶级压迫所造成的穷达、富贵、毁誉等社会现象都是人力无法改变的(当然社会上阶级的出现,也是必然的,它的规律也是不以人的主观意志为转移的,这是更深一层的意思,战国末期还谈不到有这样的认识)。他们赶走了上帝,请来命运之神,"命"对于自然和社会现象成了人们无法驾驭甚至无法理解的神物了。荀子评论庄子的哲学时说它"蔽于天而不知人"(《荀子·解蔽》),荀子并据此指出"蔽于天而不知人"将导致只能因循,不能创造的后果("由天谓之,道尽因矣")。荀子的这个批评是有道理的。

后期庄学认为道既然普遍存在于"一切",它就不应当存在于一物。把道看作超于一切物之外的实体。这样的实体,正是唯心主义的精神实体。《齐物论》自设问答论述了这种唯心主义观点。它说,道被什么所隐没才产生了真和伪? 是由于局部事物的形成,才造成道的亏损的("道恶乎隐而有真伪?""道隐于小成。"）；对于任何具体事物的完成（或形成），同时对于道的全体来说反而是一种破坏。《齐物论》中说："有成与亏，故昭氏之鼓琴也；无成与亏，故昭氏之不鼓琴也。"鼓琴不论奏出什么调子，比如表现了悲伤的曲调是"成"，但对于表现喜悦以及其他感情的曲调来说，就是"亏"。照这样的逻辑，不要音乐才是最丰富的音乐。《齐物论》正是把老子的"大音希声"，"大象无形"，作了唯心主义抽象的理解。把全体与局部的关系对立起来。只要全体，不要局部，结果既失去了真正的全体，也否认了局部。离开局部也就没有全体，后期庄学所说的超乎一切东西之上的道，也是不存在的。这样的道只能存在于他们的头脑里。

二　从相对主义到虚无主义

《齐物论》关于认识论的相对主义观点，表现在以下三个方面：

第一，《齐物论》认为认识的对象的性质是相对的，是没有分别的，因而它的性质是无法认识的。它说："故为是举莛与楹，厉与西施，恢、恑、憰、怪，道通为一。其分也成也，其成也毁也，凡物无成与毁，复通为一。"不论是细小的莛和粗大的楹，丑的、美的，宽大与狡诈，奇怪与妖异，它们最后总是一样。一个东西的分散也就是合成，合成也就是毁灭；无论成与毁，结果总是一样。后期庄学首先抓住事物有相对性这一个方面，把它夸大，绝对化之后，又进一步取消了认识对象的质的规定性。它指出事物的成和毁，是有相对的一方面，是对的，但"成"毕竟不就是"毁"，因为它有相对的稳定性。美与丑有主观的因素，对个别事物也有时难以划出美丑的绝对界限。但是美和丑毕竟不能因此完全混淆、等同。在这里利用事物的某些特殊现象，做出了违反科学，不合常识的结论。

《德充符》篇也说,"自其异者视之,肝胆楚越也;自其同者视之,万物皆一也"。照它的意思,肝胆之间是否像楚越那样相去千里,是很难判断的,只看认识者用什么观点去看它;万物是不是真有差别,也难肯定,只看认识者用什么观点去衡量它。事物的差别,后期庄学认为,不在事物本身,而在于认识者的态度、看法。由此他们必然得出结论:事物没有客观的性质,一切性质全是被主观方面的认识者加上去的。现在再回头考察《秋水》篇所谓"以……观之……"的那些重重叠叠的所谓观察事物的角度,好像十分"客观",毫无成见和偏见,实际上,他们是有意列举各种观察角度以论证客观事物本身没有固有的特点、性质,性质是人给它们加上的。结果,只能得到对象无法认识的结论,最好是不去认识。

第二,对于主观认识能力,《齐物论》认为也是相对的,没有客观标准,因而得出认识不可能的结论。

《齐物论》说:"啮缺问乎王倪曰,'子知物之所同是乎'?曰:'吾恶乎知之'?'子知子之所不知邪'?曰:'吾恶乎知之'?'然则物无知邪'?曰'吾恶乎知之'?"这段近似离奇的问答很能代表《齐物论》对待知识的态度。王倪对于啮缺的问题给他一个一问三不知。不过最后他还是申明了他对人类认识能力的看法,他说:"虽然,尝试言之。庸讵知吾所谓知之非不知邪?庸讵知吾所谓不知之非知邪?"《齐物论》认为如果一定要讲认识的问题,实在无法判定所知的是不是真正的知。《齐物论》说:人睡在潮湿的地方会得腰痛病,泥鳅也这样吗?人爬到高树上感到胆怯,猿猴也这样吗?这二者(人、泥鳅、猿猴)究竟算谁知道正当的住处呢?毛嫱、丽姬,人以为是美人,鱼见了她们吓得深入水底,鸟见了她们吓得高飞,麋鹿见了她们赶快跑开,美不美,究竟以谁(人、鱼、鸟、麋鹿)的尺度作为衡量的标准呢①? 由此,《齐物论》的作者得出结论说,"自我观之,仁义之端,是非之涂,樊然殽乱,吾恶能知其辩?"这就是说认识者没有认识的能力,无法取得所谓正确的认识。

　　《齐物论》不但怀疑一般正常认识的不可能,并由此进而对于认识者究竟是不是在认识,也进行怀疑;再进而对于"怀疑认识者的怀疑"也提出了怀疑。它说"梦饮酒者,旦而哭泣,梦哭泣者,旦而田猎。方其梦也,不知其梦也,梦之中又占其梦焉,觉而后知其梦也。且有大觉而后知此其大梦也;而愚者自以为觉,窃窃然知之!"只有它所谓"大觉者"才能以怀疑一切的态度对待认识问题,把醒与梦看得无所谓差别:从梦的立场看醒,醒也是梦;从醒的立场看梦,梦也是醒。《齐物论》还用了一个寓言式的故事说明这种不可知论的观点:有一次庄周梦为蝴蝶,他难于搞清楚,是庄周做梦,梦中变为蝴蝶呢,还是现在的庄周的活动是蝴蝶所做的梦?《齐物论》最后的结论是,不但一般人没有认识事物的能力,就是最高智慧的"至人"也不能解答这个问题。只是"至人"比一般人高明的地方不在于他能正确地认识什么,而在于他根本放弃认识,以"不进行认识"作为"认识"。《养生主》说,"吾生也有涯而知也无涯,以有涯随无涯,殆已。"这句话的上半句是说生命是有限的,知识是无限的,这半句话原不算错。他们错在如何对待有限的生命和无限的知识的关系。人类正是经历了世世代代的努力,不断地从认识世界、改造世界的实践中不断前进,才取得今天的成就,才不断地从必然王国向自由王国飞跃,根本不存在什么"殆已"的后果。后期庄学为了避免"殆已",最好是不进行认识活动。这是一种彻底的以"不能知"来论证的

---

　　①　据《齐物论》意译。

不可知论。

第三，对于真理的标准问题，有没有是非、真假，《齐物论》也做了不可知论的论证。

《齐物论》提出关于判别是非有没有标准的问题，用什么作为标准的问题。最后提出，探求关于事物的是非、真假有没有意义，应该不应该的问题。他们能够提出这些问题，无疑地对于中国哲学史上认识论的发展有刺激作用，但是它的答案都是错的。它所犯的错误，作为反面教材，很值得借鉴。

《齐物论》认为当时儒墨各派互相争论，乃"以是其所非而非其所是；欲是其所非而非其所是，则莫若以明"①。这是说儒墨各自都用自己所认为是错误的去互相批评对方所认为是对的，他们这样做，那就不能搞清楚是非。《齐物论》认为谁也没有能力判断别人的是非。它说：假使我和你进行辩论，你胜了我，我辩不赢你，难道你果真就对，我果真就错了吗？我胜了你，你辩不赢我，难道我果真就对，你果真就错了吗？还是有一个对另一个错了呢，还是两人全对了或全错了呢？我们两人无法决定谁对谁错，那末请谁来决定呢？使跟你意见相同的人决定，他既然和你的意见一样，又怎能决定呢？使跟我意见相同的人决定，他既然和我的意见一样，又怎能决定呢？使和我两人意见都不同的人决定，他既然和我两人的意见都不一样，又怎能决定呢？使和我两人意见相同的人决定，他既然和我两人的意见相同，又怎能决定呢？那末，我和你和第三者都不能知道谁对谁不对，还等谁

① 这句话，旧注多从郭象说，把"以明"作为庄子主张以此明彼，"反复相明"。与《庄子》的原意不符。"若""乃"双声通假。庄子这里讲的"莫若以明"，就是"莫能以明"。庄子以取消回答作为答案，以否认认识作为认识。他不可能认为儒墨的是非可以用"以明"的方法双方"反复相明"（像郭象所说的那样），而是说，儒墨的争吵毫无意义，他们的是非根本不能搞清楚。

来决定是非呢①？照《齐物论》的逻辑，决定是非是不可能的，因为没有一个客观的、共同的标准。

《齐物论》这种否认是非有客观标准的不可知论的观点和它的唯心主义、神秘主义世界观是密切联系着的。因为它认为道是不可知的，世界本身是不可以用感觉、用理性以及任何认识的方法可以认识的。它认为"道隐于小成；言隐于荣华"。就是说，持有局部的见解（小成）的人才看不见道。持有辩才的人才不了解真正的言。因为"大言炎炎，小言詹詹"，是非总归是讲不清楚的，你有你的是非，他有他的是非。不但对不同的意见难于判定谁是谁非，甚至连你、我、彼、此，也难于分别得清楚，"是亦彼也，彼亦是也。彼亦一是非，此亦一是非，果且有彼是乎哉？果且无彼是乎哉？彼是莫得其偶，谓之道枢"。这是说是与非，彼与此，根本说不上有什么对立面的关系（"莫得其偶"），没有对立，自然也不需要对它们进行分别。所以说，"枢始得其环中以应无穷"。环是无端（开始）的，环的任何一部分都可以说是起点，也都可以说是终点。取消了对立面，就可"以应无穷"。应无穷的方法是以不辩为辩，以不说为说，以不认识作为认识。它认为仅仅停留在分别是非的阶段，是非总是说不清楚的，"是亦一无穷，非亦一无穷也，故曰莫若以明"，又是一个"搞不清楚"（"莫若以明"）！

既然"莫若以明"照《齐物论》的体系，是以不分别代替分别，从根本上取消了认识。他说："以指喻指之非指，不若以非指喻指之非指也。以马喻马之非马，不若以非马喻马之非马也。天地一指也，万物一马也。"②这是说，天地、万物并不真正是客观存

---

① 据《齐物论》意译。

② 关于"指"与"马"，学术界有不同的解释，今采郭沫若《十批判书》的解释。

在着的实物,不过是个符号。任何概念都不能反映事物,既然不能反映,就不如干脆连这些符号也一并取消。不表示,倒是最完全的表示。这和上面所讲的不鼓琴反而能表达最完整的曲调,是同样的神秘主义的思想方法。

《齐物论》的认识论的相对主义有它的特点。它看到了人们任何时候,认识都不免带有局限性、片面性这一事实。指出并承认这一点,无疑对于取得正确认识是有好处的。它自觉地、反复地提醒人们注意到这一点,是有它的积极意义的。仅就这一点来说,"后期庄学"对中国哲学史上的认识论有促进的意义,至少它从认识的主观能力、对象,是非标准各方面深刻地提出了问题,深刻的程度超过了以前和同时代的哲学家。就这一意义说,"后期庄学"丰富了中国哲学史上的认识论。但是,他们对于所提出的问题完全做了唯心主义的错误解答。他们不仅论证知识不可靠,对象不能知,而且通过相对主义的认识论,引导人们走向虚无主义。用取消一切的态度来对待认识、对待现实世界、对待生活。

列宁指出:"把相对主义作为认识论的基础,就必然使自己不是陷入绝对怀疑论、不可知论和诡辩,就是陷入主观主义。作为认识论基础的相对主义,不仅承认我们知识的相对性,并且还否定任何为我们的相对认识所逐渐接近的、不依赖于人类而存在的、客观的准绳或模特儿。从赤裸裸的相对主义的观点出发,可以证明任何诡辩都是正确的……可以纯粹为了人或人类的'方便',在承认科学思想体系(它在一方面是"方便"的)的同时,又承认宗教思想体系(它在另一方面也是很"方便"的),等等。"①

---

① 列宁:《唯物主义和经验批判主义》,人民出版社,1960年,第128页。

《齐物论》的认识论，不止有它的认识论的根源，也还有它的阶级根源，而且阶级根源是更主要的方面。它这种否认一切，否认是非的态度是奴隶主阶级对现实生活，封建制度下的社会秩序的反动。既反对墨家有利于封建社会的言论，又认为奴隶制的代言人孔子的学说已失去前途。它不敢对现实社会的不合理进行激烈的批判，也提不出自己的积极主张，而是采取了取消问题的手法，谁也对，谁也不对；无所谓对，无所谓不对的模棱两可的油滑顺世的态度。这也反映了没落阶级对未来的生活看不到任何出路。只好得过且过。这种生活态度，对后世一切没落阶级都起着精神麻醉的作用。

三　无条件的精神自由

庄子自己辞却楚王的礼聘，不肯为相，他的理由是"无污我"，"无为有国者所羁，终身不仕，以快吾志焉"（《史记·老子韩非列传》）。庄子所要求的是个人的精神自由（以快吾志）。这里有某些消极反抗的因素，但后期庄学在《逍遥游》中却只从消极方面着眼。

后期庄学把这种逃避现实的倾向形成哲学，提出所谓追求精神自由的理论。他面对现实世界与个人的主观希望的矛盾，设想出许多所谓解决的办法。《逍遥游》说，大鹏飞翔，要靠大风和长翼的帮助；行千里的人，要带着三月之粮。这是一般生活的规律，这样的生活，说不上自由。列子能轻妙地乘风飞行，并能达半月之久，比起一般人，总算自由了（可以不走路），但是他还要有风才行；没有风，列子也将失去"免于行"的自由，而且，他所能去的地方仍然是有限的①。《逍遥游》认为，这些所谓自由，都是有条件(有待)的，不算真正的自由；真正的自由是"乘天地之正而御六气之辩(变)，以游无穷者，彼且恶乎待哉?"《逍遥游》认为一切有待的自由都不能离开客观条件(有待)；可是任何条件都是对自由的限制；要求绝对的自由，又要绝对地离开条件限制，后期庄学把问题提得十分突出，并对这个问题给了答案。

《逍遥游》认为一般人所以不自由，是由于他"有己"；受条件限制的是每个要求自由的"自己"。它说"至人无己，神人无功，圣人无名"，"至人""神人""圣人"是庄子认为理想的人格的不同的称谓，三者都是一种人。像这样的圣人，他不感到自己的存在(无己)，自然也不会有所积极建树(无功)，他可以不顾别人对自己的毁誉(无名)，因而精神上是自由的。《大宗师》所描绘的"真人"是"其寝不梦，其觉无忧，其食不甘，其息深深。真人之息以踵，众人之息以喉"。"真人"还"不知说(悦)生，不知恶死。其出不欣，其入不距，翛然而往，翛然而来而已矣"。"真人"和一般人不一样，他不仅生活与众不同；更主要的是对待生活的态度与一般人不同，他对待生，也说不上特别高兴，对待死，也说不上特别不喜欢。自然地生下来，又自然地死去。后期庄学所描绘的这种圣人(或真人、至人)，现实世界里是不存在的，只能存在于虚构的精神世界里。在《德充符》，后期庄学故意把它歌颂的理想人物说成肢体残缺、形貌支离的怪人，但这些人物的精神状态又被描绘成完美无缺的典型，"德有所长，而形有所忘"。

后期庄学又分析了人们通常所感到的现实生活的不自由，不外生死寿夭、富贵贫贱、得失、毁誉这些客观原因。这些原因有的属于自然现象，有的是阶级社会的社会现象。后期庄学对

---

① 据《逍遥游》意译。

自然界,采取了虚无主义的态度,以精神性的道代替物质性的道,陷入唯心主义;对社会现象,不敢抗议,不敢诅咒,而是一再宣扬无条件的精神解脱法。他们的原则是引导人们"忘"却那些不合理,心里就痛快了,自由了。但是它却倒转来,故意说成现实社会本来就适合于人们的生活,一切苦恼,都是自寻出来的。关于死生的问题,《大宗师》说:"死生命也,其有夜旦之常,天也"。《人间世》说:"知其不可奈何而安之若命,德之至也。"把死生问题归结为命运的安排,就不会苦恼。关于得失的问题,《大宗师》说,有所藏即有所失,无所藏即无所失。"藏舟于壑,藏山于泽,谓之固矣,然而夜半有力者负之而走,昧者不知也",最安全避免损失的办法是"藏天下于天下",无所得,也就不会失了。关于毁誉的问题,《大宗师》认为"与其誉尧而非桀也,不如两忘而化其道"。用"忘"的办法对待毁誉,毁誉对自己就不发生干扰了。关于富贵贫贱的问题,《大宗师》也教人不要追究造成贫困的原因,如果处于贫困的地位,不但不是坏事,还应感激造物者,认为这是出于它的善意的关怀。《大宗师》记载子桑在贫困中,穷得吃不上饭,他却自己安慰自己说:"吾思夫使我至此极者而弗得也。父母(把造化比做父母)岂欲吾贫哉?天无私覆,地无私载,天地岂私贫我哉?"使他陷于贫贱的是"命"。找到了仁慈的"命",他心安理得了。

《大宗师》提出的精神解脱法,是"堕肢体,黜聪明,离形去知,同于大通,此谓坐忘"。坐忘,是彻底的,无目的的"忘",它把"坐忘"看作获得精神自由的总原则。坐忘,就可以达到与天地万物浑然一体的神秘精神境界。陶醉在这样的神秘精神境界里,从思想上泯除了人与人之间、人与物之间的差别界限。

后期庄学追求所谓绝对的个人的自由,不是有所不为,而是无所谓"为"或"不为"。《大宗师》认为人们之所以应当忘了自己,因为本来就没有一个自己,它说:"夫大块载我以形,劳我以生,佚我以老,息我以死,故善吾生者乃所以善吾死也。"这就是说世界对每个人都是最合适的,如果有人以为不合适(不自由),那是他自己的认识不正确;认识方面之所以不正确是由于他没有忘了"自己"。它认为所谓"自己"本来是不存在的。《大宗师》说:"今之大冶铸金,金踊跃曰:'我且必为镆铘。'大冶必以为不祥之金。今一犯人之形,而曰:'人耳人耳',夫造化者必以为不祥之人。今一以天地为大炉,以造化为大冶,恶乎往而不可哉?"

表面看来,后期庄学力图论证"无己",宣扬坐忘。实际上,它的无己,并不是真正的无己,而正是为了"己","坐忘"也不是真正忘了一切,而是为了在幻想中满足他们的精神自由。这正如它在认识中一再宣扬排除主观,甚至连什么"观"也不要,实际上正是为了引导人们走向主观主义的道路。

"后期庄学"的思想,是沿着老子的唯物主义哲学中的薄弱环节和错误的观点发展的必然结果。这种思想反映了奴隶主阶级在封建势力强大后,没有前途、失去信心的失败主义精神状态。他们认为,即使在极端恶劣的环境中和危险的人物相处,也要尽量设法保全自己。它说:"彼且为婴儿,亦与之为婴儿;彼且为无町畦,亦与之为无町畦;彼且为无崖,亦与之为无崖,达之入于无疵。"(《人间世》)这是说,随声附和,随大流,就可免于灾害。他像婴儿那样无知,自己也跟着学他那样无知;他不守规矩,你也跟着学他那样不守规矩;他随随便便,你也跟着学他那样随随便便。这里描绘出一个自私自利,不问是非的乡愿式的人物嘴脸。

庄子探源之五

——庄周的唯物主义哲学思想

庄周是先秦时代著名的哲学家。对传统和现实的激烈批判,追求个人自由的浪漫主义精神,哲学中的巨大矛盾和精辟见解,广阔的知识领域,汪洋恣肆、恢诡谲奇的文笔,使他成为中国历史上最有特色的哲人。然而长期以来庄子被人片面地歪曲地理解了,受到不公正的评价。魏晋时代,玄学兴起,玄学家们纷纷为《庄子》作注,把庄子说成玄学的祖师。后来佛教盛行,和尚居士们又以佛解庄,把庄子描绘成释迦的同调。解放后有些人根据玄学化、佛学化的庄子形象,对庄子做出全面否定的评价,把庄子思想的精华连同糟粕一起抛掉。这样做对于发展科学的哲学史没有任何好处。我们应该以马克思主义为指导,根据事实说话,全面深入地分析庄子的思想,给以客观的、科学的评价,恢复庄子的本来面目。

一　关于《庄子》书

　　要正确评价庄子,从资料方面来说,首先就要确定哪些著作是属于庄子的。但在这个问题上,历来就有不同的看法,这是对庄子评价产生分歧的原因之一。

　　《庄子》书是研究庄子思想的资料,它和先秦其他诸子书一样,是庄子学派的著作总集。其中有的是庄子自己写的,有的是经弟子整理的庄子的讲话记录,有的是庄子后学的作品,还有的甚至是与庄子学派无关的其他学派的著作。因此对《庄子》书加以分析是必要的。

　　传世的《庄子》书有三十三篇,其中内篇七篇,外篇十五篇,杂篇十一篇。许多学者认为内篇是庄子所著,外、杂篇不是。我们认为这种说法靠不住。

　　有一种意见,认为内篇七篇思想一贯,风格一致,有典型的代表性,因此是庄子的著作。王夫之可以作为这种意见的代表:

　　　　内篇虽参差旁引,而意皆连属;外篇则踳驳而不续。内篇虽洋溢无方,而指归则约;外篇则言穷意尽,徒为繁说而神理不挚。内篇虽极意形容,而自说自扫,无所粘滞;外篇则固执粗说,能死而不能活。内篇虽轻尧舜,抑孔子,而格外相求,不党邪以丑正;外篇则忿戾诅诽,徒为轻薄以快其喙鸣。内篇虽与《老子》相近,而别为一宗,以脱卸其矫激权诈之失;外篇则但为《老子》作训诂,而不能探化理于玄微,故其可与内篇相发明者十之二三,而浅薄虚嚣之说杂出而厌观,盖非出一人之手,乃学庄者杂辑以成书。其间若《骈拇》《马蹄》《胠箧》《天道》《缮性》《至乐》诸篇,尤为惰劣。读者遇庄子之意于言象之外,则知凡此之不足存矣。[(清)

王夫之:《庄子解》卷八]

王夫之看到内篇与外、杂篇思想倾向不一致,前者对儒墨态度比较缓和,离老子思想体系较远,后者对儒墨态度激烈,比较接近老子思想。虽然他站在儒家正统立场上,竭力扬内篇而抑外、杂篇,但看出分歧之所在,毕竟是他见识卓越之处。不过王夫之企图从内篇的意义连属,指归简约,自说自扫,无所粘滞等方面,证明内篇为庄子所著,则是不能成立的。思想风格一致与庄子所著这是两个不同的概念,不能认为思想风格一致,必为庄子的著作。

又有一种意见,认为内篇文章好,除了庄子别人做不出。焦竑的话有代表性:

> 内篇断非庄生不能作,外篇、杂篇则后人窜入者多。

[(明)焦竑:《焦氏笔乘》]

文章好就一定是庄子的吗? 这和王夫之的思想方法犯了同样的错误,不足以证明他们的结论。在找到真实证据之前,不能说某文非某人作不出。

还有一种意见说,魏晋以来学者都主张内篇是庄子著作,这是传统看法。但这也不能作为内篇是庄子所做的证据。传统看法,可能是对的,也可能是错的,不能盲从。要确定庄子的著作,必须找到一个可靠的支点,根据它来断定哪些是庄子著作,哪些不是。

有人认为《庄子·天下》篇关于庄子的一段论述,提供了一个支点,可据以确定庄子的著作。《天下》篇的这一段说:

> 死与生与? 天地并与? 神明往与? 芒乎何之? 忽乎何适? 万物毕罗,莫足以归。古之道术有在于是者,庄周闻其风而悦之……独与天地精神往来,而不敖倪于万物,不谴是非,以与世俗处。

"独与天地精神往来"即追求绝对的精神自由,"不谴是非,以与世俗处"即坚持相对主义的认识论原则。用这个标准来衡量,认为《逍遥游》《齐物论》是庄子的代表作,内篇的其他各篇也大体上是庄子所作,而外、杂篇大体上不是。

《天下》篇虽然是《庄子》书中的最末一篇,但它既不是庄子或庄子学派的著作,也不是道家著作,它是在道家术语的掩盖下,全面阐述了儒家的观点。它说:

> 古之人其备乎!配神明,醇天地,育万物,和天下,泽及百姓。明于本数,系于末度,六通四辟,小大精粗,其运无乎不在。其明而在数度者,旧法世传之史尚多有之。其在于《诗》《书》《礼》《乐》者,邹鲁之士搢绅先生多能明之。《诗》以道志,《书》以道事,《礼》以道行,《乐》以道和,《易》以道阴阳,《春秋》以道名分。

这就是说,体现在儒家经典《诗》《书》《礼》《乐》《易》中的理论,是最高最完美的理论。《天下》篇对儒家六经的评论,得到儒家正统派朱熹的高度称赞,朱熹说:

> 如说"易以道阴阳,春秋以道名分"等语,后来人如何下得?它直是似快刀利斧,劈截将去,字字有著落。"又说:"若见不分晓,焉敢如此道?"(均见《朱子语类》卷一二五)

与此同时,《天下》篇对其他各家极力贬低:

> 天下大乱,贤圣不明,道德不一,天下多得一察焉以自好,譬如耳目鼻口,皆有所明,不能相通。犹百家众技也,皆有所长,时有所用。虽然,不该不遍,一曲之士也。判天地之美,析万物之理,察古人之全,寡能备于天地之美,称神明之容。是故内圣外王之道,暗而不明,郁而不发,天下之人各为其所欲焉以自为方。悲夫,百家往而不反,必不合矣!后世之学者不幸不见天地之纯,古人之大体,道术将为天下

裂。

诸子百家是天下大乱以后出现的东西。儒家以外的各家各派，不讲《诗》《书》《礼》《乐》《易》《春秋》六经，他们只了解真理的一个方面，因此每一家的理论都是不全面的，他们讲的道理不具有普遍性，各派学说破坏了天地之美，割裂了万物之理，内圣外王之道竟被它们掩盖了，堵塞了，给了天下人为所欲为的口实。百家离真理越来越远，道术被弄得四分五裂，多么可悲！这完全是一派儒家的言论。

　　明确了《天下》篇的立场，就能正确理解它对各家所做的具体的介绍和评论了。老子对当时的社会和意识形态激烈地抨击过："天之道损有余而补不足。人之道则不然，损不足以奉有余。"这是抗议富人对穷人的剥削。"大道废，有仁义，智慧出，有大伪。六亲不和，有孝慈。国家昏乱，有忠臣。"认为儒家道德原则是乱世的产物。"绝圣弃智，民利百倍，绝仁弃义，民复孝慈。绝巧弃利，盗贼无有。"老子看来，不但剥削阶级的道德要否定，甚至连科学技术的进步也要一起抛弃。这些议论，构成老子思想的重要方面，但是《天下》篇对此视而不见，只强调他的知雄守雌，知白守辱，"宽容于物，不削于人"的那个方面，把老子说成单纯地忍辱含垢，与世无争的人物。《天下》篇为什么要这样做呢？它站在儒家立场上，当然不愿意突出老子反儒的那一方面。按儒家本意，最好把老子全部否定，无奈做不到，只好肯定它所能容忍的东西，以显示它的公正无私。在《庄子》外篇中有不少攻击儒墨的言论，《天下》篇只字未提。能够据此断定这些内容不是庄子的思想吗？当然不能。很明显，它在这里又一次运用了它对付老子的办法。隐去庄子的反儒思想，宣扬他不谴是非，不敖倪于万物，这是符合儒家利益的。

　　我们认为，在确定哪些篇章是庄子著作时，司马迁的记载应当引起重视。《史记·老子韩非列传》说：

> 庄子……其学无所不窥，然其要本归于老子之言。故其著书十余万言，大抵率寓言也。作《渔父》《盗跖》《胠箧》，以诋訿孔子之徒，以明老子之术，《畏累虚》《亢桑子》之属，皆空语无事实。然善属书离辞，指事类情，用剽剥儒、墨，虽当世宿学不能自解免也。

司马迁不仅指出庄子"明老子之术"，"诋訿孔子之徒"这个基本的思想倾向，而且明白点出他所读到《庄子》中的若干篇的篇名，列举了《渔父》等篇。司马迁有忠于史实的品质，有卓越的才识学问，他的记载应该是可信的。统观《庄子》全书，凡是"剽剥儒墨"，"明老子之术"的一些文字，多数集中在外、杂篇。可以说外、杂篇反映的基本思想是庄子的思想。

正如老子思想有激烈和消沉两个方面一样，庄子思想也有这两个方面。消沉的倾向在外、杂篇中也是有反映的。他主张"乘道德而浮游"，"与时俱化"，"以和为量"（《山木》）。希望"游于世而不僻，顺人而不失己"（《外物》）。在认识论上也有相对主义的思想。因此我们并不简单地否定《天下》篇的意见。不过，消极的东西在庄子那里是两种倾向中的一种，而且是并非主要的一种，但到后期庄学那里，消极思想则成为主要倾向，因而出现了内篇那样的著作。所以内篇不是庄周的著作，它是后期庄学的作品，它的唯心主义已形成了相当完备的体系，它是研究后期庄学的资料。

为什么不反过来，认为内篇是庄子著作，外、杂篇是后期庄学的著作呢？一个学派思想的发展，很有一点像流水，上游接近源头，下游远离源头。庄子思想是从老子那里继承来的，老子思想就好比是个源头，我们只能说庄子学派先具有外、杂篇所反映的思想，然后发展到内篇所反映的思想，决不能反过来，说由内篇发展到外、杂篇的思想。

　　在先秦、两汉,编书的惯例是可以肯定为某子著作的作为内篇,不纯的、有怀疑的放在外篇。为什么庄子和早期庄学著作放在外、杂篇,后期庄学的著作反而放在内篇?《庄子》的编辑整理工作一直在进行着,传世《庄子》是魏晋时代郭象编定的。在古代,整理者可以根据己意对文章进行删削编排。《庄子》文章的篇数,先秦时为多少不详,汉刘向、刘歆定为五十二篇,魏晋时代郭象定为三十三篇,李颐定为三十篇,崔譔定为二十七篇,向秀定为二十六篇。文章的段落也经常被编纂者移动,《齐物论》"道未始有封"这段文字,在班固所见或所编《庄子》中是在外篇,《养生主》的"庖丁解牛"的寓言,在隋朝和尚吉藏所见《庄子》书中也在外篇,但在郭象本《庄子》中,它们一起收到内篇来了。在这种情况下,内、外篇之分也不是一成不变的。唐代陆德明在谈到各家编定的《庄子》时说:"内篇众家并同,自余或有外无杂。"(《经典释文·叙录》)这是说各家都有内篇,但外、杂篇的设置便不同了,有的既有外篇也有杂篇,有的只有外篇。有人认为"内篇众家并同"是说各家内篇都如郭象本一样是《逍遥游》等七篇,这是不对的。

　　郭象是根据什么划分内篇和外、杂篇呢? 根据他对庄子思想的理解。他认为庄子坚持相对主义和绝对的精神自由,因而把反映了这些思想的《逍遥游》等七篇定为内篇,为了把庄子思想说透,他甚至从外篇中拿出一些段落放到内篇中去。当然郭象这样理解庄子,并非他的独创,乃是当时的一种思潮,既是玄学的思想,也是正统儒家的思想,所以他的本子同其他注家的本子不会有根本的不同,只能是大同而小异。

　　除非将来考古发掘找到《庄子》先秦原本,我们不应当怀疑司马迁所见到的《庄子》版本而轻信郭象的《庄子》版本。从基本倾向看,以外、杂篇代表庄子思想,以内篇代表后期庄学思想是比较接近事实真相的。

二 庄子其人

现在知道的关于庄子的材料不多,主要根据《史记》和战国时期某些著作的零星记载,以及《庄子》中散见的材料,其中不免有些寓言式的描写,不能看作真事,但从这里也反映出一个庄子的轮廓。

庄子名周,宋国蒙(今河南商丘)人(一说为山东曹县,此说不可信)。他和孟子同时,比孟子稍晚一些。据马叙伦、吕振羽、范文澜、闻一多等人考证,庄子生年为公元前369年、355年、328年、375年,卒年为公元前286年、275年、286年,295年。据此,庄子于公元前328年至295年在世,是没有问题的。庄子朋友不多,门徒有限。当时学术界的名人中只有惠施同他经常往来,进行辩论。朱熹说:"庄子当时也无人宗之,他只在僻处自说。"(《朱子语类》卷一二五)先秦诸子书中,只有荀子提到过庄子,说他"蔽于天而不知人。"

庄子曾做过蒙地方的漆园吏,大概没有干多久,后来便和战国时代其他思想家一样,从事于讲学、著述。他生活贫困,有时靠打草鞋过活,曾向监河侯借过米,见魏王的时候穿的是补了又补的粗布衣服,草鞋上的带子也是断了又接起来的。然而他坚决不去做官,对功名利禄表示高度的轻蔑。《史记·老子韩非列传》记载:

> 楚威王闻庄周贤,使使厚币迎之,许以为相。庄周笑谓楚使者曰:千金,重利;卿相,尊位也。子独不见郊祭之牺牛乎? 养食之数岁,衣以文绣,以入大庙。当是之时,虽欲为

孤豚,岂可得乎? 子亟去,无污我。我宁游戏污渎之中自快,无为有国者所羁,终身不仕,以快吾志焉。

《庄子》中的《秋水》《列御寇》两篇中,各有一个故事与这里的记述相似,可能这段文字是从那两个故事演化来的。《秋水》篇还有这样一个故事:

惠子相梁,庄子往见之。或谓惠子曰:"庄子来,欲代子相。"于是惠子恐,搜于国中三日三夜。

庄子往见之,曰:南方有鸟,其名为鹓𪄱,子知之乎? 夫鹓𪄱,发于南海而飞于北海,非梧桐不止,非练实不食,非醴泉不饮。于是鸱得腐鼠,鹓𪄱过之,仰而视之曰"嚇!"今子欲以子之梁国而吓我邪!

庄子以高洁的凤凰(鹓𪄱)自况,在他看来,梁国的相位就像一只发臭的死老鼠,而死抱住梁相不放的惠施则是一只可厌的鸱鸟。

庄子是隐者,但他与后世把隐居终南山当作做官的捷径的隐者不同,并不是为了抬高身价,以便有朝一日飞黄腾达。他终身贫苦,隐而不仕,是因为反对当时封建等级宗法的社会,讨厌虚伪的仁义礼知的说教。有人用"酸葡萄"来解释庄子的情绪:因为当不上官,才拼命贬低做官。这是把一种思想的产生理解得过于简单了。吴敬梓著《儒林外史》讽刺科举制度,严复写《救亡决论》抨击八股文,如果用酸葡萄的理论来解释,说他们是因为自己没有取得功名而大发牢骚,那是多么肤浅!

其实老庄思想是有比较广泛的社会基础的。在封建化的过程中,与封建领主阶级、农奴阶级产生的同时,也出现了一批自耕农,他们是小私有者,又是小生产者。其中有的是因为有军功,从奴隶、农奴上升来的,有的是逃亡的奴隶、农奴在离城市较远的荒僻地带开垦荒地成为自耕农的,还有的是从奴隶主、封建领主阶级降下来的。这个下降,除了劳动者造反和他们内部互相倾轧以及战争等原因之外,还有一个正常的途径。我国奴隶社会和封建社会都是实行宗法制的,按照血统关系确定人们的政治、经济地位。奴隶主或封建领主,不论是天子、诸侯还是卿大夫,都要把私有财产、贵族地位留给自己的长子。所谓"君子之泽,五世而斩",先世是贵族,几代以后,就逐渐失去了贵族特权和身份。所谓宗法,最重要的是确定长子对于余子的特殊地位,即长兄对于群弟的特殊地位,由长兄一人继承父业,使私有财产尽量集中,不致因为在兄弟之间平均分配而迅速分散。一个家族的人数在不断增长,为了达到上述目的,还需要不断地把余子抛出去,别立为宗,成立新的家族。因此,在宗法制度下,有所谓"百世不迁之宗",即以始祖之后各代宗子(长子)为首的大宗,和"五世则迁之宗",即以高祖之后各代宗子为首的小宗。小宗"六世亲竭矣",退出小宗的家族,另立新宗。

余子所分得的财产是有限的,余子的余子所得更为有限。春秋战国时期,有相当一批贵族的余子,成为独立的小农,有一小片土地,自己参加劳动。他们有贵族的血统和文化教养,但是只有农民小生产者的政治经济地位。他们对奴隶制、封建制都已绝望,宗法制决定他们必然沉沦。他们从自己这个角度看社会,就见到人类文明给他招致的不幸,最重要的是保住自己的生命财产,保住勉强过得去的经济地位。他们中间不少人走上避世的道路,成了隐者。《论语》中记载了一些隐者,如长沮、桀溺、荷蓧丈人、楚狂接舆等人都是真人真事,《庄子》中有庚桑楚、南荣趎等隐者,这些人虽未必实有其人,而这些人的思想倾向则是真实的社会现象的反映。一方面,对传统和现实深深不满,使他们时时发出尖锐的批判和愤怒的抗议,另方面,由于无力改变现实,看不到前途、出路,又使他们趋于消沉,无所作为,寻求精神的安慰。庄子和老子一样,也是从农民小生产者,特别是隐者阶层中,汲取政治和思想营养的。

庄子是楚人,丰富多彩的楚文化使庄子哲学极富特点。长江流域很古的时候就有发达的生产技术,马王堆出土文物说明,春秋战国时期已经具有了高度发展的绘画、雕刻、纺织以及医学科学技术。人们在改造自然的斗争中,思考着宇宙的生成、变化的许多问题。屈原的《天问》提出了那么多自然科学的问题,如"日月安属,列星安陈? 出自汤谷,次于蒙汜,自明及晦,所行几里? 夜光何德,死则又育?"《天运》篇也表达了当时的庄子学派对宇宙运行、变化的关心和理解。《天下》篇载南方倚人黄缭也曾探讨"天地所以不坠不陷,风雨雷霆之故"。这些都是提供给庄子的思想资料,帮助他进一步研究大自然。

王逸说,楚俗"信鬼而好祠",这有它迷信的方面,但是同时也产生了许多美丽的神话。在《九歌》中,我们看到东皇太一、云中君、湘君、湘夫人、大司命、少司命、河伯、山鬼这些具有超人本领又有人的某些思想感情的鬼神,在《离骚》中,人似乎也具有某种神性,可以与神交通,可以上天下地,支配日月风雷。《楚辞》与富于现实主义精神的《诗经》不同,是绚丽多彩的,充满浪漫主义精神的。神话和楚辞又影响了庄子,丰富了他的想象力和创造力,使他写出极其生动的比喻和逸趣横生的寓言。在《庄子》书中,我们可以看到人与鱼对话,河与海交谈,牧马童子游于六合之外……庄子吸取楚文化的养料,形成了自己的浪漫主义的风格。

三　社会历史观:民之常性与仁义礼知的对立

有着小块土地的个体农民一出现,便和封建领主处在尖锐的矛盾之中。封建领主向他们抽税征兵,用礼乐刑罚对他们进行严厉的统治。加上战争的破坏,商品经济的侵蚀,水旱灾荒的袭击,农民小生产者的地位岌岌可危。他们在苦难中撑持,迫切要求保住自己的劳动条件,按自己的意愿生活下去。因此,在儒墨法等各家为了礼治、法治,亲亲、尚贤等问题争吵得不可开交的时候,农民小生产者的代表庄子大声疾呼,圣知仁义礼乐等等束缚人的东西全部不要,让人民群众按照他们的本性生活!

庄子继承和发展了老子的思想,把农民小生产者同等级、宗法、专制的封建制度的对立,概括为民之常性与仁义礼知的对立。这一对立实际上贯串在庄子的整个哲学中,造成了或影响了其他一系列矛盾、对立。虽然由于时代和阶级的局限,庄子不可能真正找到解决这些对立的方法,但是经过他的努力探索,提出了不少深刻的思想。

民之常性也就是人的自然本性。庄子认为,很久以前有一个"至德之世",那时人民群众根本不知道有什么仁义礼乐,他们按照自己的本性自然而然地生活着。

> 彼民有常性,织而衣,耕而食,是谓同德;一而不党,命曰天放。(《马蹄》)

> 夫至德之世,同与禽兽居,族与万物并,恶乎知君子小人哉! 同乎无知,其德不离,同乎无欲,是谓素朴;素朴而民性得矣。(同上)

从这里我们可以知道民之常性就是:一、生存和温饱,人要有饭吃,有衣穿,没有挨饿受冻的痛苦;二、劳动,不但人民是"织而衣,耕而食"的,而且领导人也不脱离劳动。《天地》篇描写了大贵族伯成子高在田野耕作的情形。他美化了至德之世,认为劳动甚至是诗一样的精神享受。善卷对舜说:"余立于宇宙之中,冬日衣皮毛,夏日衣葛絺;春耕种,形足以劳;秋收敛,身足以休食;日出而作,日入而息,逍遥于天地之间而心意自得。"

(《让王》)三、"一而不党",不划分为利益集团,没有上下尊卑,更没有上对下的压迫统治。人民生活十分自由;四、没有仁义礼知等精神枷锁的束缚,群众在道德上是同样美好的,没有君子、小人的区别;五、无欲而素朴,不争名不逐利,安闲度日。至德之世"民结绳而用之,甘其食,美其服,乐其俗,安其居,邻国相望,鸡狗之音相闻,民至老死而不相往来"。

庄子所谓民之常性,归根到底不过是反映了农民小生产者的利益和要求。人民群众与奴隶制、封建制上层统治者的矛盾由来已久,但是只有这种农民小生产者出现之后,才可能以全人类的名义把他们的愿望、要求提炼为"民之常性"这一概念,使这一部分人的要求具有普遍性、合理性,它标志着宗法、等级专制制度下个人的觉醒,具有重大的认识价值。

仁义礼知曾经为奴隶制服务,稍经改造之后,又为封建制服务,它们是宗法、等级、专制的社会体制的观念的纽带。人们历来总是说,仁义礼知是天之所命,是至善的。然而庄子却说,仁义礼知破坏了人类的自然状态,不是什么善,而是罪恶的渊薮。这在当时,真所谓石破天惊。

庄子认为,仁义等等道德规范,对人类的生存完全是多余的,就像多余的手指和连在一起的脚趾一样,是畸形的东西,极不正常。在至德之世,一切任其自然,人们是自由、幸福的。自从社会上出现了所谓圣人,情况不同了,他们提倡仁义,推行礼乐,给社会带来了不安和分化。

> 及至圣人,蹩躠为仁,踶跂为义,而天下始疑矣;澶漫为乐,摘僻为礼,而天下始分矣。故纯朴不残,孰为牺尊?白玉不毁,孰为珪璋?道德不废,安取仁义?性情不离,安用礼乐?五色不乱,孰为文采?五声不乱,孰应六律?夫残朴以为器,工匠之罪也;毁道德以为仁义,圣人之过也。(《马

373

蹄）》

人的性情是自然的、多样的,圣人却偏要人为地把它纳入一个固定僵化的规范里,这就好像多余的手指要砍掉,连着的脚趾要割开,凫的短腿要续长,鹤的长腿要截短一样,是违反人的本性的。

圣人提倡仁义,用爱和利加以鼓励,对行仁义的,就爱他,给他鼓励,其结果造成虚伪和攘夺。庄子说:

> 爱利出乎仁义,捐仁义者寡,利仁义者众。夫仁义之行,唯且无诚,且假乎禽贪者器。是以一人之断制利天下,譬之犹一觇也。（《徐无鬼》）

行仁义便能得到爱、利,这样就会出现假仁假义的伪善现象,这就给贪婪者提供了达到目的的手段。因此推行仁义是以圣人一人的决断治天下,即使有利于天下,那也将是短时间的。

仁义礼知这些所谓圣知之法,是圣人治理天下的工具,同时也是窃国大盗统治国家的工具。庄子认为,齐国的例子是很能说明问题的:

> 昔者齐国……阖四竟之内,所以立宗庙社稷,治邑屋州闾乡曲者,曷尝不法圣人哉! 然而田成子一旦杀齐君而盗其国。所盗者岂独其国邪? 并与其圣知之法而盗之。故田成子有乎盗贼之名,而身处尧舜之安;小国不敢非,大国不敢诛,十二世有齐国。（《胠箧》）

仁义礼知既然成为窃国大盗的护身符,窃国大盗也就靦然成为仁义礼知的代表:"彼窃钩者诛,窃国者为诸侯,诸侯之门而仁义存焉。"（《胠箧》）在另一个地方,庄子说:"诸侯之门,义士存焉。"（《盗跖》）指出大盗窃国之后,便有所谓义士,为他出力,替他吹捧。

仁义不足以治天下,只能使人虚伪,制造争端。自从黄帝开始推行仁义以来,麻烦就出现了,推行到三王的时代,便使天下惊骇不安。后世君主利用仁义继续搞欺诈、奴役，使人民无法正常生活下去。庄子说当时的统治者。

> 匿为物而愚不识，大为难而罪不敢，重为任而罚不胜，远其途而诛不至。民知力竭则以伪继之。日出多伪，士民安取不伪？夫力不足则伪，知不足则欺，财不足则盗。盗窃之行，于谁责而可乎？（《则阳》）

统治者隐匿事物真相而责怪不识者，把事情弄得很难而对不敢为者治罪，加重负担而罚担当不起来的人，路途定得很远而惩治不能按期走到的服徭役的人。他们"日出多伪"，人民也就不能不伪，同样用诈伪的手段对付他们，于是产生了盗。面对盗窃现象，应该怪罪谁呢？很清楚，不应是群众，应该是统治者们。

庄子认为，仁义礼知是圣人制造出来的一种畸形病态现象，贫富贵贱，欺诈争夺等阶级社会的一切罪恶现象又是推行仁义礼知的结果。这些看法当然属于唯心史观。但是庄子对当时社会的揭露是深刻的。庄子以齐国的田成子这个具体实例说明窃国大盗成了被公认的诸侯，那么衮衮诸侯哪一个不是窃国大盗？这就撕下了他们高贵、尊严的假面具，还他强盗的本来面目。仁义礼知既可为圣人利用，又可为大盗利用，原因就在于它本身正是统治压迫人民之道，社会上众暴寡，强凌弱，杀戮，攘夺等一切罪行都是在它的名义下干出来的。

民之常性和仁义礼知不可调和地对立着，前者是至善的，由于它曾经产生过一个人类的黄金时代；后者是伪善的，它制造了人间的一切灾难。结论应该是怎样的呢？庄子认为，要用民之常性彻底否定仁义礼知。

> 故绝圣弃知，大盗乃止；擿玉毁珠，小盗不起；焚符破玺，而民朴鄙；掊斗折衡，而民不争；殚残天下之圣法，而民始可与论议……毁绝钩绳而弃规矩，攦工倕之指，而天下始人有

375

其巧矣。故曰"大巧若拙"。削曾史之行,钳杨墨之口,攘弃仁义,而天下之德始玄同矣。(《胠箧》)

圣人生而大盗起。掊击圣人,纵舍盗贼,而天下始治矣。(同上)

打倒了圣人,抛弃了圣知之法,大盗也就跟着不存在了,民众的欲望要求也就朴素、单纯了。否定了仁义之行,天下人的性情便可一致了。天下回到了至德之世,由大乱变为至治,也就是否定上对下的统治和管理。因此,他主张无为而治。

闻在宥天下,不闻治天下也。在之也者,恐天下之淫其性也;宥之也者,恐天下之迁其德也。天下不淫其性,不迁其德,有治天下者哉!(《在宥》)

宥是宽舒,在是自在。在宥天下,使人人不改其性,不变其德,那么天下根本用不着去治理。他又说:"故君子不得已而临莅天下,莫若无为。无为也,而后安其性命之情。"(同上)无为而治是最好的治理,这样人人安其性命之情,天下永远太平。

阶级社会是在生产力有所发展但还没有高度发展的条件下形成的。只有到了生产力高度发展,社会财产大量涌现,因而在社会规模上实行各取所需的时候,才能最终消灭阶级。在庄子时代,否定阶级社会是办不到的。而像庄子那样,企图通过取消文明的办法,如"掷玉毁珠""掊斗折衡""擢乱六律,铄绝竽瑟""灭文章,散五采"等等,否定阶级社会中产生一切文化,那就更加行不通。文明产生于阶级社会,但文明一旦产生,它就成为人类共同的精神财富和物质财富。文明是人类进步的实际成果,如果把文明,其中包括先进的生产力、科学技术、社会科学、文学艺术乃至语言文字一起抛掉,则是无出路的倒退行为。从阶级社会进到无阶级社会,是前进,不能倒退。只有大大发展在阶级社会中形成的文明果实,在这个基础上才有可能建设无阶级社会,否则是没有出路没有希望的。正如马克思和恩格斯所指出的,如果没有生产力的高度发展,"那就只会有贫穷的普遍化;而在极端贫困的情况下,就必须重新开始争取必需品的斗争,也就是说,全部陈腐的东西又要死灰复燃。"①庄子简单地否定文化,他根本不理解人类文化继承发展的现实。事实上自从人类有了文化,就逐步形成文化的人类,企图消灭文化,等于消灭人类,是办不到的。

在庄子时代,封建的生产关系是符合生产力发展水平的,社会前进的步伐基本上是正当的。从理论上说,在同一个生产关系之下,可以有不同的政治形式,可能控制得严酷一些,有的可能暂时松弛一些,可以是统一的大帝国,也可以是分散的小邦……人民群众在斗争中可以为自己争取较好一点的生存条件,但是庄子所代表的处于分散状态的农民小生产者,不可能看到这点。

庄子发现了矛盾,但是无力解决矛盾。他看不到前进的道路,只好向后看,他不懂辩证的否定,只会搞形而上学的否定,在抛弃污水的同时,抛弃了婴儿。这就是他社会历史观的悲剧,它对庄子思想的其他方面产生深刻的影响。

四　唯物主义的自然观

庄子讨厌当时的社会,于是把思想转向广阔的自然,转向整个世界的物质基础。他全身心地投入自然的怀抱,竭力发现和赞美原始物质和大自然的伟大、崇高、无限、完美,借以反衬人类社会的渺小、卑下、有限和残缺不全。

---

① 《德意志意识形态》,《马克思恩格斯选集》第1卷,第39页。

在自然中存在着无形与有形,无为与有为,无限与有限,绝对与相对等等的对立统一。庄子为了否定社会,竭力抬高无形、无限、无为、绝对的一面,而贬低有形、有限、有为和相对的一面。因此我们必须从两个方面评价他的自然哲学。一方面,他用无为的道否定了有意志的天、能福善祸淫的鬼神,建立了唯物主义观点。但是从另一方面看,他的唯物主义不像培根,而像霍布士。在培根那里,物质是"带着诗意的感性光辉对人的全身心发出微笑"①,而在霍布士那里,"唯物主义变得敌视人了。为了在自己的领域内克服敌视人的、毫无血肉的精神,唯物主义只好抑制自己的情欲,当一个禁欲主义者。它变成理智的东西,同时以无情的彻底性来发展理智的一切结论"②。这和庄子代表的阶级有密切联系。

(一)无形的道是世界的物质基础

人类自从有了哲学思维,就在探求客观世界的本质。然而在很长的时间里,人们总是用神话,用上帝意志解释世界。在中国,直到老子、庄子学派出现之后,这种情况才有了改变。

庄子认为,有一种人们感觉不到的无形的物质材料,是可感觉的万有的基础,也是宇宙的原始材料。他说:

> 泰初有无,无有无名;一之所起,有一而未形。物得以生,谓之德;未形者有分,且然无间,谓之命;留动而生物,物成生理,谓之形;形体保神,各有仪则,谓之性。(《天地》)

庄子把世界的原始材料叫作无,是因为它无形。他认为世界之初存在着无,这便是原始的未分化的世界(有一而未形)。万物

---

① 《神圣家族》,《马克思恩格斯全集》第2卷,第163页。
② 同上书,第164页。

是从这个无形的原始材料产生出来的,从物得到它这角度说,叫作德,从它把自己的一部分赋予物这个角度说叫作命。有了物,便有了形体,有了仪则,从而进入"有"的世界。庄子又说:

> 夫昭昭生于冥冥,有伦生于无形,精神生于道,形本生于精,而万物以形相生……(《知北游》)

明显的东西产生于晦暗的东西,有形物产生于无形物。道产生精神,精神产生形体,有形物都是从有形物产生的。从这里可以看到,道也就是无,即原始材料,这里还是在讲万物从无形体的原始材料产生出来。此处一个明显的错误,是他把精神看作精细的物质。早期唯物主义哲学家如宋钘、尹文等人,与《管子·内业》等篇都有这种见解,这是一个比较普遍的错误见解。

庄子的"道"或"无"是不是一种精神实体呢? 不是。他说的道或无,其实就是气,他是为强调它的无形和贯通一切,才称之为"无"和"道"。他说:"是故天地者,形之大者也;阴阳者,气之大者也;道者为之公。"(《则阳》)所谓道,是天地阴阳之间共同的东西。他又说,"通天下一气耳"(《知北游》)。因此道就是气,构成万物的原始混沌材料。

万物从道生,灭亡之后又复归于道。庄子说:"合则成体,散则成始。"(《达生》)这是说气的聚合便构成物的形体,形体离散又回复到原始状态的气。因此,万物的生成,发展,灭亡,都是气运动的结果。"人之生,气之聚也,聚则为生,散则为死。"(《知北游》)这是说,人的生死即气的聚散。"邀于此(按:指气,亦即道)者,四肢强,思虑恂达,耳目聪明,其用心不劳,其应物无方。"(《知北游》)这是说人得到气便健康聪明能干。"天不得不高,地不得不广,日月不得不行,万物不得不昌,此其道与!"(《知北游》)这是说得到了气,则天高地广,日月运行,万物昌盛,失去了气便不高不广,不行不昌。因为任何事物都是气的某种凝聚形态,任何变化都是气的某种运动形态,所以庄子说:"万物一府,死生同状,"(《天地》)"孰知有无死生之一守者,吾与之为友"(《庚桑楚》)。

庄子不承认上帝鬼神或某种精神实体主宰世界,直接打击了西周以来的天命观和种种宗教迷信思想。然而他过分抬高了无形的道,贬低了眼前的感性世界,从而得出了"敌视人"的结论。拿"死"来说,它是复归于道的运动,当然是自然的,但是对于人来说,生和死具有根本不同的意义。但是庄子站在道的立场上,以"无情的彻底性",推出生死一样,死值得庆贺的结论。他说:"生者假借也,假之而生生者,尘垢也。"(《至乐》)生命不过暂时的存在,因而是无足轻重的。又说:"生也死之徒,死也生之始……若死生为徒,吾又何患!"(《知北游》)生连着死,死接着生,是生是死,不值得在意。庄子甚至认为死是一种幸福:"死,无君于上,无臣于下;亦无四时之事,从然以天地为春秋,虽南面王乐,不能过也。"(《至乐》)所以当他妻子死的时候,他竟"鼓盆而歌",认为妻子安然睡在天地这个大房子里,得到了宁静。

道为天地阴阳之始,不单是从实体上说的,其中也包含规律的意义,就是说道是天地阴阳运动的必由之路。庄子说:"道者,万物之所由也,庶物失之者死,得之者生,为事逆之则败,顺之则成。故道之所在,圣人尊之。"(《渔父》)

万物所由之道,有一个基本的属性,就是无为。统一体或其代表对它的各个组成部分不是有意识地主宰,而是任其自然,这便是无为。如果道不具备无为的性质,也就不能成为万物之所由。庄子认为:

> 四时殊气,天不赐,故岁成;五官殊职,君不私,故国治;
> 文武大人不赐,故德备;万物殊理,道不私,故无名。无名故

无为,无为而无不为。(《则阳》)

天对四时,君对五官,都任其自然,因此岁成,国治。道是万物所由之公理,对万物各自之理,不强制划一,也是任其自然,使万物各得其所,因此是无为而无不为。无为之理从天地与万物的关系看,是十分明显的:

> 天无为以之清,地无为以之宁,故两无为相合,万物皆化。芒乎芴乎,而无从出乎! 芴乎芒乎,而无有象乎! 万物职职,皆从无为殖。故曰天地无为也而无不为也。(《至乐》)

芒芴即荒忽,是对无形状态的描写。这里说,天地是无为的,天地之气的相交也是无为的,它们相交之后,万物便从芒芴之中不假人为地产生出来了。这样,天地做到了无为而无不为。

庄子用无为的观点考察许多自然现象。在《天运》篇中,他提出了一系列自然科学的问题:

> 天其运乎? 地其处乎? 日月其争于所乎? 孰主张是? 孰维纲是? 孰居无事推而行是? 意者其有机缄而不得已邪? 意者其运转而不能自止邪? 云者为雨乎? 雨者为云乎? 孰隆施是? 孰居无事淫乐而劝是? 风起北方,一西一东,有上彷徨,孰嘘吸是? 孰居无事而披拂是? 敢问何故?

天是运转的吗? 地是静止的吗? 日月是相互争夺它们的位置吗? 谁主宰和施行这些? 谁为之树立纲维? 谁以无为的方式推动这些事? 我想是本身有机缄使它们不能自已,还是它们的运转根本无法停下来呢? 答案已经包含在问题的提法中:没有什么主宰,完全是事物自己的自然运动。

《则阳》篇曾讨论"莫为""或使"的问题。少知提出问题说,季真主张莫为,认为没有一个主宰者决定事物的状态;接子主张或使,认为可能有一个主宰者决定事物的状态,两者究竟谁对?

大公调回答中有一句话说"或使则实,莫为则虚"。有人指出这是庄子耍滑头,用两可的议论坚持他的唯心主义思想。其实这里讨论的是道是作为实体在支配万物,还是道根本不存在,因而也谈不上什么支配? 庄子借大公调之口说:"或之使,莫之为,未免于物而终以为过。"或使、莫为这两个提法本身就是不对的,因为它们还是把道当作拟人化的最高的主宰者来理解。物要么是感性的存在,要么不存在的,于是道也要么是感性的存在,要么不存在了。实际上,"道不可有,有不可无。道之为名,所假而行。"(《则阳》)庄子已经蒙眬地看到道是共相,是一般。它不像具体事物那样的可感触地存在着,但它决不是等于零的空无。在这个意义上可以说它不可有,又不可无。而"道"是借用来说明这个共相或一般的。庄子没有耍滑头,他是老老实实地探讨作为天地万物的共相、一般、本质、规律的道的特点。

应该指出的是,庄子的道有泛神论的色彩。庄子说:"夫道,渊乎其居也,漻乎其清也。金石不得,无以鸣。故金石有声,不考不鸣。"(《天地》)金石有道,所以能鸣。但金石不是无事自鸣的,必须敲它才发声。这就像人心一样,可以有各种活动,但无事时它静而不动,"其心之出,有物采之"(《天地》),当外物来到面前,人心就会有所反应。庄子把事物的规律(道)与人心的认识作用相比附,无生命的金石同人一样有一种反应活动,这就错了。庄子认为,道"无所不在"(《知北游》),不但天地日月中有道,即蝼蚁、稊稗、瓦甓、屎溺中都有道。由此可以推出,任何事物都是道的体现。古人不了解精神现象是跟大脑这种特殊的物质结构联系在一起的,因此只有高等动物才具有精神活动。低等动物有刺激感应性,无生物便只有作用与反作用,这些与精神活动有本质区别,如果混为一谈,并且用最高的道加以解释,就是一种泛神主义倾向。泛神主义可以是唯物主义的一种特殊形式,但其中毕竟包含着唯物主义的不彻底性,可以走到唯心主义。

(二)无限的时间和空间

古代人由于活动范围狭小,限制了人们的眼界,他们认为世界是有限的。庄子根据战国时期科学、生产力的急剧发展,他力图探讨世界的无限性问题。依据不断增长的各国之间经济文化的频繁交往,地理、历史知识不断扩大,从来受传统中原文化束缚较少的楚国哲学家,深闳而肆的逻辑思维与形象思维萃于一身,使他可能提出前人所没有接触到的开创性的见解。他说:

> 彼其物无穷,而人皆以为有终;彼其物无测,而人皆以为有极。(《在宥》)

他要用无穷的思想驳斥有穷的观念。庄子认为,时间是无限的:"有长而无本剽者宙也。"(《庚桑楚》)"宙"即古往今来的时间,"无本剽"即没有开端和结束。没有结束,这比较容易理解,但是没有开端不好理解。常识告诉人们,事情总有一个开端,数的序列总要从数字的 1 开始,到了 19 世纪,德国杜林还认为时间的无限只能在一个方向,而不能在两个方向。然而庄子天才地猜测到了这个问题。

时间有无开端的问题,实质上是世界有没有开端的问题,运动有没有开端的问题,这个问题的提出,就意味着人类认识世界的深化。从事物的运动变化看,情况怎样呢? 庄子说:"吾观之本,其往无穷,吾求之末,其来无止。"(《则阳》)凡事都有其根本,而根本又有其根本,追寻过去,是无穷的。凡事也都有其结果,而结果又有其结果,追寻下去也将是无穷的。根本之前还有根本,"其往无穷",这便决定了在事物发展变化的链条上是没有开端的。关于天地的开端,情形又如何呢? 在《知北游》中有假

托孔子和他弟子冉求的一段精彩的对话:

> 冉求问于仲尼曰:"未有天地可知邪?"仲尼曰:"可,古犹今也。"

> 仲尼曰:"……无古无今,无始无终。未有子孙而有子孙,可乎?"……

> 仲尼曰:"……有先天地生者物邪?物物者非物。物出不得先物也,犹其有物也,犹其有物也,无已……"

没有天地时是什么样子呢?答曰"古犹今也",就是说在古时候世界也同今天一样存在着,它没有一个绝对的开始。冉求不懂,仲尼进一步解释:古今终始都是相对的,不是绝对的。古是对今说的,在古的当时,古也是今,并且还有它自己的古。始是对终说的,始也是被产生出来的,对于自己的始来说,始又是终。世界的发展是一个无限的系列,任何一环都是继往开来的,它既是"父",又是"子"。如果有一个环节不是子,只是父,就是说承认世界有一个绝对的开端,是不合理的。这是要一个不是子孙的去生子孙,"未有子孙而有子孙,可乎?"当然不可。看冉求不甚理解,仲尼又说,是否有物产生在天地之先呢?没有。天地乃是万物的总和,认为有物产生在一切物之前是不对的,物之前还有物,物之前还有物,没有尽头。世界没有开端,时间也就没有开端。

关于世界有没有开始的回答,直接反映了唯物主义哲学与唯心主义哲学的分野。主张有开始的,必然是唯心主义,因为这种主张认为世界最初是零,是不存在,世界原来不是物质的,而是一无所有的。唯物主义者则认为世界是没有开始的,物质世界从来是客观存在着的,只是它的存在的表现形态有所不同罢了。庄子的观点应当说是属于唯物主义的。

关于空间的无限性,庄子也进行了认真的思考。在《秋水》

篇里,他让海神教训了不知天地之大的河神:

> 天下之水,莫大于海……而吾未尝以此自多者,自以比形于天地而受气于阴阳,吾在〔于〕天地之间,犹小石小木之在大山也,方存乎见少,又奚以自多！计四海之在天地之间也,不似礨空之在大泽乎？计中国之在海内,不似稊米之在大仓乎？号物之数谓之万,人处一焉;人卒(俞樾曰:当为大率)九州,谷食之所生,舟车之所通,人处一焉;此其比万物也,不似豪末之在于马体乎？

人是万物之一,人处在九州的一小块土地上,九州即中国在四海之内,像一粒米处在大仓里一样,而四海在天地之间,像蚂蚁洞处在大湖里一样。庄子这里的比喻并不十分精确,大仓中的一粒米和仓中全部的米比较,虽差别很大,毕竟是有限的差别,而世界的广大,事物之间的悬殊则是无限的。庄子对这个问题在逻辑上不够周密,但他的思路是十分可贵的,思想的深度和广度都比前人有所进展,开拓了人们的视野。在人类认识史上应当给以充分的估价。

> 计人之所知,不若其所不知;其生之时,不若未生之时;以其至小求穷其至大之域,是故迷乱而不能自得也。由此观之,又何以知豪末之足以定至细之倪,又何以知天地之足以穷至大之域？(《秋水》)

人的知识有限,生命有限,而且又是很小的一种存在物,要人考查什么最大,肯定会产生迷乱。因此不能断定豪末最小,天地最大。

庄子研究时空的无限性,目的是站在无限的立场上,否定有限的人世间。《则阳》篇有一个寓言说,魏惠王与齐威王有矛盾,魏国有人主张刺死齐王,有人主张派兵伐齐,有人认为,为了巩固王基不能伐齐。庄子认为,所有这些人都不合于道,因为他们

都是从魏国的立场看问题,而不是从无限宇宙的立场看问题。魏王无所适从,这时有道之士戴晋人跑来开导他,说道:

> "有国于蜗之左角者曰触氏,有国于蜗之右角者曰蛮氏,时相与争地而战,伏尸数万,逐北旬有五日而后反。"
>
> 君曰:"噫! 其虚言与?"
>
> 曰:"臣请为君实之。君以意在四方上下有穷乎?"
>
> 君曰:"无穷。"
>
> 曰:"知游心于无穷,而反在通达之国,若存若亡乎?"
>
> 君曰:"然。"
>
> 曰:"通达之中有魏,于魏中有梁,于梁中有王。王与蛮氏,有辩乎?"
>
> 君曰:"无辩。"

上下四方即空间是无穷的,从无穷来看有人迹的所谓通达之国,便显得若存若亡。魏和齐都是通达国之一。从无限的宇宙看他们,正像建立在蜗牛两角上的国家一样。因此不但它们之间的争斗毫无意义,连它们本身的存在也毫无意义。

在寓言中,魏惠王是被说服了,他认为戴晋人比圣人还高明。仅从认识的相对性来说,这个寓言有可取之处,但这里有它的片面性。从理论上说,承认无限并不意味着抹杀有限,"无限纯粹是由有限组成的"[①]。否定了有限,也就否定了无限。无限和有限是辩证的统一,"这个统一中每一个的自身都是这种统一,每一个只是自身的扬弃,而且无论哪一个对另外一个而言都没有自在的存在和肯定的现有的存在的优越性"[②]。无限由有限组成,因而无限包含有限;有限乃是对自身的超出,因而有限中

---

① 恩格斯:《反杜林论》,人民出版社,1970 年版,第 48 页。
② 黑格尔语,转引自《列宁全集》第 38 卷,第 114—115 页。

包含无限。有限和无限这是并存相依的一对范畴,割裂两者的关系,抬高一个,贬低另一个都是不对的。

实际上,无限的宇宙分为许多层次。人类可以认识另外层次中的事物,大到银河系、总星系,小到基本粒子。但是这种认识并不改变人是地球上的生物、社会的成员这个事实。要解决人类社会的生产问题、政治问题,必须从切近的、直接有关的一件一件的重大的、具体的矛盾着手。站在无限的立场上貌视这一切,只能空话连篇,一事无成,那是软弱无力逃避现实的表现。

(三)绝对的运动

世界的运动、变化,人类是早已感到了。但是在很长的时间里,哲学家们认为那是形态的变化,实质、内容是不变的。孔子说:"殷因子夏礼,所损益可知也。周因于殷礼,所损益可知也。其或继周者,虽百世可知也。"(《论语·为政》)这是说在社会生活中,时代虽变,旧时代的礼只要在形式上稍稍改变,就可以在新时代继续实行。与这种形而上学相反,老子认为世界在本质上是变动不居的,是向对立面转化的。庄子继承了老子的思想,特别强调世界的变动不居:

> 道无终始,物有死生,不恃其成;一虚一满,不位乎其形。年不可举,时不可止;消息盈虚,终则有始。是所以语大义之方,论万物之理也。物之生也,若骤若驰,无动而不变,无时而不移。(《秋水》)

物总是有生有死,不能一成不变,正如月亮,一虚一满,不能停留在某种形态上。年不可举之使之停留,时不可止之不进,一切事物都处在生长消亡,终而复始的运动变化之中。这就是万物之理。一切存在物都像骏马在奔驰,无时无刻不在变动迁移。

庄子特别强调运动的绝对性,而不承认有相对静止。在《田子方》中，有这样一个寓言，是颜渊和孔子讨论为什么颜渊追不上孔子的。颜渊说，你走我也走，你跑我也跑，为什么你飞快地跑在前边，我永远追不上你呢？孔子说，日出于东方而入于西方，世界上万事万物都随着它变化、生死。我自从出生之后也在这变化的大流中，日夜不停地变动。"吾终身与汝，交一臂而失之，可不哀与！女殆著乎吾所以著也。彼已尽矣，而女求之以为有，是求马于唐肆也。"我终身赞许你，手把着手，终于失落了。这恐怕是因为你总想在我曾经落脚的地方落脚，那个地方已经变化了，不再存在了，你认为它还存在，拼命寻找，这正像到马跑过的地方找马一样，是永远找不到的。庄子是说一切皆变，而且变到这种程度，一个人所走过的路，别人永远不能再走。

庄子从运动的绝对性出发，批判了认为社会制度、仁义礼知等等永远不变的观点。他说："仁义，先王之蘧庐也，止可一宿而不可多处，觏而多责。"（《天运》）仁义是先王的旅馆，只可住一宿，不可多住，住久了就要出毛病，受责难。他又说："故礼义法度者，应时而变者也。今取猨狙而衣以周公之服，彼必龁啮挽裂，尽去而后慊。观古今之异，犹猨狙之异乎周公也。"礼义法度不是永远不变的，要根据时代的变化而变化。古今之不同，正如猴子和周公的不同，不能强令一致。这个批判是对孔子主张周礼百世不变的形而上学思想的冲击，有很重要的理论意义。

但是庄子否定相对静止则是错误的。绝对运动与相对静止是相互联系相互依存的。没有相对静止，运动就没有衡量的依据，以最简单的机械运动为例，在一个系统中如不把某一点看作相对静止的，其他任何点的位置移动都无从考察。当然相对静止不是为了观察的方便假设的，它是客观的、真实的。任何事物的运动、发展总有相对稳定、相对平衡的状态，这就是相对静止。事物在相对静止阶段上为未来的质变准备条件。恩格斯说："物

388

体相对静止的可能性,暂时的平衡状态的可能性,是物质分化的根本条件,因而也是生命的根本条件。"①不言而喻,也是社会存在的基本条件。庄子把存在着生命和社会的地球,描写得和太阳表面一样瞬息万变,他的目的还是为了贬低当时的社会,把它看作过眼云烟。

庄子曾经用运动变化的观点,思考生物界的发展问题。

> 种有几,得水则为䰷,得水土之际则为鼃蠙之衣,生于陵屯则为陵舄……羊奚比乎不箰,久竹生青宁,青宁生程,程生马,马生人,人又反入于机。万物皆出于机,皆入于机。(《至乐》)

"种有几"是说物种中具有万物的朕兆,种在水中生成䰷(有人注为"续断"),在水土之间变为青苔("鼃蠙之衣"),在陆上变为车前("陵舄")。经过一系列稀奇古怪的演变之后,终于生出了人类。人类还要回到"机"即运动着的天地阴阳中去。因为古人缺乏生物学的知识(包括生物分类学的知识),错误地把种属关系极远的生物,甚至动物和植物之间都看作互相产生的,这当然是错误的,与近代的生物进化论不可同日而语。但是他试图用一个发展的纽带把生物界统一、联系起来,并且猜测生物由水生到陆生的发展,在当时是难能可贵的。

庄子发展观的根本弱点是最终逃不脱循环论。古代社会进步缓慢,小生产落后的狭隘性不能产生科学的发展观。人们看到日之升落,月之圆缺,四时之嬗递,形成了循环的观念。庄子也不例外。他说:"万物皆种也,以不同形相禅,始卒若环,莫得其伦,是谓天均,天均者天倪也。"(《寓言》)万物的发展如"种生马,马生人"那样,是不同事物的更迭。发展的起点与终点一样,

---

①　恩格斯:《自然辩证法》,人民出版社,1971 年版,第 224 页。

"出于机"又"入于机",因此整个进程是循环,找不到先后的次序,世界在不停地旋转,像陶工用的均(使陶器成型的旋转工具),所以叫作天均,它没有端倪可寻,是无倪之倪,所以叫作天倪。发展有这样的特点:在发展的高级阶段似乎重复着低级阶段的某些特点,新东西仿佛向旧东西复归。但是决不能把发展归结为单纯地重复或循环。发展是无限的螺旋式上升的过程,其中包含着内容或本质的提高和进步。庄子不能摆脱循环论,看不到这个提高和进步,因而看不到人类社会的前途。这是他复古思想的认识论根源。

五　认识论:反对独断与教条

庄子重视自然,认真考虑过自然科学问题,因此在认识论上有不少朴素的唯物主义的看法。他给认识下了一个很好的定义:"知者接也,知者谟也。"(《庚桑楚》)这就是说,认识是对认识对象的接触,没有接触就不可能有所认识。但是这还不够,还要进行思考。他重视感觉,又不局限于感觉,这是很可贵的。

庄子认为,世界是可知的,认识者与认识对象不同,并不妨碍认识的进行。他跟惠施争论过人能否认识鱼的快乐这件事。

> 庄子曰:"鲦鱼出游从容,是鱼之乐也。"
>
> 惠子曰:"子非鱼,安知鱼之乐?"
>
> 庄子曰:"子非我,安知我不知鱼之乐!"
>
> 惠子曰:"我非子,固不知子矣;子固非鱼也,子之不知鱼之乐,全矣。"
>
> 庄子曰:"请循其本。子曰'汝安知鱼乐'云者,既已知吾知之而问我,我知之濠上也。"

这是《秋水》中又一个被人们广为传颂的寓言。有人说两人的辩论中庄子错了。其实不然。惠施认为人不是鱼就不能认识鱼（包括鱼之乐），庄子认为人非鱼但可以认识鱼。从根本上看，庄子是对的。问题是在他第二次发言时，援用惠施的不可知的理论反驳惠施。这便给了惠施以反击的口实：你认为我不是你就不能认识你，那么同样的道理，你不是鱼，你就不能认识鱼之乐。最后，庄子为了摆脱窘境，使用了诡辩术。他对惠施说，你曾说"汝安知鱼乐"，这就是说你已经知道我知鱼乐，只是不知道我在哪儿知道的（安知），那么我告诉你，我在濠水之上知道的。其实那句话不能理解为惠子承认庄子知道鱼之乐，"安"字也不能解释为"哪里"。

庄子在认识论中用力最多的是反对儒墨的真理观。儒墨认为他们所拥护的仁义礼知或尚贤、尚同等等，是绝对真理。这种理论一经圣人发现，就成为人类社会的永恒原则。这种绝对的真理观禁锢着人们的头脑，阻碍人们认识真理，发展真理。庄子反对这种看法。他从世界的永恒运动中，悟出认识是相对的这个理论，这是他反对儒墨的独断、教条的思想武器。他说：

> 昔者尧舜让而帝，之哙让而绝；汤武争而王，白公争而灭。由此观之，争让之礼，尧桀之行，贵贱有时，未可以为常也。（《秋水》）

情况是不断改变着的，不同时代有不同情况，企图把一种道理奉为绝对真理，应用于一切时代必然犯错误。这便是之哙和白公绝灭的原因。庄子说："盖师是而无非，师治而无乱乎？是未明天地之理，万物之情者也。"（同上）认为学了正确的理论就不会犯错误，学了治的办法就不会乱，这是根本不懂天地万物之理。时代在变，风俗在变，这便使是转化为非，治转化为乱。因此"帝王殊禅，三代殊继。差其时，逆其俗者，谓之篡夫；当其时，顺其俗者，谓之义〔之〕徒"（同上）。五帝转让君位的办法不同，三代

391

继承王位的方式不一,这里没有一成不变。正确或错误,全看是否合于时俗,合的是"义之徒",不合的是"篡夫"。人不能抱着一个僵死的教条不放,必须根据时俗的变化,决定去取。

此外,庄子还从人类认识的局限性方面,探讨了认识的相对性。前面已经提到,他说人活着的时间没有他不活着的时间长,人已知的东西不如他不知的东西多。在《则阳》篇中他具体指出:"万物有乎生而莫见其根,有乎出而莫见其门。人皆尊其知之所知,而莫知恃其知之所不知而后知,可不谓大疑乎!"他认为人对万物生之根,出之门,即如何从气中产生并复归于气都还根本不了解,单单认识了事物本身,知道的太少,不知道的太多了。人都看重已知的一点东西,不知在未知领域得到新知,是太糊涂了。正因为所知甚少,许多问题不能有定论。他说:"天有历数,地有人据,吾恶乎求之? 莫知其所终,若之何其无命也? 莫知其所始,若之何其有命也? 有以相应也,若之何其无鬼邪? 无以相应也,若之何其有鬼邪?"(《寓言》)天上的星历度数,地上人所依据的川原乡镇,极其复杂,我怎样认识它们呢? 没有人知道一件事究竟如何结束,怎么能说没有命呢? 也没有人知道一件事物怎样开始的,又怎么能说有命呢? 一些事实说明,有某种怪现象与人的行为相应,怎么能说无鬼呢? 另一些事实说明,并没有什么怪现象与人的行为相应,怎么能说有鬼呢? 总之因为人的知识有限,不能解决命和鬼神的有无问题。尽管庄子不信这些,但他忠于自己的认识论,认为在这些问题上存疑为好。

承认真理是历史的、相对的自然是对的,但是必须看到相对真理中包含着客观的、绝对的、不以人们的意志为转移的内容。否定一成不变的绝对真理也是对的,但是必须承认存在着人们的认识逐步逼近的、由无数相对真理的总和构成的绝对真理。这就是说,相对和绝对的关系是辩证的,相互渗透的。然而庄子缺乏这种辩证法思想,他否定脱离相对的绝对,却走上另一个极端,鼓吹没有绝对的相对。

庄子所理解的运动是没有相对静止和循环的,由此认为真理也是变动不居和循环的,他把反映这种真理的言论叫作卮言。他说:

> 卮言日出,和以天倪,因以曼衍,所以穷年。不言则齐,齐与言不齐,言与齐不齐也,故曰无言。言无言,终身言,未尝(不)言;终身不言,未尝不言。有自也而可,有自也而不可;有自也而然,有自也而不然。恶乎然? 然于然。恶乎不然? 不然于不然。恶乎可? 可于可。恶乎不可? 不可于不可。物固有所然,物固有所可,无物不然,无物不可。非卮言日出,和以天倪,孰得其久! (《寓言》)

日日发出卮言,跟世界的循环运动相和,跟人的无定见之心相顺,这是人终其天年的好办法。卮言究竟如何? 它实际上是"无言"。一般地说,不言才能不破坏道的全面和完整,有言必然破坏它,因为言总有不全面之嫌。而卮言与一般的言不同,它是全面完整的。因为卮言的然否都是有根据的,该可的便可,该不可的便不可,该然的便然,该不然的便不然。特别是在称作天倪或天均的循环运动中,每个事物都轮到的时候,也有轮不到的时候,可以说无物不然,无物不可,也可以说无物而然,无物而可。卮言只要随着天倪不断地有所肯定和否定,它便是全面的和永久正确的。

事物在不停地循环运动,卮言便不停地循环地做着肯定或否定。这样卮言追求的是形式的循环,对内容便不关心了。在循环圈上的各点是要反复经过的,所以它们之间的关系只是当令与不当令而已,内容上的差别并不重要了,真的是"无物不然,无物不可"。在这种情形之下,相对真理中的绝对真理的颗粒是

什么,相对真理所趋向的绝对真理又在哪里?都无所谓了。他的相对真理中失去了绝对,因而走上了相对主义。他说:

> 以差观之,因其所大而大之,则万物莫不大;因其所小而小之,则万物莫不小;知天地之为稊米也,知豪末之为丘山也,则差数睹矣。以功观之,因其所有而有之,则万物莫不有;因其所无而无之,则万物莫不无;知东西之相反而不可以相无,则功分定矣。以趣观之,因其所然而然之,则万物莫不然;因其所非而非之,则万物莫不非;知尧桀之自然而相非,则趣操睹矣。(《秋水》)

这就是说,事物的大小、有无、是非不决定于事物本身,而决定于观察者的观点。一件事物,可以说是大的,也可以说是小的;可以说是有,也可以说是无;可以说是是,也可以说是非。这是不折不扣的相对主义。庄子赞扬蘧伯玉"行年六十而六十化",六十岁肯定的正是五十九岁否定的。不拘一说固然可取,但流弊所及,也可能是一个信奉相对主义的无原则随风倒的人物。

庄子认识论的另一个问题,是宣扬人类不通过思维、语言这个中介,直接与客体(道)合一。他认为人对道的认识,在于与道相合。他说:"尽有天,循有照,冥有枢,始有彼。"所谓"冥有枢",就是说只有与道冥合,才能把握道的枢要。在他看来言和意是两种本质上不同的东西。他说:"世之所贵道者书也,书不过语,语有贵也。语之所贵者意也,意有所随。意之所随者,不可以言传也。"(《天道》)人的意念不能用语言来表达,所以在寓言中他让造车轮的工匠对齐桓公说,你所读的东西全是古人的糟粕。如果说言和意还有关系的话,也仅仅是捕鱼工具筌与鱼的关系,捉兔工具蹄与兔的关系。言是得意的工具,得了意就要忘言,否则得不到意。

在庄子的时代,统治阶级用一切好听的言辞,美化自己卑鄙的行动。庄子把形式和内容、言和意区别开来，不是没有道理的。但是从整个人类认识史、语言史来看，言和意是一致的，尽管言的形式有主观性的一面，可是它的内容是客观的，对言行不一的揭露还是离不开言。语言是思维的直接现实，是思维最基本的存在方式。没有语言人就不能把基本的主要的认识活动进行下去。庄子主张忘言而直接与道合一，实际上是取消认识，走向神秘主义，非理性主义。《知北游》中有"知"求道的寓言，知为了了解道是什么，问了三个人，第一个是无为谓，他根本不知回答；第二个是狂屈，他想说但忘了想说什么；第三个是黄帝，他向知作了一番解释。这三个人体道的情况如何？无为谓"真是也，以其不知也"；狂屈"似之也，以其忘之也"；黄帝"终不近也，以其知之也"。知道并能用语言表达道的恰恰离道最远；不知道，不会讲道的反而真是道。知乃不知，不知乃知，这是很荒谬的。

从这里，庄子又发展出一种先验论的思想。道不能被理解，理解了也就不是道。那么圣人是怎样合于道的呢？全靠本性美好。他说：

> 圣人之爱人也，人与之名，不告则不知其爱人也。若知之，若不知之，若闻之，若不闻之，其爱人也终无已，人之安之亦无已，性也。（《则阳》）

圣人是爱人的，因而别人给他圣人之名，如果不告诉他有此名，不指出他的行为是爱人，他自己不知道自己在爱人。但是不管他知道还是不知道，他总是要爱人的，仅是他的本性决定的。人的本能之外的一切行为以及指导这些行为的思想，都是在后天的学习中得来的。庄子认为圣人的道德行为出自本性，生而能之，而且是无意识的，这不但是先验的，而且是神秘的。

六 人生哲学:从避世到游世的转变

隐者是避世的,他们希望不受国家政权、礼乐法制的控制、束缚,过着自然的闲适的生活。但是做到这一点是非常困难的,生活离不开社会,社会生活的各个方面都渗透着封建主义的礼乐刑政。特别是战国中期以后,王权在不断集中、加强,隐者们感到世外桃源的小天地已经越来越小,唯一的出路是在各种政治势力的夹缝里,在各种政治冲击力的死角里求得生存。这样他们的态度就由避世转为游世。这两种思想在庄子那里兼而有之,确切些说,庄子思想体现了由避世到游世的转变。

首先,庄子根据自己的社会观和自然观,对避世的生活态度做了论证。人生在世应该有什么样的生活目的? 面对复杂的社会环境,人应该怎样行动? 庄子认为,人活着就要过一种符合自己本性的恬静安适的生活,摆脱社会的束缚,摆脱在社会生活中形成的争名逐利的欲望的束缚,使自己得到自由。他说:"彼正正者不失其性命之情。"(《骈拇》)这就是说最正常的生活,最正当的行为,就是符合人类自然本性的生活和行为。为了按自然本性生活,人必须摆脱仁义礼知的枷锁,庄子强调人要在主观上铲除追求仁义之名的欲望,不要用儒家道德规范约束自己。他说:

> 夫孝悌仁义,忠信贞廉,此皆自勉以役其德者也,不足多也。(《天运》)
>
> 且夫待钩绳规矩而正者,是削其性者也,待绳约胶漆而固者,是侵其德者也;屈折礼乐,呴俞仁义以慰天下之心者,此失其常然也。(《骈拇》)

所有儒家的道德规范,对于人来说都是"削其性""侵其德"的,它们使人求名之心得到满足，却破坏了人们的正常生活，因此是不值得赞扬、提倡的。人们修身的目的是为了出名。名显一世看起来似乎是好事，其实是坏事。孔子被围在陈蔡之间，差一点断送了性命，庄子借大公任之口批评孔子，指出他"饰知以惊愚，修身以明污，昭昭乎若揭日月而行，汝得全而形躯"。卖弄聪明吓唬愚民，洁身自好反衬别人的污秽，而且做得十分明显，这是遭难的原因。并且告诫孔子，只有"削迹捐势，不为功名"，才能得到平安。

为了按自然本性生活，还必须摆脱富贵的引诱，去掉追求富贵之利的欲望。要生存和温饱，当然需要有一定的物质资料，如土地、房屋、粮食、牲畜等等。但是如果为了取得这些资料而伤害身体，那就是"以所用养害所养"（《让王》），颠倒了主次，为庄子所不取。他还说："平为福，有余为害者，物莫不然，而财其甚者也。"（《盗跖》）谋取的物质财富超过了生活的需要，就招来祸害。又指出富有乱、苦、疾、辱、忧、畏等六大害，一旦大难临头，有强盗来劫，那时想抛弃全部财产换取一天平安日子也不可能了。富既有害，贵又如何？庄子说："夫贵者，夜以继日，思虑善否，其为刑也亦疏矣。"（《至乐》）贵者为了保住高位，日夜思虑怎么办有利，怎么办不利，这对身体毫无益处。因此，古代的隐者善卷、许由不愿做天子，黄帝要让位给他们，他们"计其患，虑其反，以为害于性，故辞而不受也"（《盗跖》）。庄子还指出富贵对于人是偶然的东西，如果有，那是暂寄在这里的，"寄之，其来不可圉，其去不可止"（《缮性》），"得失不在我"（《田子方》），因此不必为富贵去来而悲喜，更不必钻营和追求。

根据自己的生活理想、生活态度，庄子提出了跟儒家根本不同的道德标准。他说：

且夫属其性乎仁义者，虽通如曾史，非吾所谓臧也……

> 吾所谓臧者,非仁义之谓也,臧于其德而已矣。吾所谓臧
> 者,非所谓仁义之谓也,任其性命之情而已矣。(《骈拇》)

仁义之行并不是善,真正的善是任其性命之情,也就是按自然本
性,自由自在的生活。从这个观点看,儒家所谓君子小人,其实
并没有什么根本区别:

> 彼其所殉仁义也,则俗谓之君子;其所殉货财也,则俗
> 谓之小人。其殉一也,则有君子焉,有小人焉;若其残生损
> 性,则盗跖亦伯夷已,又恶取君子小人于其间哉!(同上)

君子和小人,前者追求仁义,后者追求货财,看起来不同,其实他
们都不能任其性命之情,都为了身外之物摧残了自己的身体和
生命,本质是一样的。

庄子的这套思想既是对等级、宗法、专制的社会体制的蔑
视,也是一种销蚀剂,在一定的历史条件下有进步意义。儒墨法
各家尽管在一些问题上有不同意见,但都主张建立以君父为首
的封建专制主义的统治体制。在他们看来,人不是单个的人,他
是封建宗法社会的成员,是君臣、父子、兄弟、夫妇这个大网上的
一个纽结,人生的目的不是个人幸福,而是为了这个封建宗法社
会的存在,社会成员有天然生就的责任。庄子认为,人是单个的
自然人,他对这个封建宗法社会团体没有义务,他追求的是个人
的幸福。庄子的理想人物总是"天子不得臣,诸侯不得友",处在
共同体之外。从庄子思想中当然引申不出革命的集体主义和为
真理而献身的精神,但是它毕竟冲击了等级、宗法、专制主义的
封建体制,正因如此,它为当时和后来的王权所不容,为正统思
想家所不喜。

在否定名利欲望和庸俗生活的同时,人们应该怎样建立符
合自然本性的生活呢? 庄子认为最重要的是求得心灵的虚静,
提出他的养神之道:"故曰纯粹而不杂,静一而不变,淡而无为,

动而以天行,此养神之道也。"(《刻意》)养神的结果是与神合而为一,并且与天合而为一。他说:"纯素之道,唯神是守,守而无失,与神为一,一之精通,合于天伦。"(同上)达到这种境界,可以长生久视,游于天地之间。但是要达到虚静,条件是非常苛刻的。庄子在《庚桑楚》中要求,人们不仅要去掉贵、富、显、严、名、利六种欲望,而且要去掉容、动、色、理、气、意、恶、欲、喜、怒、哀、乐等情绪,甚至要去掉去、就、取、与、知、能(即知识)、能力和行动的意向。庄子用"形若槁骸,心若死灰"(《知北游》)来形容这种精神境界,行动时就像灌园老人一样,宁愿用瓦罐跑上跑下地打水,而决不用桔槔,据说有了桔槔这种"机事",便会有不可测的"机心",虚静的心境,古朴的生活,将遭到破坏。

这种虚静要求消除人的感情、知识、能力、行动的意向,取消先进的物质文明哪怕是桔槔那种提水工具,因而是无论如何行不通的。

避世得不到自由,迫使隐者游世,就是不离开社会,但又不陷在社会的灾难之中。庄子对游世也做了理论的说明。他说;"唯至人乃能游于世而不僻,顺人而不失己。"(《外物)》所谓僻即淫僻之行。他曾说:"夫适人之适而不自适其适,虽盗跖与伯夷,是同为淫僻也。"(《骈拇》)可见庄子认为仁义或货财而残生损性都是淫僻之行。至人能游于世而不为仁义货财所动,能顺着别人而不丧失自己的根本主张。在另一个地方庄子又把游世称作"乘道德而浮游",那情形是"无誉无訾,一龙一蛇,与时俱化,而无肯专为;一上一下,以和为量,浮游乎万物之祖……"(《山木》)。这就是说,世人抱瓮而灌我也不妨抱瓮而灌,世人用桔槔提水我也不妨用桔槔提水,在这些方面无可无不可。这是一种与时敷衍的处世态度。

庄子认为,从精神状态看这便是"忘己""无己"的境界。达到这种境界便可以与天为一，与道为一，能够物物而不物于物的妙用。他说："无不知也，无不有也，澹然无极而众美从之"，这是说忘了一切便有了一切，一切的美都汇集到自己这里来了。一个遭受社会力量无情打击的人，感到再也不能无视社会了，认为只有不对社会采取硬抗的办法即顺着社会的风气才能得到自由。然而这个社会又是他所痛恨的，于是便想象自己与天或道合而为一，要找一个精神解脱的办法。

这些思想有精神胜利的成分，但不能完全归结为精神胜利。在客观必然性和人的主观愿望这两者的关系中，庄子看到只有使后者服从前者才能有自由。庄子《达生》篇有个很好的寓言，是说孔子向一位游泳术极高明的人求教。他问道："……请问，蹈水有道乎？"那人答道："亡，吾无道。吾始乎故，长乎性，成乎命。与齐俱入，与汨偕出，从水之道而不为私焉。此吾所以蹈之也。"他完全顺着水之道，一点不存个人主观的因素，这就使他的游泳本领达到惊人地步。庄子看到自由不是对客观必然性的否定，而是对它的了解和适应，这在当时观察和处理个人和社会的关系的问题上，有它深刻的地方。但是他做过了头，以为遵循客观规律就是把个人主观能动性全部否定，甚至连人所要追求的生活目的也一齐摒弃。实际上人是为了达到一定目的而运用客观规律的，如果取消目的，完全随波逐流，也无所谓自由。庄子赞美忘己而自适的生活态度："忘足，屦之适也；忘要（腰）带之适也；知忘是非，心之适也；不内变，不外从，事会之适也。始乎适而未尝不适者，忘适之适也。"其实这样做是没有适，没有自由的。庄子产生这种思想，是农民小生产者在社会重压下的一种感受。

荀子认为，庄子"蔽于天而不知人"。这个评价是非常正确的。凡是存在自然和社会对立的地方，他都肯定自然，否定社会。在社会历史观方面,他肯定人的自然本性,反对仁义礼知等社会属性,甚至要取消人类的文明。在自然观方面,他抬高无形的道、绝对、无限的地位,赞美自然,压低具体事物、相对有限的地位,贬斥社会生活和文化生活。在认识论中,他肯定符合天均的相对真理,反对人为的绝对真理。在人生哲学中,提出符合自然本性的生活理想和道德标准,反对殉仁义、财货的名利观念。这种思想在历史上是有进步意义的,与调和名教与自然的魏晋玄学家郭象之流在方向上根本相反,不可混为一谈。

论《齐物论》不代表庄周思想[＊]

《庄子》是一部内容庞杂的"庄学丛书"。我曾在《庄子探源》中进行探索，并提出了初步的看法，认为《庄子》内篇出于秦汉之际。现在就《齐物论》一篇进一步论证这一看法。

习惯上，历代学者都认为《庄子》内篇思想一贯，应是庄周之作。近来也有人认为内篇虽未必全部是庄周著作，但《逍遥游》《齐物论》两篇可以代表庄周的思想。《逍遥游》与《齐物论》两篇中，《齐物论》更能代表庄周的思想，体现了庄之所以为庄者的特点。本文要说明《齐物论》远在庄子以后，绝不能代表庄周的思想。

《齐物论》通篇都是反对辩论的，它从相对主义观点引向不可知论，其论辩的主要锋芒是指向公孙龙学派的。

今存《公孙龙子》共有六篇，除《迹府》一篇为后人编纂，记载公孙龙的事迹外，其余五篇（《白马论》《指物论》《通变论》《坚白论》《名实论》）可以认为都是公孙龙的思想。

《齐物论》反对公孙龙的学说，查有实据的有以下几个问题：

＊　原载《文史哲》1965 年第 4 期。

《齐物论》反对公孙龙的《指物论》

公孙龙在《指物论》中说：

> 物莫非指，而指非指。天下无指，物无可以谓物。非指者，天下无物，可谓指乎？指也者，天下之所无也；物也者，天下之所有也……且指者天下之所兼，天下无指者，物不可谓无指也……且夫指固自为非指，奚待于物而乃与为指？

"指"是事物的共相、概念，公孙龙认为一切事物都有与此事物相当的概念；而概念，并不是另外还有一个概念与它相当。世界上如果没有概念，即无法用来表示事物；如果天下没有物，也就没有概念了。概念，是抽象的（天下之所无），事物是具体的（天下之所有）。概念是天下任何物所兼有的，天下虽然没有一个总的概念（指），但任何物都不能认为没有它的概念。概念自身即区别于非概念，它（指）不需要以具体事物为其存在的条件。

公孙龙的学说是客观唯心主义的体系。他认为概念比物更根本，可以脱离物而单独存在。虽然他不承认有一个共同的"指"，但他承认万物各自有它们的指。

公孙龙的错误，在于割裂了概念与它代表的具体事物之间的关系，并使概念脱离具体事物，因而做出了唯心主义的结论。但是公孙龙力图把概念的意义明确、固定，而不是使它含混、游移，在中国逻辑史上还是有其积极贡献的。

《齐物论》与《指物论》处在相反的立场。《齐物论》反对"物"与"指"的区别，教人以不区别代替区别，所以它说，"以指喻指之非指，不若以非指喻指之非指也"。这是说，用"指"来说明指不是指，不如用"非指"来说明指不是指。《齐物论》对公孙龙的《指物论》进行了歪曲。《指物论》分明说概念（指）自为非指,不必待物而后为指。《齐物论》从相对主义观点抹杀事物之间有差别,并反对通过概念以认识事物。它认为不要任何概念,取消认识,才可以达到一种不辨是非的神秘境界。

公孙龙的哲学在战国末期影响很大,这种学说与《齐物论》的作者的相对主义观点是对立的。后期庄学为了反对当时影响较大的《指物论》才提出《齐物论》的①。

《齐物论》反对公孙龙的《白马论》

《白马论》说:

> 马者所以命形也,白者所以命色也。命色者,非命形也,故曰白马非马。

又说:

> 白马者,马与白也,白非马也,故曰白马非马也。

公孙龙开始区别了白马与马这两个概念所包括的范围有大小的不同,这一点是可取的。如果仅仅说,"白马不就是(所有的)马",这个说法是可以成立的。但是公孙龙由此更进一步论证他的"指"比"物"更根本的唯心主义观点,他为了说明离了白马、黄马、黑马……之外,还有一个马的一般(指)。白马、马都是

---

① 对于《齐物论》这样的篇名,过去有过不同的解释,有人以为《齐物论》应解作"齐"物论,"齐"是动词,当时有许多关于"物"的议论,《齐物论》的作者,企图把各种"物论"的差别给以齐一,故名。也有人认为《齐物论》是"齐物"之"论",把万物看作"齐"一的一种议论。通过与公孙龙的《指物论》的对比,我们也可以假设,它是针对《指物论》的反驳而提出的一篇反《指物论》的文章。《指物论》十分强调了"指"与"物"之不同,它强调"指"在认识中的重要地位;而《齐物论》旨在抹杀《指物论》对"物"与"指"的严格区别。《齐物论》未尝不可以说它"齐"公孙龙的《指物论》的。这只是一种假设,因为《齐物论》反对的不止《指物论》,它对公孙龙的每一个观点都抱着反对的态度。

各个孤立的指,因而导致"白马不是马"的错误。公孙龙的白马非马,并不是一开始就陷入诡辩的,当他仅仅停留在区别白马与马的内涵的关系时,还有一些合理的因素,其失足处在于割裂了白马与马的联系,把差别强调得过了头。

《齐物论》从一开始,就采取了相对主义的手法,根本否认概念与事物之间有差别。它说:

> 以马喻马之非马,不若以非马喻马之非马也。天地一指也,万物一马也。

它不是面对问题提出解决,而是用取消问题的手法作为对问题的"解决"。它说,天地就是一个无所不包的总概念,又何必去分别物与物之间的差别;万物就都像白马非马的关系,它可以是马,也可以不是马。这种观点,是对《白马论》的反驳,也是对《指物论》观点的反驳。

《齐物论》反对公孙龙的《坚白论》

公孙龙的《坚白论》是《指物论》观点的具体运用。它分析人们对坚白石的感觉时,说:

> 视不得其所坚而得其所白者,无坚也。拊不得其所白而得其所坚者,无白也。

这是说,坚只是触到的感觉,白是看到的印象,两者的感受的来源不同。"得其白,得其坚,见与不见离,一一不相盈,故离。"这是说,坚、白和石没有联系,坚白"自藏",藏是"具有"的意思,坚白是自己独立具有的特性,石中不具有这些特性。坚、白是可以脱离具体的事物而单独起作用的。这里,公孙龙提出了坚白的属性,并指出事物的属性有不同于具体的事物的方面,这是可以说的。但是,公孙龙从他的唯心主义观点出发,把物的属性与物完全割裂开来,因而走向诡辩论。

公孙龙通过割裂"坚白"与石的内在联系以宣传他的客观唯心主义;《齐物论》则极力反对区别所谓坚白。它说:

> 昭文之鼓琴也,师旷之枝策也,惠子之据梧也,三子之知几乎,皆其盛者也。故载之末年。唯其好之,以异于彼。其好之也,欲以明之,彼非所明而明之,故以坚白之昧终,而其子又以文之纶终。

这是说,昭文的弹琴,师旷掌握音乐的节奏,惠子倚着梧树讲论,他们各有所长,各有所好,他们各自想在自己所学的范围内把自己所好的知识弄明白。他们一定要把无法明白的弄明白,只能得到像"坚白论"那样的糊涂的结果①。

《齐物论》反对公孙龙的《通变论》和《名实论》

《齐物论》在几个问题上攻击公孙龙的明确概念的主张。《齐物论》一贯主张取消问题,模棱两可。

《通变论》反对两可之说:

> 曰:"二有一乎?"曰:"二无一。"
>
> 曰:"二有右乎?"曰:"二无右。"
>
> 曰:"二有左乎?"曰:"二无左。"
>
> 曰:"右可谓二乎?"曰:"不可。"
>
> 曰:"左可谓二乎?"曰:"不可。"
>
> 曰:"左与右可谓二乎?"曰:"可。"

---

① 刘武《庄子集解内篇补正》认为坚白是指惠施,并据《德充符》为证,以为不是指的公孙龙的《坚白论》。我认为惠施没有讲什么坚白论,这里的文句的语气是指的以上三子(昭文、师旷、惠施)得到了"坚白之昧"的结果。

　　　曰:"谓变非不变,可乎?"曰:"可。"

　　　曰:"右有与可谓变乎?"曰:"可。"

　　上面问答,是公孙龙自己提出,又自己回答的。对于这些问答的涵义,学术界有不同的解释,这里不想多说。但有一点可以肯定,那就是公孙龙主张"可"或"不可"要明确,不能含混。这种明确的主张,也正是符合公孙龙的形而上学的思想方法的。公孙龙的《名实论》说:

　　　故彼彼止于彼,此此止于此,可。彼此而彼且此,此彼而此且彼,不可。

这是说,把彼当作彼,并且肯定它就是彼;把此当作此,并肯定它就是此;这是可以的。把此当作彼,并认为彼就是此;把彼当作此,并认为此就是彼;这是不可以的。这里有初步的排中律的意思。其目的,也是在讲概念要明确,不能说彼是彼,又不是彼,此是此,又不是此。公孙龙认为这是不允许的。

　　《齐物论》对于这种明确的态度很不同意,主张维持两可之说,它说:

　　　可乎可,不可乎不可。道行之而成,物谓之而然。恶乎然? 然于然;恶乎不然? 不然于不然。物固有所然,物固有所可。无物不然,无物不可。

《齐物论》又说:

　　　方生方死,方死方生。方可方不可,方不可方可。

这都是模棱两"可"的观点,它和公孙龙的《通变论》的观点是对立的。

　　公孙龙主张概念明确,反对有所谓"两明"。《通变论》说:

　　　青白不相与,而相与不相胜,则两明也。

　　　暴则君臣争而两明也。两明者昏,不明,非正举也。非正举者,名实无当,骊色章焉,故曰两明也。两明而道丧,其

407

无有以正焉。

《齐物论》针对这种观点,提出相反的意见,它说:

> 是亦彼也,彼亦是也。彼亦一是非,此亦一是非。果且有彼是乎哉?果且无彼是乎哉?彼是莫得其偶,谓之道枢。枢始得其环中以应无穷。是亦一无穷,非亦一无穷也。故曰莫若[①]以明。

这是说不要分别是非,不要明确概念,不要把是非关系明确起来,它的结论是,不能把是非搞清楚(莫能以明)。"环中"是环之中央,"环"是一个圆圈,在圆圈的弧线上,它说不上哪是起点,哪是终点,它(环)随处是起点,随处是终点,它没有对立面(莫得其偶);既然没有对立面,当然也说不上什么是正面,什么是反面,《齐物论》由此引申,得出了无所谓是非的相对主义的结论。公孙龙说"两明而道丧",结果会失去判断是非的标准(其无有以正焉)。《齐物论》却认为各是其是,无是无非,是"道"的枢要,不但不值得诧异,反而应当看作是符合道的原则的。

《齐物论》反对公孙龙的《名实论》。提出是非不可能有共同标准。公孙龙《名实论》明确主张判断是非,必须有客观标准:

> 谓彼而彼,不唯乎彼,则彼谓不行。谓此而此,不唯乎此,则此谓不行。其以当,不当也,不当而当,乱也。

这是说必需区别彼此,此与彼有其客观标准。而《齐物论》则认为:

> 物无非彼,物无非是,自彼则不见,自知则知之。故曰,彼出于是,是亦因彼。

又说:

> 是亦彼也,彼亦是也。彼亦一是非,此亦一是非,果且

---

① "能""若"一声之转。

有彼是乎哉？果且无彼是乎哉？

《齐物论》说的"彼"和"是"，相当于《名实论》所谓"彼"和"此"（"此""是"意义相通），《齐物论》的"物无非彼，物无非是"的"彼""是"对文。《齐物论》以无所谓"彼""此"反对公孙龙的明确"彼""此"。

公孙龙主张"正名"，而《齐物论》反对正名

《名实论》说：

> 夫名，实谓也，知此之非此也，知此之不在此也，则不谓也。知彼之非彼也，知彼之不在彼也，则不谓也。

这是说，实与名相当，如果确知此不是此，此不在此，它和名没有相当的地方，就不能肯定它的名。

公孙龙又说：

> 以其所正，正其所不正；以其所不正，疑其所正。其正者，正其所实也；正其所实者，正其名也。其名正，则唯乎其彼此焉。

这是说要有一个共同认为正确的标准，以作为衡量其不正的标准。《齐物论》则不承认有所谓判定是非的共同标准，它说，双方有不同的意见，进行辩论，是没有用处的，不论辩论的双方谁胜谁败，都无法断定它是正确还是不正确。它说：

> 既使我与若辩矣……吾谁使正之？使同乎若（你）者正之，既与若同矣，恶能正之？使同乎我者正之，既同乎我矣，恶能正之？使异乎我与若者正之，既异乎我与若矣，恶能正之？使同乎我与若者正之，既同乎我与若矣，恶能正之？然则我与若与人，俱不能相知也，而待彼也邪？

这是说，谁也不能真正辨别是非。公孙龙怕的是"无有以正"而

使得"道丧",《齐物论》却认为恰恰由于规定了所谓是非的标准才使"道"有所丧,它宣扬一种"是亦一无穷,非亦一无穷"的相对主义观点,说"无物不然,无物不可"。

从以上的证据,不难看出,《齐物论》是在反驳当时已有的公孙龙的逻辑思想。公孙龙只是直抒己见,没有和别人辩论的口气;《齐物论》是以公孙龙的学说作为箭靶子,进行攻击的。这两种针锋相对的意见,不出于同时,公孙龙学说应在前,《齐物论》应在后。近人章炳麟曾说过,《齐物论》"指马"之义和"以马喻马之非马",乃破公孙龙说[①]。

现在再看,庄周的时代,是否即《齐物论》出现的时代。

公孙龙的生卒年已不可详考,但据先秦两汉记载,[②]他与邹衍同时。他的生年约为公元前310年(赵武灵王十六年),卒年约为公元前230年(赵王迁六年)。秦始皇统一六国时为公元前221年,他可能在秦统一六国前十年死的。和荀子、韩非、李斯、邹衍的活动时代,大致相当。公孙龙比庄周的时代,至少后五十年。公孙龙学说流行,并得到平原君的重视时,庄周早已死了。死人不能著书立说,自不待言。那末,《齐物论》这一篇文章,既是反对公孙龙的,当然,不能由战国中期的庄周负责。因此认为《齐物论》最足以代表庄周的思想的这种说法,至少在时间上有矛盾,看来是难于成立的。

坚持《齐物论》为庄子思想的人也许会说,古人的思想,总是他的后学代替他完成的,古人亲手著作的很少。我们要指出的

---

① 见章炳麟《齐物论释》。章氏指出《齐物论》是破公孙龙说,这一点是说对了,但是章氏以为《齐物论》为庄周思想,公孙龙在庄子以后,庄子如何破他尚不知道的公孙龙思想?这是章氏疏漏处。

② 《吕氏春秋·应言》篇及《审应》篇,《史记·平原君列传》及《史记·孟子荀卿列传》,刘向《别录》。

是《齐物论》反驳了庄子死后的公孙龙，怎能记在庄周的名下呢？又怎能说《齐物论》可以作为庄周思想的标志（庄之所以为庄者）呢？

从上面的初步论证看来，《庄子探源》中所提出的《庄子》内篇乃晚出之作，为秦汉之际的思想，基本上还是可以聊备一说的一种意见。公孙龙约死于秦统一前十年，古代书籍传抄繁难，学术流布需要一定的时间，从公孙龙的学说的流行（如荀子所反对的）到《齐物论》对它全盘否定，总要经过一段时间。经过这一番周折。差不多就到了秦汉之际了。退一步说，即使它不迟至秦汉之际，它也不能早于荀子。它是"后期庄学"假托庄周名义的作品，和庄周本人无关。如在荀子之前，荀子这样博学的学者不会对它的相对主义轻轻放过，只讲"庄子蔽于天而不知人"，荀子对庄子尊重自然（天）的唯物主义立场是给以肯定的。

现在还有一个问题，即坚白同异之辩，是不是从公孙龙开始的？如果在公孙龙以前早已流行着这种思想，反对坚白之说的《齐物论》仍然可以说是庄子本人的思想。

先秦出现坚和白的词句，《论语·阳货》篇有"不曰坚乎，磨而不磷；不曰白乎，涅而不缁"。孔子这里是说君子应当出淤泥而不染，和公孙龙所讲具有逻辑意义的坚白的意义不同，这就像孔子也讲过"正名"，但孔子的"正名"并不是讲的逻辑的问题一样。孔子讲的坚和白，和公孙龙讲的坚和白是两回事。

后于孔子的《墨子》中，凡是早期的记述墨翟思想的那些篇中，没有谈到坚白关系的话。《孟子》中有"白羽之白也犹白雪之白，白雪之白犹白玉之白欤"，"异于白马之白也，无以异于白人之白也"《告子》上）。在《孟子》中已讲到白这个概念和白的东西的关系。但是孟子还没有把坚白联系在一起，一并探讨。也就是说和庄周同时的孟子还没有提出过坚白关系的问题来。

《孟子》中讲到"坚"的地方有两处,都是一般用法,如"坚甲利兵","兵革坚利"等,也和坚白问题不相干。

在《左传》《国语》中也没有发现有从逻辑角度论述坚白关系的记载。

坚白问题作为哲学问题被提出,不但不在春秋,也不在战国中期以前,而是在孟子、庄子死后约五十年的战国后期。

也有人举出《墨经》有"辩,争彼也,辩当,胜也"(《经上》),"谓辩无胜,必不当,说在辩"(《经下》)的话,认为这是反对《齐物论》的"辩无胜"的主张的。如果是这样,《齐物论》的时代要比《墨经》为早。关于这个问题,我在《庄子探源之二》一文中已有所说明,认为《墨经》不是反对《齐物论》的,而是反对一般辩者的,其理由不在这里重复了。

也许有人会怀疑:《庄子·天下》篇批判了许多流派,如果《齐物论》驳斥公孙龙的学说,为什么《天下》篇反倒没有批判公孙龙的话?这个问题,我在《庄子探源之二》一文中也有所说明,认为《天下》篇不出于庄子学派,它是秦汉之际(或汉初的儒家)的著作,它不是站在庄子学派的立场评论学术的,《天下》篇不能用来论证庄子的哲学思想。《天下》篇讲到墨子的后学"以坚白同异之辩相訾",这是讲的后期墨家,也是《天下》篇时代较迟的一个证据。

在《庄子》书中讲到"坚白"关系的,除了《齐物论》和《天下》篇外,还有《德充符》的"子以坚白鸣",《骈拇》的"窜句游心于坚白同异之间",《胠箧》的"坚白解垢同异之变多",《秋水》的"合同异,离坚白",《天地》篇的"离坚白若悬寓"。上面这些篇都讲到"坚白"之辩,在时间上都应在公孙龙的学说流行之后。我从前曾假定《天地》《胠箧》等篇时间较早,现在看来,这两篇不能算作早期的庄周的著作。至于《德充符》《骈拇》《秋火》《天下》等篇本来就是后期庄学的著作，这里又得到了一次证明。即使把《天地》《胠箧》两篇除去，其余如《马蹄》《天运》《天道》《盗跖》等篇，仍可以说明庄周的思想是代表小私有者农民反剥削的思想的，仍然可以说明庄周的哲学思想是唯物主义、无神论的。只有后期庄学（如内篇）才是相对主义、唯心主义、神秘主义思想体系，我在《庄子探源》中的基本看法还是没有改变。通过对于《齐物论》的考察，更进一步证实了我在《庄子探源》中提出的《庄子》内篇出于秦汉之际的看法，给《庄子》内篇，至少《齐物论》，后出之说增加了一分论据。

最后的结论是：《齐物论》是反对公孙龙的哲学思想的，所以《齐物论》不可能是庄周的思想，它是后期庄学的思想。

释《庄子·齐物论》篇的"以明"*

古人解庄者,多以为《庄子》的"以明"是一种思想方法。《庄子·齐物论》曾有三处出现"以明"字样。第一次是:

> 故有儒墨之是非,以是其所非而非其所是;欲是其所非而非其所是,则莫若以明。

郭象注说:

> 夫有是有非者,儒墨之所是也;无是无非者,儒墨之所非也。今欲是儒墨之所非,而非儒墨之所是者,乃欲明无是无非也。欲明无是无非,则莫若还以儒墨反复相明。反复相明,则所是者非是,而所非者非非矣。非非则无非,非是则无是。

《齐物论》第二次提到"以明"是:

> ……彼亦一是非,此亦一是非,果且有彼是乎哉?果且无彼是乎哉?彼是莫得其偶,谓之道枢。枢始得其环中以应无穷。是亦一无穷,非亦一无穷也,故曰莫若以明。

《齐物论》第三次提到"以明"是:

---

* 原载《文汇报》1962 年 9 月 6 日。

> 若是而可谓成乎？虽我亦成也；若是而不可谓成乎？
> 物与我无成也。是故滑疑之耀，圣人之所图也。为是不用
> 而寓诸庸，此之谓以明。

郭注说：

> ……物皆自用，则孰是孰非哉？故虽放荡之变，屈奇之
> 异，曲而从之，寄之自用，则用虽万殊，历然自明。

《齐物论》还有一处，是：

> ……其好之也，欲以明之，彼非所明而明之，故以坚白
> 之昧终。

这里的"欲以明之"，与上文三处的"以明"不同，这是一般用法。
可存而不论。

自从郭注后，许多注庄子者，都是从正面的理解去解释。郭
注以为庄子主张"莫若还以儒墨反复相明"。"反复相明"的结
果，"用虽万殊，历然自明"。意思是说，用反复相明的办法，不失
为一种办法，是可以把是非搞明确的。

宋人吕惠卿以《老子》解《庄子》，他解释，"明者，复命知常
之谓"。这是用老子的"无知常曰明"的意义去解释。他又说：

> 因是因非，因非因是，更相为用而已。圣人不由，而照
> 之于天，则以明之谓也。（《庄子义》）

吕注又说：

> 所以为是不用而寄诸万物之自功，此之谓以明。（同
> 上）

明人焦竑对这一段的解释是：

> 盖行乎是非无穷之涂，而其无是无非者自若，非照之以
> 天者不能。所谓"莫若以明"也。（《焦氏笔乘》）

吕、焦二氏，都把"以明"作为一种认识方法，不过这种方法是任
其自然，不加可否的方法。意思比郭象注较为接近《庄子》原意，

但与《庄子》的原意还有不小距离。

王船山对《庄子》提到"以明"的这几段也作过解释。他说：

> 夫其所以的然争辨于是非者，自谓明也，斤斤然持而以之，而岂真明也哉？明与知相似，故昧者以知为明……儒墨皆曰吾以明也；持其一曲之明，以是其所已知而非其所未知，道恶乎而不隐邪？（《庄子解》卷二）

在第二个"莫若以明"这一段下，王船山解释说：

> 若彼无穷之化声，生彼此之是非，则唯持其一曲之明而已矣。一曲之明亦非不明也。故小知大知，争炫其知；而照之以天者，无我无此，无耦无彼，固不屑以此为明也。（《庄子解》卷二）

王船山的理解，不但超过了郭象对《庄子》原义的理解，也比吕、焦二氏更加接近《庄子》内篇的原义。他没有把"以明"作为一个词，而把以明解为"用其明"，"以……为明"。

把"以明"当作哲学方法，可谓入人甚深，直到清末的严复评点《庄子》还说：

> 其次当知物论之本齐，美恶是非之无定，曰寓庸，曰以明，曰因是……（《庄子评点》）

这句话，旧注似乎没有把《庄子》的原义讲透，解释也似乎穿凿了些。其实这是一句普通的话，不是专门的哲学术语，说穿了，平常得很。

"若""乃"两字声母相通。如《孟子·公孙丑》："今言王若易然，则文王不足法与？"《管子·海王》："一女必有一针一刀，若其事立；耕者必有一耒一耜一铫，若其事立；行服连轺辇者，必有一斤一锯一锥、一凿，若其事立。"《尚书》称"王若曰"，"周公若曰"，"微子若曰"，"若曰"即"乃曰"。《尚书·秦誓》的"日月逾迈，若弗云来"，若字同乃字。

又"乃"字与"能"字也是同声母字,可互训。如《左传》襄公三十年,"子产曰:岂为我徒,国之祸难,谁知所儆,或主强直,难乃不生,姑成吾所"。杜预注:"言能强能直,则可弭难,今三家未能,伯有方争。"

《庄子》这里的"莫若以明",就是"莫能以明"。《庄子》用取消问题作为答案,以否认认识作为认识。照它的思想方法,他不可能主张双方"反复相明"(像郭象解释的那样),而是说:儒墨的争吵毫无意义,他们的是非,根本不能搞清楚。照这样的理解,《齐物论》这一段可试译作:

> 所以有儒家和墨家的是和非,他们(儒家和墨家)都互相肯定对方所认为非的,并互相否认对方所认为是的。要想肯定对方所认为非的,并否认对方所认为是的,就不能把问题搞清楚。

《齐物论》另一段可试译作:

> 彼有彼的是非,此有此的是非。果真有彼此的区别呢,还是没有彼此的区别呢? 彼此之间没有它的对立面,这就叫做道枢。道枢的没有固定的对立面,就像圆环一样,从它任何一点都可以作为中央(或起点),没有对立面,也可以说有无穷的对立面。是也是无穷的,非也是无穷的。所以说不能把问题搞清楚。

照以上的理解,《齐物论》的第三次出现的"以明"的这一段的译文可试译作:

> ……如果(像上面所说的昭氏鼓琴那样)可以算做完成,那末(不止万物都得到了完成)连我在内也得到了完成;如果说(像上面所说的昭氏鼓琴那样)不算做完成,万物和

我都不算做完成。因此,混乱的①不可信的小聪明②,是圣人所鄙弃的③。因此,不用智慧正是④用了智慧,这才算搞清楚了问题。

《齐物论》认为人们的认识是极不可靠的,掌握了一些知识,必定遗漏了更多的知识,就像昭氏鼓琴那样,他演奏了欢乐的曲调,就遗漏了悲哀的、平静的、鼓舞斗志的以及表达各种感情的许多曲调,一个曲调的完成,同时正是全部曲调的亏欠。他们以为人类的认识也是一样,它说:"道隐于小成。"道被局部的认识所蒙蔽了。《齐物论》鄙弃人的认识能力,它认为用智慧,勉强去认识,反而不能取得认识(莫若以明);如不去认识,反而能认识。这是一种彻底的不可知论。因此,"以明"不能理解为积极认识事物的方法,因为照庄子的体系,他反对作任何认识的努力。

先秦哲学家所用的基本概念,如道、气、德、理、无、有、仁、义,形上形下,《庄子》的天倪、天钧、两行、环中、道枢都是用的肯定的意义字。从语法方面来看,如果"以明"真是一个词,"莫若以明"这句话是不完整的,照郭象的解释,《齐物论》应该是"莫若'用'以明",不应该说"莫若以明"。如果把"莫若以明"解释为"莫能以明"倒是平易合理,不必绕弯子,反而更能符合《庄子》的原义。

---

① 滑,同汩,混乱。
② 耀,刺眼的光芒。《老子》说,有智慧的人,"光而不耀",耀是聪明外露,不是真聪明。《庄子》取《老子》义。
③ 图,据闻一多校,图应是鄙字之误,古人鄙字作图。
④ 庸,即用。

墨子生卒年简考*

对墨子生卒年,汉代有几家比较重要而影响较大的说法:

(1)司马迁《史记·孟子荀卿列传》只有二十四个字:"盖墨翟宋之大夫,善守御,为节用。或曰并孔子时,或曰在其后。"

(2)刘向:"在七十子之后。"(《史记索隐》引《别录》)

(3)班固:"在孔子后。"(《汉书·艺文志》)

(4)张衡:"当子思时。"见《后汉书》本传引张衡《论图纬虚妄疏》云:"公输般与墨翟并当子思时,出仲尼后。"

汉代学者都认为墨子在孔子后。所谓在孔子后,只是说略后于孔子,而不是不加限制地"在孔子后";不然,孟子、荀子等也"在孔子后",这四个字用在他们身上就是废话了。汉代人共同的说法都认为墨子应在春秋时,似不在战国。这是对墨子的生卒年代较早的一些说法。

到了清代,又有些学者倾向于偏晚的说法。如毕沅以为墨子是"六国时人,周末犹存"。(《墨子书后》)到了孙诒让,对过去的墨子研究进行初步总结,对墨子的生卒年代也有较详细的考证,作有《墨子年表》,把《墨子》书中所提到的一些活动和接触

＊　原载《文史哲》1962 年第 2 期。

的人物安排在当时的历史进程中,他的结论是:

> 墨子当与子思并时,而生年尚在其后。(子思生于鲁哀公二年,周敬王二十七年,公元前493年)当生于周定王初年,而卒于安王之季(二十四年,公元前378年),盖八九十岁,亦寿考矣。(《墨子年表》)

孙说一出,在学术界几乎成了定论,后来一些学者对墨子生卒年代的看法,基本上都是在孙诒让的说法的基础上作了一些小的修正或补充。略举几家的看法试作比较,如近人梁启超:

> 生于周定王初年(元年至十年之间,前468—前459年),约当孔子卒后十余年(孔子卒于前479年)。墨子卒于周安王中叶(十二年至二十年之间,前390—前382年),约当孟子生前十余年(孟子生于前372年)。(《墨子学案》)

张荫麟:

> 墨子的肇生约略和孔子逝世衔接。

现代学者的看法也和孙诒让、梁启超的看法差不多:

(1)范文澜:生年约在公元前468年,卒年约在公元前376年(据孙诒让说)(《中国通史简编》第一编,第218页)。

(2)吕振羽:"梁(启超)之说较近"(《中国政治思想史》,第106页)。

(3)侯外庐:生年约在周敬王三十年(孔子卒前十年,前490),死于周威烈王二十三年(前403)(《中国思想通史》第一卷,第192页)。

(4)翦伯赞等:生年为前480年? —卒年为前390年?(《中国历史纲要》)

以上这些说法,墨子生年的最早和最迟相差约二十年;卒年最早和最迟相差约三十年。诸说前后相错的总情况,综合来看,墨子的年岁约为百岁左右。如果再加上毕沅的说法,至周末犹存,墨子要活到百岁以上才能把墨子书中所涉及的关于墨子言行的记载完全安排得下。各家的学说,大约都主张在八十岁左右。

我们认为关于墨子的生卒考订方法上,要有几个固定可靠的"界标",才好动手安排材料的排比。我们不能把《墨子》书中记载的一切大大小小的事情都给排在墨子活动的日程表上去。也就是说,要通过几件有确定日期的重大事件,而且又确实和墨子有实际关系的重大事件,去作去伪存真的工夫。

关于墨子的生年,孙诒让的考证大体接近事实,但不完全正确。

(1)墨子止楚攻宋的行动,有年代,有同时的人物可考,这件事可以作为一个可信的界标。关于止楚攻宋的记载,除墨子《公输》篇外,还有《战国策·宋策》。《史记·鲁仲连传》鲁仲连《遗燕将书》中也提到:"今公又以敝聊之民,距全齐之兵,是墨翟之守也。"《吕氏春秋·爱类》篇、《淮南子·修务训》也都有大同小异的记载,可见这是当时国际上反对侵略战争、防止以强凌弱的有名的事件,所以流传很广。以至于以"墨守"成了"不可战胜"的同义语。(今天用的"墨守成规",意思变了,另当别论)止楚攻宋,应在公元前445年到前440年之间,孙诒让把它系于公元前440年,大体可信。但是,孙诒让认为墨子这时才二十到三十岁之间,他的根据仅仅从墨子的体力上推测,认为"百舍重茧",十日十夜不停地奔走,非年富力强办不到。他这点考虑是有道理的。但是还应考虑到墨子这时已是一个学派的领袖,有弟子禽滑厘等三百人听他调拨,为他守城于宋。宋国居然采纳了墨子的建议,任用禽滑厘等人,这不像是个二十多岁的青年人所能办得到的。墨子成为学派领袖,也不能在三十岁以前,似宜在墨子三十五岁至四十岁之间。当然,墨子也不能太老,十日十夜不休息,是要相当体力才行。关于这一点,鲁迅先生的见解还是值得参考的。在《非攻》中,鲁迅先生描绘了墨子这位哲学家的形象时说他是个"三十来岁……乌黑的脸"[①],鲁迅先生写的是小说,不能太当真,但鲁迅先生的深刻的观察还是值得相信的,比孙诒让的推测更接近事实一些。

这时孔子的弟子子夏、曾子约六十多岁;墨子的年龄约与子思的年龄相当[②],应在四十岁左右。

(2)关于墨子的卒年,孙诒让的推测就与事实出入更大了。考查这个问题的支点应放在墨子后学为楚国阳城君守国这一事件上。这件事发生在吴起死后不久,吴起死于公元前381年(周安王二十一年)。

《吕氏春秋·上德》记载着:

> 墨者巨子孟胜,善荆之阳城君。阳城君令守于国。毁璜以为符,约曰:符合听之。荆王薨,群臣攻吴,起兵于丧所。阳城君与焉。荆罪之,阳城君走。荆收其国。孟胜曰:受人之国,与之有符,今不见符,而力不能禁,不能死,不可。其弟子徐弱谏孟胜曰:死而有益阳城君,死之可矣。无益也,而绝墨者于世,不可。孟胜曰:不然,吾于阳城君也,非师则友也,非友则臣也。不死,自今以来,求严师必不于墨者矣,求贤友必不于墨者矣,求良臣必不于墨者矣。死之,所以行墨者之义而继其业者也。我将属巨子于宋之田襄子。田襄子贤者也。何患墨者之绝世也。徐弱曰:若夫子之言,弱请先死以除路,还殁头前于孟胜。因使二人传巨子于田襄子。孟胜死,弟子死之者百八十三人,以致令于田襄

---

① 《鲁迅全集》第2卷,第404页。
② 可参看《孔门子弟列传》。

子，欲反死孟胜于荆。田襄子止之曰：孟子已传巨子于我
矣。不听，遂反死之。

墨家有巨子的传授制度，这是可信的，但墨子活着的时候，
以及记载墨子言行的直接记录，都没有提到墨子有什么传授巨
子的规定，可见这是墨子死后才建立起来的制度，而且应当是墨
子死后若干年的事。

如果据墨子生前的情况推想，第二代巨子应当是禽滑厘。
《墨子·耕柱》篇及《吕氏春秋·当染》和《尊师》两篇的记载，都
可证明禽滑厘确死于墨子之后，并曾讲学授徒。如果说巨子制
度是墨子死后开始的，第二代应是禽滑厘，孟胜至早也只能是第
三代的巨子，或者更晚一些。孟胜这个人不见于《墨子》各篇中，
也足证孟胜不是墨子的及门弟子，应在禽滑厘之后。孟胜能
够当上巨子，至少应是墨子的学派中有地位有声望的大弟子，
《墨子》书中不应该不提到他，只提到禽滑厘。这个重要人物应
晚于禽滑厘若干年。

从以上的事实，可以推知，吴起死时，不但墨子不及亲见，连
禽滑厘也不及亲见。应是墨子死后相当久的事了。孙诒让说墨
子及见吴起之死，是不对的。

如果以一般的师生传授的年代来推定，约十五年到二十年
为一代，第一代为禽滑厘，第二代或第三代为孟胜，墨子的死年
和他的再传或三传弟子至少应相差四十年左右。墨子死于公元
前420年，他以下的几个巨子，传到孟胜，才有传递的余地。当
然，也许有人会说，墨子的学派都能"赴汤蹈火，死不旋踵"，敢于
牺牲，会不会有两三个巨子接二连三地守城、殉难，传两三代也
不过是几年的事。当然，不敢说没有这种可能，但在《吕氏春秋》
这一段的记载中，还看不出墨子死后的巨子有过这种为人死难
的遭遇，所以徐弱才有要不要殉城的怀疑。

现在我们的结论是墨子的生卒年,大约是公元前480—前420年。墨子活了六十岁左右。

也许有人问,如果墨子死得这样早,《墨子》中其他有关墨子政治活动、学术活动的记载怎么处理? 我们认为这个问题不难解决,那就是后来墨学假托墨子的言行以发挥墨子的学说的文章。它的道理是可信的,总是墨家的学说,它的事实是不可信的。

提出墨子死于公元前420年,有什么意义呢? 我认为是有意义的。春秋和战国的分界,现在有几种不同的说法。(1)有人认为战国应由公元前475年开始;(2)也有人认为战国应从三家分晋开始,那就是公元前403年。如果根据(2)说划分春秋战国的分界,墨子的死年,就关系到把墨子分到春秋时期还是战国时期的问题。又由于春秋战国时期阶级矛盾的情况不同,对墨子学说的实际作用、进步性的估计也有关系,故不可不辨。

《孙子兵法》中的辩证法因素*

一　《孙子兵法》在哲学史中的地位

相传《孙子兵法》是春秋时代齐人孙武的著作。据近人研究,这部书可能导源于纪元前 5 世纪末的孙武而完成于纪元前 4 世纪中叶的孙膑。春秋战国时代各种学派的著作都不是由一个人执笔写成的,而是由各家学说的信奉者不断地补充、发展,经过若干年才写成书的①。

《孙子兵法》一向被认为是极有价值的兵书,被人尊为“兵经”,也是世界上最早的一部兵书。书中所讲到的只是依据古代战争的条件下总结出来的战争基本原理,而并不是专门从哲学的世界观的高度来观察整个世界。它不像老子那样提出一般的思维规律和事物变化、发展的规律。但是《孙子兵法》所讲的不是关于战争的制度、措施,它提出了如何认识战争发展的规律并

---

* 原载《光明日报》1954 年 4 月 21 日。

① 根据近年来的考古发现,《孙子兵法》与《孙膑兵法》两书俱在。可以断定《孙子兵法》为孙武的书。

如何运用这些规律来控制战争发展的方向。它讲的是战略思想和原则，所以也具有哲学的意义。

战争这一门科学的特点规定了它不同于古代一般自然科学，当时的自然科学仅仅停留在对自然界的观察、记录、分析、计算这些方面(如生物学、农业科学、天文学等等)。战争这一种科学又不同古代一般的社会政治思想，马克思主义以前的政治思想理论都由于受剥削阶级的局限，因而不能正确反映客观事实，更不能发现社会发展的规律。《孙子兵法》所讲的是阶级社会中的一种社会现象—战争—的发展和变化的规律。假定《孙子兵法》的作者是孙武，那末，孙武的伟大成就主要并不在于他是一个成功的军事家，而在于他是一个军事思想家。

战争是政治斗争的继续，当然也是阶级矛盾斗争的表现(统治阶级之间的矛盾斗争，也是阶级斗争，并且和统治者与被统治者的阶级斗争密切联系着的)，战争是社会现象之一。正如毛泽东同志所指出的"战争现象是较之任何别的社会现象更难捉摸，更少确实性，即更带所谓'盖然性'。但战争不是神物，仍是世间的一种必然运动"[①]。因此，它就有被认识的可能。战争中使人不能忽略双方矛盾斗争的实质和作用。战争的胜败，小则决定个人的生死，大则关系国家的存亡，因此，它迫使人们不得不虚心地认识矛盾斗争的实际发展。矛盾对立的现象和矛盾对立的法则必然突出地通过战争而显现出来。并且，战争是敌对双方力量的对比，除了双方的物质条件以外，双方人为的主观能动性也起着极大的决定作用。在具体战争中，胜败之机，决于顷刻，事实上不允许用主观想象办事，也不允许从容长期细心研究，何

---

① 《论持久战》。《毛泽东选集》第 2 卷，人民出版社，1966 年版，第 458页。

况双方情况随时都在变化。世界上一切现象都是在矛盾斗争中发展变化着,都不能离开这一总的规律。而战争所表现的矛盾斗争的发展变化就更为鲜明。

《孙子兵法》中固然没有把辩证法作为一般的哲学方法提出来,但《孙子兵法》却运用了辩证法的一些基本原则来认识战争,并运用这些原则来驾驭战争,把战争引向胜利。所以《孙子兵法》中反复申述这些原则不能违反。实践证明,古今用兵者凡是违反了《孙子兵法》中的这些原则的,往往要在战争中遭到失败。

古代的辩证法只是科学的辩证法的萌芽,都带有比较原始的形态。比如中国的老子以及古希腊的赫拉克利特的辩证法都是根据当时不很完备的科学知识,基本上按照自然界的本来面貌来认识世界的。古代的辩证法只是大体上概括了事物发展的总原则,都带有自发性,而不是在严格的科学知识基础上产生的。《孙子兵法》中的辩证法也是建立在古代一定的科学基础上带有原始的自发性的特点。

对《孙子兵法》正如对老子及赫拉克利特一样,我们不能作过高的要求。因为辩证法不是某一个天才人物偶然发现的,乃是在历史发展的一定的阶段上,合乎规律地产生的。《孙子兵法》,虽然只是在军事范围内,卓越地提出了矛盾对立、转化等基本原则。而这些原则又是与唯物主义的观点相结合的。所有这些成就都值得我们今天十分珍视。

日丹诺夫在"关于西方哲学史的发言"中曾说过,"既然有马克思辩证法的存在,在哲学史中应当包括辩证法产生的历史,表明辩证法产生的条件是什么。"研究中国哲学史也不能例外,首先要推翻资产阶级哲学史家所维护的唯心论和形而上学的"正统"。我们要发扬中国哲学史中的辩证法和唯物论的优良传统,要发掘那些长期被埋没了的宝藏。因此,我们不能把眼光仅仅停留在孔、墨、老、庄的旧范围以内。《孙子兵法》就是被旧哲学史家所摒斥的极有价值的思想学说之一。

《孙子兵法》毕竟是通过古代战争理论来体现辩证法原则的著作。作者不懂得军事学，不能结合军事实际深入研究，只能作为一般的哲学思想方法加以简单的阐述，当然所理解的一定不会深刻，甚至难免错误，希望能得到指正。

二 认识要符合客观实际

《孙子兵法》中提出取得胜利要有五个条件：

> 一曰道，二曰天，三曰地，四曰将，五曰法。（《计》篇）

五个条件中首先是人民与统治者的看法一致（道），其次谈到时间（天）、地点（地）、指挥官（将）及军队组织（法）等等条件。同时，《孙子兵法》中指出要解决敌我双方对立的矛盾（战胜即是矛盾的解决），必须避免主观和片面的错误认识，而是要从比较全面的观点来认识矛盾的双方面。

> 知彼知己，百战不殆；不知彼而知己，一胜一负；不知彼、不知己，每战必殆。（《谋攻》篇）

从全面看问题，必须考虑矛盾双方的具体情况以及其他条件，如国际的关系，地理的条件，交通条件等：

> 故不知诸侯之谋者，不能豫交；不知山林险阻沮泽之形者，不能行军；不用向导者，不能得地利。（《军争》篇）

仅仅知道矛盾的一方面，而不知道矛盾的另一方面，就没有必胜的把握。因为战争只能服从矛盾对立的规律，而不能用主观片面的臆测来认识事物：

> 知吾卒之可以击而不知敌之不可击，胜之半也；知敌之可击而不知吾卒之不可以击，胜之半也；知敌之可击，知吾

> 卒之可以击,而不知地形之不可以战,胜之半也。故知兵者动而不迷,举而不穷。故曰:知彼知己,胜乃不殆;知地知天,胜乃可全。(《地形》篇)

又说:

> 故智者之虑,必杂于利害。杂于利而务可信也,杂于害而患可解也。(《九变》篇)

> 故不尽知用兵之害者,则不能尽知用兵之利也。(《作战》篇)

就战争来说,固然要知彼知己,才能够百战不殆,作为一般的思想方法来说,也还是"科学的真理"。毛泽东同志在《矛盾论》及《论持久战》中,对于《孙子兵法》中这条原则曾给以很高的估价。

由于能从矛盾的双方考虑问题,并且从矛盾双方有关的各方面考虑问题,才能够掌握矛盾发展的方向。所以《孙子兵法》能比较全面地估价战争在矛盾斗争中的地位,它能从比战争更高的观点来认识战争,而不陷于纯军事观点。它不迷信战争可以解决一切问题:

> 凡用兵之法,全国为上,破国次之;全军为上,破军次之。(中略)故百战百胜,非善之善者也,不战而屈人之兵,善之善者也。(《谋攻》篇)

因此,《孙子兵法》中说,最好的策略是粉碎敌人向我发动战争的企图(上兵伐谋);其次的策略是利用国际矛盾,孤立敌人,使敌人不敢发动战争(其次伐交);再次的策略才是用兵作战(其次伐兵);最下策才是攻城(下政攻城)。所以说,

> 故善用兵者,屈人之兵而非战也,拔人之城而非攻也,毁人之国而非久也,必以全争于天下。故兵不顿而利可全,此谋攻之法也。(同上)

三　强与弱的互相转变

毛泽东同志的集中绝对优势兵力歼灭敌人的有生力量这一卓越的战略指导原则,不仅是游击战的原则,也是一般的战争的指导原则。这正是辩证法中从量到质的互相转变的根本原则的具体运用。正是用量的变化以达到质的变化的手段。毛泽东同志曾指出,不但在游击战争中以多击少是我们的战役和战斗的方针,即使"战略反攻阶段,我之技术条件增强,以弱敌强这种情况即使完全没有了,我仍用多兵从外线采取速决的进攻战,就更能收大批俘获的成效。例如我用两个或三个或四个机械化的师对敌一个机械化的师,更能确定地消灭这个师。几个大汉打一个大汉之容易打胜,这是常识中包含的真理"①。

《孙子兵法》一再提出如何利用双方兵力数量对比的关系以控制战争发展的方向。并提出在各种不同情况下,如何利用量的对比关系创造对于自己有利的战争形势。《孙子兵法》中提出利用数量的优势,争取主动,以达到以众击寡获得胜利的原则:

　　吾所与战之地不可知。不可知,则敌所备者多。敌所备者多,则吾所与战者寡矣。(《虚实》篇)

　　故形人而我无形,则我专而敌分。我专为一,敌分为十,是以十共(按:共即对付)其一也,则我众而敌寡。能以众击寡者,则吾之所与战者约矣。(同上)

　　用兵之法,十则围之,五则攻之,倍则分之,敌能则战之,少则能逃之,不若则能避之。(《谋攻》篇)

可见由量的变化在矛盾对立的双方必然引起的质的变化,《孙子

---

① 《论持久战》,《毛泽东选集》第2卷,人民出版社,1966年版,第454页。

兵法》对此是有相当认识的。常能保持"以众击寡",自然也容易
"每战必胜"。

四　为战争形势的转化创造条件

战争也像其他自然现象和社会现象一样,不是静止不动的,
而是在不断地变化的状态中。而这种不断地变化也有其规律,
就是向着它的相反的方面转化。自然界固然是:

> 五行无常胜,四时无常位,日有短长,月有死生。(《虚
> 实》篇)

作为社会现象之一的战争也不能例外:

> 乱生于治,怯生于勇,弱生于强。(《势》篇)

矛盾对立转化的法则是自然界的一般法则,也是社会现象
的法则。但一切转化都在一定的客观条件之下进行着。为了取
得战争的胜利,矛盾的解决,并不在于"知道"这个转化的道理,
更主要的是《孙子兵法》中提出了为矛盾对立的转化创造条件。
只就战争范围来说,就是为战争的胜利创造条件。《孙子兵法》
在战略思想中的伟大贡献并不在于指出战争的胜败有一定的规
律,而在于它进一步指出如何根据这一矛盾对立的规律来创造
条件,把战争引向胜利,把矛盾对立的旧形势改造得对于自己有
利。

因此,《孙子兵法》不把战争的胜败(即矛盾对立的转化)看
作战争直接行动的结果,相反地,它把战争的胜败看成矛盾双方
的许多条件的对比的结果。矛盾的转化,乃是被主观及客观条
件所决定,所以《孙子兵法》并不强调战争行动,而强调促成战争
胜利的条件:

> 昔之善战者,先为不可胜,以待敌之可胜。不可胜在

431

己,可胜在敌。故善战者能为不可胜,不能使敌必可胜。(《形》篇)

又说:

> 故善战者立于不败之地,而不失敌之败也。是故胜兵先胜而后求战,败兵先战而后求胜。(《形》篇)

为胜利、为解决矛盾对立的形势创造条件,必须根据矛盾对立的规律充分发挥人的主观能动的作用,有利条件不是等待来的,而是主动争取得来的:

> 故善战者,致人而不致于人(中略)。攻而必取者,攻其所不守也;守而必固者,守其所不攻也。(《虚实》篇)

五 根据具体条件发挥原则性与灵活性

普遍原则必须与具体情况相结合。以上所讲的这些辩证法的一些基本观念,在《孙子兵法》中已有一定程度的认识。但如何通过实际行动来认识这些原则,并如何利用这些原则,也还是一个复杂的问题。《孙子兵法》中也提供了一些重要的见解,就是:根据具体情况,掌握中心环节。

> 凡战者,以正合,以奇胜。故善出奇者,无穷如天地,不竭如江河。终而复始,日月是也。死而复生,四时是也。声不过五,五声之变不可胜听也;色不过五,五色之变不可胜观也,味不过五,五味之变不可胜尝也;战势不过奇正,奇正之变不可胜穷也。(《势》篇)

奇正的变化固然"不可胜穷",但却有一定的原则:

> 夫兵形象水,水之形避高而趋下,兵之形避实而击虚。水因地而制流,兵因敌而制胜。故兵无常势,水无常形。能因敌变化而取胜者,谓之神。(《虚实》篇)

但是原则不等于死的公式,必须看具体情形,在纷乱复杂的矛盾现象中及时掌握住中心环节,而不应把一切矛盾现象平列同等看待。所以在战争中,必要时:

> 涂有所不由,军有所不击,城有所不攻,地有所不争,君命有所不受(《九变》篇)。

六　结语

中国人民是勤劳、勇敢爱好和平的,并且有爱好和平保卫自由的光荣传统。今天,争取世界持久和平已经成为全世界爱好和平的人民的共同要求。但是,爱和平并不就是反对一切的战争。我们反对一切阻碍历史进步的、掠夺性的非正义的战争,而不反对保卫和平的正义的战争。抗美援朝的伟大胜利正说明了我们保卫和平的决心和力量。

《孙子兵法》,在中国历史上,曾对于促成全国的统一,在抵抗外族或驱逐外族侵略时都起过重大的作用。但本文目的,乃在于从《孙子兵法》中发现它的辩证法的因素,并不涉及战争的本质。

《矛盾论》曾指出:事物矛盾的法则,即对立统一的法则,是自然和社会的根本法则,因而也是思维的根本法则。不论人们意识到或没有意识到,客观世界(自然和社会)总是按照对立统一的法则发展着的。作为思维的方法来看,必须它是自觉地,在一定的程度上运用对立统一的法则的思想方法,才是辩证法。《孙子兵法》,也如同其他一些古代的自发的辩证法和唯物论一样,它认识的深度是不够的,因为它的科学的基础不够。由以上所列举的证据和说明,不难看出《孙子兵法》的价值并不限于战争的原则这一方面,因为在不同的程度上,它确实反映了一些辩证法的基本原则,尽管这些原则是萌芽状态的,是素朴的。

因此,作者主张在中国哲学史中应当给《孙子兵法》以一定的地位。这些不成熟的意见,是否妥当,还希望得到读者的指正。

韩非社会政治思想的几个问题*

一 引言

韩非的社会政治思想不限于本文所提出的这几个方面。像"法""术""势"的学说也是韩非"法治"思想的重要内容,此外,韩非的思想与早期法家的关系也未涉及。这些问题要另作专题说明。

本文所提出的这四个问题,都是为了阐明韩非如何从社会关系、从考核名实、从历史发展以及从世界的总规律(道)各方面根据当时新兴地主阶级的要求,而对于一切具有保守或"改良"倾向的先秦各学派展开思想斗争的。韩非的"法治"观点实质上就是新兴地主阶级的社会政治思想发展的标志。

韩非的"法治"思想主要表现在和一切反对"法治"思想的各派学说的思想斗争这一方面,它极少讲到"法治"的一些具体措施。正因为这一理由,韩非在中国哲学史中就不止作为一个法律或政治家的身份出现,而是作为一个政治思想家的身份出现

---

* 原载《文史哲》1955 年第 4 期。

的。

关于中国古代社会发展分期的问题,本人依据(并同意)范文澜中国通史简编的看法。如果关于中国古代社会发展分期的讨论有了新的结论,本文的论据也要重新修正。

二 韩非的社会政治思想反映了正要走上
政治舞台的新兴地主阶级的政治要求

秦朝统一的前夕,当时各方面都有统一的要求,地主、商人、农民以及水陆交通的条件、水利灌溉的需要、各国文化的交流都表现着走向统一的新趋势,更主要的是广大劳动人民渴望和平统一而免于战争的祸害。于是建立专制主义的中央集权主义,成了当时的首要任务。韩非只看见争取国君以达到新兴地主阶级的要求,而没有照顾到其他阶级(如工商业者),尤其是广大农民的要求。韩非的思想的进步性和他的反人民性并存于他的具有矛盾的思想体系中。也就是说,他要求完成历史任务,而又离开了人民,以致不能完成这一任务。

韩非是先秦法家集大成的一位思想家,他讲了很多关于如何运用法治,如何应当用法治的原则性的理论,他与管子、商鞅、李悝、吴起这些前期法家不同。前期法家初步提出地主阶级的一些经济要求,以及保障他们经济利益的一些政策法令。韩非的时代,提到日程上来必须解决的乃是走哪一条路线的问题:还是在旧的封建领主制度下作些修正呢(如儒墨各派),还是走历史上从来没有走过的一条新路,建立专制主义的封建集权国家?

战国末期的经济发展的情况,以及人民的要求已具备了建立专制主义的封建集权国家的条件,但这时还有一些旧势力阻碍它的实现。周代传下来的封建领主贵族、世卿、大臣这一批待消灭的特权阶级在做垂死的挣扎;还有春秋战国以来儒墨各派看到封建领主制度将要崩溃而先后提出来维护旧制度的各派政治社会学说。这些学派都带有不同程度的保守或改良倾向。他们只想在旧的封建领主制度的基础上作些修正。韩非提出的政治路线是一条崭新的路线,他要消灭维持了八百年的封建领主阶级,他要战胜当时企图维护旧制度的各派学说,他要使中国的封建社会走向历史的新阶段。

这一历史阶段必须走,这是历史的使命。同时我们也不能忘了当时人民在此使命中所付出惨重的代价。

地主阶级对于农民剥削的残酷性与领主阶级没有什么本质上的区别。战国时代,地主阶级有了经济及政治的要求,它已成为逐步壮大的阶级力量。只是地主阶级尚未登上政治舞台,缺少统治人民的经验;广大农民阶级的力量在政治上更不成熟,他们的革命力量还没有条件表现出来。因而统治阶级中间除了极少数的思想家以外,他们都反映了一部分地主阶级的要求,而忽视了农民的力量。在这样的历史条件下,地主阶级剥削者的本性使韩非只看见从残酷剥削中获得的利益,只想到本阶级的发展,完全不照顾农民的要求。

地主阶级尚未登上政治舞台取得特权的时候,它的命脉完全寄托在对农民的经济剥削的关系上。作为一个剥削阶级,如果它不能用政治力量强迫农民为他劳动(像领主阶级那样),那只有用精打细算的方法进行剥削。韩非的伦理思想,历史观以及政治理论,都是建立在利害计算的基础上的。当时的新兴地主阶级是一个进步的阶级,为了自己的根本利益,为了完成自己的历史使命,必然要求掌握事物发展的客观规律。因此,韩非的伦理观点,历史观点,具有一定的唯物主义的因素。同时,新兴地主阶级对于广大农民是要采取残酷剥削方式的,他在当时的条件,只是争取国君,打击贵族领主。当时的新兴地主阶级争取政权时还不需要利用农民起义作为力量,因而无需对农民作任何让步。这样,构成了韩非思想中的反人民的因素。在韩非的思想中充满了进步与反动的矛盾。

地主阶级取得政权之后,政治经济方面有了充分的保障时,他们就产生了"三年不窥园"的"淳儒",能提出"正其谊不谋其利,明其道不计其功"的反功利主义的学说。当地主阶级的家族和他们的财产有了更深厚的基础,并且有条件脱离生产管理时,他们清高得连"钱"字也羞于出口,写山水诗,手执麈尾,高谈玄理,成为神仙中的人了。

韩非的思想,毕竟是新兴地主阶级的思想,他的思想中有进步的一面,那就是与当时的统一集权的历史发展的趋势相适应;他的思想中的反动的一面,是与广大人民为敌,以致破坏了中央集权制的巩固和发展。

三 对于社会关系的新认识

(一)君民的矛盾关系

先秦诸子中,很少哲学家明确提出人君与人民的关系是建立在利害对立的矛盾上的,韩非首先揭露了这一事实。他说"君上之于民也,有难则用其死,安平则尽其力",故"明主"对人民"不养恩爱之心而增威严之势"(《六反》)。既然君民的关系是利害对立的,所以韩非认为使人民心悦诚服地供统治者剥削,这是做不到的。"不恃赏罚而恃自善之民,明主弗贵也"(《显学》),韩非主张对人民必须施以强迫:"父母之爱不足以教子,必待州部之严刑者,民固骄于爱,听于威矣"(《五蠹》),"严家无悍

438

房而慈母有败子,吾以此知威势之可以禁暴,而德厚之不足以止乱也"(《显学》)。"彼民之所以为我用者,非以吾爱之为我用者也,以吾势之为我用者也"(《外储说》右下)。韩非理想的人君应当"用法之相忍,而弃仁人之相怜"(《六反》)。

在初期封建社会的领主封建制度下,农民对于领主有人格的依附的关系,领主把人民看作牛马,奴仆,自以为仁慈的领主把人民看作子女(视民如子)。这时期的君臣关系是家族关系的扩大。韩非处在新兴地主阶级上升的时代,人民对于统治阶级具有政治上的服从关系,经济上的被剥削关系,但不再是人君的家族的一部分。战国以来社会上逐渐形成了这种君民的新的社会关系。战国末期代表维护领主封建制的儒墨各派还企图利用旧的社会关系羁縻人民。当然这种办法是无效的,人民明白,那样残酷剥削中没有什么德厚人慈。人民只是暂时慑于威势,不能反抗。韩非从地主阶级的立场深知用威势镇压农民比用仁义羁縻人民更为有利、有效。他索性剥去仁义的外衣,主张用刑罚镇压人民。

韩非已初步认识到君民之间有利益的矛盾。他只看到当时的统治者严刑峻法镇压政策的效果,而没有认识到农民的力量。在通常的情形下,个别农民遭到压迫无法反抗,他们并不经常想到反抗,韩非根据这种现象,便认为农民可欺,因而相信"威势"有"禁暴""止乱"的力量。比较熟悉农民性格的老子早已对统治者提出警告:"民不畏死,奈何以死惧之?"秦始皇杀了韩非,却忠实地奉行了他的学说,实践证明,任何"威势",只要触怒了广大农民,必然遭到粉碎。

(二)君臣的矛盾关系

君臣之间也有利害矛盾,韩非说,人臣希望无功而受赏,希望不冒危险而得到富贵。君用富贵收买人臣,使他效忠、尽力,以巩固其政权。人君用官爵来换取人臣的死力。人臣为了达到富贵的目的,必然用死力来换取人君的官爵。君臣的伦理关系就是建筑在这种利害关系的基础上的。韩非引用鲔的话:"主卖官爵,臣卖智力。"又说,"臣尽死力以与君市,君垂爵禄以与臣市。君臣之际,非父子之亲也,计数之所出也。"(《难一》)。这是君臣关系的新反映,正是当时不凭借世袭而取得官爵的官僚政治的新反映。

旧的君臣关系以宗族为联系的纽带,臣不必有功即可居高位,君也不能以臣无功而不使其富贵。韩非时代,新兴地主阶级没有旧日封建贵族那样的特权,这一新兴的阶级的政治地位必须靠自己的力量来换取。儒墨各家的仁义学说和社会观点客观上帮助了旧贵族的统治制度。韩非反对"仁义之说",倒不是由于他的性格是"惨礉少恩",而是因为新兴的地主阶级要突破旧制度的限制,企图取得政治地位,必须对维护旧制度的学说和思想给以批判,这也许就是他的"少恩"了。根据以上的理由,所以他说,"君不仁,臣不忠,则可以霸王矣"(《六反》),"有道之主,不求清洁之吏,而务必知之术"(《八说)》,人君"有使人不得不爱我之道,而不恃人之以爱为我"(《奸劫弒臣》)。

(三)家庭中父母与子女是利害矛盾的关系

父母与子女之间也是利害的关系的结合。"父母之于子也,产男则相贺,产女则杀之。此具出父母之怀衽,然男子受贺,女子杀之者,虑其后便,计之长利也。故父母之于子也,犹用计算之心以相待也,而况无父子之泽乎!"(《六反》)

韩非以特殊代替了一般,事实上并非天下的父母都是"产女则杀之"。他的阶级立场使他只看见溺婴的现象,他没有也不可能看到正是由于人君的残酷的剥削，才使得有些农民不得不采取溺婴的行为。

韩非的目的在于证明他的高压政策的法治的必要性，至于是否合乎事实，韩非是不管的。

（四）人君与他周围的大臣、后妃、兄弟、显贵、左右近习的矛盾关系

"臣之所不弑其君者，党与不俱也。"（《扬权》）只要条件具备，时机成熟，他们都可能把人君杀掉。他认为古书上所说的"上下一日百战"的说法是正确的。他又说："人主而大信其子，则奸臣得乘于子以成其私，故李兑傅赵王而饿主父"，"人主而大信其妻，则奸臣得乘于妻以成其私，故优施傅丽姬，杀申生而立奚齐。夫以妻之近与子之亲而犹不可信，则其余无可信者矣。"（《备内》）

（五）一般人与人的关系也是利害矛盾的关系

> 舆人成舆，则欲人之富贵，匠人成棺，则欲人之夭死也，非舆人仁而匠人贼也，人不贵则舆不售，人不死则棺不买，情非憎人也，利在人之死也。（《备内》）

> 夫买庸而播耕者，主人费家而美食、调布而求易钱者，非爱庸客也，曰：如是耕且深耨者熟耘也，庸客致力而疾耕耘者，尽巧而正畦陌畦者，非爱主人也，曰：如是羹且美钱布且易云也。（《外储说》左上）

韩非站在新兴的地主阶级的立场，必然要提出新的道德观点，他从人与人之间的利害对立的关系来分析其中的矛盾。他的思想中具有唯物主义的因素，他具有唯物主义因素的观点是形而上学的。他只就个体的人和个别的现象来分析，而没有也

441

不可能真正认识这些矛盾。像君与臣、与后妃、近习、显贵的利益的矛盾是剥削阶级内部的问题。他们中间固然有利益矛盾，甚至其中的利害矛盾有时会发展到尖锐的程度，但他们的矛盾不是基本的。大臣有时劫弑，后妃也有时有诡昧暗害的行为，左右近习也有时会作乱，但是在镇压人民这一点上，他们还是一致的。韩非只接触到矛盾的表面现象，把一切利害的矛盾平列起来，君主只有孤零零地坐在宝座上，感到岌岌不可终日，只好用告讦、连坐等阴谋诡计来统治国家了。

我们不难从韩非的错误的认识中看出他思想背后的政治意图。当时新兴地主阶级要求走中央集权的道路，必须反对不利于中央集权的旧制度，所以对大臣，对近习、亲贵都要严加提防，这是关系旧贵族这一阶级的生死存亡的问题。他提出重法、用术、重势正是为了对付垂死的旧贵族的反攻。韩非所代表的阶级要求他这样做。

韩非的政治任务在于从理论上找出建立中央集权专制政府的根据，但韩非把人君个人与人君以外的一切人对立起来，照他的办法，客观上恰恰削弱了中央集权的专制政府的力量。当时的中国新兴地主阶级要求产生能广泛地代表地主阶级利益的集权政府来压制人民。

韩非的理想通过秦始皇总算暂时付诸实施了，但在人民的反抗下，秦朝的专制统治很快倾覆了。剥削阶级的本性使他只看见从剥削中取得的好处，看不见农民阶级的力量。

（六）批判互相矛盾的学说

韩非以新兴地主的阶级立场衡量新的人与人之间的社会关系，并提出了他的新的道德标准。为了建立法家自己的道德标准，他不得不指出当时其他学派的道德标准的互相矛盾。他首先把矛盾这一名词用作哲学上的概念。他说："舜之救败也，则是尧有失也。贤舜则去尧之明察，圣尧则去舜之德化，不可两得也。楚人有鬻盾与矛者。誉之曰：吾盾之坚，莫能陷也；又誉其矛曰，吾矛之利，于物无不陷也。或曰：以子之矛陷子之盾，何如？其人弗能应也。夫不可陷之盾与无不陷之矛，不可同世而立。今尧、舜之不可两誉，矛盾之说也。"（《难一》）

先秦各哲学派别到了战国末期，都已发展成为比较完整的体系，这些不同的学派各自代表他们自己阶级和阶层的利益。势力最大的有儒墨两大派，此外还有其他学派，这些学派在理论上虽有极大的差异，但基本上他们都主张在原有的领主制度的基础上作些或多或少的政治改革，在不同的程度上都主张维持旧日的贵族等级制而不主张从根本上打破贵族等级制。韩非为了达到他的中央集权的政治要求，必须对当时已有相当势力的各学派展开斗争。

在韩非的著作中随处都可以看到他对法家以外的各种学派的攻击。在《六反》篇中他反对（1）贵生之士，（2）文学之士，（3）有能之士，（4）辩智之士，（5）磏勇之士，（6）任誉之士。在《显学》篇中主要反对当时势力最大的儒家和墨家两大派，在《八说》篇中反对八种人——不弃、仁人、君子、有行、有侠、高傲、刚材、得民，在《五蠹》篇中反对称道先王的辩说仁义之士、言古者、带剑者、患御者及工商之民。

他认为这些文学道德之士，他们的言行与人君的利益有矛盾，所以应当禁止。他并且指出这些文学道德之士的共同的特点就是平时不生产，战时不当兵，"儒以文乱法，侠以武犯禁"（《显学》），他们对于国家不但没有好处反而对于国家的法令起着破坏作用。韩非并进一步从理论上指出这些学派的学说互相矛盾，很难成立。

韩非说,儒家主张厚葬久丧,人主以其孝而礼之;墨家主张薄葬短丧,人主以其俭而礼之。这两派的说法互相矛盾,而人主却兼而礼之。漆雕氏的学说主张勇敢方正,人主以其廉而礼之;宋荣子的学说主张见侮不辱,人主以其宽而礼之。这两派的学说也是互相矛盾的,而人主却也兼而礼之。他以为人君如果同时采用互相矛盾的学说,必然造成是非不分,混乱了道德的标准。

韩非惯于利用逻辑的矛盾法则,这是他的思想方法的特点,但他只能停留在概念分析的阶段,而没有能够看见矛盾的事物中间的内在的联系。那些文学道德之士,虽不直接参加生产,可是,他们都在不同的角度、不同的程度上替人君献策,他们提供了如何统治人民的方法。那些"游士"都是属于统治阶级内各阶层的人物,他们跟统治阶级的利益基本上是一致的。韩非只是机械地从形式上看问题,他说:"夫冰炭不同器而久,寒暑不兼时而至,杂反之学不两立而治,今兼听杂学缪行同异之辞,安得无乱乎?"(《显学》)韩非没有能够看出"人君兼而礼之",正是他们都对人君有利,他也没有能够指出两种互相反对的学说并不就是逻辑上的"甲与非甲"的矛盾的关系,两种相反的理论可能都是错的,并不见得一方是错的,另一方就是正确的。韩非的目的本来是为了证明儒、墨以及漆雕、宋荣子的学说都不正确,但照韩非的论证方法推下去却恰好证明儒墨两派中间以及漆雕、宋荣子两派中间必有一派是正确的。这显然不是他所要得到的结论。

韩非反对旧的道德标准以及他反对文学道德之士及各派学说的实际意义并不在于争论他们的学说谁是谁非,他所争的是政治路线的问题。那些文学道德之士,儒士各派的学说都是替旧的封建领主制度作支柱的,虽然其中也有程度上的差别。这些学说对于中央集权制度的建立都有阻碍作用,所以韩非必须在理论上战胜所有维护旧制度的学说思想。至于文学道德之士不直接参加生产劳动,当然也构成韩非反对他们的理由,但并不是主要的。因为韩非自己所称道的"法术之士",也是一种不参加生产的"士",而韩非却认为"治国"不能缺少这种士。

四　参验与刑名之术

韩非认为认识事物,判断是非,不能根据主观的意图,而应当根据客观事实作为标准。这就是韩非的参验的方法,参是比较,验是证实。参验就是用考查比较得到证实的方法。韩非又称"参伍之验"(《备内》);又称"参伍比事"(《扬权》)。他说,比如判断刀剑的利钝,只凭金属原料的颜色,即使善铸剑专家也不能肯定刀剑是否合乎标准,只要用铸成的刀剑试宰杀动物,随便什么人都能分别出利钝。["夫视锻锡而察青黄,区冶不能以必剑,水击鹄雁,陆断驹马,则臧获不疑钝利。"(《显学》)]只看马的形状、年龄,即使善相马的专家也不能肯定马的优劣,只要驾上车跑一次,随便什么人都能分别出马的优劣。["发齿吻形容,伯乐不能以必马,授车就驾而观其末涂,则臧获不疑驽良。"(《显学》)]韩非又说,大家都在睡觉时,无法分别出谁是瞎子;都在静默时,无法分别出谁是哑子。醒后使他看,提出问题叫他回答,瞎子,哑子就无法掩饰了(《六反》)。所以判断言行是否正确,不是只凭争论就可以解决的,一定要从言行的实际效果来判断它的正确性。"不听其言也,则无术者不知,不任其身也,则不肖者不知;听其言而求其当,任其身而责其功,则无术不肖者穷矣。夫欲得力士而听其自言,虽庸人与乌获不可别也。授之以鼎俎,则罢健效矣。故官职者,能士之鼎俎也。任之以事,而愚智分

矣。"(《六反)》

韩非提出参验的方法来反对空谈理论的一些学派。像儒家墨家都自称根据尧舜的学说,争论不休,韩非认为他们的学说都缺乏证据。"欲审尧舜之道于三千岁之前,意者其不可必乎!无参验而必之者,愚也,弗能必而据之者,诬也。故明据先王,必定尧舜者,非愚则诬也。"(《显学》)

知识的真假须凭参验,言行的是非也不能离开参验。韩非说,判断言行的是非,必须看这种言行在政治上所起的实际效果。"言"的标准就是"令";"行"的标准就是"法"。违反法令的言行都是错的,合乎法令的言行就是对的。"明主之国,令者,言最贵者也,法者,事最适者也。言'令'无二贵,'法'不两适,故言行而不轨于法令者必禁。"(《问辩》)

韩非的参验方法,用于考查一般的知识的真假,是有客观效果的,是有唯物主义的精神的。这种方法用来考查政治上的言行的是非,韩非称为刑名之术,有时又称为形名之术。

为了达到新兴地主阶级要求的政权的统一,韩非提出了有利于政权统一的标准,就是人君的法令。韩非所谓法令是"设之于官府,而布之于百姓"的条文。他把这种条文当作了真理的客观标准。法令本身并不能反映政治上的真理,而是统治阶级意志的表现,它是压迫人民的工具。韩非以自然界的客观存在的事实作为参验的根据是对的,但他把社会上,阶级压迫的工具(法令)也认为具有客观真实性的意义,并用来作为参验的根据,显然是讲不通的。这种法令是根据人君的利益制定的。事实很明白,韩非的法令本来就是用来"防奸""禁乱"的,他不须要在政治上辨别是非,照他看来,人君总是对的。新兴地主阶级需要中央集权的政府,所以韩非必须这样说,也必须提出法令作为标准。韩非有实际的理由使他这样主张。

　　人主将欲禁奸,则审合刑名者,言异事也。为人臣者陈而言,君以其言授之事,专以其事责其功。功当其事,事当其言,则赏;功不当其事,事不当其言,则罚。故群臣其言大而功小者则罚,非罚小功也,罚功不当名也。群臣其言小而功大者亦罚,非不说于大功也,以为不当名也。害甚于有大功,故罚。(《二柄》)

　　言当则有大利,不当则有重罪。是以愚者畏罪而不敢言,智者无以讼。(《问辩》)

　　圣人之所以为治道者三:一曰利,二曰威,三曰名。(《诡使》)

"利"与"威"即赏与罚,即是"刑";而"名"却是人君行使赏罚(刑)的标准。韩非认为这个标准是客观的,它标志着人君奴役臣民,使臣民努力的方向;他说,夫言名号,所以为尊也。他担心当时"名"的标准发生混乱。有些轻视法令的人在社会上反而得到"勇夫"的名,轻视赏罚的人在社会上反而得到"高"名,轻爵位的人在社会上反而得"贤"名,自称为泛爱天下的人在社会上反而得到"圣人"的名。社会上所公认的"名"与人君的法令所规定的"名",内容相反却同时并存,这对国家是有危害的,韩非以为,把足以乱天下的名看得很高,而把足以治天下的名看得很低,人君的名与社会上的名对立起来,两种不同的名同时并存并用,天下非大乱不可(大意见《诡使》)。

　　名的标准不能划一,人君的赏罚必因而错乱。所以韩非说"名"是刑的根本,名有了一定的标准,然后事物才能判定其是非真伪。划一名的标准是法令,这是人君的事。按照法令办事,实现法令,这是人臣的事。人君掌握着普遍的原则,人臣只做一件一件具体的事情,是有形的。人臣做的有形的事与人君所定的无形的名互相配合,上下就调和了(《扬权》)。人君只要发号施令,具体的事要人臣来做,一方发令,一方受令,双方配合,君就可以无为了(《主道)》。

在以上所说的君臣的关系的意义之下,韩非的"刑名"又称为"形名"。

对于人臣的言行的是非,是否合乎人君的法令"名",韩非也主张用比较的方法,进行考查。明主不做一些没有经过考查比较的事(不举不参之事),对于人臣的言行,要从多方面比较考查,要从事情的前前后后比较考查,这样赏罚就不会错,"刑"就合乎"名"的要求了。"偶参伍之验,以责陈言之实执后以应前,按法以治众,众端以参观。士无幸赏,无逾行,杀必当,罪不赦,则奸邪无所容其私。"(《备内》)

韩非的参验方法,对于一般知识来说,它是根据客观事实的比较考查的方法,是有科学性的。他把参验的方法用到社会政治上,即成为他的"刑名"或"形名"之术。韩非认为"名"也有客观根据,它的根据就是法令。他把维护统治阶级的利益的法令当作客观的根据。韩非为了符合他的阶级的利益,不得不背叛了真理的科学性。

先秦儒墨各派把政治上的赏罚寄托于人君的良心,仁慈,寄托于上天的意志,寄托于抽象的兼爱的理想,而其实质仍然是为着统治阶级的政治利益。儒墨各派对于赏罚还不脱唯心论的主观性,韩非的刑名之学,毕竟是根据"设于官府,布于百姓"的法令,这是比较进步的理论,他的法令固然不能是为了限制人君而是压制人民,但对于人君以外的大臣,贵族等上层统治阶级的人物却有一定的限制作用,使他们不能随便按喜怒好恶来定赏罚。这在一定程度上对于那些未掌握政权的地主阶级是有利的,因而在客观作用上对人民也有一定的利益。

先秦儒墨各派都高唱道德,实际上他们的仁义道德都是替他们的政治目的服务的,但他们不认识这一事实,反自以为政治替他们的道德理想服务。这显然是颠倒的看法。韩非的刑名之说,明确提出了道德(一切的名)是替政治服务的,这种从实际出发的精神,使他比其他的学派更能接近政治问题的实质,这也是韩非思想比当时儒墨各派更为深刻的地方。

韩非思想的进步性并不能掩盖他的反人民性和独断性以及剥削阶级的残酷性。他的法治精神就其向封建领主制度进攻来说,是进步的,因为他要消灭这一落后的阶级;就他对人民进行敲骨取髓的剥削来说,是反动的。我们不能忘了敌对的社会向前跨进这一步时,人民所付出的惨重的代价。

五　历史观

(一)古代天子不由天授

上古之世,人民少而禽兽众,人民不胜禽兽虫蛇,有圣人作,构木为巢,以避群害,而民悦之,使王天下,号曰有巢氏。民食果蓏蚌蛤、腥臊恶臭而伤害腹胃,民多疾病,有圣人作,钻燧取火以化腥臊,而民悦之,使王天下,号之曰燧人氏。(《五蠹》)

古代不少学者相信王权受命于天,而韩非却指出古代领袖是民选的。郭沫若先生说:"这种民约论的见解确实道破了原始社会的事实。"我们可以说这种国家社会起源的学说在当时是比较合乎事实而有进步意义的,但不能因此认为韩非的见解完全合乎原始社会的事实。坚持统治阶级立场的韩非不但看不起人民群众的智慧,相反的他认为人民群众是愚昧无知的,只有圣人出来才给人民解决了住和吃的问题,韩非显然把原始社会的千万劳动人民的生产斗争的伟大实践的成果给抹杀了。虽然如此,但他的国家社会起源的学说毕竟从宗教迷信残余的思想中解放出来,历史毕竟是"人"来开创的(虽然他还是只承认圣人的功绩),这比过去已经大大跨进了一步。

(二)经济生活决定道德

> 尧之王天下也,茅茨不翦,采椽不斫,粝粢之食,藜藿之羹,冬日麑裘、夏日葛衣,虽监门之服养不亏于此矣。禹之王天下也,身执耒臿以为民先,股无胈,胫不生毛,虽臣虏之劳不苦于此矣。以是言之,夫古之让天子者,是去监门之养而离臣虏之劳也。古传天下而不足多也。今之县令,一日身死,子孙累世絜驾,故人重之。是以人之于让也,轻辞古之天子,难去今之县令者,薄厚之实异也。

> 是以古之易财,非仁也,财多也;今之争夺,非鄙也,财寡也;轻辞天子,非高也,势薄也;重争土橐,非下也,权重也。故圣人议多少,论薄厚为之政。(《五蠹》)

先秦儒墨各派把尧舜让天下的历史传说加以理想化,作为"尚贤""举贤才"为士阶层找寻政治出路的根据,在当时不失为一种进步性的学说。历史演变到战国末期,尧舜仁治的政治学说,以及任贤使能的注重"贤才"的学说都已成为中央集权的法治理论的绊脚石,所以韩非反对空谈德治的历史观,是有其实际意义的。

韩非首先从经济生活的影响来分析道德的性质,这是他具有唯物主义精神的地方。但韩非站在剥削阶级的立场,把人民看作奴役和剥削的对象,因而必然违反人民的利益,他所理解的君主只是骑在人民头上只图个人享受的特权人物,对人民不负责任,不尽义务,这也看出他所代表的新兴地主阶级的反人民的残酷本质。

韩非从物质生活享受方面指出古代天子生活苦,让天下算不了什么美德。这种学说的实际作用正是为了反对那些"是古非今"的历史社会学说。为了加强中央集权的封建统治制度,为了替从来也没有过的一种新制度建立理论根据,韩非必须对那些旧有的、深入人心的历史学说进行斗争。在历史发展的道路上,韩非代表着进步的新势力。

(三)历史发展的原则

韩非说上古之世,因为有禽兽的灾害,于是有构木为巢的有巢氏替人民解决了住的困难;又因为人民不会熟食,害肠胃病,于是有燧人氏钻木取火替人民解决了熟食的困难;中古之世,患水灾,又有鲧和禹决渎排水;近古之世桀纣暴乱,有汤武征伐暴乱。如果时代已进入中古,还有人提倡构木为巢,钻燧取火的办法,必然为鲧禹所笑;如果到了殷周时代还有人无故决渎排水,必然为汤武所笑。现在如果还有人称赞古代尧禹汤武的功德事业,也必为新圣所笑(大意见《五蠹》)。不同的时代有它不同的历史任务。

在《五蠹》篇中又说:"古者丈夫不耕,草木之实足食也;妇人不织,禽兽之皮足衣也。不事力而养足,人民少而财有余,故民不争。是以厚赏不行,重罚不用,而民自治。今人有五子不为多,子又有五子,大父未死而有二十五孙,是以人民众而货财寡,事力劳而供养薄,故民争,虽倍赏累罚,而不免于乱"。

古代人少财多,当今人多财少,这是韩非所臆测出来的古今社会的差别。(生活资料丰富了就可以使民不争,这是韩非的社会学说的出发点。)站在剥削阶级立场的韩非不可能认识造成社会纷争的并不是由于生活资料太少,而是由于不合理的残酷的剥削制度。韩非所根据的可能是当时韩国山地多平原少的情况,但在战国末期六国一般情况还都是地广人稀,而非土地不足。即使地少人多,这也不是人民贫困的唯一条件。他幻想着古代"人民少而财有余",显然与事实不符。不劳动哪里会有财?原始公社时代,大家共同劳动、共同分配,"禽兽之皮","草木之实"并不充足,相反地,倒是得来不易,非常不足。他所说的"大父未死而有二十五孙"显然不是造成贫困的真正原因。

韩非借历史发展的事实以证明领主的封建制行不通,必须走中央集权的封建制度的道路,这是他的学说的政治意义。他从社会经济方面找理由,说明历史,这也是比较正确的方法。他的阶级的局限性,使他看不清事实的真相,他所描绘的古代社会的经济情况以及他所认识的当前的社会的贫困原因都没有事实根据。

(四)注重法治的理论根据

韩非说,古代文明不发达,工具简单,人们用贝壳或石头作为翻土的农具,乘用极笨重的车子。古代人少,生活资料易得,人们轻财易让,所以上古有让天子之位的。可是今天看来,这些过时的政治制度都不能用了。处在多事的时代,不能再用这种落后的办法了。聪明的人一定不乘早已过时的笨重的车子,聪明的统治者也一定不采用过时的政治制度(《八说》)。

把社会治乱的原因归结到生活资料的多寡,因而韩非认为必须强迫人民努力生产。财货增加,社会才会有秩序。"饥岁之春,幼弟不饷,穰岁之秋,疏客必食,非疏骨肉爱过客也,多少之心异也。是以古之易财,非仁也,财多也。今之争夺,非鄙也,财寡也。"(《五蠹》)他反对当时的文学之士、言谈之士、道德之士,主要原因固然由于政治路线不同,其次的原因是因为这些游士增加以后，就会使社会上的人"用力者寡则国贫，此世之所以乱也"，所以他主张"明王治国之政，使其工商游食之民少"（《五蠹》）。

为了对人民进行严重的压迫，韩非在《五蠹》篇中提出了以下的歪曲的论据，他认为人口增加与财货增加的速度不相适应。社会上人口愈多，财货就愈少，财货愈少，争夺就愈激烈。由此得出结论：社会愈往前发展，就更加需要严刑峻法来维持社会的秩序，不能以"宽缓之政，治急世之民"。

荀子认为人性恶，但可以改造为善。韩非继承了荀子的性恶说，但他认为"性命者非所学于人也"。他把不劳而获，自私自利的剥削阶级的本质当作人类的本性，他说，人生来是自私自利的，互相竞争的，人君只能利用人类的自私自利这一特点，用赏罚的办法驾驭人民。他说社会上即使有所谓好人，那只是偶然的特殊的现象，而不是一般的现象。"有术之君，不随适然之善，而行必然之道"（《显学》）。韩非的"必然之道"就是用赏罚的法令强迫人民为统治者从事耕战。

正因为"古今异俗，新故异备"，所以"圣人不期修古、不法常可，论世之事，因为之备"（《五蠹)》。

韩非要求变法的方向是符合当时历史要求的，他的理论根据虽然站不住，而他的政治意义有一定的进步性。

（五）竞争的历史观

上古竞于道德，中世逐于智谋，当今争于气力。（《五蠹》）

古人亟于德，中世逐于智，当今争于力。（《八说》）

韩非区分上古、中古、近世三个历史发展的阶段，并没有什么根据，实际上应该说上古的竞争更应当靠气力。"竞于道德"，这完全是他从古代人少物多的虚构中揣想出来的。他显然受过荀子的学说的影响,荀子的《王制》篇中曾说"王夺之人(争取人民),霸夺之与(争取同盟国),强夺之地(争取土地)"。

无论是上古、中世或当今,韩非认为人与人,国与国都要在竞争中取得生存,只是所采取的竞争的方式不同,上古用道德来竞争,中世用智谋来竞争,当今用气力来竞争。这里他也继承了老子的"天地不仁""圣人不仁"的观点,认为历史是无情的、冷酷的,由此推出:凡是不合历史的要求的政治制度必然失败,处在当今的时候,还梦想做上古的事业,定为新圣所笑,非失败不可。他的历史观虽然部分地接受了老子的启发,但已超过了老子的古胜于今的认识。

根据以上五点足以说明韩非的历史观具有清醒的理性主义的特色。他能够完全摆脱了当时神权宗教的残余思想的影响,并企图从社会的经济条件说明道德基础和历史法则。这样的朴素的唯物主义的说明历史的态度,对于神权宗教的思想起着打击作用。他还有初步的生存竞争的社会思想,虽然还不免于片面的认识,他确也认识到当前必须争,必须变,也就是说,必须打破分散割据的封建制度,建立中央集权的封建制度,对那些反对变革的保守思想给予打击。

虽然韩非的历史观有以上的进步意义,他不可避免地受着一定的局限性。他没有发展或进步的观念。他认为古代谋生容易,古代道德好,可见他还不免有道家崇古思想的残余。韩非有时也说尧舜不值得羡慕,但他认为:"夫以身为苦而后化民者,尧舜之所难也;处世而骄下者,庸主之所易也。"(《难一》)可见尧舜毕竟与庸主不同。又说:"百日不食,以待粱肉,饿者不活。今待尧舜之贤乃治当时之民,是犹待粱肉而救饿之说也。"(《难势》)在他看来,古代有尧舜那样的贤君,就可以德治,当今没有尧舜那样的贤君，只好用法治。可见他不免有今之君不如古之君的看法。他又说："以宽缓之政，治急世之民，犹无辔策而御悍马。"(《五蠹》)可见他还不免有今之民不如古之民看法。他虽然超出了天志、天命的神权观念，但他仍主张历史是圣人推动的，表现出他的严重的唯心主义的历史观点。

韩非在历史观方面受了老子的崇古思想的影响，却并不妨害他代表新兴的地主阶级要求改变现实的理性主义进步意义。他主张政治制度要随着客观具体情况改变，反对泥古守旧。他对待历史的态度是比较接近科学的，虽然其中夹杂着臆测和想象。他要求走中央集权的道路，国家只由一个独尊的皇帝来统治，取消卿大夫等贵族的层层统治。他理想的国家，上有国君、中有官吏、下有直接生产的劳动人民，减少中间剥削的层次，这会更合乎正在上升的地主阶级的利益。按照他的理想，可以相对地减轻些人民的负担，对于生产力有一定的解放作用。其历史观的进步意义即在此。

六　道与无为

韩非的"道"的概念来自老子，老子指出道不但是人类行为的规范，而且还"象帝之先"，是天地万物的总规律。韩非也说："道者万物之始，是非之纪也。"(《主道》)又说："道者万物之所然也，万理之所稽也。"(《解老》)表面看来与老子的"道"没有什么不同，而实质上并不相同。

老子的"道"，是万物的总规律，它体现于万物之中，道与万物有区别，但不与万物对立，道表现在客观自然界之中，表现在无知识纯朴的百姓的生活中。老子认为人压迫人的礼教、文化、过分的剥削，以及刑罚、赋税、战争都是违反"道"的原则的。

韩非的"道",对于万物是超越的,正如人君对于臣民是超越的一样。道既然是超越的,在国家内体现道的人只限于人君。"道无双,故曰一,是故明君贵独道之容"。至于一般人民,韩非认为是愚蠢的,只能供人君用来作当兵,耕田的工具。他说人民好像无知识的小孩子,有时父母好心替小孩子治病,小孩子还要啼哭,所以对人民只能用强迫的手段。他由此推论出"民智之不足用,亦明矣"(《显学》)。

老子把道看作世界万物变化的总规律,这一科学意义,韩非对此不感兴趣。韩非虽然也说"道者万物之始也",但他更关心的是把道作为政治上的统治原则:"是非之纪",他所谓是非的标准只是合乎人君的利益的"是非",而不是真正符合大多数人民利益的是非。所以韩非的"道"体现在政治上就是"法"。

韩非从老子哲学中借到"道"这一武器,替人君压迫人民的超越地位找哲学的根据,替人君的专制独裁的法令找哲学的根据。

韩非的"道"是超然于万物之上的本体。"道不同于万物,德不同于阴阳,衡不同于轻重,绳不同于出入,和不同于燥湿,君不同于群臣。凡此六者(按:六者乃是指万物、阴阳、轻重、出入、燥湿、群臣这六类事物)道之出也。道无双故曰一。是故明君贵独道之容"(《扬权》)。老子的道无所不在,韩非也说道无所不在(《解志》),但他实际的了解却认为道与人君同体,道与百姓无涉。他曾说,虚静无为是道的实质(虚静无为,道之情也。《扬权》),只有人君才能虚静无为,他曾说:"明君无为于上,群臣悚惧乎下。"(《主道》)

道家的无为,在政治上反映了人民对统治者的不满,他主张统治者对老百姓要少干涉,使老百姓不要做什么,或少做些什么。比如削减政府的职权,使人民"甘其食,美其服",不要刑罚,不要赋税，不要儒家的礼乐。道家不但人君无为，人臣也要无为，这些主张固然带有空想性，但的确反映了人民的一些正当的要求。所以老子说："法令滋彰，盗贼多有。"可见法令是不合乎老子的"道"的原则的。韩非的"无为"成为他的君臣不同道的分工的根据。

韩非认为君臣不同道。人君体现道，人臣只能服从道；只能希求按照人君规定的是非标准行动。这样，人君握有是非赏罚的标准（名），人臣只要尽力从事。他说，聪明的人君掌握万物之始的道。照韩非看来，只要掌握了刑罚（法）就可以知道万物之源，也可以知道成败的根源。所以说，人君只要用虚静无为的方法支配一切，就可以使"名"自命，使事自定。人君虚静无为才可以看得清楚事物变化的实在情况，才可以规范群臣行动，考查臣下的言行，形与名（《法令》）两下参验，可以知道事物的实际情况，君就可以无为了（《主道》）。

韩非的"道"，体现在政治上就是"法"。"夫摇镜则不得为明，摇衡则不得为正，法之谓也。故先王以道为常，以法为本。本治者名尊，本乱者名绝"（《饰邪》）。

道的具体运用就是"无为"。无为的原则在于君逸臣劳，无为的作用在于防奸止乱，无为的理想在于专制独裁。

人君要无为，人臣要有为，"明君无为于上，群臣悚惧乎下"（《主道》），他因而主张"臣有其劳，君有其成"（《主道》），"人君使法择人，不自举也，使法量功，不自度也。"（《有度》）在韩非看来，人民只配做奴隶，人君有最高的特权，对人民没有任何政治上的义务。人君的任务就在于防止大臣的专权，防止细民的作乱。如果人君体会无为的精神，对人民"有术以御之，身处佚乐之地，又致帝王之功也"（《外储说》右下），这样不但可以保持至高无上的统治地位，而且还可以名垂万世。"君高枕而臣乐业，道蔽天地,德极万世矣。"(《用人》)"有功则君有其贤,有过则臣任其罪","臣有其劳,君有其成"(《主道》)。"人主之道,静退以为宝,不自操事而知拙与巧,不自计虑而知福与咎,是以不言而善应,不约而善增"(同上)。"有智而不以虑,使万物知其处;有行而不以贤,观巨下之所因;有勇而不以怒,使群臣尽其武"(同上)。

道是无为的,人主也要无为。人主能虚静无为,才可以冷静地从旁边观察臣下的缺点和弊端:"道在不可见,用在不可知,虚静无事,以暗见疵。"人君高高在上,"下众而上寡,寡不胜众者,言君不足以遍知臣也。"对臣下不能遍知,所以要善于利用别人的知识,这样就可以"形体不劳而事治,智虑不用而奸得"(《难三》)。掌握了这个原则,就可以收到"君子乐而大奸止"(《功名》)的效果。

在政治上能贯彻无为原则的人,就是"圣人"。圣人能"审于是非之际,察于治乱之情"。圣人治国,必能做到"正明法,陈严刑,将以救群生之乱,去天下之祸,使强不凌弱,众不暴寡,耆老得遂,幼孤得长,边境不侵"(《奸劫弑臣》)。

文字上,这一段话是很动人的,好像韩非真有为人民打算的善良的愿望。实质上,韩非只在为了加强人君的无限特权,而反对统治阶级中间阶层的大臣、贵族的层层剥削,反对"中饱"。客观上可能相对地减轻人民的一些负担,而基本上,人民的被奴役的地位丝毫不能有所改变。他的无为在于防奸止乱,君佚臣劳,以完成他的专制独裁的政治理想。所以他说:"圣人执一以静,使名自命,令事自定。不见其采,下故素正。"(《扬权》)道既是虚静寂寥,人君的统治方法也应当深藏不露。"道在不可见,用在不可知","明主其务在周密"(《八经》),"主上不神,下将有因"(《扬权》)。

458

　　韩非虽然表面继承老子的"道"的观念，但他没有从这一方面发展老子唯物主义的科学精神，只是把"道"抬出来作为人君专制独裁和法治的根据。在他的政治理论中，法就是道，道就是法。韩非把地主阶级压迫人民的法，看作离开人们主观意识的客观存在的总规律——道。老子的唯物主义的"道"，到了韩非手里，实质上成为没有客观物质基础的唯心论的概念。

　　君对臣民有超越的地位，这是他的专制独裁的统治阶级的基本思想，因而把世界的规律的"道"，也孤零零地悬空挂起，并强调了"道不同于万物，德不同于阴阳，衡不同于轻重……"他的剥削阶级的立场使他不惜抹杀事实。

先秦诸子百家争鸣中所反映的
有关古代社会性质的问题 *

　　哲学思想是一定的社会历史条件下的产物,这是我们都承认的原则,也是历史实践证明了的。正是由于哲学思想和它所依据的社会历史条件有着血肉相连的关系,在古代的历史分期的问题尚未取得一致结论之前,试图从古代哲学流派的争论中寻找出他们争论的共同的性质,从而倒转来考查先秦时代的社会性质,就不是毫无意义的事了。当然,这并不是说从哲学思想可以决定春秋战国时代的社会性质,而是说当我们研究中国古代社会性质的时候,如果能够联系哲学思想的某些特点,就更能够做出比较符合实际情况的结论来。

　　对于春秋战国时期的中国社会性质的看法,还很不一致。中国的历史家们对这个问题的看法大致可分为三派。有一派认为春秋战国时期早已是封建社会了,因为这一派认为中国封建社会是从西周开始的;有一派认为春秋战国时期是从奴隶制社会向封建制过渡的时期,战国时期已开始进入封建社会;也有一派认为春秋战国时期是公社制向奴隶制过渡的时期,秦汉时期

---

　　* 原载《争鸣》1956 年第 12 期。

才成为统一的奴隶制大帝国。这些不同的意见将来总会得到一致的结论。可是，真正符合事实的结论，不但要历史学家认可，还要它能够合理地解释哲学史、文学史、经济史、艺术史等方面的现象。如果不能说明意识形态的发展的特点，就不能认为是妥善的结论，因为文化、思想的发展不能脱离了产生它的具体的社会历史条件而单独进行。

春秋战国时代的诸子百家都提出了自己的主张，其中有些学说有继承的关系，也有的有敌对的关系，有些学说的解释，至今还没有得到定论。各学派中那些有分歧的地方，和那些未被大家所公认的地方，这里不谈。这里只是企图通过他们所提出的问题来看问题的背后有关的社会性质。

孔子的哲学中有两个基本观念：一个是"仁"，一个是"礼"。关于"仁"的理解有许多不同说法，但是人们都认为孔子的"仁"，有爱别人、爱人类的意思。孔子即便没有讲到"仁"这个名词的地方，也充满着"仁"的精神。孔子为什么提出"仁"这一原则来呢？孔子不是无的放矢，孔子的"仁"，是针对当时社会上的"不仁"的现象而发的。那就是说，春秋末期，社会上已有人对人"不仁"的事实，互相欺骗、残害、不关心别人自私自利的情形发生，才迫使孔子提出了"仁"的学说。孔子和后来那些以孔子为招牌的卫道者们是不同的，孔子不像后来的假道学们经常讲什么"人心不古"，"世风日下"的盲目复古主义者。孔子所讲的"仁"是有所为而发的。

孔子又讲到过"礼"。礼是古代贵族阶层的长期共同遵守的礼俗。孔子认为当时是"礼崩乐坏"的时期，所以要"复礼"。"礼"和"仁"相比较，孔子更加注重"仁"，"仁"是孔子首先提出来的哲学概念。

孟子除了发挥了孔子学说的"仁"和"礼"以外，还提出了

"贵民"的主张。孟子这种原始的"民主"思想显然是对当时不"民主"的现象提出来的。孟子还提出了要想政治办得好,必须"治民之产"。认为让人民有自己的私有财产,才是安定社会的办法。孟子要求统治者保护并发展人民的私有财产。

从孔子到孟子,他们的基本思想,都是主张关心人民的生活,并解决人民的生活的,当然他们的关心,是为了巩固贵族的统治秩序。

墨子和他开创的墨家,也提出过他们的哲学主张。对于墨子的学说现在还没有取得一致的评价。但是哲学界都承认墨子是主张"义"而反对"不义"的。墨子认为攻取掠夺的行为是不义的。兼爱的行为是义的。照《墨子》书中所举的许多事实看来,墨子所谓"不义"的行为,都是指的损人利己的行为,他说抢夺别人的财产,就是不义,偷了人家的桃李、夺取人家的牛马,都是不义的行为。在墨家的著作中,竟有"杀死强盗不算杀人"的说法。从墨子的学说中,可以看出他是怎样地教导人们爱人如爱己,教导人们尊重别人的所有权,保卫个人的所有权。

就在孔子、墨子的时代,晋国、郑国先后公布了成文的"刑书"。据近代学者研究的结果,认为"刑书"是保护私有财产的法律条文。时代稍后,李悝制定了"法经",虽然我们已看不到它的原文,但从后来的律书中所保留的材料看来,他是把防止掠夺别人的财产的律令列在首要的地位的。

墨子、后期的墨家和前期的法家都反映了保护私有制的要求,而这种要求,作为哲学思想出现,大力地宣扬,写成著作,这是史无前例的,这是新的提法。

老子、庄子是春秋战国时期儒家和墨家的敌人。老子、庄子的自然观、认识论,在今天的学术界中还存在着争论,这里不涉及。老子、庄子的社会思想中都非常明显地反对剥削,反对压迫,主张人人自食其力,过着逍遥自在的"小国寡民"的生活。这一点是人们所公认的。当然,对这种观点的估价还有着分歧的意见。什么是"小国寡民"的理想呢？就是他们认为公社制度下的生活最好,在公社里人人劳动,劳动的果实人人享有,没有剥削,没有掠夺,没有欺骗。反剥削、反压迫,在今天看来是平常的事,但是首先提出来的是老子和庄子。这是一件不平凡的事。因为老庄学派的确看到剥削的不道德,不合理。他所理想的合理的社会固然是不现实的,但老庄学派的思想所反映的社会问题倒是现实的,而不是空想的。

战国的末期,像荀子就提出了"性恶"的学说,他认为人生来都是自私自利、为个人打算的。在理论上,他首先给人们的自私、占有的事实以理论的根据。然后他又提出了一种唯心主义的办法——用圣人的教化来"化性起伪"。

荀子的学生韩非更比荀子进了一步,他公开为剥削制度辩护。他认为财产私有制是推动人们发挥劳动生产积极性的力量。显然,他们不但是财产私有制的支持者,并且给这种新起的剥削制度以合理的解释。

孔子、墨子、老子、庄子、前期法家、荀子和韩非这些哲学家的学说是非常分歧的,各家有各家的特点。他们都对当时发生的巨大的社会变革发表了意见。我们更应当注意是这么多的流派之中的共同之点。我们要从他们的共同点中间看出问题的症结。

什么是他们的共同点呢？他们都接触到财产私有制的问题。而且,这种问题是从来没有提出过,而是经过他们首次提出的。由于所处的地位不同,所处的时代也有先有后,因而他们对于面临的巨大变革,财产私有制的建立,有的向前看,有的向后看,有的维持现状,有的要改变现状。在社会政治思想方面,儒家和法家的见解是比较符合社会发展的实际的,他们都在为剥削制度辩护;在道德方面是和劳动者的利益有矛盾的。道家思想(如老庄的哲学),的确也看到了问题另一个方面,他们看到了从公社制度转到奴隶制的剥削制度的不合理,并指出了这是道德的堕落(失道而后德,失德而后仁……礼者,忠信之薄而乱之首也)。社会历史的发展是有它自己的规律的。所以老庄的哲学思想反对剥削和压迫,虽然"理直气壮",但历史实际的发展却不得不走荀卿和韩非的道路。

总起来看,我认为可以初步做出以下的结论:

春秋战国时期是中国历史上的大变革时期。这一变革所涉及的面非常广泛,而影响也非常深刻,影响到代表每一阶层的各个学派,各个学派都企图对这一变革做出理论上的说明。

变革的性质是公社制度的解体,奴隶制度的形成。所以对待私有财产制度的争论,成为当时哲学家们所最关心的问题。孔子的"仁""礼",孟子的"仁政""治民之产",荀子的"性恶",前期法家的"刑书",后期法家的"法治",老子、庄子的"小国寡民"的理想,都反映了从不同的角度对于私有制的建立,以及私有制建立以后所引起的一系列的新问题的看法。

当然,本文决不是说从哲学思想可以决定中国古代社会的性质,而是说,从哲学史所提出的共同问题中可以看出春秋战国时期社会变革的性质。我的初步的意见认为春秋战国这一历史阶段是从公社制度过渡到奴隶制度的时期。

先秦诸子与百家争鸣 *

　　提到百家争鸣，我们常想起春秋战国，为什么在那个时代会出现百家争鸣局面呢？这只有根据马克思主义的阶级分析的方法去观察历史，才能看出它的真相。

　　春秋战国时期，是我国从奴隶制向封建制过渡的时期。春秋时期以前，奴隶主一向是唯一有支配地位的特权阶级，到春秋时期，生产力提高了，有些人开辟了一些土地占为私有。因此在奴隶主贵族以外，又出现了新的土地所有者，这些人就是新兴的地主阶级。这个实际上富有，但在当时政治上没有特权的阶级，力求打破奴隶制度对他们的种种限制，他们要求土地私有，要求爬上政治舞台发号施令，要求制定保护私有土地的法律，要求解放奴隶，等等。社会发展有它的科学规律，封建制比奴隶制是进步的，封建制必然会代替奴隶制。这是一大变革。这个变革，必然引起当时人们的不同看法。他们的看法和他们的阶级地位有着密切的关系。站在奴隶主阶级立场的人们，反对新生事物，坚决反对变化；而站在地主阶级立场的人们，却欢迎新生事物，支持这种变化。另外还有接近奴隶主阶级的或接近地主阶级的其

---

　　* 原载《工人日报》1962 年 2 月 10 日。

他阶层,也根据他们的阶级利益,提出自己的愿望和要求。这就是当时各种哲学流派纷纷产生,和百家争鸣的社会根源和阶级根源。

春秋时期是奴隶制开始崩溃的时期。这时期有两大思想流派的斗争,一是以孔子为代表的儒家,他代表奴隶主贵族,对旧制度表示维护,认为一切都是旧的好,他的主要政治主张是教人不要"犯上作乱",他教人相信上帝,相信天命,"生死有命,富贵在天"是孔子这一派人的世界观。

与孔子思想对立的一派是老子。他代表小私有者的利益,是封建地主阶级的同盟军。他反对奴隶主贵族的保守思想,反对"上帝是决定一切"的迷信思想,老子打击了上帝、鬼神的地位,也就打击了奴隶主的思想统治的武器。

到了战国时期,地主阶级日益壮大,登上了政治舞台;而奴隶主贵族阶级,又不甘心退出历史舞台,做着垂死的挣扎,因此反映在思想上,就出现了百家争鸣的局面,这一时期思想斗争比春秋时期热闹得多。

到战国后期,封建地主阶级的统治地位已成定局,但有许多与奴隶主阶级有着千丝万缕瓜葛的保守派思想家,对新局面看不惯,对它发出诅咒、嘲笑和攻击;与此相反,代表地主阶级的思想家,为驳斥他们这些谬论,列举出事实来证明旧时代永远不再回来。前者就形成了哲学上各种唯心主义流派,后者就形成了哲学上各种唯物主义流派。

代表唯心主义流派的如公孙龙为代表的诡辩派,否认世界有是非、有大小。孟子也用他的唯心主义,反对当时地主阶级的改革。他极力反对土地的私有买卖,反对打破奴隶主贵族的世袭制度。

与这些人相反,反映地主阶级利益的有荀子、韩非等,他们反对"天命"，都主张发挥"人定胜天"的思想；主张利用自然规律为人谋福利；主张制定"法"来保证人们的私有权利；还主张做官不靠贵族出身，要看实际才能。他们反对倒退的历史观，驳斥那些保守的复古主义者，提出了社会必须变。他们说：没有一成不变的可以永远奉行的制度。

代表手工业生产者的墨子和他的学派，也提出了改善本阶级的经济和政治地位的要求。墨子的"尚贤"主张，要求有才能的人不论出身如何贫贱，都可以做官，这种思想正是打击奴隶主贵族的世袭制而支持封建地主阶级提出的官僚政治的。

春秋战国时期的百家争鸣，是新旧两个阶级以及和这两个阶级利益相联系的其他阶级和阶层，各为自己的利益寻找理论根据，它与我们今天的百家争鸣是有着本质上的不同的。春秋战国时期的百家争鸣，是一个剥削阶级代替另一个剥削阶级的思想斗争，因而当新兴的地主阶级完全取得胜利，建立起自己的政治统治后，便立刻禁止了百家争鸣，在学术上形成一家独鸣，"定于一尊"的停滞局面，争鸣时期不过短短的几百年。而我们今天的百家争鸣，是为着发展马克思主义及其指导下的社会主义意识形态，反对一切剥削思想的争鸣。它是工人阶级取得政权后，促进科学文化发展的长期方针。我们的百家争鸣，会把学术发展不断推向更高阶段，使它日益繁荣昌盛。

先秦哲学无"六家"*

——读司马谈《论六家要旨》

自从司马谈著《论六家要旨》后，封建学者多以此为根据，认为先秦有"六家"。只要细读司马谈原文，这恐怕是出于误会。有些"家"在先秦根本不存在，也有些家，有其名而未必有其实——像司马谈所列举的那样的内容。现在试作以下的辨析。

司马谈是这样说的：

> ……天下一致而百虑，同归而殊涂。夫阴阳、儒、墨名、法、道德，此务为治者也，直所从言之异路，有省不省耳！

太史公提出六家的次序，不是按学派产生的先后提出的，可能是按他认为重要的程度的顺序排列的，把最重要的排在最后。他还说，这六家"皆务为治"，各有优缺点。这在先秦，无论站在哪一家的立场，都是认为不能接受的。且不用说孟子与杨墨势不两立，庄子对孔墨极尽挖苦之能事，就连同属孔子之徒的荀子也

---

* 原载《文汇报》1963 年 5 月 31 日。

是不承认孟子的学说也能"为治"的。法家的韩非对儒墨显学都有所批判,也是有明文记载的。这种调和观点,是汉初的情况,不是先秦原来的情况。

且看他所论述的"道家":

> 道家使人精神专一,动合无形,赡足万物。其为术也,因阴阳之大顺,采儒墨之善,撮名法之要……

这一段话,古人习而不察,认为讲的是老庄思想。我想这种看法是不对的。

如果他所谓道家指的是老子,老子在儒墨之前,司马谈当然知道,阴阳家如邹衍、名家如公孙龙、法家如韩非更在战国后期。老子早已死去多年,如何能死而复生,"采儒墨之善,撮名法之要"呢?

如果他所谓道家指的是庄子,庄子"剽剥儒墨"(见《史记·庄子列传》),对儒墨抱着敌视的态度,对辩论(名家所注重的)也采取反对的态度,如《齐物论》就是反对辩论的,对严刑峻法(法家)君臣上下之序一向反对,又怎能说他能"采儒墨之善,撮名法之要"呢?

如果说有所谓既不包括老子,又不包括庄子的道家,那就是另有所指,那末就更奇怪了。把老庄思想除外,还有什么"道家"?

儒家,倒是先秦有这样的学派的,《韩非·显学》就说过"儒分为八"。但是其中有唯心主义的孔子、孟子,有唯物主义的荀子。即使孔子是否是唯心主义现在还有争论,但是孟子是唯心主义、荀子是唯物主义似乎已有定论。那末,孟子、荀子有什么共同之处就很难说了。首先在世界观上是对立的。他们两人都自称以孔子为师,都讲"仁义",如果从表面看问题,未尝不可以归为一类。但是师承不能代替派别,讲仁义也有不同的讲法。

是不是可以把讲仁义的、自称孔子弟子的都归为一派呢？我想是不可以的。司马谈自己认为儒家的标志是"博而寡要，劳而少功"，这是孟子、荀子都难以承认的。至于"序君臣父子之礼，列夫妇长幼之别"，更不止是儒家为然。在孔子以前，周公所制定的"礼"就是这样规定的；以后"法家"和"墨家"也不是不讲君臣父子之礼和夫妇长幼之别的。可见用这个标志以区别先秦的"儒家"也是不够妥当的。

再看"墨家"。墨家也是先秦已有的学派。但是，早期的墨家是唯心主义的，后期墨家是唯物主义的。在世界观上是根本对立的。根本对立的两派，合为一家，不分早期、后期的差别，看来，也失之含混。

再看名家。司马谈说名家"使人俭而善失真，然其正名实，不可不察也"。司马谈把讲到名实关系的都列为"名家"。先秦讲到名实问题，并进行深入辨析的，有公孙龙、有后期墨家、有荀子等人。这里面有唯物主义的名实论，也有唯心主义的名实论。事实上不是一家，而是不同的学派对于名实问题发表过意见。这怎能列为一家呢？

法家，倒是体系比较完整，首尾一贯的学派。

阴阳家，先秦有唯物主义的阴阳学派，也有唯心主义的阴阳学派。

总起来看，"六家"之说，不是讲的先秦的学术流派。如果勉强说先秦有所谓"家"，也只能说有"法家"。至于儒家、墨家，那只是从师承方面分派的，这是表面的划分的办法，是十分勉强的。先秦有的只是老子学派、庄子学派、公孙龙学派，等。道家、名家、阴阳家，先秦根本没有过。

那末，司马谈《论六家要旨》是不是造谣？也不是。他讲的六家，是汉初当时流行的六个重要学派。这些学派，有他们的纲

领,正像他的文章中所讲过的。当西汉初年,秦王朝的暴力统治
被推翻以后,许多学术流派又有一次小"争鸣"的热闹局面。《淮
南子》一书的杂家的特色,正是反映了当时实际状况。董仲舒曾
对汉武帝说过:

> 今师异道,人异论,百家殊方,指意不同。(《举贤良对
> 策》)

董仲舒与司马谈同时,所说的情况应当就是司马谈所亲见的。
董仲舒是汉初的儒家,他为了加强中央集权的统一,他要使思想
定于一尊,除了孔子之说,不许其他学派传布。司马谈是汉初的
道家,他认为道家采取了儒、墨、阴阳、名、法众家之长,这也反映
了汉初黄老之学占统治地位的思想情况。班固说司马迁的《史
记》的缺点是"论大道,则先黄老而后六经"(《汉书·司马迁
传》),班固讲的是司马迁,其实司马谈的观点和司马迁也是差不
多的。

　　汉代政治统一了,学术思想方面也需要总结过去,瞻望将
来,为统一的封建王朝建立其哲学理论基础。《论六家要旨》就
是适应这一时代要求,从"道家"的学术观点所提出的学术评论。
荀子的《非十二子》,韩非的《显学》,都带有一定的总结性,庄子
的《天下篇》,更是一篇比较系统的学术评论。这些文章的出现,
都在战国末期或汉初,不是偶然的。面临从奴隶制到封建一统
的新局面,不同的学派都力图从自己的立场论证自己的观点是
"正确"的。

　　司马谈的六家分类说,对于处理当时百家众说的复杂现象,
是有其积极意义的,虽然不尽妥当,也不够深入,但在两千年前,
也算难得了。

　　今天我们研究哲学史,因为有了马克思主义作为分析批判
的武器,我们当然要胜过古人。我们看哲学史中的派别,首先要

看它是属于唯物主义的还是属于唯心主义的。不论古人自称他属于什么家什么派,我们不要轻信他们悬挂的招牌,重要的是掌握其本质。我们讲先秦哲学史,如果也用"六家"来分,就比司马谈多了一重错误。

司马谈不懂得唯心、唯物的区别,他可能只看到师承相传的关系,我们有了马克思主义,如果还用"六家"来讲述先秦,实际上会掩盖了哲学史上唯心主义与唯物主义斗争的真相。同是"儒家",有孟子的唯心主义,又有荀子的唯物主义;同是"墨家",有前期的唯心主义的墨家,有后期的唯物主义的墨家;同是"名家",有公孙龙的唯心主义的名家,有后期墨家和荀子的唯物主义的名家。把这些不同性质的流派,勉强划归于所谓"儒""墨""名"各家,有什么必要呢? 对于说明思想发展斗争的规律有什么好处呢? 把那些根本不存在的"道家""阴阳家""名家"当作先秦的实际情况,又有什么根据呢? 至少司马谈没有这样说过,我们也不能以《论六家要旨》作为先秦有六家的根据。再以"名家"为例,如果由于讲到"名",就算"名家",那就得把后期墨家、荀子也放在"名家"之内才行。那就打乱了六家的体例了。如果说,只有公孙龙才算"名家",别的都不算,那就是用另外的标准来划分派别了。而且公孙龙的哲学讲名实问题,也讲了其他问题。就算用"名家"来概括公孙龙一派,也是不全面的。何不把公孙龙的学派老老实实叫作公孙龙学派呢?

中国古代医学和哲学的关系*

——从《黄帝内经》来看中国古代医学的科学成就

一

中国医学确实有极其光辉的成就。几千年来,全国人民的医疗和保健的责任完全负担在中医的肩上。直到今天,半数以上的城市居民和几乎全部的乡村居民仍靠中医治病(据 1954 年 11 月 2 日《人民日报》社论:"全国用中医治病的约占总人口百分之八十")。中医对人口众多的中华民族立下了不朽的功勋,因而在广大人民中间享有很高的威信。有些西医认为难治的疾病,往往经过中医治疗收到奇效(如近来已被科学家所公认的中医治疗血吸虫病、痔漏、乙型脑炎以及针灸和气功疗法所起的作用等等)。连具有偏见、反对中医的人们也无法否认中医能把病

---

* 原载《历史研究》1956 年第 5 期。

治好。

但也不可否认，今天也还有些人，特别是有现代科学知识的人，认为中医的理论"不科学"。我们很难设想，经得起几千年来实践考验的中国医学，对几亿人口现在继续发挥着保健作用的中国医学是建筑在"不科学"的基础上的；我们也不能承认中国医学只有一些片断的实践而没有系统理论。历代的科学史早已表明理论经常会落后于实践，中国医学也不例外。但却不能因此而做出中医只有实践而没有理论，或中医的实践是一套技术，和中医的理论"毫不相干"的结论。科学发展的历史也恰恰说明了没有理论指导的实践就是盲目的实践，盲目的实践找不出事物的客观规律，这样就不会产生科学。我们认为中医的理论基本上是符合科学原则的。

我们反对不恰当地夸大中国医学的作用和成就，把现代科学所获得的最新成果都说成"古已有之"，这样就会陷入复古主义、国粹主义的危险。我们也不能容忍把中国医学的伟大成就一笔抹杀，说它缺乏科学根据，这样也会陷入对祖国文化遗产的虚无主义的错误。只有实事求是，有几分说几分，才是科学地对待祖国文化遗产的态度。

本文目的在于通过《黄帝内经》这一部中国古代医学经典著作来说明中国医学的理论基本上是符合唯物主义原则的，它也具有丰富的辩证法思想；也还在于说明中医的理论不但指导了中国医学临床治疗方面的发展，也还促进了中国古代唯物主义哲学的发展，从而丰富了中国唯物主义哲学的内容。

中国医学的经典著作极为丰富，像《伤寒论》《灵枢经》《神农本草经》《脉经》《金匮要略》以及后来的《本草纲目》，都是极有价值的著作，这些经典著作都是长期的医疗经验和科学研究的总结。在所有的中国医学经典著作中以《黄帝内经》(《内经》是周秦以来到西汉初年古代医学的总集。它编纂的时代约在公元前二世纪前后。据陈振孙的《直斋书录解题》、姚际恒的《古今伪书考》和清代官书《四库全书总目提要》，都认为这部书的编纂年代在秦汉之际。张心澂的《伪书通考》和陈邦贤的《中国医学史》也有所考证，但都没有肯定它的时代)一书(以下简称《内经》)最为重要。中国医学中的其他经典著作都是在《内经》的基础上逐渐丰富和完善化的。《内经》在中国医学中所占的不朽的地位恰如《孙子兵法》在中国军事学中所占的不朽地位一样。几千年来中国医学在技术方面和临床经验方面虽然不断丰富，但中医的许多带有根本性质的医学观点，基本上没有超出《内经》的范围。因此，从理论上对《内经》作些初步的考查是必要的。

《内经》的价值不仅在于它总结了秦汉以前的医疗经验，并且在于它把医疗和保健的原则提高到古代唯物主义哲学原则的高度，并以自发的辩证法观点向形而上学的医学观点进行了斗争，从而替中国医学奠定了比较坚实可靠的理论基础。

从来它被人们尊为"经"(周木《素问纠略序》，认为《内经》"词古义精，理微事著，保天和于未病，续人命于既危，彝伦益敦，王化滋盛，实医家之宗祖，犹吾儒之有五经也")，奉为"医家之宗"(宋濂"黄帝内经……其言深，其旨邃以弘，其考辨信而有征，是当为医家之宗")，现代已故医学家陆渊雷先生也曾指出：

> 《黄帝内经》……原人血脉、经络、骨髓、阴阳、表里以起百病之本，死生之分，若是而冠于方技之前，谁曰不宜？(《伤寒论今释·叙例》)

我们认为以上这些人对于《内经》所做出的评价是公允的。

二

中国唯物主义哲学,从战国末期到秦汉之际,曾达到先秦时期所没有达到过的高峰。这时的唯物主义哲学根据科学的实践建立了"气"一元论的世界观,从而发展了春秋时代唯物主义哲学的"道"和"阴阳"学说,并且建立了阴阳五行的唯物主义哲学体系。邹衍是"阴阳家",但古代相信阴阳五行学说绝不止邹衍一派。

中国古代唯物主义哲学流派中,有许多派是注重养生方法的,像老子、杨朱、庄周的哲学中都有这种倾向。把养生的方法和唯物主义的世界观结合起来的观点,可用《管子》和《吕氏春秋》两书作为代表。

古代道家养生学派认为人类生命的源泉是天地间自然存在的最细微、最精致的流动变化的"精""气"构成的:

> 凡人之生也,天出其精,地出其形,合此以为人。
>
> 精也者,气之精者也。(以上见《管子·内业》篇)

又说:

> 精之所舍(作者按:舍,是停留、居住),而知之所生。精存自生,其外安荣;内藏以为泉源,浩然和平,以为气渊。渊之不涸,四体乃固,泉之不竭,九窍遂通。
>
> (同上)

《管子》的《内业》篇中所说的"精",即是气的最精细的部分,它是构成人类生命,产生智慧和认识作用的最后的根源。同样的观点在《吕氏春秋》中也有所阐述:

> 精气之集也,必有入也。集于羽鸟,与为飞扬;集于走兽,与为流行;集于珠玉,与为精朗;集于树木,与为茂长;集

于圣人,与为夐明。

> 精气之来也,因轻而扬之,因走而行之,因美而良之,因长而养之,因智而明之。(《吕氏春秋·尽数》)

精气是充满宇宙的流动性的物质实体。它不但是构成个别事物的原始材料,并且是构成整个宇宙的原始材料。中国古代唯物主义哲学都认为"气"是最根本的原始物质。

> 精气一上一下,圜周复杂,无所稽留,故曰天道圜……万物殊类殊形,皆有分职(引者按:分职即为物的特殊功能),不能相为(引者按:它们的功能不能互相代替),故曰地道方。(《吕氏春秋·圜道)》

这一类的唯物主义的养生方法也还表现在战国时代其他的进步思想中。像《楚辞·远游》中曾说:

> 餐六气而饮沆瀣兮,漱正阳而含朝霞。保神明之清澄兮,精气入而粗秽除。①

在汉初的《淮南子》中也提出了类似的观点:

> 〔元气〕清阳者薄靡而为天,重浊者凝滞而为地。
>
> 阳气胜则散而为雨露,阴气胜则凝而为霜雪。
>
> 毛羽者,飞行之类也,故属于阳;介鳞者,蛰伏之类也,故属于阴。(以上均见《淮南子·天文训)》

在以上这些不同的著作中,有着共同的主张,都承认世界上一切事物的产生,变化是阴阳两种对立的气的运动的结果,阴阳二气是万物的最后的物质根源。他们认为:

> 太一出两仪,两仪出阴阳。阴阳变化,一上一下,合而成章。浑浑沌沌,离则复合,合则复离,是谓天常。(引者

---

① 可参看夏曾佑《中国古代史》,及《光明日报》《哲学研究》冯友兰先生著《先秦道家所谓道底物质性》。

按：天常即自然界经常的规律)(《吕氏春秋·大乐》)

这里所谓"太一"就是混沌未分的气,两仪阴阳是已分的气。这是中国古代唯物主义哲学对于阴阳二气一般公认的解释。

阴阳五行学说,认为世界上一切事物都是由金、木、水、火、土五种元素相互配合而成的。成分简单的东西,是由一种元素构成的,比较复杂的东西,像生物、人类就是由五种元素在复杂条件之下互相配合产生的。自然界中,一切东西都不能离开这五种物质元素。这种学说并不玄妙,它是从人民日常生活中所经常接触的五种物质和它的属性中抽象出来的。

这一派认为五种元素之间有相互推动、孳生的关系,就是所谓五行相生的观点。五行相生是循环无尽的,它们的次序是:

金→水→木→火→土→(金)……

五种元素之间同时具有相互克服、限制的关系,这就是所谓"五行相胜"(或相克)。这种关系也是循环无尽的,它们的次序是:

水→火→金→木→土→(水)……

阴阳五行学派,在战国末期,由于自然科学的发展,特别是天文学的发展,得到极大的发展。这一派认为自然界以及人类社会现象的一些特点都可以用阴阳五行来表示,这些现象也都是阴阳五行的表现。他们试图用自然界存在的物质的性能说明各种现象在性质上的差异。

阴阳五行学派不但用阴阳五行的范畴去考察自然现象,也用这些范畴去考察人类的感情、意志、身体的机构、器官和其他现象。

阴阳五行学说在古代绝不止邹衍一派,像《礼记》的《月令》,《管子》的《四时》篇,《吕氏春秋》的十二"纪",以及汉代的《淮南子》《春秋繁露》都是属于阴阳五行学派的。在哲学上,唯物主义固然用阴阳五行的学说来说明世界万物的物质根源,而唯心主义也利用这阴阳五行的间架给充填上神秘主义的内容。实际上,阴阳五行学说是和古代的自然科学密切关联的。这一派哲学和古代的天文学、医学、历法等自然科学的发展是分不开的。司马迁父子曾指出阴阳家虽然有它的缺点,但是他们对天文历法的贡献是肯定的。(《史记·太史公自序》:"然其顺四时之序,不可失也。")

阴阳五行学派(也就是太史公所说的阴阳家)的唯心主义观点,并不表现在它的自然观方面而是表现在它的社会观、历史观方面。邹衍的"五德终始",和董仲舒用阴阳五行来宣扬他的宗教迷信的历史观,都是唯心主义的思想。这种思想的主要错误,在于它用阴阳五行的观点解释社会、历史、伦理观念等。

上面所说的,唯物主义的阴阳五行学派的主要贡献,就在于它力图从物质世界以内寻找万物发生发展的原因。在医学方面,《内经》就是根据阴阳五行的学说来说明人类生理现象、心理现象、疾病现象的。它是素朴的唯物主义的观点而不是唯心主义的观点。

有人对阴阳五行学说抱着成见,一提到阴阳五行,就认为它是"不科学"的、"神秘"的,认为是邹衍独家经营的货色,这都是不正确的看法。阴阳五行的学说起源很早,在《尚书·洪范》中已经提到五行是人生日用不可缺少的五种物质。一切事物都具有这五种不同的属性。阴阳对立的两种气的作用在《周易》中早有深刻的发挥(因为这不是本文所论述的范围,这里不详细谈这个问题)。阴阳五行学说的普遍流行,是战国末期到秦汉之际的事。秦汉以后阴阳五行的学说几千年来一直是中国自然科学的唯物主义世界观的基础。不但本文所要论述的《黄帝内经》和中国其他医学著作是以阴阳五行学说为基础的,就是医学以外的其他科学,如天文学、历法、中国古代的化学也都是和唯物主义的阴阳五行的学说密切联系着的。

阴阳五行的学说在战国末期,形成一套完整的素朴的唯物主义世界观的体系。这一学派的出现,标志着中国古代唯物主义哲学和科学进一步的结合,也意味着中国古代唯物主义哲学得到进一步的发展和提高。因为在这以前,中国唯物主义哲学重点在于说明宇宙万有的生成和发展的原因。中国古代的唯物主义哲学对于自然界现象的复杂性、多样性的根据涉及的很少。至于有关人类本身的生理现象、心理现象、疾病现象的说明就更加不够了。如果对这些人类切身问题不能给以科学的说明,那就等于把这些问题留给宗教迷信去随便解释。秦汉之际的医学积累了千百年的丰富的经验,因而有可能对人类切身问题做出初步的,但是全面的,符合当时科学要求的说明。医学和当时阴阳五行的学说密切结合,向宗教迷信的唯心主义思想展开了进攻。中国古代医学通过科学实践(医疗实践),唯物主义地说明人类的生理现象、心理现象、疾病现象,扩大了科学的领域,也扩大了唯物主义哲学的阵地。过去唯物主义还没有来得及涉及的许多问题,这才通过秦汉的医学而得到了比较符合事实的结论。我们说秦汉之际的阴阳五行的学派是先秦唯物主义哲学的进一步发展和提高,并不是过分夸张。但也必须指出,唯物主义哲学的发展和提高和当时的医学的巨大成就是分不开的。

郭沫若先生在他的《十批判书》中说:"这一思想(引者按:即阴阳五行的学说)在它初发生的时候,我们倒应当说它是反迷信的,更近于科学的。在神权思想动摇了的时代,学者不满足于万物为神所造的那种陈腐的观念,故尔有无神论出现,有太一阴阳等新的观念产生。对这新的观念犹嫌其笼统,还要更分析入微,还要更具体化一点,于是便有原始原子说的金木水火土的五行出现。万物的构成求之于这些实质的五个大元素,这思想应该算是一大进步。"(《十批判书·吕不韦与秦王政的批判)》郭沫若先生的基本论点是符合当时的历史情况的,我们可以毫不夸张地说,古代的阴阳五行的学说是古代唯物主义哲学的原则,也是古代自然科学的原则。

事实上中国古代的自然科学部门,像古代的天文学、化学(包括炼金、制药等)、算学、音乐和医学都是在阴阳五行的学说协助之下发展起来的。如果企图理解中国任何一部门的科学史而不注意阴阳五行的学说,也是不可能的。用阴阳五行的学说来解释世界的多样性和它的内在的联系性,显然比用"道""气"更具有说服力,更能较为深刻地反映事物的矛盾对立和相互关联。

中国古代医学完全接受了阴阳五行的学说,并且通过了医学这门科学独特的道路向前发展。《内经》认为阴阳二气是产生一切的根源:

> 阴阳者,血气之男女也;左右者,阴阳之道路也;水火者,阴阳之征兆也;阴阳者,万物之能始也。(《内经·阴阳应象大论》)

《内经》认为世界是物质性的整体,世界本身是阴阳二气相互对立的作用的结果:

> 故清阳为天,浊阴为地,地气上为云,天气下为雨。
>
> 故清阳出上窍,浊阴出下窍,清阳发腠理,浊阴走五藏。
>
> 清阳实四支,浊阴归六府。(同上)

由于以上的观点,中国医学在治疗方法上也主张必须与自然规律密切结合:

> 治不本四时,不知日月,不审逆从,病形已成,乃欲微针

> 治其外,汤液治其内,粗工凶凶,以此为可攻。故(旧的)病
> 未已,新病复起。(《内经·移精变气论》)

《内经》认为人的身体的结构是自然界的一部分。自然界的变化发展的一般原则也是人类身体的发展变化的一般原则。中国古代医学从来不把病理现象、生理现象从全部自然现象中割裂开来,因而提供了从自然界中寻找病理的唯物主义和辩证观点的医疗理论,《内经》中贯彻了自然规律统一的原则。

《内经》是根据唯物主义的阴阳五行的观点来说明医学原理的,这里不作详细引证了。

中国古代医学采用了当时阴阳五行唯物主义哲学观点,它和宗教迷信、巫术思想没有丝毫共同之处,它继承了反迷信的优良传统。

战国末期,伟大的唯物主义哲学家荀子曾提出过反对宗教迷信的保健卫生的主张。他说:"只要调养完善,按照时令活动,'天'是不能使人生病的。"(养备而动时,则天不能病。《荀子·天论》)

在《吕氏春秋》一书中也提过反对巫术的论点:

> 今世上卜筮祷祠,故疾病愈来。(《吕氏春秋·季春纪》)

中国古代医学和宗教迷信的巫术站在尖锐对立的地位。《史记·扁鹊仓公列传》曾记载着古代名医扁鹊所提出的"六不治"的说法,其中有一条说:"信巫不信医,亦不治也。"

中国古代医学的发展,标志着人类向疾病斗争所取得的胜利。它用当时科学原理来解释人类生命的起源、疾病的成因,从而丰富了古代唯物主义哲学。它不但有它本身医学的价值,也还有哲学方面的贡献。

三

《内经》的医疗理论是和当时的阴阳五行唯物主义哲学的世界观是一致的。它认为人类生命变化是按照阴阳的对立,五行相生的原则进行的,自然的变化,生命的变化,精神的作用,都是建立在物质基础上的:

> 夫五运(作者按:五运即五行)阴阳者,天地之道也,万物之纲纪,变化之父母,生杀之本始,神明之府也。(《内经·天元纪大论)》

又说:

> 夫自古通天者,生之本,本于阴阳。天地之间,六合之内,其气九州九窍,五藏十二节皆通乎天气。(《内经·生气通天论》)

> 夫四时阴阳者,万物之根本也。(《内经·四气调神大论》)

《内经》不但指出人类的生命的根源,还指出人类精神活动的物质根源。《内经》对待物质与精神的依存关系时,明确地采取了唯物主义观点,认为精神(神明)依托的地方是物质,精神现象是物质的产物。

《内经》还力图把万物、自然现象、人类的生理现象、精神活动,统一于客观的物质世界。这是和古代原始宗教迷信宣扬上帝创造世界、上帝决定人类生命的观点是尖锐对立的。

《内经》针对当时宗教迷信的思想,提出疾病是由于自然界的外在的某些物质因素的侵害而产生的。实际上打击了古代流行的鬼神使人生病的反科学的观点。《内经》认为:

> 阴阳四时者,万物之终始也,死生之本也。逆之则灾害

　　生,从之则苛疾不起。是谓得道。道者,圣人行之,愚者佩
　　之。从阴阳则生,逆之则死。(《内经·四气调神大论》)
只要顺着阴阳四时变化的规律,适应季节的变化,就不会生病,
违反了,就会生病。这种规律(道),"圣人"自觉地照着做,愚笨
的人不自觉地照着做(佩之)。但无论如何,顺从阴阳四时原则
的则可以维持生命,违反了这个原则,就会招致死亡。

　　中国古代医学也还指出,疾病的发生由于外界物质(气)的
影响:

　　　　四时皆有疠疾。春时有痟首疾,夏时有痒疥疾,秋时有
　　疟寒疾,冬时有嗽上气疾。(《周礼·天官冢宰》下)
《内经》中也指出:

　　　　数犯此(按:四时阴阳)者,则邪气伤人,此寿命之本也。
　　苍天之气清净,则志意治,顺之,则阳气固,虽有贼邪,弗能
　　害也,此因时之序,故圣人传精神、服天气而通神明。失之
　　则内闭九窍,外壅肌肉,卫气散解,此谓自伤,气之削也。
　　(《内经·生气通天论》)

　　《内经》明确指出,自然界中有某种不利于人类身体的极细
微的物质(邪气)("气"是充满了自然界的最细微的、流动性的
原始物质,肉眼不能看到它。"气"是中国古代唯物主义哲学的
根本范畴之一)。这种"邪气"进入人的身体内部,就会使人生
病。古代没有认识病菌的可能,但由于中医有丰富的长期积累
的科学实践作为他们考察病源的根据,他们已意识到有某些具
有感染性的对人有伤害作用的"邪气"。中医也明确指出,只要
身体健康,有充分的抵抗能力(阳气固),就可以避免邪气的侵
害。这种观察和认识病源的方法是有科学根据的,是唯物主义
的。《内经》教人从自然界本身,从人类身体本身去寻找病源,所
以在治疗方式上,一方面要排除"邪气",一方面要增强体质,二

者并重而不采取片面的治疗。《内经》在这一方面,对生命、疾病和健康的内在联系做出了唯物主义的说明,这也就直接从科学上捍卫了唯物主义哲学。

《内经》以唯物主义的观点去认识病理现象,因而在治疗理论方面也贯彻了唯物主义,根据疾病具体情况对症下药的原则:

> 病之始起也,可刺而已,其盛,可待衰而已。故因其轻而扬之,因其重而减之,因其衰而彰之。形不足者,温之以气,精不足者,补之以味。其高者因而越之,其下者引而竭之。中满者,泻之于内。其有邪者,渍形以为汗;其在皮者,汗而发之。其剽悍者,按而收之;其实者,散而写(泻)之。审其阴阳,以别柔刚,阳病治阴,阴病治阳,定其血气,各守其乡。血实宜决之,气虚宜掣引之。(《内经·阴阳应象大论》)

中医经常注意,根据不同的情况,有的要补,有的要泄,有的要发汗,有的要休息。我们在这里没有必要一一阐述以上所说的那些具体的治疗过程,但我们可以通过以上所提供的治疗原则,理解到中国古代医学是怎样地根据不同的病情来定出不同的医疗方案的。

中国古代医学所依据的唯物主义哲学观点,是从它丰富的科学实践中得来的。相传神农乃始教民尝百草之滋味,当时一日而遇七十毒,由此医方兴焉(《淮南子·修务训》)。这些古代传说的可靠性固然有它一定的限度,但却有它一定事实的根据。中国医学是通过无数次科学实践,经过若干痛苦、失败的过程,才逐渐积累起成功的经验。

中国两千年前曾建立过保存病历的优良制度:

> 凡民之有疾病者,分而治之,死(不治而死的叫作"死")、终(不是由于医疗过失而死的叫作"终")则各书其

所以(分别记录下病者死亡的缘故)而入于医师。(《周礼·
天官冢宰》下)

根据以上的事实,可见中国古代医学所取得的成就不是偶然的,
它根据了大量事实,总结了无数次失败和成功的经验,最后才做
出符合科学原则的结果。

中国古代医学还发展了古代唯物主义哲学理论。先秦时期
伟大的唯物主义哲学家,像老子、荀子、韩非对自然规律的认识,
对辩证法认识论都在不同程度上做出了贡献,并击溃了古代原
始宗教迷信的某些宣传,但是对于生命的起源,精神的作用,疾
病的产生还缺少详尽的说明。这样,就必然给古代宗教迷信的
宣传家所谓鬼神可以给人带来吉凶祸福疾病灾害的谬说留下了
活动的空隙。《内经》恰恰在这一方面用科学事实打击了宗教迷
信思想。

《内经》根据当时医学可能达到的科学水平,针对生命、精神
和身体的物质统一性做出了说明,指出万物产生的物质根源:

在天为气,在地成形。形气相感,而化生万物矣。

物生谓之化,物极谓之变,阴阳不测谓之神,神用无方
谓之圣。

变化之为用也,在天为玄,在人为道,在地为化。(《内
经·天元纪大论》)

《内经》还把生命、变化、精神作用,以及带有超乎常人的"圣人的
能力",都指出了它的物质基础。并且把道(规律)、气(物质)和
心理、精神(神)作用,有机地统一起来。

上述这些成就固然是无可争辩的事实,但也必须指出它的
理论也还没有脱离古代唯物主义哲学共同具有的直观性和臆测
性的局限。有些观点它天才地说对了,但它却不能对于许多复
杂的问题做出完全符合科学原则的说明。它里面有科学根据,

也夹杂着推测。像以上所举的"邪气"伤人的病理观点，以及中医在其他方面所惯用的"四时不正之气"，这种假说，确曾有力地打击了鬼神给人带来疾病的谬说。但是用它来彻底说明病理现象和疾病起源，那还是不够的。

四

中国古代医学以阴阳五行的学说作为理论基础。它一方面贯彻了素朴的唯物主义思想，一方面也体现了自发的辩证法思想。这一派的哲学认为世界上的一切事物的根源是原始物质的气，事物并不是一成不变的，而是在阴阳二气对抗的矛盾斗争中发展变化的：

> 是故阴阳者，天地之大理也。四时者，阴阳之大经也。

（《管子·四时》篇）

阴阳二气在人身体内如果能够维持正常的对立平衡的状态，人的身体就会健康；阴阳二气在人身体内如果不能维持正常的对立平衡的状态，人的身体就会生病。所以《内经》中说：

> 阴平阳秘，精神乃治；阴阳离决，精气乃绝。（《内经·生气通天论》）

人的身体必须在阴阳二气对立平衡的情况下，又经常维持精气和血脉的流通，而不至于壅塞不通，才能够保持健康：

> 流水不腐，户枢不蠹，动也。形气亦然。形不动则精不流，精不流则气郁。（《吕氏春秋·季春纪》）

> 动摇则谷气得销，血脉流通，病不得生。譬犹户枢终不朽是也。（《三国志·华佗传》）

同样的观点，在《内经》中有更充分的阐述：

> 阴不胜其阳，则脉流薄（迫）疾，并乃狂；阳不胜其阴，则

> 五藏气争,九窍不通。是以圣人陈阴阳,筋脉和同,骨髓坚固,气血皆从。(《内经·生气通天论》)

又说:

> 重阴必阳,重阳必阴。(《内经·阴阳应象大论》)

中国古代医学从阴阳对立统一的观点来理解一切病理现象。《内经》开始把人类内科病症分为六类(汉代的《伤寒论》对这一点有更详细的发挥):

一、太阳;二、阳明;三、少阳;四、太阴;五、少阴;六、厥阴。

这六类病症的具体内容不能在这里解释。对于三阴三阳的涵义医学家阎德润先生作过明确的解释。他认为:"凡病之热者可阳,寒者可阴;实者为阳,虚者为阴。若以西医之名词注释,则病之属于进行性者为阳,属于退行性者为阴;机能亢进者为阳,机能衰减者为阴。"(《伤寒论评释》,人民卫生出版社 1955 年北京版,第 7 页)阎德润先生虽然讲的是《伤寒论》,但用来解释《内经》也还是适用的。如果从哲学的观点来理解,我们可以看出"太阳""阳明""少阴"等病象,都是由于人类身体内部的机能和作用失去平衡的结果。《内经》根据身体内部失去平衡的性质分为阴阳两种类型,又按照性质的轻重,阴阳两种类型的病症各分为三等。这种方法也是符合科学原则,有客观事实作为根据的。

由于当时的科学发展的局限性,缺少正确的解剖学的知识,古代医学家对于人类内脏的结构,功能的认识,还不能达到像今天的医学的水平。因而有些地方对于病理的解释不能令人满意,也如近代医学家陆渊雷先生所说的:"血脉、经络、骨髓,深藏而不可见也。阴阳表里,暗昧而难征验也。今有病脑者,啼笑无节,举措失常,而医经家指为心病。其持之有故,言之成理,闻者则以为心病矣。有病内分泌者,肌肤黯淡,支体罢敝,而医经家指为肾病。其持之有故,言之成理,闻者则以为肾病矣。"(《伤寒论今释·叙例》)中国古代医学认为人类生理各器官部位是相互影响相互联系的整体。《内经》从阴阳五行学说的观点来解释五脏各器官之间的相互联系。《内经》以为五行是相生相克不可分割的整体，五脏也是相生相克不可分割的整体。如果某一器官发生了疾病，它必然影响到其他器官。如果肝脏发生了阴阳失调的现象，它会影响到眼睛的视力，还会影响到消化系统的不正常，它会影响到情绪容易激动。其他部门的器官也是这样。所以"头痛医头，足痛医足"，成为中国医学理论对于形而上学观点的绝妙的讽刺。可惜我们今天也还有些医学家坚持他们的形而上学的观点。这种观点不但落后于今天的先进医学观点，甚至也落后于二千年前的医学理论早已达到的成就。

《内经》认为生理现象和心理现象是相互联系的，近代的科学实践已经证实了生理现象和心理现象是紧密联系而不可分割的。中国古代医学对于这一点已有了初步认识。《内经》曾说过：肝脏的疾病和人类的愤怒的情绪相关联——"怒伤肝"；心脏的疾病和人类的喜悦情绪相关联——"喜伤心"；脾脏的疾病和人类的思虑作用相关联——"思伤脾"；肺脏的疾病和人类的忧郁的情绪相关联——"忧伤肺"；肾脏的疾病和人类的恐惧的情绪相关联——"恐伤肾"（参看《内经·阴阳应象大论》及其他各篇）。现在我们应当指出，问题倒还不在于论证身体的各个内脏器官和情绪之间是否具有像《内经》所说的那样机械联系。这种说法可能有一定的科学根据，还要继续深入研究，这一点对于我们来说，并不是主要的。在这里应当特别指出的乃是《内经》通过一定的科学实践，在二千多年前就明确地指出了人类生理现象和心理现象的内在联系这一基本观点，在今天看来也是正确的。这样在哲学上就给唯物主义的认识论提供了可靠的理论保证。

精神活动是由于人类的分析器官受到外界刺激后引起的大脑皮质的兴奋和抑制的作用。心理活动和人类的呼吸、消化、循环、内分泌各个系统有关联(这些关联虽然未必完全像中国古代医学所猜想的那样的关联),这是事实。我们应当指出的乃是中国古代医学天才地提出了生理和心理活动的互相关联的辩证观点,因而在医疗实践上才可能取得一定的成绩。伟大的历史家司马迁在他的不朽的古典历史著作《史记》中以相当的篇幅记载了一些著名医生的活动。汉初的名医淳于意诊断齐王的儿子的疾病时曾指出他的病源,说:

> 此悲心所生也,病得之忧也。(《史记·扁鹊仓公列传》)

三国时代,中国名医华佗也有过从精神上治疗病人的故事:

> ……郡守病,佗以为其人盛怒则差,乃多受其货而不加治,无何弃去,留书骂之。郡守果大怒,令人追捉杀佗。郡守子知之,属使勿逐。守瞋恚既甚,吐黑血数升而愈。(《三国志·华佗传》)

这些故事中的人物,用不着详细的考订,但先秦两汉各书中不断出现同类性质的传说和记载,应当认为这是在广大人民中间流传的事实。这类事实说明了中国古代医学早已认识到生理和心理活动的相互关系是十分密切的。这种影响是内在的、有机的、不可分割的。根据上述的观点,《内经》经常提醒人们要适当控制个人的感情,使感情不要过于放纵。《内经》说:

> 天有四时五行以生、长、收、藏,以生寒、暑、燥、湿、风。人有五藏化五气以生喜、怒、悲、忧、恐。故喜怒伤气,寒暑伤形。暴怒伤阴,暴喜伤阳。(《内经·阴阳应象大论》《天元纪大论》略同)

中国古代道家哲学的养生一派的哲学和《内经》有相类似的见

解。像《淮南子》也曾说过：

> 人，大怒破阴，大喜坠阳，大忧内崩，大怖生狂。（《淮南子·精神训》篇）

《内经》并且指出人类身体的健康和自然环境是相互关联的。因而在进行治疗时要经常考虑到疾病患者所处的自然环境的具体条件。这种观点在《内经》中也曾反复地申述：

> 喜怒不节，寒暑过度，生乃不固。故重阴必阳、重阳必阴。故曰冬伤于寒，春必温病；春伤于风，夏生飧泄；夏伤于暑，秋必痎疟；秋伤于湿，冬生咳嗽。（《内经·阴阳应象大论》）

又说：

> 逆春气，则少阳不生，肝气内变；逆夏气，则太阳不长，心气内洞；逆秋气，则太阴不收，肺气焦满；逆冬气，则少阴不藏，肾气独沉。（《内经·四气调神大论》）

从以上的观点出发，《内经》始终认为在医疗方面必须充分考虑客观环境：

> 故治，不法天之纪，不用地之理，则灾害至矣。（《内经·阴阳应象大论》）

中国古代医学也还建立了对待疾病和健康的整体观念。中国古代医学从来不把健康和疾病的关系割裂开来，因而能够从比较全面的观点建立它的治疗的理论，并且恰当地估计医疗作用，而不陷于医学万能论的错误。中国古代医学有极丰富的医疗经验，但是都能够老老实实地承认医疗对生命的作用是有限的。当扁鹊治好了"暴蹷而死"的虢国太子时，"天下尽以为扁鹊能生死人"。扁鹊说："越人（扁鹊自称）非能生死人也，此自当生者，越人能使之起耳"（《史记·扁鹊仓公列传》）。

由于中国古代医学对疾病和康健的认识是建立在全面的认

识基础之上,所以一向把保健放在第一位,把药物治疗放在次要的地位:

> 动作以避寒,阴居以避暑,内无眷慕之累,外无伸宦之形,此恬憺之世,邪不能深入也。(《内经·移精变气论)》

如果不注意平日的卫生,那就会:

> 忧患缘其内,苦形伤其外,又失四时之从,逆寒暑之宜。贼风数至,虚邪朝夕,内至五藏骨髓,外伤空窍肌肤。所以小病必甚,大病必死。(同上)

《内经》从上述的整体观念出发,建立了以预防为主的正确的保健观点。把保健和营养放在首要地位,认为医疗乃是由于不得已的情况下采取的被动的措施。所以《内经》中屡次叮嘱说:

> 是故圣人不治已病治未病,不治已乱治未乱,此之谓也。夫病已成而后药之,乱已成而后治之,譬犹渴而穿井,斗而铸锥,不亦晚乎?(《内经·四气调神大论》)

中国医学认为即使因不得已而治疗时,也要及时早治,不要等到病重再治。中国过去有人称赞高明的医生能"起死回生",但是一个高明的医生经常是反对这种被动的治疗方法的。所以《内经》说:

> 善治者治皮毛(疾病未深入,仅仅有一些疾病的征象时,就开始治疗),其次治肌肤;其次治筋脉;其次治六府;其次治五藏,治五藏者半死半生也。(《内经·阴阳应象大论》)

唐代著名医学理论家王冰对《内经》中这一段话作了精确的注解,他说:

> 病势已成,可得半愈。然初成者获愈,固久者伐形。故治五藏者半生半死也。(同上)

总起来看,《内经》一书体现了中国古代哲学中的丰富的辩证法思想，而且在中医的医疗、营养、保健各方面也都贯彻了辩证法的原则，从来不把某一措施孤立起来对待。这种观点是极其珍贵的，值得吸取的。

辩证观点，并不是哪一个人想出来的，而是一切事物本来就在辩证地发展着。古代的科学家通过精密的观察、无数次的实践，把这一客观存在的普遍现象提高到理论原则，并根据这种理论又来推动科学的实践。中国古代的医学就是这样反复实践，反复认识，不断提高，不断丰富起来的。

但是我们也必须承认中国古代的辩证法还不可能发展到十分完善的地步，它也具有一般古代辩证法所共有的历史的弱点。正如毛泽东同志在《矛盾论》中所指示的："辩证法的宇宙观，不论在中国，在欧洲，在古代就产生了。但是古代的辩证法带着自发的朴素的性质，根据当时的社会历史条件，还不可能有完备的理论，因而不能完全解释宇宙，后来就被形而上学所代替"①。

自然现象、生命现象、病理现象是复杂的，远在二千多年前的科学成就决不可能全面地、深刻的认识这些规律。但古代的自然科学和唯物主义哲学在和宗教唯心主义的观点做斗争时又不能回避这些问题，对于一些当时还不能解释的现象，也要勉强加以解释，遂不免有主观的牵强附会的地方，其中也夹杂着神秘主义的因素，有时把自然现象和生理现象互相比附：

> 惟贤人上配天以养头，下象地以养足，中傍人事以养五藏。天气通于肺，地气通于嗌，风气通于肝，雷气通于心，谷气通于脾，雨气通于肾，六经为川，肠胃为海，九窍为水……阳之汗，以天地之雨名之；阳之气，以天地之疾风名之。暴气象雷，逆气象阳。(《内经·阴阳应象大论》)

---

① 《毛泽东选集》第1卷，1966年版，第278页。

像这种唯心主义的、神秘主义倾向的观点,在中国古代医学中也还不是个别的现象,在《内经》中到处可以发现这些不合科学原则的说法:

> 天不足西北,故西北方阴也,而人右耳目不如左明也。地不满东南,故东南方阳也,而人左手足不如右强也。""东方阳也,阳者,其精并于上。并于上,则上明而下虚。故使耳目聪明而手足不便也。西方阴也,阴者其精并于下。并于下则下盛而上虚,故其耳目不聪明而手足便也。故俱感于邪,其在上则右甚,在下则左甚。此天地阴阳所不能全也,故邪居之。(《内经·阴阳应象大论》)

我们今天没有必要隐瞒这些缺点,因为这是事实。现在有些反对中医的人常常片面地夸大了中医在这一方面的缺点,甚至连其中的合理的部分也一并否定,这不是实事求是的科学态度。恩格斯的教导永远值得我们记住:"而自然哲学只能这样来描绘:用理想的、幻想的联系来代替尚未知道的现实的联系,用臆想来补充缺少的事实,用纯粹的想象来填补现实的空白。它在这样做的时候提出了一些天才的思想,预测到一些后来的发现,但是也说出了十分荒唐的见解,这在当时是不可能不这样的。"[①]恩格斯的指示,是说由于当时的具体条件,由于历史的局限性,古代的唯物主义哲学"这在当时不能不如此"。我们决不能非历史主义地否定了中国古代医学中最有价值的唯物主义因素和辩证法思想,马克思主义的原则教导我们判断某些哲学流派,主要应当看它是怎样解决实际问题,用的什么观点和方法,同什么人携手并进,在客观上支持的是什么,反对的是什么,并且对以后

---

① 《路德维希·费尔巴哈和德国古典哲学的终结》,《马克思恩格斯选集》第4卷,第242页。

的哲学思想起过什么影响。

如果根据这样的尺度来检查一下《内经》以及其他古代有关中医理论的著作,我们可以肯定地说:中国古代医学是用素朴的唯物主义原则来认识生命问题、疾病问题、精神作用问题的,它包括了丰富的辩证的思想方法,并且和当时的唯物主义哲学携手并进。在客观上(以至在主观上)一直在和宗教迷信思想做斗争,并且替后来的医学的进一步发展开辟了道路,对以后的哲学无神论思想起了启发作用。这些事实,尽够雄辩地粉碎那些腐朽的资产阶级学者轻视文化遗产诬蔑中国医学的谰言。

五

中国古代医学的理论表明了科学的发展和唯物主义哲学的发展经常是血肉相连的。科学研究的实践不断丰富和巩固了唯物主义哲学,同时每一个时代的唯物主义哲学思想也经常对科学的发展起着促进作用。

中国古代医学发展的道路又一次证明了科学和唯物主义哲学是唯心主义和宗教思想的敌人。它们是在和当时流行的宗教迷信思想斗争中成长起来的。

中国古代医学中有许多观点和方法不仅在过去有价值,其中有许多内容在今天仍旧有它的价值。因为医学是自然科学,它不是社会的上层建筑,它的发展和成长是建立在科学实践的基础上的。只有那些做了资产阶级思想俘虏的学者才诬蔑中医是"封建医"。只有那些不看事实的人才诬蔑中国医学是"不科学"。

中国古代医学的理论不但捍卫了它自己的科学阵地,同时也给中国古代哲学史上的无神论思想提供了强有力的科学论据,如果没有秦汉之际的阴阳五行的唯物主义学说,没有《内经》这部光辉的经典医学著作,后来汉代的伟大无神论者王充思想的出现那是很难设想的。

如何吸取中国古代医学的珍贵遗产,这是当前极为迫切的任务。《内经》一书在中医的经典著作中有着特殊重要的地位,但是目前似乎还没有引起学者们足够的注意。希望全国医学家对这一方面能做进一步深入的研究。这不但对中国文化有益,我们相信这一研究工作会对世界文化有所贡献。

司马迁的哲学思想*

司马迁曾说过他写《史记》的目的："仆窃不逊，近自托于无能之辞，网罗天下放失旧闻，考之行事，稽其成败兴坏之理，凡百三十篇。亦欲以究天人之际，通古今之变，成一家之言。"（《报任安书》）司马迁写作的目的，绝不是为历史而历史，而是为了从历史事件中探寻社会历史发展道路中的"成败兴坏之理"，也还在于探寻宇宙人生的根本道理，这也就是他所说的"究天人之际，通古今之变。"可惜这些庄严的词句被后来一些无知文人用作自吹自擂的滥调，中国古代有不少的文人，只要写历史，都要大言不惭地宣称他在"究天人之际，通古今之变"，这就近于无聊了。像蒋介石御用学者钱穆也在他写的历史书中自称为"究天人之际……"不但是无知，而且是无耻了。

我们研究古代的思想家的思想，并不是只看他主观的愿望，而是要根据事实来做具体的分析。司马迁在中国历史上、文学上的伟大的成就，这里不再重复论述，就以他的哲学思想方面的贡献来说也是值得我们充分重视的。

＊　原载《新建设》1956 年第 6 期。

一

在宇宙观方面,司马迁和他的父亲司马谈一样,都继承了先秦唯物主义道家思想的传统,接受了古代唯物主义学说。他认为天地万物的根源不是由于超现实的精神性的实体或上帝创造的,而是由于物质世界本身的原因。世界是物质性的:

> ……乃合大道,混混冥冥,光耀天下,复反无名。(《史记·太史公自序》)

这正是先秦以来,老子学说的继承。"气"的原始状态是"混混冥冥"的,在它没有形成任何具体东西以前,还说不上什么"名称",所以叫作"无名"。"无名"决不是不存在的东西,而是最根本、最原始物质性的实体。至于人类的生命、身体的起源,司马迁父子也提供了唯物主义的说明。他们认为:

> 凡人所生者神也,所托者形也。神大用则竭,形大劳则敝,形神离则死。死者不可复生,离者不可复反。故圣人重之。由是观之,神者生之本也,形者生之具也。(同上)

这一段中所说的"神"的性质,张守节在他的《史记正义》中说:"混混者,元气神者之貌也。"《史记集解》引用韦昭的话也说:"声气者神也,枝体者形也。"张守节和韦昭都是沿袭了秦汉以来唯物主义哲学对"神""气"的一般的理解来注释《史记》的。司马迁父子继承了周秦以来唯物主义哲学的优良传统,认为气是一切事物的根源。自然界和人类都是由气产生的,和神或上帝没有关系。唯心主义哲学家和宗教家故意把"神"说成精神性的、永存的上帝或鬼神。这种观点和古代唯物主义是鲜明对立的。司马迁父子采取了唯物主义哲学世界观,和唯心主义的哲学世界观处在对立的地位。

唯物主义从来就是和自然科学密切相联系的。自然科学的发展可以推动唯物主义哲学的发展。司马迁父子都是"世掌天官"，司马迁本人就是精通天文科学的一位专家。汉初的自然科学和唯物主义哲学都是以道家的哲学作为骨干的。更具体地说，都是以阴阳五行学说作为理论根据的。郭沫若先生曾说过："（阴阳五行）这一思想在它初发生的时候，我们倒应当说它是反迷信的，更近于科学的。在神权思想动摇了的时代，学者不满足于万物为神所造的那种陈腐的观念，故尔有无神论出现，有太一阴阳等新的观念产生。对这新的观念犹嫌其笼统，还要更分析入微，还要更具体化一点，于是便有这原始原子说的金、木、水、火、土的五行出现。万物的构成求之于这些实质的五个大元素，这思想应该算是一大进步"（《十批判书·吕不韦与秦王政的批判》）。

司马迁父子的哲学，就接受了当时最流行的阴阳五行的哲学思想。唯物主义哲学思想的高涨和广泛传播是秦末、汉初哲学发展的总趋势。相信阴阳五行学说的不止邹衍一派，像《吕氏春秋》，《礼记》的《月令》，管子的《五行》《淮南子》都是的。就是那些不满意唯物主义哲学的唯心主义的哲学家，像董仲舒和后来的班固也采用了阴阳五行的间架而充填了一些唯心主义的内容。《汉书》赞司马迁，说他"先黄老而后六经"。这是班彪和班固对司马迁的不满，认为司马迁不是正统，意存贬斥。古代也曾有些好心肠的卫道者，认为司马迁并不是"先黄老"而是"尊六经"，这种"爱护"恰恰掩盖了司马迁的进步的一方面。司马迁被正统派认为"异端"正是他值得人们尊敬的地方。

司马迁参加了汉代第一次大规模的制订《太初历》的工作（在公元前104年）。他和当时全国第一流的科学家唐都、洛下闳、邓平、兒宽、尊大、射姓、司马可、宜君、淳于陵渠、壶遂等二十余人共同制定了新历。新历改正了周秦所用颛顼历长期所积累的差误,避免了"朔晦月见,弦望满亏"的缺点。

在汉朝的统治者看来,制历是为了装点刘姓王朝"改正朔、易服色"的新气象,另一方面这部精确的历法却直接对生产起着指导作用。这部历法就是以后两千多年来一直沿用的"夏历"的基础。它的特点是以建寅之月为一岁之首,以包括冬至节的那一个月后两个月为正月。人们过年的时候正是冬闲的时候,适当地配合了黄河流域农业生产的节奏,因而符合了人民的利益。司马迁是制定历法的主要参加者,他的阴阳五行的学说充分表现在《史记》的《律书》和《天官书》中。其中有些观点和周秦时代"礼记"的"月令"的哲学思想极为接近。据说汉代"太史令凡岁将终,奏新年历。凡国祭丧娶之事,掌奏良日及时节禁忌"(《北堂书钞》设官部引《汉旧仪》)。

司马迁父子认为阴阳五行学说有它的缺点,认为"大(太重视)祥(灾异)而众忌讳,使人拘而多所畏",但是他们还是承认阴阳五行学说在解释"四时之序",天道运行方面"不可失也"。

我们说司马迁在宇宙观方面,继承了古代阴阳五行学说的唯物主义传统,并结合了他的精深的科学造诣,建立了他的唯物主义哲学的世界观,完全是有根据的。

司马迁在天文学方面,根据丰富的科学知识,说明天体运行是有规律可循的,他具体而精密地观察了天象、星座的位置,从而说明天象运行并不是什么神秘莫测的,而是可以由人类推算出来的自然现象。这种科学本身就是最强有力的打击宗教迷信的武器。今天看来,《史记·天官书》所记载的二千多年以前星球的运行、星座的位置和中国古代第一部记载星象的著作《甘石星经》具有同等不朽的价值。《史记》精确地记载着几百个星体、星座,并指出它出现的时间和季节运行的规律。

但是也必须指出,司马迁当时的科学发展和今天的科学成就相比,应当说是不够成熟的。汉代的天文学虽然已走上了科学的道路,但也残存着古代占星术的影响。司马迁在一定程度上还相信天上某星的出现和运行会造成人世上灾难和幸福。比如他曾认为金星在南,会"年谷熟";火星与水星合,火星与金星合的时候,不可以用兵,用兵就会"大败";岁星与金星争斗,"其野有破军"等。

在音律方面,他也相信某种音律和社会上的用兵的成败,刑罚的适当与不适当有一定的联系。

"律历,天所以通五行八正之气,天所以成熟万物也"。他利用当时的科学成就,以唯物主义原则,在更多的方面对自然现象进行解释、说明。他在音律方面提出有乐理学根据的理论。这一贡献的哲学意义就在于他根据科学的事实否定了圣人由他的主观意图可以创造音律的唯心主义观点。

司马迁把自然现象和社会人事现象中某些偶然先后联系出现的事件看作内在的必然的关系,显然是不正确的。司马迁在主观上固然反对上帝创造世界的宗教迷信思想,但是这种占星术的残余所留下的"天人感应"的观点,势必给宗教唯心主义留下了活动的地盘。

虽然如此,科学的局限性没有使司马迁放弃了对宗教迷信思想的战斗。司马迁在宇宙观方面一直进行着反对目的论的斗争。他要尽可能地用人事来说明人事,而避免用"天道"来说明人事。《史记》记载着项羽失败时,自称是"此天之亡我,非战之罪也",司马迁指出项羽的失败是他自己的过失,而不是什么"天意":"(项羽)自矜功伐,奋其私智而不师古,谓霸王之业,欲以力征经营天下,五年卒亡其国。身死东城,尚不觉悟而不自责,过

矣。乃引'天亡我,非用兵之罪也',岂不谬哉!"(《史记·项羽本纪》)

蒙恬被秦王二世赐死时,蒙恬自以为有功,不当死,但他最后认为是他修长城、修驰道时曾经堑山湮谷,犯下"绝地脉"的罪过的报应。司马迁也批判了这种迷信的思想:"夫秦之初灭诸侯,天下之心未定,痍伤者未瘳,而恬为名将,不以此时强谏,振百姓之急,养老存孤,务修众庶之和,而阿意兴功,此其兄弟遇诛,不亦宜乎!何乃罪地脉哉?"(《史记·蒙恬列传》)

司马迁反对天命可以决定人们的吉凶祸福的思想,在当时是有它的实际意义的。因为当时统治者御用的学者,像董仲舒这一批人,从各方面搜求"证据",论证天是有意志的,天子是代天立言的,王权是神授的。从而教导那些被统治者必须乐天安命,安心当奴才,不要反抗。当时的统治者还力图"证明"富贵贫贱都是由天命决定的,只要按照统治者所规定的道德规范办事,奉公守法,就会得到好的结果。这种从思想麻痹人民的反抗思想的手段是反动的,也是毒辣的。司马迁由于他个人的不幸的遭遇,更主要的是他根据历史上大量的事实,他对当时的统治者从思想上奴役人民的教条提出了怀疑。他在《伯夷列传》中对于忠实于自己的理想、不为暴力屈服的伯夷、叔齐兄弟的殉道行为表示敬仰,并对宗教迷信、天道有知的观念提出了怀疑:"或曰天道无亲,常与善人。若伯夷、叔齐者可谓善人者非邪?积仁絜行如此而饿死!……天之报施善人,其何如哉?""若至近世,操行不轨,专犯忌讳,而终身逸乐,富厚累世不绝。或择地而蹈之,时然后出言,行不由径,非公正不发愤,而遇祸灾者,不可胜数也。余甚惑焉。傥所谓天道,是邪非邪?"(《史记·伯夷列传》)

司马迁这种怀疑是带有"叛逆"性格的。作为一个精通古今历史事变的专家,他所看见的古往今来许多的不合理、不公平的事实刚好证明统治者所宣传的那一套教条全是鬼话。安富尊荣的，经常是那些最贪婪、最无耻、最低能的剥削者、寄生者。至于那些善良的、忠诚的、追求真理和正义的人们却经常遭到凌辱、迫害、折磨和贫贱的痛苦。这是什么"天道"呢？对"天道"的怀疑构成了司马迁的唯物主义哲学思想中最光辉的组成部分。同样的思想，也表现在司马迁另外的著作中："悲夫，士生之不辰，愧顾影而独存。恒克己而复礼，惧志行之无闻。谅才諟而世戾，将逮死而长勤。虽有形（行）而不彰，徒有能而不陈。何穷达之易惑，信美恶之难分。时悠悠而荡荡，将遂屈而不伸！使公于公者，彼我同兮！私于私者自相悲兮！天道微哉，吁嗟阔兮！人理显然，相倾夺兮！……顺逆还周，乍没乍起。理不可据，智不可恃。无造福先，无触祸始。委之自然，终归一矣。"（《悲士不遇赋》）

司马迁在这篇简短的抒情诗中倾泻了他对当时不合理的社会现象悲愤的抗议。他诅咒当时社会上人与人之间倾夺和欺凌，他也指出了天道的渺茫和天道的无知。

司马迁要在不合理的社会中企图寻找所谓公道，他要探寻人类的社会历史变化发展的真相。因而他探求的问题自然从宇宙观转向了社会观、历史观。

二

在社会历史观方面，司马迁也做出了卓越的贡献。他认为决定人类命运的，首先是人类自己，而不是天和鬼神的力量。他说："国之将兴，必有祯祥，君子用而小人退。国之将亡，（必有妖孽），贤人隐，乱臣贵。"（《史记·楚元王世家》）"国之将兴，必有祯祥，国之将亡，必有妖孽"，这是古代相传的宗教迷信的成语。

司马迁在这里给它以新的、排除宗教迷信的解释。他认为所谓"祯祥"不是什么祥瑞、符命的出现,而是"君子用而小人退"的政治清明的现象。"妖孽"也不是什么"妖怪"事物,而是"贤人隐,乱臣贵"的政治混乱现象。这种打击神怪宗教思想决定国家兴亡的进步思想,是极其珍贵的。

司马迁的功绩不仅在于摆脱宗教迷信思想对历史发展的影响,并且在于他积极地建立了他的具有进步意义的对于历史的看法。

司马迁的《史记》固然主要记载了帝王将相的世系和事迹,这和他的唯心主义的历史观,认为英雄伟人创造历史的基本观念是分不开的。但是我们更应当注意的乃是他还记载了许多小市民,一向被人轻视的、在社会上不占地位的小人物的许多值得尊敬的事迹,他精密地观察了历史上极丰富极生动的事实。他给仅仅称王几个月的陈涉以极高的历史地位,甚至和正统派一向认为神圣不可侵犯的汤武革命并称。他歌颂了这一群揭竿而起的奴隶们,肯定了他们在推翻秦政权中所起的巨大作用。他也初步意识到社会上各阶层、各种不同的职业中的杰出人物对历史的功绩,这种历史家的见识是极可贵的,可以说是古代历史家中绝无仅有的范例。至少,司马迁对历史发展已具有笼统的整体的观念。当然,司马迁也还是承认英雄伟人是历史的创造者,但在客观上,他这样去写历史,势必不自觉地妨害了少数人物包办历史的旧观念。既然把历史的发展的动力放在人物的身上,自然排斥了天意、天志的作用。司马迁第一次以他的现实主义的观点,把历史看成人类自己活动和创造的历程,而不再是实现神的意志的工具,不再是被神意早已安排好了的,这一功绩是不可磨灭的。

司马迁为了通过历史的事实更有力地揭露社会上的压迫、

欺诈和种种不合理的现象,他大力歌颂了给人们解除困难而不惜以身命相殉的游侠人物;称赞那些为民除害的"循吏";给那些残下媚上的坏官坏事写下了《酷吏列传》。这都表示司马迁的憎恨暴力,同情弱者的人道主义精神。

就在这些具有善良愿望,具有进步意义的表现中也反映了司马迁的历史观的弱点。司马迁向往公平,要求社会合理。他希望能有真正为被压迫者(因为他司马迁自己也在某些方面和被压迫者有着同样的命运)主持公道的社会,但是他看不见(也不可能看见)历史的真正的主人,也不知历史发展的动力,因而也看不出历史发展的方向。他最后不得不又回到"三王之道若循环,周而复始"(《史记·吕后本纪》)的旧轨道。他憎恨暴力,同情弱者和人民,但是他没有(也不可能)认识阶级社会内政权的实质就是和暴力强制分不开的。抽象的"仁义",不过是统治者为了自己的需要,硬把它说成为全民共同的道德规范和千古不变的是非的标准。司马迁找不到他所憧憬的公平时,便发出对天道怀疑的怨言。这种怀疑天道的怨言是清醒地认识历史的第一步。但是要真正认识历史,要从历史发展本身中进一步探寻。社会历史的现象是最复杂的,司马迁和古代任何伟大的思想家一样,历史的局限性和阶级的局限性使他在这方面无能为力。当他没有能力用历史本身说明历史发展的客观性和规律性时,他不得不对宗教唯心主义的历史观作重大的让步。像他在《东越列传》中无法解释东越何以能长久统治,而归结为其先世可能"有大功德于民",所以"历数代常为君王"。在《韩世家》中认为韩国有"阴德";在《魏世家》中认为秦统一海内是命定的(天方令秦平海内),认为李广有卓越的战功而不得封侯是八字不好(数奇)。他虽然力图摆脱宗教迷信的思想,但是最后不得不求救于茫茫的"天道"。

对于社会历史发展的动力,司马迁也曾提出过极有意义的见解。他继承了先秦唯物主义哲学家的优良传统,企图从人类经济生活方面寻求原因。他认为人们关心自己的生活的幸福,谋取个人的利益是人的"天性"。这种天性的要求是不能遏止的:"夫神农以前,吾不知已。至若《诗》《书》所述虞、夏以来,耳目欲极声色之好,口欲穷刍豢之味,身安逸乐,而心夸矜势能之荣使。俗之渐民久矣,虽户说以眇论,终不能化。故善者因之,其次利道之,其次教诲之,其次整齐之,最下者与之争。"(《史记·货殖列传》)司马迁这种说法,确实触到了正统派的思想家的隐痛所在,因而惹起他们的不满。说他离经叛道,"序游侠,则退处士而进奸雄;述货殖,则崇势利而羞贱贫"(《汉书·司马迁传》)。我们今天看来,这些卫道者的不满,不但不足以贬损司马迁的价值,相反地倒是更可以见出司马迁的伟大。

司马迁把每一个人对生活利益的要求放在第一位,并认为,"天下熙熙,皆为利来;天下攘攘,皆为利往。"(《史记·货殖列传》)。这不是无的放矢,正是对那些荒淫无耻、唯利是图,但又"口不言利"的统治者们有力的打击。以董仲舒为代表的汉代儒家正统派,秉承了汉武帝的意旨,教导人们不要讲什么利,只要讲明"道""义"就够了。这就是汉代统治者向人民标榜的"正其谊,不谋其利;明其道,不计其功"(董仲舒对策)的可耻的实质。统治者只要自己广收天下人之利,反而自称为"清高";他们要扼杀人们生存权利的要求,却宣扬什么"正义"!这真是最自私、最贪婪、最无耻的道德教条。司马迁在这里从根本上给以揭露,他公开宣称,统治者和被统治者都是一样的为了"利"。为利并不是什么错误。要求生活过得好,这是每一个人起码的要求。这种要求是出自天性,无法制止的,只有最愚蠢的统治者才与民争利,只许自己得利,而不许别人提出同样的要求。

司马迁在这里更进一步对生产的发展作了初步的分析："故待农而食之,虞(从山泽中贩运特产的人)而出之,工而成之,商而通之。此宁有政教发征期会哉? 人各任其能,竭其力,以得所欲。故物贱之征贵,贵之征贱,各劝其业,乐其事,若水之趋下,日夜无休时,不召而自来,不求而民出之。岂非道之所符,而自然之验邪?"(《史记·货殖列传》)司马迁企图用经济原因,生产和交换的双方需要的客观情况来说明社会分工的必要与可能,并指出社会的发展正是由于各人为了满足自己的生活需要而努力工作着,这种愿望既是出于自然,而又符合客观需要,这就是"道"之所在。他还论证了求富是"物之理","人之欲",从而从许多实际的事例中驳斥了那些不允许人民言利的伪善者们的谎言。更值得注意的,司马迁在这里力图在经济原因中说明社会分工和社会发展的道路。司马迁以"求利"的观点来打击当时伪善者,并撕破他们的假面具,这是有极大的进步意义的。当然,他的"求利"的观点也还是唯心主义的想法。他和今天的个人主义的资产阶级腐朽思想,为了个人的利益而剥削别人,危害集体的利益的思想,无论在性质上,在客观作用上都是不相同的。今天的资产阶级思想,完全是过时的,不能和司马迁的具有进步意义的战斗性的重利的思想相提并论。

司马迁也企图从经济生活方面寻求道德产生的根据。他继承了管子的名言:"'仓廪实而知礼节,衣食足而知荣辱'。礼生于有而废于无。故君子富,好行其德;小人富,以适其力。"(《史记·货殖列传》)问题虽然不是新提出的,但是和当时社会历史条件联系起来考察,就可以看出司马迁的道德观是有战斗意义的,这是针对统治者们所宣扬的"仁义"出于天性,宣扬先天道德观念的唯心主义观念而提出的反驳。统治者为麻痹人民,一再宣称服从统治者的剥削制度,叫人从思想上放弃反抗的企图才是"仁、义",他们又说"仁、义"是每一个人生来具有的品质。

司马迁所谓道德仁义的具体内容和当时统治者所要求的道德内容完全一样,因为他虽然是统治者中间不得志的人,但还是统治阶级内部的。不过司马迁强调指出,统治者不要以为灌输一切道德教条就可以生效,首先要满足人民起码的生活要求。有了衣、食才会接受那一套道德规范。在客观上,这种学说对广大人民是有利的。

司马迁进而给求利致富者以理论根据:"贫富之道,莫之夺予,而巧者有余,拙者不足。""富无经业,则货无常主,能者辐凑,不肖者瓦解"(《史记·货殖列传》)。他在韩非以后,继续提出自由竞争的思想,公开为当时的工商业者辩护,他又说:"布衣匹夫之人,不害于政,不妨百姓,取与以时,而息富贵,智者有采焉。"(同上)他对那些为统治者死心塌地当贫贱奴才的人物进行指责,认为那是可耻的;他对那些强取豪夺而发家致富者也进行抨击:"今治生不待危身取给,则贤人勉焉。是故本富为上,末富次之,奸富最下。无岩处奇士之行,而长贫贱,好语仁义,亦足羞也。"(同上)

*　　*　　*

总起来看,司马迁的哲学思想,在中国哲学史上有着重要的贡献。他在宇宙观方面,根据当时天文学的知识,并继承了先秦的阴阳五行的哲学思想,发展了唯物主义哲学,因而对于当时的目的论的宇宙观进行了有力的打击。

在社会历史观方面,司马迁的贡献更为卓越。他根据丰富的历史材料,从事实上说明天道无知,天道茫茫,从而打击了和宗教迷信长期纽结在一起的天帝鬼神决定人类命运的社会历史观点。他并且尽可能地从自然现象和社会现象的本身去说明自然现象和社会现象。但是他也和古代许多唯物主义者一样,常常用自然现象来附会社会现象,用天上星象解释人世上历史的变化,因而使他的哲学思想和当时流行的唯心主义的天人感应的宗教迷信观念有时划不清界限。司马迁为了摆脱神权支配的影响,他力图为社会、历史的发展寻找它的物质原因。因而在历史观方面有着古人所少有的清醒的实事求是的精神。

但是人类对自然界、对社会的认识是有着一定的历史过程的。因为:"人的认识,主要地依赖于物质的生产活动,逐渐地了解自然的现象、自然的性质、自然的规律性、人和自然的关系;而且经过生产活动,也在各种不同程度上逐渐认识了人和人的一定的相互关系。"①司马迁时代的科学发展、生产技术,以及各方面实践活动,如果和今天来比较,显然还处在比较低级的阶段。因而司马迁的哲学思想尽管达到了他可能达到的高度,如果和今天来比较,显然是很不够的。毛泽东同志早已指出:"在很长的历史时期内,大家对于社会的历史只能限于片面的了解,这一方面是由于剥削阶级的偏见经常歪曲社会的历史,另方面,则由于生产规模的狭小,限制了人们的眼界。人们能够对于社会历史的发展作全面的历史的了解,把对于社会的认识变成了科学,这只是到了伴随巨大生产力——大工业而出现近代无产阶级的时候,这就是马克思主义的科学。"②

毛泽东同志上述教导一方面告诉了我们马克思主义哲学,是哲学上的历史的变革,只有马克思主义哲学,才把社会历史变成为科学;只有马克思主义哲学才最后堵塞了唯心主义哲学在社会历史观方面的隐藏的洞穴。另一方面,毛泽东同志也告诉了我们,就在社会历史这一科学领域内,由于人类的实践,即使

①　《实践论》,《毛泽东选集》第1卷,1966年版,人民出版社,第259—260页。
②　同上书,第260页。

远在马克思主义哲学出现以前也还是有些片面的了解。也就是说在社会历史方面,古代的哲学家在某些个别的问题上也还提出过符合事实的见解,并不是对社会历史的发展完全无所知。正因为如此,我们今天重新检查司马迁的哲学思想,特别是他和唯心主义的社会历史观点进行斗争时所提出的论证和论据是有历史意义的。通过对司马迁的哲学思想的初步探索,使我们更加明确马克思主义哲学的革命的变革是和它的文化继承性有着辩证的联系,而不可以割裂的。

王弼"贵无"的唯心主义本体论[*]

　　王弼是魏晋玄学的开创者。他的哲学思想是曹魏政权日趋腐化时期,门阀士族地主阶级的世界观。他是中国哲学史上影响较大的唯心主义哲学家。王弼吸取了两汉神学目的论与唯物主义自然论斗争失败的教训,开始抛弃了神学的外衣,借用自然论的词句作掩饰,从各个方面论证精神性的本体是万物的根本。他虽不公开讲"神",实际上,他的本体,就是雕镂得比较精致的"神",或者说,是"神"的代用品。

　　王弼以后,许多重要的、欺骗性较大的唯心主义哲学家,基本上都不再采用有神论的形式,而是通过精致的哲学理论形式来传播唯心主义。唯心主义通过和唯物主义的斗争,变得更狡猾了,这一变化是从王弼开始的。

　　王弼提出了一系列的哲学范畴,如本末、动静、有无,他把问题集中到:有没有比客观具体事物更根本的"体"存在? 王弼对于这个问题做了明确的、唯心主义的回答。

　　王弼还善于利用唯物主义在理论上的某些缺点,把它夸大篡改,变成为自己的体系服务的思想资料。他的《老子注》用唯

<hr>

　　*　原载《北京大学学报》(人文版)1963 年第 3 期。

心主义观点,通过对老子的词句的解释,向读者灌输了唯心主义观点,歪曲了老子的唯物主义哲学思想,给后来研究老子哲学的人制造了不少困难。

唯心主义的贵无论的产生

魏晋玄学无论从形式上和内容上都与两汉时期的哲学有显著的不同。这种改变,是时代必然的产物。

曹魏政权开始时是代表寒门庶族利益的,它在历史上曾起过进步作用。从曹操起,选拔寒门庶族人才,打击东汉以来世代享有特权的门阀士族地主阶级,对于发展生产、平息混战起了积极作用。但是曹魏王朝是镇压农民起义起家的,他们的政权中也有一些门阀士族地主分子参加进去,不久便开始腐化。这一原来代表进步势力的政治集团成了新贵族,他们背弃原来打击门阀士族地主阶级的政治路线,与当时另一派门阀士族的政治集团(司马氏一派)在政治上已没有差别。这两大集团的斗争已完全变成一个阶级内部的争权夺利的政治纠纷。所谓"正始玄风"①,正是出现于曹氏政权与司马懿父子政治集团的政权争夺激烈的时候。在这一时期,双方领导者正处心积虑进行殊死的斗争,在哲学上却出现了"贵无""无为""以无为本"的学说。不难看出,这种"贵无""无为"的学说决不可能是真正的"贵无""无为",对政治漠不关心,应当认为它和当时的政治斗争有着十分密切的联系。

当时曹氏政权已被少数当权的大臣,如曹爽、夏侯玄、何晏

---

① "正始"是魏齐王曹芳的年号(240—249),这时曹魏政权与司马氏政权争夺十分激烈。

等人把持,他们讲的"无为",已不同于汉初黄老之学的无为,与民休息,发展生产,是主张君主无为,大臣专政。

当时贵族们已完全沉醉在极端堕落腐化的生活中。魏晋玄学领袖何晏本人就是一个贪财、荒淫、作威弄权的贵族[①],他居然主张"反民情于太素"(《景福殿赋》),完全是为了替纵欲享乐作掩饰。他说,"道者,唯无所有者也","为民所誉则有名者也;无誉无名者也。若夫圣人,名无名,誉无誉"(《无为论》),大意说一切事物和名誉本来都是虚无的,不必看得太认真。历史上曾有些进步思想家,以富贵、名誉为虚无,而看轻当权派、与当权派不合作。但是掌握政治实权,过着富贵奢侈的生活的当权派,把富贵、名誉说成虚无,这正是极端享乐、腐化的表现。

再从学术思想本身的发展来看,两汉神学唯心主义的目的论是通过经学而传播的。两汉经学所宣传的封建原则,也被用来作为地主阶级选拔人才的标准。经过汉末农民大起义的扫荡,东汉以来靠地方推举人才的察举制度也随着汉王朝的覆灭而结束。曹操提出了"用人唯才"的口号,实际上是打击东汉的豪门士族的政治垄断特权。当汉末时期,经学的末流之弊日益暴露出来:"一经之说,至百余万言"(《汉书·儒林传》),"说五字之文,至于二三万言"(《汉书·艺文志》)。作为统治人民的经学思想,发展到了烦琐支离,失去它的武器作用时,自然会被统治者放弃。

魏晋门阀士族地主阶级感到完全遵照儒家经典教条规定,对于违反封建社会起码的道德标准的行为,如杀死皇帝,夺取政权,不守纲常名教等行为有很多不便。当时的封建地主阶级希

---

① "好服妇人之服"(《晋书·五行志》上),"耽好声色,始服五石散",占洛阳官田为私产(见《曹爽传》。)

望能在古书中找到符合他们的行为的解释,作为建立他们的哲学体系的理论根据。他们经过探索,终于找到了《周易》《老子》和《庄子》。《周易》和《老子》文约义丰,《老子》的消极无为方面以及《周易》的神秘主义,对他们都是有用的思想资料。《庄子》书中的不谴是非、蔑弃礼法的没落贵族的颓废意识,对于他们的放荡生活也有一定的支持作用。因而魏晋时期,这三部书成为知识分子的必读书,号称"三玄"。

但是封建地主阶级是不可能、也不敢废弃封建伦理、纲常名教的。如果完全抛弃了这些,地主阶级的统治就无法维持。各政治集团之间尽管进行着殊死的斗争,而双方都在利用纲常名教作为工具,以维护自己的利益。因此,忠、孝这些封建道德规范还必须给以足够的重视。孔子的学说在当时老、庄思想流行的时候,也未被忽视。

王弼以无为本的哲学体系的产生,还是有它深刻的社会根源。

第一,以无为本,在魏晋之际,已开始形成一种时代思潮。何劭的《王弼传》,曾引述王弼见裴徽的一段对话:

> （裴徽）问弼曰:"夫无者,诚万物之所资也。然圣人莫肯致言,而老子申之无己者何?"

裴徽开始便提出了当时社会公认的前提,"夫无者,诚万物之所资"。可以想见当时把"无"看作天地万物的最后根据的,不止裴、王两人,而是当时相当流行的学说,并为多数学者所承认。只是王弼更集中地组织成了自己的体系,把这一时代思潮更集中地表现出来。

王弼的回答,也很值得注意。他说:"圣人体无,无又不可以训,故不说也。"这里的"圣人"指的是孔子。孔子也被认为主张贵无,所以说"圣人体无",孔子完全能按照"无"的原则办事,口头上并不讲无。他们表面上尊奉孔子为圣人，但孔子之所以为圣人，在于他能"体无"。这与两汉时期的孔子、先秦时期的孔子不同了。

第二，当时贵无，主张以无为本，也反映了当时门阀士族地主阶级的要求，西晋时期的唯物主义哲学家裴頠曾经指出那些贵族们，"薄综世之务，贱功烈之用，高浮游之业，卑经实之贤。""立言籍其虚无，谓之玄妙；处官不亲所司，谓之雅远；奉身散其廉操，谓之旷达"（《崇有论》）。裴頠虽比王弼的时代晚了几十年，但所指斥的社会现象可以代表当时那个历史时期的情况。《崇有论》中还指出："众家扇起，各列其说，上及造化，下被万事，莫不贵无"（同上）。裴頠还辨别老子的贵无，与当时贵无派的不同。可见"贵无"成为风气，是那些懒惰透顶，只会空谈，不理世务者的护身符。

第三，在政治斗争中，大臣贵族间互相倾轧，他们主张贵无，也反映了他们对时代的悲观、失望，逃避祸患的一个方面。王弼说："既失其位，而上近至尊之威，下比（靠近）分权之臣，其为惧也，可谓危矣。唯夫有圣知者乃能免斯咎也"（《易·大有》注）。又说："处天地之将闭，平路之将陂，时将大变，世将大革，而居不失其正，动不失其应，艰而能贞，不失其义，故无咎也"（《易·泰卦》注）。他们处在"君子道消之时"，已感到"天地之将闭，平路之将陂"（大的政治变乱就要发生了），而希望能小心地平安渡过这一变革的关头，"居不失其正，动不失其应"，以求免于灾难。王弼的《老子注》和《周易注》，发生了广泛的影响，并不是由于他"天姿神迈"，"独标悬解"，乃是由于他说出了当时门阀士族地主阶级以及他们的知识分子，忧患之感，并提出了如何应付这一时代的理论。无为的理论，有保全自己免于灾祸的指导意义，他说："犯时之忌，罪不在大，失其所适，过不在深"（《周易略例·明

卦适变通爻》)。为了保存门阀士族的既得势力,阶级特权,即使
"动天下,灭君主而不可危也"(同上)。像这种对于"动天下,灭
君主"的大事都可以被认为无所谓。这正是门阀士族地主阶级
的基本政治立场。这一时期的皇权是门阀士族地主阶级的工
具。

王弼以无为本的客观唯心主义体系

唯物主义与唯心主义的斗争,在理论上后一时期总是较前
一时期更为深化。双方互相继承他们前一时期的学说,并力图
避免前一时期理论上的困难。魏晋玄学唯心主义是在两汉唯心
主义目的论的基础上继续发展起来的。汉代唯心主义目的论经
过桓谭、王充的驳斥,在理论上已渐失势。魏晋玄学唯心主义必
须改弦更张。汉代王充等破斥目的论的理论武器为元气自然
论,提出天道自然无为,无目的,无道德属性,认为事物的产生,
完全是元气自然产生的。魏晋时期的唯心主义吸取了汉代唯心
主义在斗争中失败的理论教训,建立了它的新体系。以王弼为
代表的玄学贵无派,继承了两汉以来唯心主义的基本观点,却避
免了两汉的目的论的形式,同时吸取了唯物主义学派如老子、王
充等人的天道自然的思想资料,加以唯心主义的解释,篡改为唯
心主义的天道自然无为的学说。王弼篡改老子的唯物主义哲学
为唯心主义哲学,把老子的"有生于无"和"道在物先"的唯物主
义命题,篡改为唯心主义的命题。

关于"有生于无"的问题,老子讲得很清楚,"无"是肉眼直接
看不见的元气,是原始的"朴",无是原始物质,而不是空无,不是
精神。王弼利用了老子的某些词句,但是作了完全相反的解释,
使《老子》书中的词句屈从于他的唯心主义体系。他说:"道者,

无之称也，无不通也，无不由也，况之曰道。寂然无体，不可为象。"（《论语释疑》）这是说，道是无，一切事物都要通过它（无不由），它自己是不具有任何质的规定性的。叫它做"道"只是一种比喻，它自己是"无体""不可象"的。王弼又说："道无形，不系，常不可名，以无名为常，故曰道常无名也。"（《老子》三十二章注）这是说，道是无形的，又是不固定的，不可言说的。经过王弼篡改后的《老子》的"道"完全变成了不具有任何质的规定性的精神性的本体了。

老子的"无"，也叫作"道"，老子提出道"象帝之先"，是反对当时的宗教唯心主义主张的在天地万物之先，有超越一切的人格神为最高主宰。老子讲的"道"是最根本的物质，是构成万物的原始材料，所以也叫作"朴"（素材）。老子提出道在万物之先，是有积极战斗意义的。王弼把"道"做了完全相反的解释。他说："穷极虚无，得道之常。"（《老子》十六章注）"唯以空为德，然后乃能动作从道。"（《老子》二十一章注）他保留了道在万物之先这一命题的形式，却抽掉它的唯物主义的内容，"道"以空为德，它不具有物质性，道不同于万有的实际存在，它是无。但是，王弼所谓"虚无"是对于有形有象的万有而说的，并不是空无一物的"零"。道是"深远不可得而见，然而万物由之其（而）可得见以定其真，故曰窈兮冥兮，其中有精也"（《老子》二十一章注）。这是说，"无"（道）是万物产生的根据。他把老子的"其中有精"，不解作精气，而是解作"物反窈冥，则真精之极得，万物之性定"（同上）。从王弼以上的论述，可以看出王弼主张在万物之上、之后，有比万物更根本的本体。所以他说"凡物有称有名，则非其极也。"（《老子》二十五章注）他要追求万物的"极"，"万物皆归之以生，而力使不知其所由，此不为小，故复可名于大矣。"（《老子》三十四章注）道是万物产生的逻辑根据，所以叫作本，也叫作母："本在无为,母在无名,弃本舍母而适其子(万物),功虽大焉,必有不济。"(《老子》三十八章注)王弼看来有形体的万物对于无形的本体(道)说来,只能是第二性的,"可道(言说)之盛未足以官天地,有形之极未足以府万物。"(《老子略例》)万物的本体只能是精神性的道:"夫物之所以生,功之所以成,必生乎无形,由乎无名。无形无名者,万物之宗也。"(同上)

老子的关于道的论述,在理论上不是没有缺点的。老子为了纠正元素论的朴素唯物主义的缺点,有意把道的地位抬高,说道不同于万物,它不具有某一种物质元素的性质,而是肉眼或身体不能直接感到的气。这在唯物主义前进的道路上,是一个提高的过程。尽管如此,但是老子把道说得与万物完全不同,甚至毫不相干,强调到与万物对立的程度,就超过了它应有的分际,就会被唯心主义利用、夸大,把本来是唯物主义的学说歪曲为唯心主义。王弼利用了老子哲学的这一缺点,加以夸大、篡改,建立了自己的唯心主义本体论。

王弼对于他的以无为本的本体论,还从以下四个方面进行了论证。

(一)通过现象与本质的关系以论证以无先本

王弼提出了事物有它的本质方面,有它的表面现象方面,现象是妨碍认识本体的。他说:"老子之书其几乎可一言以蔽之,噫!崇本息末而已矣。观其所由,寻其所归,言不远宗,事不失主。"(《老子略例》)他把老子的哲学归纳为一句话:"崇本息末",把"本"放在主要地位,而排除"末"(现象)对"本"(本体)的干扰、影响。他认为只有这样,才能"言不远宗,事不失主",不致迷失原则(宗),脱离主宰。王弼认为指导行为,指导认识的原则要避免从具体事物出发,而是要从超乎现象之上的本体出发。他说,"闲邪在乎存诚,不在察善;息淫在乎去华,不在滋章。"

(《老子略例》)防止不道德的行为,主要是坚定道德修养,而不在于懂得一件一件的善事;防止过分(淫)主要是摒除华丽,而不在于制止一件一件的华丽铺张的行为。掌握本体的原则是"不攻其为也,使其无心于为也;不害其欲也,使其无心于欲也"(同上)。他教人看问题要从本体上着眼,而不要从枝节(末)上着手:"见素抱朴以绝圣智","皆崇本息末之谓也"(同上)。他认为老子的"绝圣弃智"使人民过着朴素的生活,是杜绝混乱、虚伪的根本原则。

王弼还说孔子说"予欲无言",这是孔子"欲明本,举本统末,而示物于极者也"(《论语释疑》)。在《老子注》中又说:"母本也,子末也。得本以知末,不舍本以逐末也。"(《老子》五十二章注)王弼反复论证,要掌握本体,要排除现象(末)对本体的干扰、蒙蔽,才算符合道的原则,符合无为的原则。

在中国哲学史上,王弼是第一个把本末作为一对哲学范畴提出来加以探讨的。他不满意于过去的唯心主义者所达到的水平,他在西汉唯心主义目的论的基础上,又深入了一步。他为了进一步答复唯物主义元气自然论(如王充所达到的理论高度)所提出的万物自然而生的观点,他提出了本末的范畴。他从唯心主义的本体论向唯物主义展开了攻势。他说,万物在变化着,存在着,它有形,有声,可以感触(这是唯心主义也难于硬不承认的),但是这都是现象(末),好像树上的枝叶、末梢一样,而不是事物的本;事物的本,并不是物质性的可以感受得到的,它"听之不可得而闻,视之不可得而彰,体之不可得而知,味之不可得而尝"(《老子略例》)。它不具有任何物质属性,"其为物也混成,其为象也无形"(同上)。

王弼抓住认识过程的一个片断,他只看到要认识事物的本体,不能为表面五光十色的现象所迷惑,要透过现象,掌握本体。这点,正是王充以来唯物主义自然论所忽视的。王充的自然论只讲到万物是自己产生的,由于元气聚合、分散而形成万物,但是王充等人没有系统地阐明这些众多的事物之间有没有总的变化的规律,有没有比分散的、零碎的现象更本质的东西。王弼抓住了对方这一薄弱环节,他反对自然论的理由是:如果说万物仅仅是分散的、不相统属的现象,那就无法对世界取得更深刻、更全面的认识。因此,王弼提出了现象之后,还有更本质的东西。只有先掌握了这个"本",才能够以简驭繁,不为纷杂的表面现象所迷惑。他说:"法自然者,在方而法方,在圆而法圆,于自然无所违也。"(《老子》二十五章注)前一个"方"是方的东西,后一个"方"是方的原理。方的东西是"末",它要以方的原理为准则,才能成其为方。圆的东西对于圆的原理的关系也是一样。王弼认为,只有掌握了方的原理(方的本),才可以认识天下无限的方的东西(末),如果不从方的东西(末)提高到方的原理,见一件认识一件,穷年累月也无法认识天下之方的东西。王弼由此上推,认为天下必有一个总的原理,这个总的原理是天地万物之"本"。这就是他的"崇本息末"的理论根据。

从不认识现象和本质,到自觉地区别它们,这是符合认识进程的。王弼在这一点上本来具有某些合理因素。但是王弼从唯心主义世界观考察问题,他只看到本质比随时变化着的现象更有概括性,更典型的一个方面,从而无限夸大了这一方面,使本质脱离现象而独立存在。他颠倒了问题的实质。他的"崇本息末"的观点,割裂了现象与本质的内在的矛盾统一的关系。照王弼的哲学,他所谓"本"成了无源之水,无本之木。如果认为脱离了现象还有一个超于现象之上的本,这是唯心主义的虚构。列宁说:"规律是本质的现象。"①王弼从他的唯心主义观点,把现象(末)看作是不足重视的假象,而追求一个脱离任何具体事物(末)的本,这样的本,只能是唯心主义的空中楼阁。他的"崇本息末"明显地宣称,精神性的本体是第一性的,物质的现实世界是第二性的唯心主义观点。

(二)从动静②关系以论证以无为本

王弼还通过关于动静关系的讨论,以论证他的"以无为本"的观点。这是王弼的形而上学的观点的集中表现。他的形而上学观点,是为他的唯心主义本体论作论证的。王弼不像过去的形而上学哲学家那样直接宣称万物不变,他也说万物在变化。他在《周易·复卦》注中说:

> 复者反本之谓也。天地以本为心者也。凡动息则静,静非对动者也,语息则默,默非对语者也。

这是说,世界万物是有变化的,但是对不变来说,变化是相对的,不变才是绝对的,所以动息则静,静是绝对的,动只是静的一种表现形态,语息则默,默是绝对的,语只是默的一种表现形态。王弼认为变化只能看作不变的本体的表现,所以他说:"天地虽大,富有万物,雷动风行,运化万变,寂然至无,是其本矣"(同上)。静(不变)是本,动(变化)是末,指导生活的原则是"反本"(回到本体),反本才可以体现天地的心。这观点在《老子注》也有所阐述:"凡有起于虚,动起于静,故万物虽并动作,卒复归于虚静,是物之极笃也。"(《老子》十六章注)。这是说,有(万有)是虚(无)的体现,动(变化)是静(不变的本体)的体现。万物虽

---

① 列宁:《哲学笔记》,人民出版社,1974 年版,第 159 页。
② 动静关系,不止指的事物的运动和静止的关系,它主要指的是事物变化与不变化的关系。

然是"有",是"动",而它的本源是虚静的本体。

王弼把动静关系作为哲学范畴而提出,看来好像是对《周易》中的辩证法思想的继承。但是实际上恰恰走到辩证法的反面。《周易·系辞传》的辩证法思想被它的唯心主义体系所局限,没有能够正常发展。王弼虽然也讲到变,他的出发点是不变的形而上学,他不是先承认有变,而是认为变只是静(不变)的特殊表现形态。这种观点与事物的实际情况恰好相反,而是和他的唯心主义本体论的立场相符合的。

王弼通过动静关系,以论证"无"是本,而有是末,并不是真正解决动静关系的问题。动静这一对范畴,被王弼把它的真正关系颠倒了,并且把它的关系割裂了。

(三)从一多关系论证以无为本

王弼论哲学上一与多的关系,也包括个别与一般的关系。他说:"万物万形,其归一也。何由致一,由于无也。由无乃一,一可谓无。"(《老子》四十二章注)"一"所以能统万有,因为"一"是本体,是万有的根源,万有是由"一"派生的。王弼说:"一,数之始而物之极也。各是一物之生所以为主也。物皆各得此一以成,既成而舍以居成,居成则失其母。"(《老子》三十九章注)一是"数之始"即是万物差别的出发点,"物之极"是万物的本体(极与宗,在魏晋玄学中通常用作本体的同义词)。万物各是本体所派生的,万物各自分享了本体而成为万物,万物既然形成了自己,就脱离了一(舍)而停留(居)在具体的、分散的地位(居成)。脱离了"一",停留在各自分散的地位,就离开了它所依据的本体(母),王弼认为"居"成即背离了本,是不合道的原则的。

一以统众,一以治多,是王弼的唯心主义本体论的原则,也是门阀士族地主阶级的政治统治路线在哲学世界观方面的反映。王弼说:"夫众不能治众,治众者至寡者也。"又说:"夫少者,多之所贵也,寡者,众之所宗也。"(《周易略例·明象)》以寡治众,以少统多,少数特权贵族骑在人民头上,他们自以为这是天地间无可怀疑的普遍原则。王弼认为,只有把以少治众的原则贯彻到政治中去,才可以使天下"繁而不忧乱,众而不忧惑,约以存博,简以济众"(同上)。

王弼在论《周易》大衍义时也说:"演天地之数,所赖者五十也。其用四十有九,则其一不用也。不用而用以之通;非数而数以之成。斯易之太极也(作大极)。四十有九,数之极也。夫无不可以无明,必因于有,故常于有物之极,而必明其所由之宗也。"①王弼是说,这个不用的"一",比那被利用的四十九还要重要,"不用",而卦才占得成,它不在占卦所用的蓍草的数内,而大衍之数恰恰要靠这个"一"才能完成五十的总数。因此,王弼认为"一"起着体、宗的作用。王弼还在《论语释疑》中解释"一以贯之",说:"贯犹统也……譬犹以君御民,执一统众之道也。"

王弼就是这样从以寡治众的观点出发,以论证他的以无为本的原理的。

(四)从自然无为以论证以无为本

王弼利用了过去唯物主义常用的自然无为这一现成的词句,却篡改了它的内容,用来论证他的唯心主义本体论。他说,"自然者,无称之言,穷极之辞也"(《老子》二十五章注)自然就是事物的本体(穷极),它是对于"道"的描写。王弼所以崇尚无为自然,因为他相信凡是有为的,都不是第一性的,有为的结果总不及无为,他说:"用智不及无知,而形魄不及精象,精象不及

———————

① 《周易》的占卦的方法用五十根蓍草。有一根放在一边不用,只用其余的四十九根。这是古代卜卦的习惯。后来的注《易》者对于这一根不用,做出了许多推测,发挥。王弼的说法是其中之一。

无形,有仪不及无仪"(同上),"无知""无形""无仪"都是指的无形无相的本体,它超出万有之上,所以比万有更高,更根本。它是神秘主义的、不可见、不可言说的本体:"自然,其端兆不可得而见也,其意趣不可得而睹也。"(《老子》十七章注)这样的本体只能是精神性的。

自然无为,王弼也叫它做"无",王弼说:"橐籥之中空洞,无情无为,故虚而不得穷屈,动而不可竭尽也。天地之中,荡然任自然,故不可得而穷,犹若橐籥也。"(《老子》五章注)本体之于万物,也是应而无穷,不可尽竭的。他认为决定万物的存在的不是运动、发展着的万物自身而是高踞于万物之上的"自然"。

王弼的自然无为的观点,是有它的政治意义的。这一学说在实际政治上的运用是使百姓"无所察焉","无所求焉","无避无应"。因为王弼也懂得被统治者总是以其人之道还治其人之身的。统治者压迫,百姓就反抗;统治者明察窥伺,百姓就没法逃过他的明察窥伺。"以明察物,物亦竞以其明应之;以不信察物,物亦竞以其不信应之。"又说,"在智,则人与之讼;在力,则人与之争",不论用智用力,一旦陷于争地"则危矣"。"如此,则己以一敌人,而人以千万敌己也。"(《老子》四十九章注)不用明,不用智,深藏若虚,才可以收到无为而治的效果。因为统治者只要掌握了"无为"的原则,"物有其宗,事有其主",只要抓住"本","末"是无所逃避的。

王弼的无为,在天道观是回到以无为本的本体论,在社会政治观是用无为以达到比有为更有效的统治目的,使人民不敢对统治者不忠。这也是从门阀士族地主阶级的立场对老子反映小私有者的无为学说的篡改。

王弼的"言不尽意"的认识论和思想方法

　　王弼的认识论,集中表现在他的"言不尽意,得意忘象"的学说中。他在《周易略例·明象章》说:"夫象者,出意者也;言者,名象者也。尽意莫若象,尽象莫若言。"王弼这里是说,像是达意的工具,言是明象的工具。达意要通过象,明象要通过言。这是王弼宣称的对《周易》一书的研究方法①。它比汉人解《易》机械比附的方法进了一步。

　　王弼又说:"言生于象,故可寻言以观象;象生于意,故可寻象以观意。"他的意思是说,言辞是由易的象产生的,可以根据言的内容追溯象的意义;像是"圣人"制定的,可以根据象所表现的内容探寻圣人制象的本意。这种解释,显然是唯心主义的,即使《易》象是"圣人"制定的,也不能认为是出于"圣人"的主观的意愿,它也是在"仰以观于天文,俯以察于地理","近取诸身,远取诸物"的启发下制定出来的。王弼所说的"意"和"象"和"言"的关系,实际上并不限于对《周易》这部书关于卦象的注解的方法,而是作为一般认识论原则和思想方法提出来的。

　　他又说:"意以象尽,象以言著。故言者所以明象,得象而忘言;象者所以存意,得意而忘象。"这是王弼关于言、象、意的关系的第二层意思。"意"通过"象"(卦象)而得到表达,"象"通过言

　　① 汉人解《易》著重象数,他们把《易经》的卦、爻辞所代表的事物看作固定不变的。如乾代表天,坤代表地,用牛代表乾卦的健的意义,用马代表坤卦顺从的意义。汉人也经常用各爻固定的位置表示各爻的作用,比如阳爻的"九五"(即阳爻的第五爻)表示君位,等等。王弼为了更方便地通过《周易》一书发挥他的哲学见解,他提出取消汉儒相沿的这种机械的解释爻象的方法。他讲的象即《周易》的卦象。

语而明确了它的意义。言语是为了明象的，如果已经明确了象的意义，可以把言语忘掉。象是用来保存意的，如果已经得到意，可以把象忘掉。好比过河，桥梁是过河的工具，过了河，桥可以拆除。

王弼根据以上的观点，又深入到第三层的意思："是故，存言者，非得象者也；存象者，非得意者也。象生于意，而存象焉，则所存者乃非其象也；言生于象，而存言焉，则所存者乃非其言也。"这是说，固守着言，就掌握不到象的意义，固守着象，就掌握不到意的涵义。理由是：象是从意产生的，只固守着象，那么所固守的就不是原来的象了；言是从象产生的，固守着言，那么所固守的就不是原来的言了。王弼提出了认识的对象和认识的媒介、工具有区别，这一点是好的；但是，他指出这种区别的同时，也表现出他的唯心主义观点，他过分强调概念和它所代表的事物不相同的方面，而否认概念是它所代表的事物的反映。

由以上的认识，主弼又作了第四层的推论，他说："然则忘象者，乃得意也；忘言者，乃得象也。得意在忘象，得象在忘言。故立象以尽意，而象可忘也。"王弼沿着唯心主义的认识论的道路越走越远，终于连它开始所讲的那点合理的部分最后也给完全否定了。他开始只是说，认识要通过一定的工具作为媒介，如果认识了所要认识的本体，工具可以不要，好像过了河可以拆除桥梁一样。这里，却说只有忘象，才能得意，只有忘言，乃能得象。他把"象"的必须忘掉看作得意的条件；把"言"必须忘掉看作得象的条件。也就是说，把"象"和得意的关系对立起来，把"言"和得象的关系对立起来。这就完全暴露出他的认识论的唯心主义实质。

我们还必须指出，王弼的"言不尽意"的学说是利用了认识过程中某些必经的环节，把它加以不适当地夸大、吹胀，又把结论引向唯心主义的。因为具体对象,现实生活,在内容上要比语言、概念丰富得多,生动得多。毛泽东同志说过,文艺所描写的素材,总是"最生动、最丰富、最基本的东西"①。毛泽东同志说的是文学艺术的源泉的问题,但也具有对于一般认识原理的指导意义。概念、规律,一般说来,总是"现象的平静的反映",列宁指出过:"规律、任何规律都是狭隘的、不完全的、近似的。"②规律对事物说,它是"不完全的"、"近似的",但是唯物主义首先看到的是规律是反映事物的本质的,它对于变动不居的事物说,首先是如实的反映事物,其次才是"不完全"的。而王弼从唯心主义立场,把世界看颠倒了,他不是首先看到规律、概念是对事物的如实的反映,恰恰相反,他把一切事物看成"道""无"的表现。

王弼比哲学史上其他唯心主义者深刻的地方,在于他看到了概念和它代表的事物之间有差别,并指出概念、名词在认识中的局限性。但是他把这一现象歪曲了、夸大了,做出了唯心主义的结论。

"言不尽意"的学说,在当时及以后的中国哲学史上的影响是深刻的,甚至对于艺术欣赏、创作方法,都有影响。我国艺术理论,自魏晋以后,都注意要求有不尽之意,反对一览无余,或多或少都是受了"言不尽意"的影响的。经过进步的艺术家把它改造后,言不尽意的学说,在艺术领域内起了一些作用。在哲学领域内,作为认识论和一般思想方法,王弼的"言不尽意"只能导向唯心主义的不可知论。

---

① 《在延安文艺座谈会上的讲话》,《毛泽东选集》第 3 卷,人民出版社,1966 年版,第 817 页。

② 列宁:《哲学笔记》,1974 年版,第 159 页。

王弼论"名教"出于"自然"

名教与自然的关系的争论,是魏晋时期社会政治问题提高到哲学世界观的争论。

"名教",即封建社会的政治制度和伦理道德等封建文化的总称,"自然"即魏晋时期玄学所讲的总规律(道),包括自然观和人生观。魏晋玄学要打破两汉以来封建传统礼教的拘束,主张放任、自由,他们认为这种生活态度是符合自然原则的,也是符合人性的。他们实际上是《老子》《庄子》书中那些消极的东西作为指导生活的最高原则。他们认为只有像那样的生活方式才是符合自然、符合人性的。正如裴頠所追述的当时风气是"上及造化,下被万事,莫不贵无",认为"凡有之理,皆义之卑者"(《崇有论》)。统治阶级门阀士族,从老庄的生活态度中找到了偷懒、放纵的借口,自称符合于"自然"(本性)。

但是,另一方面,门阀士族地主阶级既然要维持其封建统治,对于封建文化(名教)就不能采取完全不关心的态度。在现实生活里,的确给门阀士族地主阶级带来了一种矛盾:如果完全过着蔑弃礼法、放荡不检的"自然"生活,必然会给社会秩序带来危机;如果严格遵守封建文化严格规定,又达不到放荡、纵欲、个人极端自由的目的。因此,魏晋玄学家把他们这些人在现实生活中的矛盾,概括为"名教"与"自然"的矛盾。这些哲学家,总不敢说只要一方面,抛弃一方面;他们企图从理论上论证这两者之间有矛盾,但又是统一的。有的偏重于"自然",如嵇康、阮籍;也有的偏重在"名教",如郭象。王弼是首先把二者作为哲学问题(即人生观问题)提出,并给以充分论述的哲学家。

嵇康、阮籍重自然轻名教,是用"自然"以讽刺司马氏制造的虚伪的名教。王弼的名教出于自然,是通过政治理论以论证名教不能不以无为本,名教也是他的"本体"的产物,是符合"道"的。所以同是把"自然"放在名教之上,在王弼就是反动的,在嵇康、阮籍就是进步的。

王弼在《老子注》中说:"始制,谓朴散始为官长之时也。始制官长,不可不立名分以定尊卑,故始制有名也。过此以往,将争锥刀之末,故曰名亦既有,夫亦将知止也。遂任名以号物,则失治之母也。"(《老子》三十二章注)王弼认为政治教化是从最高的道派生出来的,"立名分以定尊卑",是"朴散"之后的必然结果。老子认为朴散而为器,是对自然状态的破坏。王弼对老子的哲学进行了歪曲,从门阀士族地主阶级立场,认为朴散为器,是符合自然的,也是应当的。他说:"万物以自然为性,故可因而不可为也,可通而不可执也。"(《老子》二十九章注)这是说,万物都是从自然(道)来的,顺从自然,不勉强,就是符合自然了。社会政治制度(名教),也是自然的产物。他说"物有其宗,事有其主",事物都不能离开它的最高原则(宗、主),只要按照这种最高原则去行动,名教是自然的体现:"如此,则可冕旒充目而不惧于欺,黈纩塞耳而无戚于慢。"(《老子》四十九章注)这是说,统治者要坚守自然无为的原则,对下级不必作过分的苛察,皇帝在上面高拱无为,可以放手让下面的门阀士族贵族专权独断。他认为作为统治者,要"愚",不要"明","明,谓多见巧诈,蔽其朴也;愚,谓无知守真,顺自然也。"(《老子》六十五章注)

王弼说:"无形无名者,万物之宗也,虽今古不同,时移俗易,故莫不由乎此以成其治者也。"(《老子》十四章注)整个宇宙有它的自然秩序,万事万物都要服从这一总的秩序。"名教"对"自然"说,它也应当是"自然"的表现。他认为理想的统治者,在"名教"与"自然"的关系问题上,必须根据"自然"原则来对待"名教"。统治者(圣王)的职能应该像"道"一样,是"无为"的。虽然无为,并不是不要进行统治。他认为根据无为的原则进行统治是符合自然原则的,设官分职,完全是必要的。

统治者(圣王)的作用在于使"名教"反映"自然","自然"无形无为,而"成济万物",统治者按道的原则办事(体道),"故行无为之事,立不言之教",使众人各安其位,返璞归真,"名教"也就合乎"自然"的要求了。因此,一个贤明的统治者,不仅是"不立形名以检于物",而且要使众人"无欲无惑",使百姓也"无为",也符合自然原则。这样的社会自然是太平无事的社会,封建秩序也就得以巩固。

王弼论"名教"出于"自然",目的在于为封建制度的合理性找寻理论根据。

不但在政治生活中有名教与自然的矛盾,在贵族个人生活中,也经常遇到名教与自然的矛盾。照封建伦理规范,行为放荡,不拘礼法是违反名教的,虽然当时门阀士族地主阶级为他们的腐化享乐生活进行辩护,他们自以为他们放纵感情是符合"自然"的。在当时争论得比较激烈的问题,是"圣人"(理想的最完全的人格的人)有没有普通人一般的感情。

魏晋时,很多玄学家都对这一问题发生兴趣。

何劭《王弼传》曰:"何晏以为圣人无喜怒哀乐,其论甚精,钟会等述之。弼与不同,以为:圣人茂于人者神明也,同于人者五情也。神明茂,故能体冲和以通无,五情同,故不能无哀乐以应物。然则圣人之情,应物而无累于物者也。今以其无累,便谓不复应物,失之多矣。"圣人有没有和普通人一样的喜怒哀乐的感情,这是一个假设的问题,但是这个问题的提出,却是当时社会现实问题的反映。门阀士族地主阶级过着穷奢极欲的腐化生活,他们的感情欲望放纵到不受任何拘束的程度,像何晏就是一个典型的纵情放荡的贵族。但是封建地主阶级既卑鄙又虚伪，讲"圣人无情"，"以无为体"的，正是这个腐化纵欲的何晏。他们论证贵族们自己比众人清高，以掩饰他们灵魂深处的龌龊，他们说圣人没有情，众人才陷于情欲。他们一方面对人民诬蔑，一方面为自己掩饰。当然这种"学说"的欺骗性使人一望而知，是骗不了人的。

王弼比何晏更狡猾些，他公开宣称圣人与众人有相同的感情。圣人比众人多的是智慧（神明）。圣人有超人的智慧，所以能体现（自然），"体冲和以通无"；圣人的五情和众人不异，所以也有哀乐的感情，只是圣人有了"无"的原则作为指导，虽然接触事物有哀乐之情，但不会陷溺在感情中而不能自拔（应物而无累）。王弼说，不能认为圣人应物而无累，便说圣人不与外物发生接触（不复应物）

何晏的圣人无情说，是当众扯谎，王弼的圣人有情说，是为贵族的放纵生活找到理论借口，意思是圣人比众人高明，即使纵欲、享乐（应物），他们的喜怒感情有"道"（自然）的原则作指导，也是比一般人的情感活动高一筹，应物而无累。贵族们即使放纵、享乐、腐化，王弼也可以为他们开脱，说他们不同于一般人的享乐、腐化，他们的生活是符合"自然"原则的。照这种逻辑，贵族们的生活中遇到的名教与自然的矛盾对立，似乎也迎刃而解了。

魏晋清谈的实质和影响 *

一

《晋书·阮籍传》附《阮瞻传》说:"(阮瞻)见司徒王戎。戎问曰:'圣人贵名教,老庄明自然,其旨同异?'(阮)瞻曰:'将无同?'"这三个字的不着边际的回答,立刻博得王戎的赞赏,任命他做官。

阮瞻的叔祖阮籍是当时的大文学家、思想家。他和人家谈话的时候从来不议论别人的短长,只讲些"玄远"的不接触实际问题的问题。

《世说新语》有许多名士清谈的记录也有清谈情况的叙述。现在只举一个例子:

> 诸名士共至洛水戏,还。乐令(乐广)问王夷甫(王衍)曰:今日戏乐乎? 王(衍)曰:裴仆射(裴頠)善谈名理,混混有雅致;张茂先(张华)论史汉,靡靡可听;我与王安丰(王戎)说延陵、子房亦超超玄著;王武子(王济)、孙子荆(孙

楚)各言其土地人物之美。王云:其地(王的故乡)坦而平,其水淡而清,其人廉且贞。孙云:其(孙的故乡)山崣巍以嵯峨,其水㴉㳦而扬波,其人磊砢而英多。(《世说新语·言语》篇)

从以上的例子可以看出魏晋时代的思想的特点。以前,在两汉时期,孔子的思想和孔子这一学派所规定的经籍里的思想是指导思想。不论古文学派或今文学派,他们都不过是发扬儒家的精神。魏晋时代,思想界发生很大的变化,学者们多半喜欢讲《老》《庄》《周易》,当时称为"三玄"(三种不讲实际问题,只讲"玄远"问题的书)。——《周易》本是儒家的六经之一,这时却用清谈家的观点去理解。因此在哲学史上,根据这一时代的历史特点,人们把这一时期的哲学思想统称为"魏晋玄学",而称这时的时代思潮为"魏晋清谈",因为它所涉及的哲学或其他方面问题都是"不切实际"的"玄远"的问题。

以何晏、王弼为首,开始了"魏晋清谈"。

> 魏正始中,何晏、王弼等祖述老庄立论,以为天地万物皆以无为本,无也者,开物成务,无往不存者也,阴阳恃以化生,万物恃以成形,贤者恃以成德,不肖恃以免身。故无之为用,无爵而贵矣。(《晋书·王衍传》)

魏晋清谈,经常和这些"空洞""虚无"的词句相联系着。

历史上有许多人责斥清谈,说清谈"误国",认为西晋之所以招致天下大乱以至于亡国,都是"清谈"家天天说些不负责任的空话所致。

魏晋清谈是不是"说空话",它是不是少数学者(比如王弼、何晏等)倡导的结果呢?

历史告诉我们,一种思想和学术风气的形成,决不是几个天才人物的头脑决定的。至于这种学术风气的传播和扩大,那就

更不是仅仅靠着几个人的主观愿望所能奏效的。魏晋清谈这种思潮,简单说来,是在以下的历史条件下产生的:

第一,自从黄巾起义失败以后,从当时的阶级力量的对比来看,大贵族拥有压倒的优势,农民没有起来反抗的可能(他们用政治力量把农民束缚在固定的土地上),因此,统治阶级内部可以毫无顾忌地进行上层统治者之间的争权夺利的火并。争夺权利是剥削阶级的本质。魏晋时期,既然农民起义刚刚失败,农民暂时无力进行武装反抗,统治阶级的内讧也就毫无顾忌地接连演出。

这种激烈的、连续不断的上层统治者的斗争迫使每一个有社会地位的知识分子、官僚、名士都不得不陷入斗争的漩涡。他们不得不表示在改朝换代的当儿,或在两派争夺政权的当儿,自己究竟站在哪一方面。政局的变化又太快,甲派刚刚上台,乙派又起来推翻了甲派。当时唯一可以免祸的办法就是使态度尽量地模棱两可。他们既要说话(不说是不行的),又怕说错了话,怕万一政治发生变化时自己受连累。所以他们就用"不着边际"来保护自己。阮籍就是善于用这种办法保全了自己的性命的。阮籍的《咏怀诗》不好懂,也是这个原因。

第二,从思想本身的发展方面来看,也有促成"魏晋清谈"的历史原因。汉代是以经学的记诵来吸引读书人做官的。所以汉代的经师特别多。可是后来在军阀混战中全国的图书文物遭到惨重的破坏,通经的儒生也变得极少了。曹魏时,朝廷大小官吏和太学生在京师的有万余人,能通古礼的却找不出几个;中央官吏有四百余人,能提笔撰写文告的还不到十人。清通简要的老庄思想不像儒家经典那样烦琐。以它为标志的清谈比较容易被广大的读书人所接受。

第三,儒家所讲的君臣父子的伦常道德是万古不变的。谁

534

要大力宣扬儒家的伦常道德,谁就要在屡屡改朝换代的时候感到处境困难。而老庄的"满不在乎"的态度却可以给当时的君臣们以方便的"理论"借口。所以晋朝最多只能讲"以孝治天下",而不敢讲"以忠治天下",就是这个道理。

第四,统治阶级明知争权夺利的行为是可耻的,至少是不太光明正大的。他们在利欲熏心的丑恶面目上罩上一层美丽的面纱,他们既要"清高",又要享受,骨子里十足的荒淫无耻,表面上却要"洒脱自然"。贪污剥削成性的大官僚却要清高得连"钱"字也羞于出口(参看《王衍传》,及《世说新语》)。魏晋清谈在某些地方可以满足这些人的要求。

总起来说,清谈这个现象是由各方面的原因和条件促成的。清谈的人物也是鱼龙混杂的。我们不能简单地否定清谈家的价值,也不能简单地肯定他们的价值,而要对他们做具体的分析。

二

既然产生清谈的条件很复杂,而且清谈并不是只有一派,那么对它的估价也就要分别对待。我们现在可以肯定地说:清谈不是"说空话",它是有实际内容的,它是为它的阶级利益服务的。它决非不表示对事物的肯定意见,而是以清谈来表示他们的意见的。

在魏晋清谈的许多流派中,有些人是为了自己纵情享乐。他们觉得儒家那一套伦理道德限制了自己的自由,而走向极端放纵的道路。比如刘伶,他一天到晚喝酒,在屋子里连裤子也不穿就接见客人。客人问他为什么这样,他说:"我拿天地当作房屋,拿房屋当作衣服,你为什么跑到我的裤子里面来呢?"当时也还有些"贵游子弟相与为散发裸身之饮,戏弄婢妾"(《晋书·五行志》)。这些自命为"旷达不俗"的人物,其实是社会上的渣滓,他们也是以清谈家的姿态出现的,这里不再多说。

还有一批人,他们虽然属于统治阶级内部,但是他们在政治上不得意,随时有遭到迫害的危险;他们有学问,和上面所说的那些腐朽透顶的"贵游子弟"不同。像阮籍、嵇康就是这一派的代表人物。他们深深地感到自己内部的争权夺利会给封建地主阶级的长远利益带来灾难。他们痛恨篡夺的事件。他们曾以激愤的心情揭露了当时腐朽黑暗的政治。他们也是用老庄思想作标志来提出他们的主张的。嵇康曾说:

> 圣人不得已而临天下,以万物为心……穆然以无事为业,坦尔以天下为公。虽居君位,飨万国,恬若素士接宾客也……岂劝百姓之尊己,割天下以自私,以富贵为崇高,心欲之而不已哉?(嵇康:《答向子期难养生论》)

他们指出理想的政治应当:

> 崇简易之教,御无为之治,君静于上,臣顺于下……群生安逸,自求多福,默然从道,怀抱忠义而不觉其所以然也。(嵇康:《声无哀乐论》)

在清谈家中,也有些人是为了替司马氏的政权寻找"理论",向秀、郭象可以算这些人的代表。

在《庄子·逍遥游》篇中,"藐姑射之山有神人居焉"这一句话的注解里,郭象说:

> 此皆寄言耳。夫神人即今所谓圣人也。夫圣人虽在庙堂之上,然其心无异于山林之中,世岂识之哉?徒见其戴黄屋、佩玉玺,便谓足以婴绂其心矣;见其历山川、同民事,便谓足以憔悴其神矣。岂知至至者之不亏哉?

这些话只是用"超脱"来掩盖贵族们利欲熏心的丑恶本质的话。他们完全不顾事实地说谎:只要心里不留恋于富贵,作皇帝也可以和在山林中过隐居生活一样高尚。这就是在清谈的外衣掩盖下为统治阶级服务的妙用。

魏晋清谈在中国社会上、在中国哲学史上曾起过极其重要的影响，因为魏晋清谈反对了汉代庸俗经师的烦琐方法，代以独立思考的简明的方法，所以魏晋清谈和两汉时代的拘守条文的经学相对比，有它的进步性。

魏晋清谈以老庄思想相标榜，因而老庄思想中的唯物主义因素和它的反抗剥削压迫的精神自然被带进来。当然，老庄思想中所存在的消极妥协的成分也被带进来了。它的影响因此也就有积极和消极两方面。有人说"清谈误国"，这是不全面的。严格地说，清谈这种思想和学风，有进步的一面，也有反动的一面，不能说清谈本身可以"误国"。

三

如果对魏晋清谈在中国思想上的影响作一总的估价，我们可以说：

第一，魏晋清谈，对建立独立思考的学风有功，比起两汉的章句之学来，显然是前进了一步。

第二，魏晋清谈从哲学思想上结束了两汉以来宣扬宗教迷信的目的论。它把世界万物的变化看作自己在变化着、发展着的事情。这是一大进步，它标志着唯物主义哲学在这一时期的胜利。

第三，儒家的社会伦理思想是中国封建统治的支柱。这个时期的清谈虽然从表面上看老庄思想占了支配地位，但在骨子里，尤其是在社会伦理思想方面，儒家思想仍然盘踞不退。清谈家多半是以"名节相高"，以"风义自矢"，"严家诮之禁，笃孝义之行"。对于维护地主阶级利益的根本制度,丝毫也不去动摇。因此对它的"思想解放"这一方面也不可以作过高的估计。

长期被埋没了的
民主思想家——邓牧 *

　　邓牧生于南宋理宗七年（1247），死于元大德十年（1306）。他出身于封建地主家庭，三十岁时，宋亡国，他抱着亡国遗民的隐痛度过了他的后半生三十年的日子。在四十八岁时，他结识了宋亡后坚贞不屈的爱国诗人谢翱，可惜相识一年，谢即死去。他还与另一位爱国诗人周密友好。从他的交游中可以想见他的社会活动和精神生活。

　　具有爱国思想的知识分子，不与劳动人民相结合，纵有远大的抱负，也必致一事无成。邓牧结果走了退隐的一条路。他在五十三岁时（1299年）隐于余杭大涤山的洞霄宫，七年后，即去世。

　　宋朝的灭亡，蒙古奴隶主贵族的统治，对于当时广大人民及爱国知识分子是一个绝大的刺激。当时人民起义军的壮烈的反抗，终于被残暴的敌人和卖国汉奸的武力镇压下去。邓牧在文集《伯牙琴》的第一篇《尧赋》中充分表现了他对异族侵略的愤慨：

---

　　* 　原载《光明日报》1954年9月5日。

> 呜呼！茫茫九原，龙蛇居之，衣冠礼乐之封，交鸟迹与
> 兽蹄。洪水之患岂至此？

在蒙古奴隶主贵族压迫下，邓牧并没有失去宣扬真理复兴民族的信心。他把希望寄托到将来。他在《伯牙琴·自序》中说：

> 伯牙虽善琴者，钟子期死，终身不复鼓，知琴难也。今世无知音，余独鼓而不已，亦愚哉！然伯牙破琴绝弦，以子期死耳。余未尝遇子期，恶知其死不死也，故后存此。

南宋从第一个皇帝（宋高宗赵构）起，即对金贵族称臣纳贡，对人民剥削镇压。这个奴才政府一直维持到被敌人取消时为止。南宋的统治者除了用政权机构镇压人民以外，还使用理学作为统治人民的思想武器。无耻的统治者，一方面对人民讲什么道统、华夷之辨、君臣大义，另一方面，实行搜括人民的脂膏以供奉人民的敌人——先是对辽金，后来对元统治者。统治者为了巩固自己的利益，不惜把人民抛向被双重奴役的深渊。

邓牧亲眼看见中华人民遭到种族压迫和歧视，也亲眼看见南宋君臣如何残酷剥削和荒淫无耻而招来的灾难。因此，他怀疑君主制度和君主的作用：

> 天生民而立之君，非为君也。奈何以四海之广，足一夫之用邪？（《伯牙琴·君道》）

他在《君道》中说，古代理想的国君，吃粗糙的饭，"饮食未侈也"；穿朴素的衣服，"衣服之备也"；住简单的房子，"宫室之美者"；随时接近人民，"其分未严也"。秦以后的那些皇帝都想"竭天下之财以自奉"，"凡所以固位而养尊者，无所不至"。他以讽刺的笔锋，刻画出皇帝的自私的丑态：

> 惴惴然若匹夫怀一金，惧人之夺其后。

像这样的皇帝怎能不祸国殃民呢？

邓牧指出所有秦以后的皇帝根本不是为人民办事的,而是为了自私享乐的。所以弑君篡位,在邓牧看来,是极平常的事,没有什么不应该。他用嘲笑的语调说:

> 彼所谓君者,非有四目两喙,鳞头而羽臂也。状貌咸与人同,则夫人固可为也。

又说:

> 今夺人之所好,聚人之所争,慢藏诲盗,冶容诲淫,欲长治久安得乎?

> 欲为秦,莫若勿怪盗贼之争天下。

他并打破传统的"正统"观念:

> 天下何常之有? 败则盗贼,成则帝王。若刘汉中(汉高帝刘邦)、李晋阳(唐高祖李渊)者,乱世则治主,治世则乱民也。

只有使人不把皇帝的职位当作剥削和享乐的工具,才可以消灭争夺的根源。

在《吏道》一篇中,邓牧曾提出,在必要时,废除一切官吏,让人民自治的主张。

他根据皇帝的自私的特点,加以分析,并指出皇帝为了达到他剥削和统治的目的,才设置官吏,根本不是为了人民的利益:

> 以害民者牧民,而惧其乱,周防不得不至,禁制不得不详。然后大小之吏布于天下。于是"天下愈不可为矣"(按:《明夷待访录》《原臣》的基本观点出于此)。

邓牧指出官吏的作用不在于与皇帝"共理天下",自私自利的皇帝为了"竭天下之财以自奉",又怕人"夺其位",才用官吏来帮忙。皇帝为了达到以天下为私的目的,必须设官分职以防止人民造反。又怕官吏夺他的天下,于是设置更多的官吏,使他们互相监视,互相牵制。其结果只能"率虎狼(官吏)以牧羊豕(被剥夺生活权利的百姓）",天下怎能不乱呢？

任何人都应当自食其力,邓牧说,不应当过寄生的生活。官吏都是寄生在人民身上的,官吏越多,人民的负担越重:

> 今一吏,大者食邑数万,小者虽无禄养,则亦并缘为食,以代其耕,数十农夫力有不能奉者。

何况这些大批害民的官吏,"夺其(民)食,不得不怒。竭其(民)力,不得不怨"。

邓牧指责那些不食其力只想夺取别人现成的财物的人,就是盗贼。而大小官吏都是合法的盗贼,所以他们对人民的危害也更大。这些盗贼"吏无避忌,白昼肆行,使天下敢怨而不敢言,敢怒而不敢诛"。

最后,邓牧主张:

> 废有司,去县令,听天下自为治乱安危,不犹愈乎?

邓牧的文集,在邓牧自己的序文中记载只收有六十余篇,已经不全,现存的只有文二十九篇,诗十三首。这些文章有的由于文章的优美,为自命风雅的地主阶级文人所欣赏,有的由于附在道教的丛书中,侥幸得以保存下来。元、明、清以来,一直被沉埋着。清朝修《四库全书》,御用的官方学者已认识到邓牧的民主思想有"危害性",因此,于邓牧的二十几篇文章中特别指出《君道》与《吏道》两篇,企图用他们的反动的观点把它加以"消毒"。他们说:"君道一篇,竟类许行并耕之说,吏道一篇,亦类老子剖斗折衡之旨","盖有激而发,不觉其词之过也。"(《四库全书·伯牙琴提要》)。

像邓牧这样的进步的思想家,在中国哲学发展的历史上,是很多的。但是千百年来,许多具有科学性、民主性的学说,在封建统治阶级的压制下,在正统学说的排斥下,在御用学者的曲解下,以及在帝国主义豢养的买办学者的割裂下,不是被沉埋,就

542

是被阉割,以致面目全非。如何去发掘它,阐明它,端正它,还原它,这是新中国每一个哲学史工作者的责任。

　　本文仅对于邓牧的民主思想作一极简单的介绍,至于全面而深入地分析研究,还须另外详论。

马建忠的思想[*]

一　生平

马建忠(1844—1900)字眉叔,江苏丹徒人,年幼时正赶上太平天国革命,他的故乡是太平天国的占领区,他很失悔由于太平天国的起义,使他失去了考科举的机会。他幼年在上海读书,学会了拉丁文、希腊文、英文、法文,运用语言的能力"与汉文无异"。后来又学习外国历史地理、天算、物理、化学、生物、地质等科学,对西方资产阶级的政治与科学是比较了解的。

清朝光绪元年(1875)以郎中资格,被李鸿章派往法国留学。清光绪三年在巴黎考试院参加文科及理科的学位考试,及格,他又参加过律师、政治、外交各科的考试,也都及格。

他在法国留学时兼任当时中国驻法公使郭嵩焘的翻译,回国后即参加了洋务派集团,曾于清光绪七年赴印度与英国驻印总督协商增鸦片入口税及招商专卖鸦片事。清光绪八年李鸿章奏派他至朝鲜,介绍朝鲜国王与英、美、德三国订立商约,同年六

---

[*] 原载《中国近代思想史论文集》,人民出版社,1953 年版。

月日本插手,朝鲜内乱,朝鲜此后逐渐脱离中国,堕入日本帝国主义圈套。李鸿章的一些卖国计划,是马建忠执行的。当时的顽固派以他精通洋务,骂他为汉奸,当时的一些爱国分子也认为他与李鸿章一气,对他不满。他的一生,"称之者一,谤之者百",有人说他是"隽才",有人主张把他"立正典刑"。

他与洋务派发生过政治关系,执行过洋务派的主张,但他的意见与洋务派又不尽相同。他主张发展民营工商业,民富而后国强。他认为西方各国政治,有其本,有其末。洋务派主张买机器、买船炮、练洋操,这些都是"末"。"讲富者以护商会为本,求强者以得民心为要"。因为"护商会而赋税可加,则盖藏自足;得民心则忠爱倍切,而敌忾可期"(《适可斋记言记行·记言·上李伯相言出洋工课书)》。

洋务派自诩的"富强之道",本是为了发展官僚资本,他以为这不是根本。因此他在光绪八年,以后即在政治上不得意,"志未得遂","为世诟忌,摈斥家居"。他于逝世前三年出版《适可斋记言记行》,于逝世前一年出版了《马氏文通》。前一书记载他的思想和行动,后一书是用西洋语法的规矩剖析中国古文语法的著作。

马建忠与薛福成都是洋务派中分化出来的改良主义者。

马建忠的思想反映了初期的民营工商业者的要求,因为这时中国的民族工业还处在萌芽状态,还没有独立的具有规模的民营工业,只有分散的、小规模的民营工业和进出口的商业。规模比较大的新式企业只有官办、官督商办或官商合办几种类型的。中国的资产阶级希望依附在官办企业的势力之下来求得自己的发展。因此,代表这些民营工商业者希望依靠政治力量取得官商合办的权利。而当时的洋务派确也吸收了一部分官僚富绅的资本作为商股。但这些商股受官股极多的限制,不能尽量发展,因而企图从洋务派束缚下解放出来。马建忠、薛福成等人正是反映了这一阶层的愿望。在中日战争以前,洋务派的弱点还未彻底暴露,而当时力量微弱的民营工商业者虽已经对洋务派的措施表示不满,但还没有完全绝望。这些早期的改良主义者,不反对洋务派,只是对洋务派的主张提出若干修正。稍后像何启、胡礼垣或陈炽、郑观应等人,他们由于自己的切身利益与洋务派的矛盾,更由于他们的经济力量逐渐发展壮大,同时洋务派的弱点也更加暴露出来,所以后期的改良主义已对洋务派完全不存任何希望,他们提出了以保存封建制度为前提的"民主"的要求。后期的改良主义从何启到康、梁,他们已不再依附洋务派,而是寄希望于当时的清朝皇室。他们乞求最高统治者清朝皇室帮助他们压倒洋务派来谋取资产阶级的利益。

二 思想

第一,反对西方资本主义国家侵略的爱国思想

马建忠对于西方第一个向中国武装侵略的英国的认识是深刻的,他曾指出英国侵略行为是一贯的、阴险的。他从历史上列举英国伪善掩饰下的侵略行为。他说,"英人二百年来专假互助以吞噬人之土地",英国曾"助"五印度,结果灭了五印度;曾"助"加拿大,结果戕害了加拿大;曾"助"土耳其,结果削弱了土耳其。英国是"豺狼其心","而犹自称秉理之民,守义之邦。噫!是直如欧人谓英王君相唯利是图,妄谈公德。其心则长蛇也,其口则羔羊也"(《适可斋记言记行·记言·勘旅顺记》,1881 年)。

马建忠对于西方资本主义国家表示深切的痛恨,他充满了爱国的热情,他说:"今日之中国其见欺于外人也甚矣。道光季年以来,彼与我所立约款税则,则以向欺东方诸国者转而欺我。

于是其公使傲睨于京师，以陵我政府；其领事强梁于口岸，以抗我官长；其大小商贾盘踞于租界，以剥我工商；其诸色教士散布于腹地，以惑我子民。夫彼之所以悍然不顾，敢于为此者，欺我不知其情伪，不知其虚实也。"（《适可斋记言记行·记言·拟设翻译书院议》，1894 年）。

西方资本主义国家口头上讲什么公法，而实际上是骗人的：

泰西之讲公法者，发议盈廷，非说理之不明，实所利之各异……于是办交涉者，不过借口于公法以曲徇其私。

（《巴黎复友人书》，1878 年）

马建忠看出了当时西方资本主义国家具有侵略的本质，不讲信义，欺我朝廷、官长、子民，怀着悲愤控诉的心情来提醒国人。当时的洋务派，像曾国藩之流无耻地称赞洋人占领过北京，对中国"可灭而不灭"，洋人掌握了中国的关税"可吞而不吞"，并以此为"大仁""大信"。洋务派是卖国的，当时的改良派是爱国的。

改良派有反抗侵略的思想，这是进步的一面，但他们没有认识到中国反抗侵略应当走什么道路。他们错误地认为当时洋务派对外交涉失败只是由于不了解外国的情况。"士大夫中能有一二人深知外洋之情实而早为之变计者，当不至有今日也"（《拟设翻译书院议》，1894 年）。

中国士大夫不了解敌情而吃亏，这是事实的一面。如果进一步探究原因，就应当看到敌人敢于肆行侵略，主要是由于人民的力量没有发动起来。人民没有发动，所以被反动的官僚、反动的政府可以肆无忌惮地帮助"洋人"镇压人民。人民没有权，没有充分发动，即使真有"一二人深知外洋之情实"，也还是不能击退外来侵略的。在鸦片战争中林则徐的失败已足以说明这一点了。马建忠只看到上层士大夫个人的爱国作用，以为洋人"敢于为此者，欺我不知其情伪，不知其虚实也"，显然这个结论是不对的。

第二，富民说

洋务派提出"富国""强兵"的欺骗人民的口号。马建忠从西方资本主义制度中学会了分析"强国"与"富民"的关系，指出"治国以富强为本，求强以致富为先"。他更进一步指出，致富首先要使民富。鸦片输入以前中国收入远不如鸦片战争以后，何以那时中国不贫呢？因为那时还没有大量的国际贸易。那时"以中国之人运中国之货以通中国之财"。那时国家的财富，"循环周复而财不外散"。到了鸦片输入以后，中国入口货增多每年入超三千万，三十年来，财货外流，一去不返，所以民贫，民贫了国家就弱。

有了国际贸易，才使中国贫困。对于这一问题，当时有种种不同看法。顽固派（保守的封建地主阶级）怀恋着闭关时代太平盛世，他们反对国际贸易；洋务派不问人民死活，只顾开放贸易，以饱私囊。马建忠认为这两种认识都不对，他指出国际贸易不能抗拒，这是天下共同的趋势，只要善于掌握通商，对中国有利而无害。这是马建忠比当时洋务派及顽固派都高明的地方。他说："通商而出口货溢于进口者利，通商而出口货等于进口者亦利，通商而进口货溢于出口者不利。彼英美各国皆通商，而进出口货不能两盈，故开矿以取天地自然之利，以补进出口货之亏；至地利不足偿，乃不惮远涉重洋，叩关约款以取偿于我华民。然则天下之大计可知矣，欲中国之富，莫若使出口货多，进口货少。出口货多，则已散之财可复聚；进口货少，则未散之财不复散。其或散而未易聚也，莫若采取矿山自有之财。采取矿山自有之财，则工役之散不出中国，宝藏之聚无待外求。"（《富民说》）

洋务派也欢迎中外通商，但是洋务派不敢触动"洋人"的利益，他们是寄生在洋人的利益之下来图私利，对于本国出产的货物,采取压迫的政策,对洋货则采取"保护"的政策。这是马建忠所代表的民营工商业者所极力反对的。因此,乘英人要求免除厘卡时,马建忠向李鸿章建议同时向英人提出增加洋货进口税。洋商"数十年吸中国之膏血,官商贫富无不仰屋而嗟"。他深为华商所受压迫不平:"言利之臣……以为多设一卡,即多一利源,不知税愈繁而民愈困,民愈困而国愈贫矣。盖财之于国,犹血之在身;血不流行则身病,财不流行则国病。""乃洋商入内地,执半税之运照,连樯满载,卡闸悉予放行,而华商候关卡之稽查,倒箧翻箱,负累不堪言状……律以西国勒抑外商庇护己商之理,又不啻倒行逆施矣。兹乘其欲免厘金,许我加税之机,仿照各国通商章程,择其可加者加之,以与厘捐相抵,然后将厘卡尽行裁撤,省国家之经费,裕我库储;便商贾之往来,苏其隐困。皆幸赖有此修约之转机也。"

外来制成之货中国亦出者,如洋布之类,应加重征,至值百抽十五之数,庶几中国产棉,仿用机器织布,赀本虽重,亦可夺西人之利。

闻之西人,谓中国税则增至值百抽十三,差可与厘金相抵,而西人欲停厘捐,有愿值百抽八者……今……一律减至值百抽十,外加各色杂捐,似可当厘金之入。即或不当厘金之入,而利权归我,农贾殷富,亦何靳此些须厘金,培养国脉。

夫不许通商,或可藉以启衅;欲行增税,断难因之兴戎。不然,欧洲瑞士、比利时,蕞尔弹丸,介于大国之间,将无税之可加,而国非其国矣,然犹可自立而度支不窘者,弱于势犹强于理。中国据理以争,何畏不情之请?美国税则最重,未闻有以加税与他国决裂者。此理光明正大,质之万国,无可置喙。(以上引文均见《覆李伯相札议中外官交涉仪式洋

货入内地免厘票禀》)

他以为我们应当理直气壮地向英国提出增税,而畏葸媚外的洋务派头子李鸿章不敢这样做。他们不但不敢,而且利用厘卡以自肥,他们何尝会想到"利权归我,农贾殷富"? 更何尝想到"培养国脉"? 他们更不会想到"省国家之经费",苏商贾之"隐困"。这种办法与洋务派的要求相反,当然洋务派不会采纳。

马建忠虽然已认识到西人的公法是块假招牌,他对于当时中国民营工商业者的要求也只能提出"据理力争"。他只说中国增税合理,外国不会因此而对中国用兵。说明马建忠也还是害怕外国兴兵,而是希望不会因此兴兵。这种思想还是软弱的。马建忠没有认识欧洲的比利时不是殖民地,比利时增加进口货物的关税与否,不会影响帝国主义的根本利益。中国增税则直接影响帝国主义的根本利益,没有人民的力量作支援,只凭交涉是不行的。

不过这种要求,是进步的中国资产阶级的要求,是符合广大人民利益的。软弱的民族资产阶级与洋务派相同之处,即是怕因保护关税而兴兵;和洋务派不同之处,在于为了民族资产阶级的利益提这一合理的要求。

马建忠除了提出保护关税的贸易政策外,还提出发展国内工业,开发富源,开金矿,修铁路。他主张借洋债以修铁路,开矿山。"以商人纠股,设立公司,然后以洋债贷给公司……如是数年之间,即可转贫民为富民,民富而国自强"。"铁道专由商办,而借债则官为具保。如是则阳为借债之名,阴收借债之效。用洋人之本,谋华人之生。取日增之利,偿岁减之息。"铁道修成,可以"救患",可以"节用",可以"开源"(《铁道论》)。

因为当时中国民间资本相当分散,无力单独承担大规模的工业建设。改良主义的思想家希望"用洋人之本,谋华人之生"。

希望"借洋债为具保"。这也正是薛福成、马建忠等人改良主义思想的特点。而洋务派则在于借洋债以自肥、中饱，而不在于发展民营企业。民营企业的发展，反而对官僚资本不利，所以马建忠的建议，只不过是建议而已，当然不会得到采纳。

第三，对西方资本主义民主制度的认识

马建忠对于西方的政治制度比当时的洋务派的知识丰富得多。他曾指出西方各国的富强不在于有机器设备，而在于他们保护工商业者的一套政策、制度。他曾对李鸿章说：

> 近今百年，西人之富，不专在机器之创兴，而其要领专在保护商会……忠此次来欧一载有余，初到之时，以为欧洲各国富强专在制造之精，兵纪之严，及按其律例，考其文事，而知其讲富者以护商会为本，求强者以得民心为要。护商会而赋税可加，则盖藏自足；得民心则忠爱倍切，而敌忾可期。他如学校建而智士日多，议院立而下情可达。其制造、军旅、水师诸大端，皆其末焉者也。于是以为各国之政尽善尽美矣。及入政治院听讲，又与其士大夫反复质证，而后知"尽信书则不如无书"之论为不谬也。（《上李伯相言出洋工课书》）

他不止看到欧洲各国的富强，而且又看出其民主政治制度的虚伪的另一面：

> 英之有君主，又有上下议院，似乎政皆出此矣，不知君主徒事签押，上下议院徒托空谈，而政柄操之首相与二三枢密大臣，遇有难事，则以议院为借口。美之监国（按：马译总统为监国），由民自举，似乎公而无私矣。乃每逢选举之时，贿赂公行，更一监国，则更一番人物。凡所官者皆其党羽，欲望其治，得乎？法为民主之国，似乎入官者不由世族矣，不知互为朋比，除智能杰出之士，如点耶诸君，苟非族类，而

> 欲得一优差,补一美缺,戛戛乎其难之。"(《上李伯相言出洋工课书》)

他指出了欧洲各国的假民主,完全是事实,也是欧洲的民主制度破产的明证。马建忠比当时洋务派、顽固派对西方文化的无知高明得多。资本主义的"民主"制度在欧洲尽管是已经暴露出它的腐朽性,而在封建制度严密笼罩之下的中国,"民主"制度还是必不可少的良药。马建忠,从封建主义的立场批评欧洲的假民主,因而得出结论,错误地认为中国不必要民主,在这一点上,他与洋务派站到一起去了。他所向西方学习的,虽然不限于只学造船、造炮,他还学了国际公法、社会科学、自然科学。但是他没看到"民主"对于中国的积极作用。

马建忠不学习西方的"民主",不只是由于看透了西方的民主制度是假的,是腐败的,才不学。主要的是当时中国资产阶级还在萌芽的初期,极软弱,还在倚赖洋务派,还没有成为反封建的力量,不敢也不能提出政权的要求。他还是初期的改良主义的思想家,比后期的改良主义者更形软弱,所以只能对洋务派的主张做些补充修正。

第四,马建忠思想(早期改良主义)的特点——从洋务派到改良主义的转化

马建忠计划要写一部书——《闻政》。其中分为八项:(1)开财源;(2)厚民生;(3)裕国用;(4)端吏治;(5)广言路;(6)废考试;(7)讲军政;(8)联邦交。这书并未写成,从这一书的计划大纲中已可看出马建忠思想的全貌。

从洋务派分化出来的改良主义的思想,不敢提出"民权"的要求,只能提出微弱的"端吏治""广言路"等修正性建议。这说明当时的民营工商业者只能依附于当时的官僚统治集团,极谨慎而有限度地提出他的改良主义思想。但马建忠把"开财源"

"厚民生"放在首要的地位,这又说明这一阶级尽管力量微弱,但还是有他的独立的阶级利益的要求,他们为了自己的阶级利益,想利用外资,发展民营工业;为了反对更为保守的顽固派(因为顽固派根本反对对外贸易,反对兴办工业)他们有与洋务派合作的必要。马建忠等人承认洋务派的基本方向,只是嫌洋务派做得不够,因而企图在洋务派的基础上作一些重要的"修正""补充"。

事实上,民营工商业者与洋务派(官僚买办阶级)毕竟是两个不同的阶级,其利益是有矛盾的。区别在于:洋务派旨在"防民",改良主义意在"富民"。洋务派是帝国主义的代理人,而改良主义还有从帝国主义经济压迫下挣脱出来的企图。洋务派与当时的腐朽的封建制度没有矛盾,而改良主义与当时的封建制度已蕴蓄着矛盾。因此,早期的改良主义虽然是洋务派中孵化出来的,而最后终于站在洋务派的对立的一方面,进而提出了政治上要求改良的主张,从洋务派中分化出来,成为独立的一股力量。

何启、胡礼垣的改良主义思想 *

何启字沃生,广东南海县人,留学英国十余年,受过系统的西方资本主义教育,归国后在香港做律师兼医生。曾任香港议政局员十余年。香港议政局是香港的"议会"的性质,由英国及其他国籍的绅商代表人物六人组成,何启是以中国籍的绅商资格参加的。他又是香港大学的创办人之一。1895 年孙中山广州起义,他曾给以协助,1900 年北方义和团运动,他曾奉英国驻港总督之命劝李鸿章联合孙中山成立独立政府,但未实现。以后他曾应满清政府的聘请回国创办铁路、银行等企业,因与洋务派意见不合,不到两个月即辞归香港。他的著作多半用英文写出,由胡礼垣译成中文,加以阐释。他年龄略长于胡礼垣,生卒不详。

胡礼垣字荣懋,号翼南,生于 1847 年,死于 1916 年。他是广东三水县人,出身于买办商人家庭,自幼住在香港,毕业于香港皇仁书院。他没有考过科举,但对中国经史等书读得不少,他创办《粤报》,译有《英例全书》,曾助英商在南洋北般岛上修建商埠,1894 年中日战起,他正在日本,中国使馆人员撤退,因他在商

---

　　* 原载《中国近代思想史论文集》,人民出版社,1953 年版。

界有威信,当时中国留日商民共推他代理神户领事。战争结束即返香港,他是港澳爱国工商业者中的知识分子。

何启、胡礼垣从 1887 年到 1900 年,先后共同发表了一些论文,其中包括 1887 年的《曾论书后》、1894 年的《新政论议》、1898年的《新政始基》《康说书后》以及康梁维新运动失败后的《新政安行》,1899 年的《新政变通》《劝学篇书后》,1899 年的《前总序》,1900 年的《后总序》,这些论文汇编为《新政真诠》。

何、胡二人都是长期住在香港的中国人,他们受的是买办性的教育。他们的思想反映了中国由海外华商转化来的民族资产阶级的要求。他们在香港一方面看到英国资本主义的繁荣,因而羡慕英国资产阶级的经济制度,他们另一方面也看到海外华商遭受外国政府的压迫。他说:"华商受亏,鲜能借中国之官伸理者","出洋之民初则见拒于美国,继则并拒于新山,而檀香山等处亦已效尤,地球虽大,华人之怀远志者将置身无所矣。其有执照准入境者,则必重抽身税。堂堂中华,其民竟欲比茸发重唇之族而不可得也!"(《教忠篇辩》)这是华商在外国得不到政府的保护,遭受欺压的悲愤的控诉。华商在国内也同样地受欺压,有重税的压迫,有厘卡的盘剥,"一货六税,天下罕见"。他感慨地说"以官为名,以民为货","良民何不幸而为中国之民哉?"(《曾论书后》)

当时在政治上无权无势的民族资产阶级及一部分海外华商在国外受外国资本主义的压迫,在国内受到洋务派的官办工业或官督商办工业的压迫,他们希望中国有一个比较强有力的政府能够保护他们在国内外的经济利益,他们要求为民族资产阶级的前途开辟道路。

早期的改良主义者如薛福成、马建忠等,对洋务派还存在着幻想,希望洋务派纠正其"缺点"。何启、胡礼垣的时代,洋务派的卖国媚外的本质已更加暴露出来,中日战争后,"自强"的幌子已骗不了人民,而当时海外华商及国内的民营工商业的经济力量是已较早期有了增长(虽然还是很微弱的)。中日战后帝国主义对中国的侵略已不限于商品输出,进而作资本输出,当时"官办"及"官商合办"的企业只有少数特权官僚从中得利,至于一般无权无势的普通工商业者,不但从中得不到利益反而受到损害。正如何、胡所说的,"官督商办"的结果,利则归官僚中饱,"害则归商"。洋务派在帝国主义面前是走狗,而在民营工商业者面前是虎狼,他们凭借帝国主义与封建势力来限制民族资本的发展。而当时海外华商及由此转化来的民族资产阶级要求在新式企业中投资(如铁路、矿山),但一听说"官督","商民"就不敢"办"了。他们感到必须从洋务派的压迫下能解放出来,才有出路。

他们认为"商民"若不在政治上取得发言权即不能在经济上得到发展,于是他们畏怯地向当时的统治者提出了"民权"的要求。他们向洋务派抗议,向洋务派的思想支柱——封建思想作一定限度的抗议。他们希望在原有的封建制基础上作一些政治上的改良。他们也谈到这种改良是为了人民,他们心目中的"人民"主要是"商民"。

何启、胡礼垣自称其思想根本精神不外八个字:平理、近情、顺道、公量。他们说,现在有些人都在谈变法,还有人慷慨上书,甚至牺牲、革命(按:此指戊戌维新),这都是不了解形势而以"躁进"的态度来对待这一问题。他们主张遇到双方发生争执,不要只站在一方面看问题,也要替对方设想,比如中国人受"西洋人"的欺凌,固然西洋人不对,中国人也有错误。我们自己有矿不开,自然难怪外人来开,至于改变政治也不要操之过急,不要"一意孤行"。总要"合情合理"。

当时正在萌芽的民族资产阶级的力量是软弱的,因此,他们在强大的敌人面前,对帝国主义,对封建主义感到有反对的必要,但又不敢坚决反对,他们也知道"外人""凌我华人",但不赞成人民起来反抗,认为那是"招祸";他们也知道封建思想束缚了新兴资产阶级的发展,但不主张违反"孔教",由于这个阶级力量的薄弱,他们的政治要求也就表现得极有限度而不彻底。他们和其他的改良主义者一样,不是向统治者夺取政权,而是向统治者祈求开放一部分政权,以满足民族资产阶级的要求,但他们比早期的改良主义者进了一步,提出了"民权"思想。早期的改良主义如薛福成、马建忠等人,连"民权"两字也不敢提。

他们在反帝反封建的思想斗争中看不到反封建的主要力量是农民,甚至害怕农民暴动,他们对太平天国革命及义和团运动采取敌视的态度,因此,改革内政,反对侵略的愿望就落了空。

何启、胡礼垣在主观上只是为了初期民族资产阶级的利益,在客观上,他们既然提出反侵略反洋务派(即官僚买办集团)及反封建主义的思想,哪怕是极微弱的呼声,也应该肯定其进步意义。因为这种思想在一定程度上符合于中国广大人民反帝、反封建革命运动的总要求。

一 对洋务派的抗议——改良主义的经济思想

1887 年曾纪泽用英文发表了一篇《中国先睡后醒论》,吹嘘中国的海军战船已很得力,足可以自强。曾纪泽说:"治国者必先使外侮既绝方可内修国政,犹之治家者必先使壁宇完固方可条理家规"。至于"开机器局,修建铁路、开矿等富国利民"的事均可等待以后再办。

何、胡在《曾论书后》一文中,指出这种看法正是"本末倒置",中国的危机主要在于官与民对立,而不在于缺少武器。"国之根本在于民,而民之身家托于官,官不保民,而民危矣,官反害民,而民愈危矣。""豺狼之噬人也犹有饱时,而官府之私囊无时可饱也;盗之劫人也犹有法治,而官府之剥民无法可治也。""根本浮动,国何以安?"他们认为这是"中国真忧之所在"。

他们指出国家的安危要看内政是否修明,人民是否幸福,君民是否融洽,更要看人民的利益是否得到保护。人民感到国家的利益与自己的利益一致时,国可以保。他说:"国之所以自立者,非君之能自立也,民立之也。国之所以能兴者,非君之能自兴也,民兴之也。然则为君者其职在于保民,使民为之立国也。"国家首先取得人民对国家的信任,然后才能谈到富强。修铁路必须借外债,就证明人民对国家不信任。人民不是没有钱,可是怕洋务派的剥削,他们不愿投资。洋务派只知从借款中取佣金中饱而主张借外债修铁路、开矿山。使"洋人"掌握了中国的海关税饷作为借款的担保,等于"居家开店","以管钥帐柜给人作按"。"是自不有其家,不要其店也。以海关税饷作按,是自不有其国,不有其民也。""数十年之后,外国无取中国之名,而有得中国之实;外人无治中国之苦,而能收中国之财。是中国之君将欲求为守府之君而有所不得,中国之国将欲求为自主之国而有所不能也"。

洋务派为了"一己之私,而置中国之民于奴,奉外国之人为主","是直卖国而已,是直卖民而已"。借外债的结果,"所作而有利也,其利则专归于外人,是为吾民者不得而利之也;所作而有害也,其害仍取偿于百姓"。

他们在《新政始基》中也一再指出工商业只宜民营,不宜官民合办。因为官有权,民无权,"是非可否皆决于官",而当时的官"于理财之事百计经营","而独于爱民一节置若罔闻"。洋务派勾结帝国主义,结合封建势力,对中国民营工业采取扼杀的手段,对于海外华商希望转化为民族资产阶级的要求采取拒绝的态度,他们洋务派,自知官办工业的产品低劣,所以怕民间的工业的技术超过官办工业,一旦造起反来,官府没方法抵御。洋务派利用"官督商办".来取得私利,"以仇民之计为误国之谋。以假公之名为济私之实"。何启、胡礼垣给洋务派以无情的批评。

何启、胡礼垣再从官民的关系上指出"国之所以立者唯民","而能为官固禄位保宠荣者无非民也。是有恩于官者莫民若也"。因而他指出官不但不应剥削商民,而应听令于民,应当"以民情为国脉","以商旅作邦基",这样,中国的民族工业必可"由剥而复,转废为兴"。"民气厚则国势张,财源来则国体立"。他们以为只有向这一方向发展才是中国自强的道路(所引原文均见《新政始基》)。

以上所举这些思想正是反映了当时"大商巨贾,或曾作客外洋或久在商途阅历而熟知时务者"走向民族工业的要求。他们的目的是为了自利,而他们的自利的要求在客观上与历史发展的方向是一致的。因为当时的民族资产阶级要求从帝国主义的压迫下,从洋务派的压迫下解放出来,对人民是有利的。

以上是他们的经济思想。

二 改良主义的民权思想

当时的民族资产阶级已较初期略有发展,薛福成、马建忠等人所代表的思想已不能满足于这一新兴阶级的要求。他们要求参加政权。他们一方面看到英、美各国资产阶级民主的先例,一方面又深感不取得政治地位,经济利益没有保障。他们提出了"民权"的要求。但是旧的封建势力还很大,张之洞曾以《劝学篇》的谬论,代表顽固封建势力向新兴的有民权思想的改良主义进攻。张之洞以"中学为体,西学为用"的反动口号迷惑了一部分人心,列举了清朝许多"良法善政","深仁厚德","证明"国人应以"保圣教"为第一义。他所谓"圣教"是"三纲"说,是替清朝政权找出不必改革的根据。封建主义最怕民权思想,所以他说"民权之说无一益而有百害"。而最大之害是"民权"可以"召乱"。张之洞在《劝学篇》中曾说:"方今中华诚非强盛,然百姓尚能自安其业者,由朝廷之法维系之也。使民权之说一倡,愚民必喜,乱民必作,纲纪不行,大乱四起。倡此议者岂得独安独活?且必将劫掠市镇,焚毁教堂,吾恐外洋各国必藉保护为名,兵船陆军深入占据,全局拱手而属之他人,是民权之说固敌人所愿闻也。"

清朝的忠实奴才,垂死的封建制度的拥护者,是多么害怕人民的力量! 何启、胡礼垣的民权思想已经是极温和的要求,这一点极温和的要求也是顽固派所害怕的。

正在萌芽的中国资产阶级,面临着中国当前危机,他们敢于面对中国的危机提出他们认为合理的要求,这就是一种进步的表现。这一阶级尽管力量薄弱,但在当时不失为一种新生的力量,要使它得到发展首先要求改良政治制度。他们说中国贫弱的根源就是"民无权"。他们说,权是人人本来就有的,不是人造出来的。天既给人以生命,就必然给人以保护生命的权利;天既给人以求生的资料,就必然给人以保护私人财产的权利。国君,凡是能实现民权以推行大经大法的,人民就拥护他。否则,人民就推翻他。拥护国君的未必是善,推翻国君的未必是恶。因为人民自顾生命,自保身家,完全是为了维护自己的权利(以上大意见《正权篇辩》)。根据以上的理由,他们说:"天下之权唯民是主"。

他们看来,民虽有权却不能"自行其权",必须选举君主"代民操其权"。君主若不能代民操其权,人民可以废掉他。中国古代"尧舜三代之隆,与近代泰西富强之本",都是由于实行民权的缘故。他们在这里驳斥了"民权无一益而有百害"的谬论。

他们进一步指出君民的关系:"苟无民,何有国? 苟无国,何有君? 苟无议院,何有朝廷? 是故庶民者,国君之所先也;议院者,朝廷之所重也。"议院的制度可保证民权的实行,"民权之复,首在设议院,立议员"。"议院者,合人人之权以为一国之用者也"(《正权篇辩》)。

封建统治者不允许人民过问政权,妄称人民的衣食为君主的"恩赐",何启、胡礼垣却说君是由民来养活的,君就应该给人民以权:"天下之事必以出钱者为主",若只要人民出钱,而所办的事情反而不许出钱者过问,"是自古至今,普天之下所无之理。"人民出了钱,就有权过问政治。

他们又说所谓民权,不是使君民对立,而是为了使君民的关系调和得更好。中国之弱是由于"君民隔绝",开议院可以使"君民一体,上下同心",他们提倡民权不是为了消灭君主制度,而是要在现存的君主制度下得到一些改良。他们为了不使统治者害怕,声明"民权之国与民主之国略异"。这也正说明了当时萌芽的资产阶级力量薄弱,对封建势力的妥协性。这也正是改良主义的特点。

这种民权思想反映了他们这一阶级为了经济的利益,而提出的政治要求。他们认为"不设议院则民无以兴其业"。议员的资格是"商民贾富之家皆得为议员"。他们很羡慕外国的资产阶级享有民权,才可以致富,得名,得利。"外国凡铸造枪炮各大工厂,制造铁鉴诸大船澳,其主人不特能图大富,而且坐致大名,袭爵封君,利赖勿替。以所作之物能护国卫家也。唯其以民权之理明故也"(《正权篇辩》)。相反的,当时中国的资产阶级却受到完全不同的待遇。倘若在中国也有豪富从事这些工业制造，"不特破家，且干宪典""其人必不免于刑戮矣"（《正权篇辩》）。

洋务派借口自强以济其私，何启、胡礼垣以为真正的自强之道绝不是"西学为用"者所谓造船、练洋操，要紧的是学习西方资产阶级的民主制度，用民主制度来保障资产阶级的利益。为了达到这个目的，他们提出"民政为本、军政为末，内政为始，外攘为终"（《新政论议)》的口号，"民权愈盛，其国愈强"（《劝学篇书后》)。他提出了"变法"的要求："中国宜变之法何哉？曰君民隔绝，其法宜变……商务无权，其法宜变。"又说："变隔绝，则应设议员。变商务，则应去官督。""变法者，非徒设各项机器厂之谓也。机厂者皮毛耳，上各事则命脉也。命脉不变，皮毛宜其无所济也"。（《劝学篇书后》)

这就是何启、胡礼垣的政治思想的主要内容。资产阶级的民主制度在当时的欧洲，在先进的工人阶级面前已暴露其反动性，但在东方的中国，有人不满于顽固的封建制度能够提出"民权"的口号，却是进步的。

三 对封建文化的抗议

在何启、胡礼垣的时代，封建主义的思想意识在广大人民间还占着统治地位。在封建社会中主要生产者是农民。商人只管贩运，不事生产。何启、胡礼垣的时代，"商"的意义除了贩运货物以外，还包括"企业"，"工业制造"等内容。他们提出要使国家富强，要把旧日的"士农工商"的"四民"的次序改为"商农工士"。在封建的生产关系中，地主阶级依靠剥削农民来维持其生活，不必费心思经营，自然不忧衣食，所以他们可以欺骗劳动人民，使他们不必争"利"。地主阶级希望维持其封建剥削关系万世不变,因而制造出"三纲"的道德条文,规定了君对臣、父对子有绝对权威。垂死的封建统治者害怕新事物,他们怕谈"变"。何启、胡礼垣对这些顽固守旧思想提出了抗议。

第一,对"三纲"说的批判

何启、胡礼垣指出"三纲"说与"五伦"说的区别:"三纲之说非孔孟之言也。商纣无道者也。而不能令武王为无道,是君不得为臣纲也……"(《教忠篇辩》)"汉宋之学重三纲,泰西之学重五伦。重三纲者有君无民,重五伦者君民兼顾,此君权民权之别,中外学术所由分也。"(《前总序》)何、胡认为"三纲"是封建社会的上级对下级片面服从的道德标准。"五伦"是封建社会的上级与下级、人与人之间相互的义务标准,他们认为"五伦"是正确的道德标准,君臣父子之间有义务,但是是相互对峙的。这里反映了改良主义思想家反抗封建道德的进步的一方面,同时也反映了他们对封建君臣关系的妥协态度。尽管如此,他们对于当时深入人心的片面服从的封建道德起着一定的摧毁作用。

张之洞无耻地教人忠君,教人"君臣同心",教人爱清朝皇帝。何启、胡礼垣说:"亲亲长长而天下平,非专为子弟言之也。……君不君则臣不臣……不能舍其君而专责其民也。""三纲"说实行的结果就是"君可以无罪而杀其臣,长可以无罪而杀其幼",等于提倡"勇威怯,众暴寡,贵陵贱,富欺贫",其结果必使中国走向野蛮的道路。他以封建社会的道德"五伦"来对抗封建社会的道德"三纲",说明他们虽然不赞成片面服从,不甘心完全作君主制度下的奴隶,但他们还不肯背弃君主制度。他们的反抗是极有限度的。

第二,资产阶级的个人主义思想

何、胡一再指出中国古代圣人不讳言利,不讳言富,所以中国古代的政治清明,号称盛世。他们认为求利是人的天性。自己为自己打算叫作"私",这是极正当的,而且是人人都有的要求。洋务派假公以济其私,又不敢公开讲"私",这是虚伪,这是借此掩盖一人之私。"如今日言,则家不妨私其家,乡不妨私其乡,国不妨私其国,人亦不妨私其人。""但能合人人之私以为私,于是各得其私,而天下大治矣。各得其私者,不得复以私名之也。谓之公焉可也。但能不以己之私夺人之私,不以人之私屈己之私,则国家亦无患其不富,并无忧其不强。"(《正权篇辩》)他们看来,人人各得其私,天下就为公了。

何启、胡礼垣所谓"私",在当时是反抗封建集体主义,个人要求解放的进步思想。在封建专制统治下,只有统治者有发言权,他们的私也成为"公"。而无权无势的"小人物"的利益根本被抹杀,谁要过分强调个人利益那就是"大逆不道"。个人的思想与行动也是不自由的,个人只能作为"臣""子""奴""仆"而生存,而没有自由的个人。何启、胡礼垣所代表的无权无势的工商业者的利益也正是在不合理的封建制度下的受限制者的利益,而他们的"私"的利益在当时得不到重视。何启、胡礼垣提出"人人各得其私"的说法,在当时是大胆的,也是进步的。

这里所说的"私",也相当于西方资产阶级的"自由"的意义。他们说"里勃特"日本人译作"自由",自由容易使人误解为不服管束,离经叛道,他们怕触犯了封建统治者的忌讳。这也说明了在反封建思想斗争中他们所表现的怯懦、软弱。在《正权篇辩》中说:"人人皆欲为利益之事,而又必须有利于众人,否则亦须无害于众人。苟如此,则人人之所悦而畀之以自主之权也。一乡之内人人有自主之权,则其俗清;一国之内人人有自主之权,则其国宁;环宇宙之内人人有自主之权,则天下和平。民权之说如此,自主之说如此。"这里曲折地引用了古代的圣人之言作为护符,借以表明他们的思想并不违背圣教。从这里固然说明他们思想的进步性,同时也说明了他们思想的妥协性。

第三,反对宗经的思想

顽固保守势力利用"六经"的条文以抗拒新思想,六经对顽固派,对封建统治阶级是最好的工具,被用来禁锢人民的新思想。何启、胡礼垣当时不反对孔子,借孔子作为掩护来"证明"六经不应拘守,因为孔子也反对宗经。他们反复指出经学不但不能致用,反而成了新思想的障碍。以六经教人,只能耗人精神,使人学了一堆几千年前早已过时的知识,有什么用呢? 他们以为倒不如秦始皇焚书的办法对于泥古不化的人更有用些。

他们说,孔子不但不教人宗经,相反地却教人不要宗经。孔子删改过《诗》《书》等经,足见孔子主张"使经宗我,使经我用"。孔子对《易经》不但未加删改反而大力注释,补充《易经》的道理正是重变化,反对保守。孔子推崇《易经》,其主要原因就在于《易经》"以无常法为常法之常法"。他们认为孔子若生在当今时代而当权时,孔子一定比俄国彼得大帝更加注重造船,也一定注意兴办工业。真正的圣人之徒一定主张变法(《前总序》)。

他们又说,要变法必学习西洋的学问。"唯其愈救时,是以愈求西学。唯其愈深西学,是以愈能救时。"他们反驳那些以为"西学愈深,则其疾视中国亦愈甚"的顽固思想。他们说顽固分子,连张之洞等在内,由于"先有中学之见横梗胸中",所以仿效西法归于失败。他们不能看出张之洞等人的"西学为用",其目的正是为保持中国旧的封建君主专制制度,他们学习西方的"洋务",正是为了防止西方民权思想渗入中国人心。张之洞等人的罪恶还不在于对"西学"的认识错误,而在于有意地为反动的清朝皇帝服务,有意地打击进步的思想。

他们只指出张之洞等"中学为体,西学为用;中学为本,西学为末,中学为经济,西学为富强"的思想是错的。他们又揭发了当时流行的学问,其内容不外"浅陋之讲章,腐败之时文,禅寂之性理,杂博之考据,浮诞之词章",这些学问完全不能解决当时中国的实际问题。"宋代理学如朱子者,强国学之必致于衰,弱国学之必致于灭。非惟不可以救当时,而且足以累后世"。因此,他们主张废科举,兴学校,按照资产阶级的要求来培养人才。

他们反对宗经,敢于指出拘守封建时代的六经有害。主张学习西方的实用科学,这在当时是进步的思想。这些思想都是对保守思想起着一些破坏作用。但他们不反对孔子,也不怀疑封建制度,这又表现了他们的改良主义的妥协性的一方面。

四 对帝国主义的认识

从鸦片战争到中日战争,中国遭受到更深的民族灾难,面临瓜分的危机。帝国主义者纷纷在中国划分势力范围。这种情况是广大人民所不能容忍的,这种情况也直接打击了刚萌芽的民族资产阶级的经济利益。何启、胡礼垣为了本阶级的利益,他们以沉痛的心情叙述出当时中国面临的危机:"方今中国东三省以及山东、云南、广西、广东铁路矿务之利权;旅顺口、大连湾、威海卫、广州湾水道门户之险要,俱已归于外人!""叹时事之日非,伤神州之板荡","冀其殷扰启坚,多难兴邦耳!"(《新政论议》)

他们不仅看到当时中国民族所处的危机,同时也初步看出了帝国主义侵略对中国的不利。当时外国资本向中国侵入,表面上好像帮助中国建设。有些外国人也很"热心"地为中国计划着开发富源,借款给中国,他们警惕地指出:"彼洋人者,岂真欲固我邦家,安我黎庶哉? 果其意出于此,则借款之立必无出入折扣,低昂利息,经纪剥削,核算金镑等事。"(《新政安行》)洋人"所放在利,所侵必权;所侵在权,所据必地,所奴必民"。他们在

《新政安行》中指出帝国主义侵占中国领土的目的不止因为这些国家本国有人满之患，而是为了掠夺中国人民的利益，所以帝国主义要在中国"开铁路"，"广轮舶"，"辟矿产"（《新政安行》）。

帝国主义既然为了侵略，到中国开矿、修铁路，何、胡以为中国为了防止侵略，必须自己主动地先开办这些工业，"呕呕为之，以绝其望"。他们对帝国主义没有足够的认识。由于在思想上受了帝国主义的教育的毒害，以为帝国主义所讲的公开市场，公开竞争是帝国主义的真话，以为外国与中国通商是"公其物、利其事"。倘若中国有矿而自己不来开采，又不允许外人来开采，这是"不公其物、不利其事"，既然"不便于人，人皆得而责之"。中国有矿，外人"不来取者原情之说也，其果来取者执理之说也"。这种论调与帝国主义分子李提摩太、丁韪良等竟完全一样！

何启、胡礼垣对帝国主义认识不正确，这只是问题的一方面。另一方面，主要的原因是他们代表一部分买办商人的利益。这些人在经济上对帝国主义有一定的依赖性。他们怕洋务派的剥削因而不敢对中国投资，他们深知洋务派怕"洋人"，他们主张中国的新式企业最好多招洋股，有了洋股，中国人也可以放心入股，就不怕洋务派的欺压了。这正是反映了他们的买办思想。他们长期受英国的教育，依赖英国势力长期住在香港，他们对英帝国主义存着幻想："瓜分之说，英虽从长计议，未便允许。然若中国纪纲终堕，不能与英深期结纳，协力维持，则鹿失中原，逐之者众。英虽盛强岂能止各国之争？既不能止其争，必将自顾其利，四分五裂，势所必然。"（《劝学篇书后》）他们错误地认为英国未曾参与瓜分中国的阴谋，这显然是荒谬的见解。他们不认识帝国主义之本质，相信帝国主义是"文明"的，并相信国际公法是西洋各国奉行不渝的真理："西人性理之书最有用者唯有公法。公法之存心也忠而恕,其持论也公而平,其言事也详而辩,其说理也质而真。"(《新政始基》)他们错误地认为中国对外交涉吃亏是由于不懂得国际公法;帝国主义侵略中国是由于中国自己不争气;外国人在中国不遵守中国的法律是由于中国法律定得太严酷,若能参照外国法律,把中国的法律定得宽一些,"洋人"也可以遵守中国的法律。

何启、胡礼垣未尝不感到帝国主义对中国的压迫,他们也提到过海外华商遭受"欺凌",但又因为他们对于帝国主义者有一定的依赖性,所以他们的对帝国主义的认识极为模糊。他们羡慕帝国主义的"文明",震慑于帝国主义的武力。既然看不见人民的力量,自然他们会感到帝国主义的武力不可抗拒。在《康说书后》中充分表明了他们思想中的买办性。

中日战后康有为在保国会的演说中号召国人拒和,对日继续作战,提出保国、保种的口号。康有为从地主阶级的立场警告国人,他说香港的华人最尊贵的只能做外国人手下的"买办",而不能做"大班","印度被灭,无所六等以上人者","观分波兰事,胁其国主,辱其贵臣,荼毒缙绅,真可为吾之前车哉!""若使四万万人皆发愤,洋人岂敢正视乎?"康有为提出"自强""变法","责在士大夫"。这一篇慷慨激昂的演说虽然从地主阶级士大夫的立场发出发愤自强的号召,但也反映了当时广大人民的反侵略的爱国热情,在当时产生了广泛的振奋人心的影响。康有为的这种坚决抵抗的精神,惊动了何启。何启害怕康有为这种"过激"的言论,他授意胡礼垣作《康说书后》,驳难康说。《康说书后》表现了何启、胡礼垣对帝国主义的依赖性、妥协性,又一次表现了何、胡的"平理、近情、顺道、公量"的妥协思想。他们对国内的洋务派及封建制度曾提出过一定程度的反对的主张,还有一定的斗争勇气。而在帝国主义面前成为懦夫。

何启、胡礼垣在《康说书后》中替帝国主义的侵略寻找借口，他们说印度"无六等以上人者"，是由于印度人"不好学"，能力低，香港华人很有社会地位，作"大班"的人很多，甚至有人在香港政府"身兼七八职者"（按：指何启）。何启、胡礼垣不可能看到中国四万万人会有反帝的力量，只感到中国的封建势力敌不过洋人的武力，所以极怕因反对帝国主义的侵略而招出麻烦来，更怕提到"发愤"的字样。他们指出鸦片战争就是由于"激于义愤""不自量力"才招致失败。他教人"谦虚戒慎"，因此，他们原谅历史上降敌求和的秦桧，说他"非不忠于宋"。他反对"不自量力"坚决抗敌的文天祥，他们说，文天祥受了宋朝君主的恩惠，他个人誓死抗元倒也没有什么不应该，但文天祥不该率众抗元。天祥说："乐人之乐者，忧人之忧；食人之禄者死人之事。"可是"天祥之乐"并非得自宋君，"天祥之食"也非得自宋君，都是得自人民，"而乃杀数十万民"以报君，"吾知孔孟必无是道也"。"杀身以成仁可也，杀民以成仁不可也。舍身以取义可也，杀民以取义不可也。"（《康说书后》）

文天祥率民抗敌，体现了广大人民反侵略的要求。文天祥所以成为宋朝的民族英雄，并非只是为了报个人的私恩，数十万人跟他一齐杀敌，一同成仁取义，不是人民受文天祥的"利用"。何启、胡礼垣把商民个人的利益看得比祖国的利益更重，这是不对的。固然，当时何启、胡礼垣的时代异族统治，腐败透顶的清朝政权对于一些无权无势的商民来说，没有什么可爱，不值得为清朝效忠。但是当半殖民地的中国遭到民族危机时，号召人民群起抗敌，完全是正义的。何启、胡礼垣只看见帝国主义的强大，认为反抗帝国主义会使中国之民"将欲居覆屋、在漏舟、作犬羊、为奴隶或亦不可再得"。竟认为发愤抗敌引起的结果比做"奴隶"还坏，这完全是买办思想。他们所关心的只是眼前的最切身的利益,至于广大人民的长远的利益,他们并不关心。中日战后,三国干涉赎回辽东半岛,他们觉得不合算,他们说"何必从日本人手中赎回来,留给将来俄国人再来夺取呢"？他们还相信帝国主义中间有真正的"公道":"平壤既战而后,使各国肯出一言,则必无旅顺威海之失。"中国平日对帝国主义"诚意不孚",所以失败。

五　何启、胡礼垣思想的估价

何启、胡礼垣为了正在由海外华商转化来的民族资产阶级的利益而提出了他们的经济政治的要求,而这些要求也就是当时的民族资产阶级的要求。他们有一定的反帝的情绪,但对帝国主义是害怕的,他们并不积极反帝,他们的买办性决定了他们对帝国主义的妥协态度,他们也是反封建主义的,由于阶级力量的薄弱,他们不可能有彻底的反封建的思想。因为看不见农民的力量,甚至对农民采取轻视的态度,所以他们不是向统治者夺取政权,而是向统治者祈求开放一部分政权,以满足民族资产阶级的要求。

他们鼓吹西方资产阶级的政治制度,揭发封建制度的腐朽情况,暴露了洋务派的反动面目,反对顽固保守的封建思想,提倡向西方学习,这些思想在客观上对戊戌维新运动起了配合的作用,对后来的辛亥革命也起了一定的帮助作用。

鲁迅同中国古代伟大思想家们
的关系 *

中国文化革命的主将、伟大的思想家、伟大的革命家鲁迅离开我们整整二十年了。在这二十年的时间里,我们不但取得了鲁迅所向往的使全国人民能够生存、温饱,而且向着更美满、更广阔、更崇高的人类共同的理想——社会主义和共产主义社会迈进。

我们今天所获得的胜利中也有鲁迅的伟大功绩。在过去的艰苦的岁月里,鲁迅曾分担了人民的苦难,领导文化界向反动势力进行斗争。为了纪念我们的伟大的导师,我们有更深入地向鲁迅学习的必要。

在"五四"以前,作为旧中国的启蒙思想家,鲁迅是中国的柏林斯基;在"五四"以后,直到鲁迅的逝世,作为在马克思主义领导下的文学家、思想家,鲁迅是中国的高尔基。因为鲁迅所探索的中国革命、进行革命斗争的道路,就是中国人民探索革命,进行革命斗争的道路。"鲁迅的方向,就是中华民族新文化的方向"①。

＊　原载《科学通讯》1956 年第 6 期。

①　《新民主主义论》,《毛泽东选集》第 2 卷,人民出版社,1966 年版,第 658 页。

鲁迅永远活在中国人民的心里,就在于他的一生和中国人民反帝反封建的斗争相结合,他和广大人民共患难、同命运。他是在历史悠久、文化遗产极丰富的土壤里哺育成长起来的,也是在旧中国这块灾难深重的土壤里磨炼出来的。

任何思想的产生,都不能脱离了培育它生长的土壤。鲁迅曾受过西方进步的资产阶级革命思想的激荡,受到近代科学训练和苏联进步作家的影响,接受了达尔文主义。这些条件对鲁迅来说都是非常重要的,也是大家所熟知的,现在不在这里谈。这些条件都只能作为构成鲁迅的革命思想的外因,不通过内因,只有外因就不会起作用。

什么是决定鲁迅的哲学思想发展的内因呢?

决定鲁迅革命思想发展的道路的是旧中国半封建半殖民地的社会条件,和中国固有的优秀的民族文化传统。关于社会条件这里不准备多说,瞿秋白同志的《鲁迅杂感选集序言》①已做过深刻而正确的说明。本文只着重谈谈鲁迅和中国民族文化继承和发展的关系。

鲁迅先前在人民大众的反帝反封建的革命浪潮影响下,后来在党的领导下勇敢地担任了向封建主义、帝国主义战斗的任务。在这一艰巨的思想战线上,为了打垮敌人的反扑,他不得不深入到中国优秀的文化传统中摄取营养,积蓄力量。残酷的革命斗争的实践,逐渐使他学会了怎样打击敌人;优秀的文化遗产,帮助了他从敌人的内部更有效地挖空了敌人所凭据的思想堡垒。如果忽视了中国民族文化传统中的进步思想对鲁迅的思想所起的巨大作用,就会妨害对鲁迅的全面的认识。

哲学史上无数的事实早已证明了:任何新思想的产生一方

---

① 《瞿秋白文集》,人民文学出版社,1998年版,第977页。

面有它的阶级基础、一方面有它的思想传统。鲁迅的哲学思想的发展也不例外。我们怎样理解文化、思想的继承性呢？

从哲学史上看来，思想斗争从第一天起，就有进步与保守思想的斗争，唯物主义与唯心主义的斗争，这两条路线贯串到底，不但过去、现在是这样，将来的共产主义社会，阶级消灭了，思想斗争也还存在（参看人民日报《无产阶级专政的历史经验》）。毛泽东同志指出："我们是马克思主义者，我们不能割断历史。"在古代阶级对抗的社会里，两种文化经常斗争的阵线是：一边是为剥削阶级服务的文化和思想体系，它和广大人民的利益处在对立的地位；另一边虽然也是剥削阶级中的人物所创造的文化和思想体系，但是这种文化和思想体系和广大人民的利益息息相关，它是为人民所关心的，是属于人民的。它也是促进进步的新文化、新思想产生的真正源泉。鲁迅的革命思想显然是属于后一种体系，而不属于前一种体系。

富有革命性的、进步的思想体系经常和它当时占统治地位的保守的、甚至反动的思想体系做斗争。革命性的、进步的思想经常被正统派指为"叛逆""异端"，因而被压制。就像压在巨石下的斜逸横出的古树。环境尽管对它不利，可是它有顽强的生命力，任何力量也压制不住它的生长，"正统派"的保守思想不能消灭它。鲁迅曾说过：

> 幸而这一类教训（引者按：这一类教训是指的"正统派"的保守思想）虽然害过许多人，却还未能完全扫尽了一切人的天性。没有读过"圣贤书"的人，还能将这天性在名教的斧钺底下，时时流露，时时萌蘖；这便是中国人虽然凋落萎

缩,却未灭绝的原因。①

当然,这种在"名教的斧钺"底下萌芽的思想,腐朽了的剥削阶级的老爷们是看不惯的,因为它有几分"二心",对"名教"有危害,只能被指为"异端"。鲁迅的革命性的思想,如果我们要指出它的继承性,那末他所继承的恰恰就是一向被剥削阶级的反动统治者看作怀有"二心"的"异端"的传统。鲁迅之所以遭到"正人君子"和"卫道者"们的"围剿",事情一点也不奇怪。因为这两种传统从来就是敌对的。

有些人仅仅从鲁迅著作中的字句着眼,认为鲁迅既然是一个革命者,就要打破一切传统,不要任何凭借,反对一切过去的东西。我们试翻开鲁迅的著作看,的确有推翻一切的话。比如鲁迅就说过:"我们目下的当务之急,是:一要生存,二要温饱,三要发展。苟有阻碍这前途者,无论是古是今,是人是鬼,是《三坟》《五典》,百宋千元,天球河图,金人玉佛,祖传丸散,秘制膏丹,全都踏倒他。"②鲁迅也曾说过:"少看中国书,其结果不过不能作文而已",鲁迅以为"去读古书,却比不能作文之害还大"。③

那些民族虚无主义者,鼓吹打倒一切,自称是鲁迅思想的继承者,对民族文化遗产采取一脚踢开的态度,这是极端反动的。我们仔细读过鲁迅的著作,就会知道在文化遗产的继承问题上,鲁迅是最能吸收和发扬民族文化遗产的优秀传统的。鲁迅是爱国主义者,是民族虚无主义的敌人。但是鲁迅所继承的,乃是一向为正统派所鄙视、所压制的"异端"思想。鲁迅说得很清楚:

---

① 《我们现在怎样做父亲》,《鲁迅全集》第 1 卷,人民文学出版社,1956 年版,第 252 页。

② 《鲁迅全集》第 3 卷,人民文学出版社,1956 年版,第 36 页。

③ 《答"兼示"》,《鲁迅全集》第 5 卷,人民文学出版社,1956 年版,第 287 页。

"我们从古以来,就有埋头苦干的人,有拼命硬干的人,有为民请命的人,有舍身求法的人……虽是等于为帝王将相作家谱的所谓'正史',也往往掩不住他们的光耀,这就是中国的脊梁。"①

事实已说得很清楚了,丧失了民族自信心的人,安心出卖祖国文化、在思想上作了帝国主义和封建主义奴才的人,决不能继承中国文化遗产。鲁迅是最爱国的,是最尊重文化遗产,最有资格接受文化遗产的人,他所继承的不是什么帝王将相们所谓正统派的思想,而是真正的"中国的脊梁"。这种思想是中国传统文化的支柱。

在中国古代思想中哪些是我们的优良传统?

毛泽东同志曾指出过,在几千年的封建文化中有"封建性的糟粕",有"民主性的精华"。精华,就是唯物主义的思想、科学思想或者是为科学开辟道路的思想传统,反权威、反压迫的传统。中国古代文化中糟粕和精华的区别,鲁迅有极深刻的认识。中国古代许多伟大思想家经常在鲁迅的笔下出现,并通过他的批判取舍,把精华部分介绍给读者,也把糟粕部分给以揭露。有些思想家遭到鲁迅的讽刺和嘲笑,有些思想家通过艺术形象得到表扬。但是我们还不能简单地从文句上的批判和表扬来区别鲁迅继承的是哪些思想,反对的是哪些思想,仅仅这样还是不够的。

例如在字句上,鲁迅曾对影响最大的思想家孔子在许多地方采取攻击的、否定的态度。如果从字面上作这样的理解,就会完全和鲁迅的真正见解相反。因为鲁迅和反动思想做斗争的时代,封建主义和帝国主义结成联盟,打起"保存国粹"的招牌,为

---

① 《中国人失掉自信力了吗?》,《鲁迅全集》第 6 卷,人民文学出版社,1956 年版,第 92 页。

封建道德张目,不但遗老们要祭祀孔子,民国成立后的教育部也要派鲁迅这些职员们向孔子的牌位磕头,北洋军阀拟定的伪宪法草案上居然规定"以孔教为国教"。连洋博士胡适也在"整理国故",这些新文化的敌人几乎拿出全部力气向新文化反攻。他们都在利用孔子作为工具,就连无耻的袁世凯、和流氓土匪头子出身的军阀张宗昌们也"把孔夫子拿出来当砖头用"。鲁迅看得很清楚,这些魔鬼们和他御用的文人越要高举孔夫子这块圣人招牌来反对人民革命,而鲁迅"要打倒他(引者按:他是作为招牌用的孔子)的欲望也就越加旺盛"。鲁迅所攻击的不是两千多年前的孔丘,他所攻击的是反动势力所崇拜的偶像化了的"圣人"。因此,鲁迅的笔下有时故意对孔子来一点"不恭敬",使得那些道学先生们在鲁迅的嘲笑下更加显得狼狈。孔子虽然是中国一个伟大的教育家,但也存在着很多缺点,从科学的态度着眼,为什么不能批判呢?事实上,"五四"前后新文化革命高潮时期,新思潮以排山倒海的压力摇撼着封建文化的堡垒,而封建文化也据垒顽抗的时候,当时实在不可能对孔子的思想做出全面性的分析。因而反对孔子的理论中有些是偏激了些。尽管有些偏激,但为了向旧文化进攻,在战略上还是正确的。鲁迅和其他新文化的战士们打击那被反动派哄抬为"大成至圣文宣王",向"道冠古今""德配天地"的神像抛几块砖头不但是可以,简直应该这样做。这种神圣化了的孔子不但鲁迅要反对,就是今天要写哲学史也不允许把孔子哄抬到神圣的地位,虽然孔子有许多伟大的贡献。鲁迅对孔子的估价是相当公允的。他说他反对孔子的理由是由于当时许多人"把孔子装饰得十分尊严时,就一定有找他缺点的论文和作品出现。即使是孔夫子,缺点总也有的,在平时谁也不理会,因为圣人也是人,本是可以原谅的"①。

在另外的地方,鲁迅对孔子哲学思想中的积极进取的人生态度是肯定的。他说:"至于孔老相争,孔胜老败,却是我的意见:老,是尚柔的;'儒者,柔也',孔也尚柔,但孔以柔进取,而老却以柔退走。这关键,即在孔子为'知其不可为而为之'的事无大小,均不放松的实行者,老则是'无为而无不为'的一事不做,徒作大言的空谈家……于是加以漫画化,送他出了关,毫无爱惜。"②

从以上的论述中,不难看出鲁迅认为孔子是一位"知其不可为而为之的事无大小,均不放松的实行者"。对于孔子这个人,学术界一直有不同的评价,这是一个值得讨论的问题。鲁迅对孔子在封建社会中的偶像地位,主张坚决打倒。仅就孔子与老子相比较,鲁迅对孔子的"以柔进取"比老子的"一事不做",还是给以较多的肯定的(至于孔子是不是如鲁迅所指出的"以柔进取",还可以讨论,这里可以存而不论)。对老子的学说,现在还没有得到一致的结论,他的"无为而无不为"是不是"一事不做",这个问题还在研究中。但是,老子的思想确实有它的消极退守的缺点。这种缺点也确实给中国人民留下了许多不好的影响,鲁迅反对老子的这一方面完全是应当的。

墨子是中国人民所熟悉的另一个伟大的思想家。鲁迅在《故事新编》中曾生动地、忠实地用艺术的形象的手法使这位思想家重现在读者的面前。鲁迅集中写出墨子为了宋、楚两国人

---

① 《在现代中国的孔夫子》,《鲁迅全集》第 6 卷,人民文学出版社,1956年版,第 253 页。

② 《〈出关〉的"关"》,《鲁迅全集》第 6 卷,人民文学出版社,1956 年版,第 425 页。

民的利益,以十日十夜的时间徒步从鲁国赶到楚国,用他的智慧和勇敢,折服了好战的楚王和贪功的公输般。这是在中国人民中间流传了几千年的故事。通过鲁迅笔下的墨子形象,使读者认识到墨子的英雄形象是可敬的。墨子一贯反对不义的侵略战争,但他不向侵略者乞求和平,而是靠自己的力量保卫和平。可见中华民族爱和平、反对战争是有它的优良传统的。而对待好战分子的态度又表现了中华民族的坚强的性格。鲁迅的憎恨历史上侵略者奴役人民的暴行,鲁迅的艰苦朴素的生活,对劳动人民的关怀,在一定程度上接近墨子(事实上,墨子这种思想,并不看作他个人的思想,应当认为他体现了中华民族优良品质的一部分)。我们只要翻开鲁迅的著作,随处都使人感到他对帝国主义侵略行为的憎恨;他对卖国投降者的痛斥;他对那些"媚态的猫",为敌人驱使的"乏走狗"是怎样的鄙视;使我们感到做一个真正的中华民族儿女又是怎样的值得自豪。爱好和平,保卫和平的决心和信念是中华民族几千年来的优良传统。鲁迅继承了这一传统。

中国古代另一个伟大思想家庄子,对鲁迅的影响也是深刻的。

鲁迅在他的故事新编中嘲笑了庄子的"无可无不可"对于是非、真假都无所谓的、模棱两可的态度。在鲁迅的天才的笔下,似乎使得飘飘然曾化为蝴蝶的庄周,在现实生活面前,不能模棱,无法"无可无不可"的时候,不得不显出"窘急",使他不得不从所谓"超脱"的空想中还原为一个普通的人。像这种"无可无不可","彼亦一是非,此亦一是非"的相对主义,确实是庄子思想中主要落后的一方面。它反映了悲观失望,看不见前途的自我陶醉的消极思想,这种思想是有害的。

是不是鲁迅对于庄子的思想没有吸收呢?也不是的。庄子的思想中也还有它的进步的一方面。比如庄子对当权派富贵的轻蔑，对盗窃"仁义道德"的辛辣的讽刺；对庸俗市侩的嘲笑；对统治者的消极不合作，不事王侯的傲骨，在中国的广大知识分子中也曾起过好的影响，这种人生态度也确曾使历代剥削阶级的统治者感到不方便。也正因为庄子的思想在一定的程度上有不受拘束、浪漫自由的性格，所以几千年和忠诚为封建统治者服务的孔孟学派的伦理道德观念有些牴牾。庄子本人在旧中国的哲学史上远远不能和孔孟并肩，因为他不大像"圣贤"，只好退居于诸子之列。不能算作正统，只好归入"异端"。

因此，我们不能认为鲁迅没有在庄子的思想中吸取进步的东西。只有善于继承文化遗产的，具有卓越的见解的思想家才懂得从过去的丰富的文化遗产中吸取什么，抛弃什么；只有那些思想的懒汉，才安心当古人的奴隶，抱着死人的骸骨不放手。这一点，可参看郭沫若先生的《庄子与鲁迅》（《今昔蒲剑》，第275—296页）一文。文章中肯定了庄子思想的价值，并指出鲁迅在思想上所受的庄子的影响。郭沫若先生文章所涉及的，这里不再重复。

鲁迅自己深知庄子思想中的"无可无不可"的自由主义的观念的危害性，所以在许多文章中劝青年不要读《庄子》。他说："……就是思想上，也何尝不中些庄周、韩非的毒，时而很随便（作者按：随便是指的庄子思想的毒害），时而很峻急（作者按：这里是指的韩非的思想的危害）。"[1]

鲁迅还对那些劝青年学生读《庄子》《文选》这两部可以教会人们做文章的说法提出反对的意见："我们试想一想，假如真有

---

[1] 《写在"坟"后面》，《鲁迅全集》第 1 卷，人民文学出版社，1956 年版，第 364 页。

这样的一个青年后学,奉命唯谨,下过一番苦功之后,用《庄子》的文法,《文选》的语汇,来写发挥《论语》《孟子》和《颜氏家训》的道德的文章,'这岂不是太滑稽吗?'"①

根据以上的理由,鲁迅的见解是对的,那些复古的形式主义者使青年在《庄子》和《文选》中揣摩文法,挦撦字汇,无非要把青年们变成"古董",这是应当反对的。鲁迅对他们的驳斥是十分必要的。

中国文学史上第一个伟大诗人——屈原——对鲁迅的影响也是极为深刻的。

屈原的伟大成就和他在中国以及世界文学史上不朽的地位,早有定论,这里不再多说。屈原不但是一位文学家,他还是政治上遭受迫害,不得谅解,被不合理的社会所戕杀的伟大思想家。他是中国历史上所有爱国忧民,坚持正义,为真理而活着,为真理而死去的光辉的榜样。他也是被"正统派"认为缺乏圣贤气象,具有叛逆性格的人物之一。我们试看,鲁迅对这位伟大的诗人和思想家是怎样地发出由衷的歌颂:"离骚者……其辞述己之始生,以至壮大,迄于将终,虽怀内美,重以修能,正道直行,而罹谗贼,于是放言遐想,称古帝,怀神山,呼龙虬,思姱女,申纾其心,自明无罪,因以讽谏……次述占于灵氛,问于巫咸,无不劝其远游,毋怀故宇,于是驰神纵意,将翱将翔,而眷怀宗国,终又宁死而不忍去也。"②

鲁迅在他早期的《摩罗诗力说》一文中即对屈原做出正确的

① 《答"兼示"》,《鲁迅全集》第5卷,人民文学出版社,1956年版,第287页。

② 《汉文学史纲要》,《鲁迅全集》第8卷,人民文学出版社,1956年版,第275—276页。

估价,他认为屈原的伟大,就在于他具有"放言无惮,为前人所不敢言"的坚强独立的性格,和伟大的理想:"惟灵均(引者:灵均即屈原)将逝,脑海波起,通于汨罗,返顾高丘,哀其无女,则抽写哀怨,郁为奇文。茫洋在前,顾忌皆去,怼世俗之浑浊,颂己身之修能,怀疑自遂古之初,直至百物之琐末,放言无惮,为前人所不敢言"。①

鲁迅认为唯一美中不足的就是屈原的作品"多芳菲凄恻之音,而反抗挑战,则终其篇未能见。"我们对屈原的要求,当然不能和近代民族主义觉醒时期的作家相比。但鲁迅对屈原的反抗传统,追求真理的精神是向往的。所以在《汉文学史纲要》中,鲁迅认为宋玉、唐勒、景差之徒只学到了屈原的词藻的华丽,而屈原的"九死未悔"追求真理的精神却丧失了。这一批评是恰当的。屈原对鲁迅的思想的影响,可参看许寿裳先生的《屈原和鲁迅》一文(《亡友鲁迅印象记》,第5—8页)。这里不再重复。

除了上面所列举的先秦时代影响深远的伟大思想家对鲁迅的影响以外,鲁迅对于秦汉以后的一切带有反抗压迫、解放个性的思想家,对于实事求是、痛恨虚妄、夸大的思想家,对于敢于向伪善者进行揭发的思想家都加以肯定和表扬,并吸收他们的长处。这种追求真理,对抗权威的思想斗争在鲁迅幼年时代已经开始,冯雪峰同志曾对于鲁迅这一方面思想发展的线索有过研究和说明:

> 根据鲁迅本人的自述、别人的追记以及我们所已得到的材料,我们现在已经有充足的证据可以证明鲁迅在这十二个年头中读了不少的中国古籍。他不仅有'过目不忘'的记忆力,并且每每有新颖的见解,而对于旧的观点和封建

---

① 《鲁迅全集》第1卷,人民文学出版社,1956年版,第200页。

的、宗法社会的传统的伦理观念常有敢于持异的勇气。同时在所谓正统的经、史之外,对于野史和杂集之类具有特别的兴趣。因此搜寻、阅读以及抄录,也特别的勤快,而且,少年鲁迅也曾经勤于寻访绍兴的文物遗迹,抱着诚敬爱慕景仰的心情去对待绍兴府属的先贤们。而对于这些先贤中的具有反抗思想和爱国精神的诗人、文士与学者的著作的搜寻也更为热诚。①

鲁迅给他的好朋友的儿子开过一张书单,其中除了一些工具性的书以外,只有少数几种,就在这少数的几种之中,有汉代伟大唯物主义者、反宗教迷信的先进思想家王充的《论衡》;有记载魏晋时代旷达率真,不拘礼法的人物言行的《世说新语》;有揭露唐代"文人取科名之状态"的《唐摭言》;有"论及晋末社会状态"的《抱朴子》外篇;有记录明末清初之"名士习气"的《今世说》(参看许寿裳著《和我的友谊》。《亡友鲁迅印象记》,第93—94页)。

像鲁迅所开的这些书固然不是什么隐僻难见的著作,但和卫道者们所标榜的那些束缚人的言行,麻痹人们思想的"五经四子""圣经贤传"有本质的不同。

鲁迅是主张一切事物都在变化发展的,他反对形而上学的停滞不变的历史观。有些人主张鲁迅的发展和进化的观点是来自西方的进化论,这种观点是有根据的。但也不能否认,鲁迅之所以坚信进化论,并能较快的接受进化论,和他对于中国固有历史发展的思想是分不开的。进化论的学说是西方的,在中国古代的哲学遗产中,关于历史要进化,不能返到古代去的观念对于

---

① 《冯雪峰论文集》第1卷,人民文学出版社,1953年版,第256—257页。

鲁迅来说并不是陌生的。比如先秦的《韩非子》、汉代的王充《论衡》都大同小异地提出社会要改变,历史不能倒退,反对"今不如古"的陈腐守旧思想。鲁迅说过曾受过韩非思想的"毒",学了他的"峻急"。鲁迅决不是说韩非的思想中充满了毒素。

事实证明,《庄子》和《韩非子》中反复古主义,反对经典中的宗教迷信,反权威,反偶像崇拜的思想,早已被历代的"圣人之徒"目为"非圣无法"。可见鲁迅并没有中了古人的什么毒,倒是吸取了他们思想中的进步因素,从而丰富了自己的营养。

王充《论衡》更是一部反对泥古不化、大胆宣扬无神论的著作。王充提出种种论据,说明人类历史不是退化的,不是"一代不如一代",这种进步的、符合或接近科学的思想给鲁迅的唯物主义的思想打下了良好的基础。这种思想强有力地构成了鲁迅在接受马克思主义以前的主导思想。鲁迅在很长的一段时期内,凭借了进化论作为武器,向封建复古主义、历史循环论、历史倒退论种种谬说展开了斗争,这是事实。如果认为鲁迅的进化观点完全是从西方移植过来的,和中国固有的唯物主义哲学思想的传统没有关系,这是不符合事实的。

在汉以后的伟大唯物主义思想家中,鲁迅还接受过嵇康的思想的影响,对阮籍等人,鲁迅也是赏识的。嵇康这些人,在封建时代敢于向庸俗虚伪的礼教用行动来抗议,敢于和当权派不合作,甚至不惜牺牲了自己的生命,当司马氏父子为了自己的利益在那里扮演"尧舜禅让"的丑剧时,他敢"非汤武而薄周孔"。嵇康这种行为,是当时媚俗的、奴颜婢膝的那些读书人所不敢做的。像嵇康、阮籍这些人,他们出身于剥削阶级,不可避免地带有剥削阶级的弱点,比如迷恋饮酒、享乐,过着疏懒放纵的生活,这是他们的弱点。鲁迅从这些人物的思想和行动中也吸取了他所要的东西。鲁迅称赞他们不板起面孔来教人学"圣人",他们针对圣人法定的"学而时习之,不亦说乎"的古训,居然说:"人是并不好学的,假如一个人可以不做事而又有饭吃,就随便闲游不喜欢读书了,所以现在人之好学,是由于习惯和不得已。"[1]

鲁迅对于嵇康、阮籍这些魏晋名士寄予深切的同情。因为这些提倡个性解放的人物,不但在当时对当权派的虚伪阴谋进行了斗争,而他们的影响,对后来的许多"封建余孽"也起着匕首的作用。鲁迅从 1912 年就利用在机关工作的余暇,校订了《嵇康集》,到 1924 年出版。这一工作,说明了鲁迅是怎样地不惮烦劳,对于古代敢于反抗暴力的思想家表现的敬意。

此外,凡是在中国历史上多少有过反对封建压迫,具有反抗精神的思想家,鲁迅都随时发扬他们的学说。就战略战术上来说,借助古人的进步的思想攻击那些食古不化的顽固思想更容易收到战斗的效果。

封建伦理加给人民的枷锁之一就是"孝"道。在"孝"的压力下不知葬送了多少有为的青年男女的幸福,斫丧了多少天才发展的机会。在"孝"的包庇下,长辈的胡作非为,荒淫无耻也是正确的,因为他是"长辈"。鲁迅首先向廿四孝中的标本开刀,对灭绝人性的"郭巨埋儿",丑态百出的"老莱斑衣",荒诞不经的"王祥卧鱼","孟宗哭竹",进行了愤怒的控诉,无情的讽刺和鞭挞。使得那些假道学们在真理面前不得不陷于张皇失措的境地。鲁迅在这战斗中特别引用了二千年前进步思想家孔融的见解:"父之于子,当有何亲? 论其本意,实为情欲发耳。"[2]

---

[1] 《魏晋风度及文章与药及酒之关系》,《鲁迅全集》第 3 卷,人民文学出版社,1956 年版,第 390 页。

[2] 《我们现在怎样做父亲》,《鲁迅全集》第 1 卷,人民文学出版社,1956 年版,第 253 页。

　　鲁迅借用了孔子的嫡派子孙的话,向那些自称"孔子之徒"们提出反驳。孔融这种见解,也不是从孔融开始就有的,远在东汉时代的王充的著作《自然》篇和《物势》篇中早已说过,父母生子女说不上什么"恩",只是"男女合气"的自然结果。鲁迅就是这样吸取古代哲学中进步思想的优良传统,以他的锋利的匕首割断那些长期束缚人民的"四大绳索"。这种斗争,体现了中国人民的共同愿望。我们经常记得为千千万万的进步人类所传诵的名言:"背着因袭的重担,肩住了黑暗的闸门,放他们到宽阔光明的地方去;此后幸福的度日,合理的做人。"①

　　鲁迅不愧为人类灵魂的工程师,不愧为伟大革命的旗手,他的伟大理想,慈爱深宏的胸襟永远激动着我们。今天的新中国,每一个人从思想上,政治上,得到了前所未有的自由、平等。我们在纪念鲁迅时,不能不想到,先进的思想家们,为了争取后代的幸福,曾经付出过多少惨重的代价!

　　自从汉代董仲舒以来,在哲学史上的正统派思想家经常奉行着"天不变道亦不变"的形而上学的戒律。这种千古不变的正统思想经常占统治的地位,盘踞在人心里。统治阶级为了防止任何的变革,也经常以"遵古""仿古"作为首要原则。这样长期盘踞人心的结果,使得封建统治者安心,可以用"不变"的原则来压制任何要求变革的思想。鲁迅从人民的利益,从中国哲学史上另外的一个传统,向这些陈腐的观念展开了斗争。"可惜中国太难改变了,即使搬动一张桌子,改装一个火炉,几乎也要血;而

---

　　①　《我们现在怎样做父亲》,《鲁迅全集》第1卷,人民文学出版社,1956年版,第246页。

且即使有了血,也未必一定能搬动,能改装。"①

恰恰和这种传统相反,中国古代有许多杰出的素朴的辩证法思想家,像古代的《老子》《庄子》(在一定程度上)、《周易》以及后来许多进步的哲学思想都对辩证法做出过不同程度的贡献。这些思想家们用他们的哲学思想丰富了中国文化遗产。鲁迅继承并发挥了辩证法的思想,他从世界观上坚决反对"天不变道亦不变"的唯心主义的、形而上学的观点。鲁迅认为变化和矛盾是绝对的,静止不变的状态只是相对的。变革的力量一定战胜保守不变的力量:

> 平和为物,不见于人间。其强谓之平和者,不过战事方已或未始之时,外状若宁,暗流仍伏,时劫一会,动作始矣。

> 故观之天然,则和风拂林,甘雨润物,似无不以降福祉于人世,然烈火在下,出为地囷,一旦偾兴,万有同坏。其风雨时作,特暂伏之见象,非能永劫安易,如亚当之故家也。

> ——人得是力,(作者按:矛盾斗争的力量)乃以发生,乃以曼衍,乃以上征,乃至于人所能至之极点。②

从发展进化的世界观出发,鲁迅对当时旧中国因循守旧的思想提出了严厉的指斥。在《故事新编》的《理水》一篇中,用生动辛辣的描写,把那些昏庸顽固分子的滑稽无知的丑态刻画在纸上。故事中说禹知道了他的父亲治水用培土的方法阻止洪水失败以后,就改用疏导的方法。下面是禹和那些顽固昏庸分子们的对话:

---

① 《娜拉走后怎样》,《鲁迅全集》第1卷,人民文学出版社,1956年版,第274页。
② 《摩罗诗力说》,《鲁迅全集》第1卷,人民文学出版社,1956年版,第197—198页、第199页。

（禹）……我经过考查，知道先前的方法："湮"，确是错误了。以后应该用"导"！不知道诸位的意见怎么样？"一位白须白发的大员……坚决的抗议道：湮是老大人的成法。"三年无改于父之道，可谓孝矣"。——老大人升天还不到三年。①

鲁迅在这篇小说所嘲讽的"大员"们，实际上并没有被作者夸大。他们的确是在旧中国成群结队地分布在社会上每一个角落里，他们自己既不要革新，还要死躺在别人企图革新前进的道路上，挡着愿意前进的人的去路。这些小丑们，在鲁迅的打击之下，显得那么苍白、低能、令人作呕。

还是这些封建主义买办主义的走狗们，他们害怕任何变革，就像浑水缸中沉淀的渣滓一样，唯恐有一点震荡。他们害怕新事物，生怕外国的事物给他们带来了灾害。鲁迅对这些国粹主义者（实际上是卖国主义者），给予无情的鞭挞：

汉唐虽然也有边患，但魄力究竟雄大，人民具有不至于为异族奴隶的自信心，或者竟毫未想到，凡取用外来事物的时候，就如将彼俘来一样，自由驱使，绝不介怀。一到衰弊陵夷之际，神经可就衰弱过敏了，每遇外国东西，便觉得仿佛彼来俘我一样，推拒，惶恐，退缩，逃避，抖成一团。②

正如鲁迅所指出的，中国过去的优良传统，是对任何外来文化，只要是人民喜欢的，对人民有利的，我们都是欣然接受；我们自己的文化，只要是对其他民族有利的，我们也从不因为是自己的什么国粹而误吝啬不给，这是中国民族的优良的传统。沦为

① 《鲁迅全集》第 2 卷，人民文学出版社，1956 年版，第 341—342 页。
② 《看镜有感》，《鲁迅全集》第 1 卷，人民文学出版社，1956 年，第 301页。

半封建半殖民地的时期,统治者们才变得神经过敏起来,若说这些国粹主义者们根本拒绝一切的外来的东西,也不尽然;进口的享乐奢侈品,进口的鸦片烟,他们倒是拿来就用,享之泰然的。

如果说鲁迅的革命思想不过是古代进步思想家的继续和发展,这也不完全符合事实,鲁迅革命的思想,从一个进步的唯物主义者,发展到一个坚强的马克思主义者,从进化论的世界观发展成为辩证唯物主义的思想战士,这是一个飞跃的过程,这一过程主要归功于党的领导,归功于鲁迅的长期斗争的革命实践。这样,才使他从一个自发地为人民的解放而斗争的勇士转变成为一个自觉地在党的领导之下全心全意为人民服务的英雄。

"鲁迅是封建宗法社会的逆子,是绅士阶级的贰臣"(《瞿秋白文集》,第977页),正是由于他是正统派所疾视的"逆子"和剥削阶级的"贰臣",他才有条件继承了中国文化中最丰富、最有价值的,和正统派对立的思想体系,这一思想体系和顽固派所保卫的"正统思想体系"同样的源远流长。鲁迅所继承的才是真正的民族文化遗产。

悼念汤用彤先生 *

汤用彤先生的逝世,是我国学术界的一大损失。

两周以前,曾去医院看过汤用彤先生。他在病榻上还对我说,"我的病不要紧,我有信心会好的,我还能工作……"长期卧病,人是消瘦多了,看来精神还好,我劝他安心养病,过几天再来看他。没有想到,这次见面竟成永诀。

汤用彤先生,字锡予,湖北黄梅县人,生于1893年。1917年清华学校毕业后,留学美国。1922年回国后,到1948年,历任东南大学、中央大学、南京大学、西南联合大学、北京大学哲学系教授、系主任、文学院长等职。1949年北京解放后,任北京大学校务委员会主席,1952年起任北京大学副校长。建国以来,担任中国人民政治协商会议全国委员会常务委员、全国人民代表大会代表、科学院哲学社会科学部委员。多年来担任《哲学研究》《历史研究》的编辑委员会委员。

汤先生是个博学的学者,学术界都知道他是中国佛教史的专家,同时,他对中国哲学史,特别是对于魏晋时代的哲学思想有过极深的研究。他对西方资产阶级哲学,如英国经验主义(洛

---

* 原载《历史研究》1964年第3期。

克、休谟、巴克莱）、大陆理性主义（笛卡尔、斯宾诺莎等）都有多年的研究，这两门外国哲学的课，经常轮换着开设。此外对中国历史和文学的修养，对梵文和英文的修养都是很好的。他的著作有《汉魏两晋南北朝佛教史》《魏晋玄学论稿》《印度哲学史略》《往日杂稿》《魏晋玄学中的社会政治思想》等。接近完成的有《梁高僧传校注》。尚有关于佛教史、道教史的若干论文分别发表于国内各杂志。

汤先生到北大后，胡适提倡的考据学正风行，有些人为了争奇斗胜，专门找一些冷僻的题目去研究，喜欢引证一些人们少见的书，以炫耀自己的渊博。汤先生并没有走这条乖僻的路，他的佛教史虽以精审的考据见长，但所取材料，多是大路边上的，如《二十四史》《高僧传》《世说新语》《资治通鉴》等，立论也很平易实在，而不好发奇谈怪论。今天看来，他所提供的佛教史资料还是确实可信的。

过去研究佛教史的，往往是些爱好佛教的信徒、居士，汤先生平时与和尚、居士很少来往，而是把佛教思想当作一种社会现象来研究。他那时用的是唯心史观，看问题虽然不能看到本质，但是比起那些和尚、居士们对佛教怀着迷信的态度的研究，成就自然要高出许多。

由于汤先生对西方近代资产阶级唯心主义哲学有较深的理解，他就有条件利用西方近代资产阶级的一些思想方法对佛教思想进行分析比较，比起那些只用封建的含混不清的叙述，用佛经解佛经的中世纪的办法提高了一个历史阶段，这也是使汤先生佛教史的研究成绩能够超过封建学者的原因。

建国以后，汤先生学习了马克思列宁主义，接受了唯物史观，扩大了眼界，才进一步认识天外有天，感到资产阶级的观点方法比起辩证唯物主义的方法，又有霄壤之别。他曾表示要下决心学好马克思列宁主义、毛泽东思想，对佛教史重新钻研，对自己的过去的成绩，也要重新估价。可惜，身体健康一直没有恢复，赍志以终！

回想起我和汤先生的相识，是在1934年，刚考进北京大学哲学系的时候，他给一年级讲"哲学概论"。那时汤先生四十一岁，满头白发，教学认真负责，循循善诱，给听过他的课的人，留下深刻的印象。抗日战争时期汤先生在昆明西南联合大学教书。日本投降后，又随着学校回到了北京（当时的北平）。汤先生除了有一年休假时到美国讲学外，三十多年来一直是在北京大学哲学系教课的。我先在北大做学生、研究生，后来又在北大哲学系教书，算来，认识汤先生和他相处达三十年。这三十年是不平凡的三十年，经历了两个截然不同的时代。我在北京大学学习时，日本帝国主义的年年进逼，威胁着中华民族的生存，年年有反对日本帝国主义和反对国民党卖国投降的学生运动。抗日战争期间，共产党领导的八路军、新四军得到了全国人民的爱戴，延安是抗战的灯塔。而在蒋管区则政治腐化，贿赂公行，安分守己的公教人员更是衣食不周。反动派刮尽了全国人民的血汗，养肥了四大家族。抗战胜利后，接着是蒋介石撕毁停战协定，发动大规模内战。人民仍然过着暗无天日的生活。几十年的内忧外患，使得一些爱国知识分子认清了前途，接受了共产党的领导，走上了革命的道路。还有一些洁身自好，不愿意与蒋介石国民党同流合污，又不懂得哪是革命的出路的知识分子，过着半饥半饱的生活，打算在学术中寻求安身立命的道路。自以为是为学术而学术，皓首穷经，潜心研究，工作条件是艰苦的，心情是沉重的。虽说做出一些成果，对这些成果也"敝帚自珍"，但是，这种成果对国计民生有什么用，自己也茫然。汤先生从前也有过这种苦闷。解放后，学习了马克思列宁主义、毛泽东思想，汤先生不止一次地说过："若不是遇到全中国的解放,真可算糊涂过了一生。我自以为'为学术而学术',哪里有这回事? 自以为超政治,哪里能超得了政治? 还不是为反动派帮了忙!"汤先生总是以沉痛的心情回顾解放前这段生活的。

全国解放了,北京解放了,北京大学的师生和全国人民沐浴在党的阳光下,获得了新的生命。汤先生怀着欢欣的心情工作着。他感到过去所学的都是些唯心主义的东西,对于接受唯物主义有妨害作用,因而总是对自己过去的研究成果抱着批判的态度。别人提到或称赞他的《佛教史》时,汤先生总是带着不安的心情,说他要重新写一部,那是唯心史观,要不得。后来中华书局要重新印他的《佛教史》,他曾多方考虑,最后才答应。他对我说,解放后,把解放前的旧作原封不动地拿出来,交给读者,于心不安,他要我替他写一篇"重印后记",附在书后。当时他在病中,还担心把自己的旧观点传播给读者。这都表明他具有和唯心主义学术观点划清界限的愿望,有改造自己学术体系的决心。

1954年冬,汤先生患脑溢血,先是几个月神志不清,以后半身不遂,经过多方治疗,才逐渐恢复了半个身体的机能。他自己经常对人说,"若不是解放了,若不是党和人民的关怀,我这个病是不可能治好的。"身体略好时,医生告诉他,只能上半天工作一小时,下半天工作一小时,又由于眼睛有白内障,一只眼睛已失去视力,他还是艰难地找资料,翻书,有些重要的发现,就叫助手帮他记下来,也有时自己动手摘录。病中,十年来,积累了十几本读书的札记。对于一个长期重病的六七十岁的老年人,这个工作量是相当大的。其中有关于佛教史的,有关于印度哲学史的,还有一部分是翻阅《道藏》时摘录的(有些曾发表过),为了感激党挽救了他的生命,这些札记叫作《康复札记》。1963年"五一"节,汤先生身体比较好,晚上曾到了天安门,见到了敬爱的领袖毛泽东同志。毛泽东同志和他亲切地谈了话,问到他的健康和研究工作情况,并且说,读到了他的《康复札记》。毛泽东同志的慰勉和关怀,给了汤先生极大的鼓舞,他回来后经常说自己对党、对人民做的工作太少了,他一再提出要招收研究生。学校领导曾考虑到他的健康,前几年没有给他招研究生,只配备助手,帮助他抄抄书,找找材料。经过他的坚决请求,还是给他招了一名研究生,第二年又招了一名。汤先生早年对研究生的指导,只是指出个方向,更多地让研究生自己钻研。晚年,唯恐学生学不到,听不懂,他对研究生的指导工作做得十分耐心、十分细致。有时讲起书来,忘了自己的病。每和研究生谈过一次话,下午甚至第二天身体健康情况立刻下降,不顾医生的嘱咐,家人的劝告,他一谈到学问,全都忘了。

我每次去看汤先生时,他更是谈起来兴奋得不能停止。经常谈学习中的问题,读书的心得,有时也谈他自己的思想状况,还虚心地要别人给他提意见,他从来不谈他的病,除非别人问起时。他这种勤勉的工作态度和严格要求自己的精神不能不使人感动。

解放后,历次政治运动、重要的政治学习,汤先生一直是积极参加的。1957年,反右斗争中他躺在床上,口述大意,写成了对右派分子进行驳斥的文章。只要能行动,他总是天天读报。后来眼睛坏了,看小字吃力,就独自静静地坐在收音机旁收听国内外的大事。全国人民代表大会开会,他有病不能出席,但还是用最大的努力阅读大会的文件和重要发言稿。近来报上发表的若干批判现代修正主义的重要文章,他除了听广播以外,还要花上大半天的时间去读。别人劝他不要太劳累了,应当注意休养,他总是说,反对修正主义是头等重要的事,不学习不行。

今年的五一节,首都人民和全世界人民一道,沉浸在欢乐的节日气氛中。汤先生在病床上难以抑制自己兴奋的心情,高呼"中国共产党万岁""毛主席万岁""五一节万岁"等口号。由于长期卧病,心力衰竭过甚,几分钟后,竟与世长辞了。

汤先生病中念念不忘的有两件事,一件是他指导的两名研究生没有培养到毕业;一件是他的许多研究计划没有完成。这些遗留的工作,既然是党和人民所需要的,就不会半途而废,现在都已由领导方面做了妥善的安排。遗憾的是汤先生再也不能亲身参加这些工作,不及亲见他心血灌溉的成果了。

从中国古代科学与民主思想的发展看五四运动的科学与民主精神[*]

五四运动提出了"科学"与"民主"的口号。科学与民主本来是西方资产阶级反对中世纪封建主义提出的号召。它斗争的锋芒指向欧洲中世纪封建专制和宗教迷信。

我们今天来看科学与民主的问题,必须打破资产阶级的旧框子。科学、民主思想,决不是资产阶级的首创,它在古代就有了萌芽,科学与民主精神的贯彻,更非资产阶级所能胜任,要靠无产阶级来最后完成。资产阶级总是自我吹嘘,说什么只有他们才发扬了科学,推行了民主。这和事实是不符的。

远在资本主义制度以前,随着人类的生产斗争和阶级斗争的实践活动,就产生了科学思想和民主性的思想。它们的对立物就是古代的宗教迷信和残酷的阶级压迫。任何宗教迷信,残酷压迫都是妨害科学发展,阻碍人类进步的。

在哲学史上,古代的唯物主义思想、无神论思想、辩证法思想都在不同程度上,不同问题上揭露了科学的秘密,推动了生产的发展。任何反抗剥削、反抗压迫的思想,都在于不同程度地减

---

* 　原载《光明日报》1959 年 5 月 3 日。

轻人民的重负,把民主生活,或多或少地向前推进一步。

古代希腊就有过奴隶主民主派和贵族奴隶主的斗争。在这两派的斗争的基础上,产生了古代希腊唯物主义与唯心主义两派的斗争。中国古代也有相似的情况。据古书的记载,春秋时代住在城市里一些"国人",就是有民主权利的群众。如:

"国人不欲"(《左传》僖公二十八年);

"国人弗徇"(《左传》文公十一年);

"国人弗顺"(《左传》昭公十四年);

"国人助公"(《左传》定公十三年);

"国人始恶之"(《左传》哀公二十四年);

"国人所尊"(《左传》昭公十六年);

"国人皆咎公"(《左传》僖公二十二年),

"国人杀君,司马将来矣"(《左传》昭公十三年);

"国人谤之曰……"(《左传》昭公四年);

"国人逐之"(《左传》哀公十一年)。

这些"国人",他们有权利议论政治、批评政府,有时可以杀掉国君,赶走国君,拥立新君。孟子书中有一段话说得比较明白:

> 左右皆曰贤,未可也;诸大夫皆曰贤,未可也,国人皆曰贤,然后察之;见贤焉,然后用之。左右皆曰不可,勿听;诸大夫皆曰不可,勿听;国人皆曰不可,然后察之;见不可焉,然后去之。左右皆曰可杀,勿听;诸大夫皆曰可杀,勿听;国人皆曰可杀,然后察之;见可杀焉,然后杀之,故曰国人杀之也。(《孟子·梁惠王》下)

孟子书中曾讲到过"民为贵"的话,"五四"时代,有人认为这是孟子的"民主"思想,我看恐怕是望文生义(孟子的原义不能作这样的解释),倒是上面所引关于"国人"一段议论有几分贵族统治阶级内部的民主味道。

秦汉以后，聪明的封建统治者有时要"广言路""举贤才"。唐、宋以后的科举制度未尝不可以说是地主阶级内部的"民主"。因为封建地主阶级必须通过这些方式更广泛地吸收他们认为合格的人才，不断充实他的统治机构。这样就可以更好地集中力量对付人民的革命。

历代的"好皇帝"，推行了一些"仁政"，客观上对人民也有些好处。这是古代的民主思想的一个方面。但是这不能算重要的方面。真正能丰富民主思想的内容、丰富哲学思想遗产的是人民的反抗剥削、反抗压迫的阶级斗争。

先秦时代，劳动人民曾用诗歌的形式，向不劳而食的剥削者提出责斥；曾对太阳发誓，诅咒统治者的死亡："斯日曷丧，予与汝偕亡！"这都是反抗剥削和压迫的呼声。

老子提出"小国寡民"，"甘其食、美其服"的没有剥削、没有战争、没有压迫的社会。尽管他的解决方案提错了，但反对剥削和压迫，反对战争，向往和平的愿望是好的，反映了民主的要求。

《礼运》中的"大同"，也提出"不独亲其亲，不独子其子"，"货恶其弃于地也，不必藏于己；力恶其不出于身也，不必为己"的理想。两汉的农民平均主义思想，晋朝鲍敬言的无君论，唐末有无能子也尽力宣扬有君不如无君的好处。北宋末年的康与之，在他的《昨梦录》里描绘了理想的社会，没有压迫，人人自食其力，过安居乐业的美好生活，也都反映了比较原始、素朴的民主倾向的思想。

宋末元初的思想家邓牧也曾提出：

> 天生民而立之君，非为君也。奈何以四海之广，足一夫之用邪？（《君道》）

> 废有司，去县令，听天下自为治乱安危，不犹愈乎？

597

（《吏道》）

明末清初，江浙太湖区一带，生产特别发达，国际商业交通也很频繁，在这一地区开始出现了资本主义萌芽。在思想上也有所反映。以黄宗羲为代表的、具有一定程度的近代启蒙时期民主思想，并开始提出士绅（地主、工商业者）直接干预政府，选举、监督和提出罢免地方官吏的权利。

> 郡县朔望，大会一邑之缙绅士子。学官讲学，郡县官就弟子列……郡县官政事缺失，小则纠绳，大则伐鼓号于众。

> 郡县学官，毋得出自选除；郡县公议，请名仟主之。

黄宗羲还认为学校不止培养人才，还是议政的机构。主张

> 天子之所是未必是，天子之所非未必非，天子亦遂不敢自为非是而公其非是于学校（《明夷待访录·学校》篇）。

这里已初步具有近代民主思想的萌芽。

如果认为只有这些先进的思想家反映了民主思想，是不全面的。民主思想的真正的推动者是劳动人民的反抗剥削、反抗压迫的斗争。劳动人民心目中的自由、平等的理想是"有福同享，有祸同当"，消灭等级制度，"八方共域，异姓一家"，"生死相托，患难相扶"（以上见《水浒传》）。唐朝的黄巢、宋朝的王小波、李顺、钟相、杨幺、方腊等都提出了"均贫富，等贵贱"的民主性的普遍要求。

恰恰是由于阶级斗争、农民革命的推动力量，才在不同程度上推动了社会生产力的发展。不管资产阶级写的历史，如何力图贬低封建社会在全部历史的积极作用，尽力吹嘘他们的"科学和民主"，而实际上在奴隶制、封建制社会，并不是没有科学和民主思想。毛泽东同志指出："中国的长期封建社会中，创造了灿烂的古代文化。清理古代文化的发展过程，剔除其封建性的糟粕，吸收其民主性的精华，是发展民族新文化提高民族自信心的

必要条件……"①

近代资产阶级的民主是在过去封建时期萌芽状态的民主思想的基础上有了进一步的发展,这是事实。他们提出了人人生来平等,人人有政治权利的口号。从口号的字面上看,好像在为全体人民说话。只是由于生产资料的私有,必然不能做到真正的民主。资产阶级为了争取劳动力的自由市场,为了打破封建壁垒对工商业的束缚,为了企业竞争的自由,为了向压迫资产阶级的封建制度争取政治地位,才提出了"平等""自由""民主"的口号。他们把资产阶级一个阶级的愿望和要求硬说成是全人类的愿望和要求。等到资产阶级一旦取得政权,"民主"就成了"告朔之饩羊",抛在一边了。

至于科学的思想,也是源远流长。古代一切唯物主义流派,都具有反宗教,为科学开辟道路的功劳。唯物主义思想,一方面与当时的先进阶级有密切联系,也和当时的生产斗争、科学实践有着密切的联系。它对人类的思想起着解放作用。这是唯物主义必然带来的结果,也是唯物主义的使命。

只是奴隶制社会和封建制社会的生产力不高,科学的成就远不能和资产阶级相比。《共产党宣言》中已指出了,资本主义一百年的成就抵得上过去人类全部成就的总和。资本主义以前即使科学方面的成就不算多,却不能认为没有成就。

科学与民主这两方面又是互相推动,互相影响的,因为阶级斗争和生产斗争有内在的联系。生产力是推动历史前进的根本力量。但是,只要有剥削阶级存在,生产力就不能毫无限制地向前发展。资产阶级为了利润,为了保卫他们的私利,不惜埋葬科学,毁坏生产力,背弃民主。尽管资产阶级当初曾提出了科学与

---

① 《新民主主义论》,《毛泽东选集》第2卷,1966年版,第667—668页。

民主的口号,起过历史的进步作用,而在今天,越来越成为历史前进的绊脚石了。

中国的资产阶级情况和西方欧洲当年反封建时期的资产阶级革命还有所不同。中国的资产阶级还没有发育成熟的时候,就遭到帝国主义的摧残。第一次欧战时期民族资产阶级得到暂时的复苏,不久又处在帝国主义的绞索下,苟延残喘,有的索性成为帝国主义在中国的代理人——即买办资产阶级。资产阶级政治上的软弱,造成了他们在思想和文化上的软弱。因此,五四时代提出的"科学与民主"的大旗,资产阶级是扛不动的。科学与民主的大旗,必然落到新兴的有无限前途的工人阶级的肩上。

正如毛泽东同志所指出的:"五四运动所进行的文化革命则是彻底地反对封建文化的运动,自有中国历史以来,还没有过这样伟大而彻底的文化革命。"毛泽东同志正确地指出"五四"的文化革命的彻底、伟大,乃是和它以前的文化革命来比较而言,说它是空前,但不是没有缺点。比如,"五四"运动的文化革命,"当时还没有可能普及到工农群众中去"。这一伟大而艰巨的历史任务,不得不由"五四"以后的中国共产党和先进的工农群众继续完成。

五四运动到今天不过四十年。四十年间在伟大的共产党的领导下,胜利地完成两次革命,取得震烁古今的成就。我们发展科学,是在党的领导下,专家与群众相结合的路线;这是一条经验,也是今后的方向。广大劳动人民中涌现了成千累万的科学家。这些科学成就有的解决了生产中的重大问题,有的达到国际科学成就的尖端。在生产实践中普及了科学,有多少土专家跨进了科学的宫殿。不久,将会使泱泱中国成为科学智慧的海洋。

工农群众当家做主后,在共产党的领导下,享受了真正的民主权利。在广大工厂、矿山及一切生产部门，工人参加了管理，农村的人民公社实行了管理民主化。在中国每一个部门，领导者与被领导者之间形成了亲密平等的民主关系。人人都是普通劳动者，人人都是政权管理者，人人有权参与管理国家大事。劳动人民，在文化革命中，不但学了文化（还在继续提高和普及），他们为了管好国家大事，开始学习宇宙发展的一般规律的知识即马列主义的哲学。

历史上，世世代代的先进思想家和农民革命所提出的消灭愚昧、向往自由的理想，已逐渐变成现实。多少年来，先进的思想家，革命者所描绘的幸福生活，今天已在日益成长、发展中。

前资本主义社会，在朦胧状态下的科学与民主的要求，在资本主义上升时期，已给以发展。资产阶级上升时期所提出的科学与民主的口号，他们没有完成，也不可能彻底完成，只有工人阶级才可以把科学与民主的要求贯彻到底。

科学和民主的口号，在五四时期曾鼓舞人们前进。四十年后的今天，科学与民主的空气已弥漫在六亿人民生活聚集的广阔土地上，沁人心脾。我们是马克思主义者，我们根据历史发展的规律，并不满足现在已经获得的成就，我们还要跨过美好的社会主义奔向更美好的共产主义。那时，我们的物质生活、精神生活、政治生活将比现在更丰富、更生动、更光辉灿烂。

几千年来的历史已证明了，科学与民主的浪潮，是由古代社会中蕴蓄的涓涓细流，到了近代逐渐汇集为汪洋大海的。中间经过了"曼曼修远"的道路，遭遇了无数的曲折，"上下求索"而最后得到的，这是由于人类找到了照路明灯——马克思列宁主义。

今天的巨大成就，值得我们自豪，更应在已有成就的基础上，鼓起更大的干劲，有科学分析的精神为今年的更大跃进创造条件。我们之所以有今日，是由于十月革命给我们带来了马克思列宁主义。

为了人类科学与民主的前途,我们要加强一切爱好和平的国家的友好互助,加强全世界爱好和平人民的团结。我们要向企图发动战争、毁灭人类、玷辱科学、压迫民主的一切帝国主义分子进行斗争!

后　记

这里共收集了中国哲学史论文四十一篇,除《庄子探源之五》一篇外,都是"文化大革命"以前发表过的。文章保持了原来的样子,除非有明显的错误,不作改动。

这部论文集记录了解放后十多年学习中国哲学史的曲折过程。曾试图打破儒家封建正统观念,想多找一些具有民主性思想的人物,因而把邓牧等人写进了哲学史。今天看来,未必妥当。哲学史是人类认识史,应当注意那些在认识史上有贡献,具有深远影响的人物和流派,指出它的历史地位、社会作用,并从中得出应有的思维经验教训,而不在于发掘为人们所忽略的个别人物。真正有影响的人物和流派是不会被忽略的。哲学家和流派对社会的影响有大有小,起的作用有正面的,也有反面的。对这些错综复杂的现象必须给以历史的总结。这是每一个哲学史工作者的职责,研究工作者的史观、史识和功力,都要从中受到考验。

这一时期我开始注意辩证法思想的发展,把过去属于"兵家"的著作引进了哲学史,拿兵家的辩证法与唯物辩证法相对照,刚开始学习理论与实际相结合,写得不准确,带有生硬的斧凿痕,曾招来进步教授的公开责难,说是把辩证唯物主义庸俗化了。我感谢这些责难,使我后来写作中有所改进。我也想找一找唯物主义与自然科学的关系,把古代医学、天文学、农业科学引进哲学史。今天人们也许觉得不成问题,在当时,却也遭到一些人的非难,说是不算哲学史,不务正业。研究中国哲学史总要弄清它的对象和范围,我曾对日丹诺夫在西方哲学史讨论会上的发言提出了一点异议,几乎惹了祸,据说日丹诺夫代表苏共中央发言,对"发言"有异议,是对斯大林的态度问题,因而在不同的会上受到不少责难。学习列宁的《哲学笔记》,很受启发。我认为应当像列宁那样深入细致地对待哲学史,应有发展的观点,不能用一个固定的模式看待哲学史,试图找一找中国哲学史发展的内在规律。当时我想,看法对不对,总可以供讨论吧,但也曾为此受到某些领导的告诫,说是忘了阶级斗争这个纲,光讲思想发展,背离了马克思主义,宣传了修正主义。这也在意料之中,几年前已有"理论权威"之流把我划归修正主义栏内了。

用马克思主义的立场、观点、方法来研究中国哲学史,随时碰到新问题,马列原著中没有现成答案,就得摸索着前进。我曾认为,人非"上帝",难免有错,运用马克思主义不熟练,与马克思主义为敌的修正主义,应有所区别。但是,这又犯了"动机论"的错误,效果不好,动机一定好不了,是非功过有时不容分说。这些年,有欣慰,有辛酸,有愤慨,有彷徨,日子不平静,心情也不平静。宋人词有云:"衣带渐宽终不悔,为伊消得人憔悴。"这是一首表示坚贞不渝的爱情诗,王国维曾借用来表示治学境界的阶段,我则借用来表达科学工作者热爱自己的专业的心情。沿着马克思主义的方向研究中国哲学史,完全出于自觉自愿,不后悔,也不退缩。运用学到的理论结合中国哲学史的实际,哪怕能解决一两个具体问题也好。

有几分根据说几分话,不说自己还搞不清楚的问题,这本来是一个科学研究者起码的权利,而这点权利有时也难得充分享受。三十年间,运动一个接着一个,社会上的大是大非常常随着政治波浪起伏不定。什么是学术性的错误,什么是政治上的修正主义,变幻莫测,有时难以区别。即使原则上弄清楚了,遇到特殊情况,也不能算数。中国哲学史这个领域,并不是世外桃源。

关心我的朋友们往往提醒我,要正视自己的两大弱点:一是世界观没有改造好,二是理论水平低。我感谢他们的劝告,这两大弱点在我身上确实严重,若不时刻注意,将给工作带来损失,至于给个人带来什么后果,那倒是次要的。这种实际状况和心情,有时会动摇自己判断是非的信心,遇到疑难问题,常常抱怨自己见事迟,跟不上形势的发展。对内反省得多了,势将阻塞了向客观世界追本穷源的思路和锐气,这也是妨碍深入探索一些重大问题的原因。

论文集关于老庄的文章较多。我认为哲学史不同于其他什么史(如思想史、伦理学史、政治思想史等),它应当是"哲学"的历史,老庄的哲学思想比较丰富。封建社会以儒家为正统,两千年来对老庄的评价是不公正的。

论文集认为老子属于唯物主义。到了1972年,这一观点有了改变,我认为老子属于唯心主义。最近又有了新的看法,我认为过去的争论(包括主张老子是唯心主义及唯物主义的两种见解),都有片面性。对老子,还得有更深一步的论述才能如实地反映老子的思想面貌,应当有第三种看法来补救前两种对立看法的不足。这要留待以后申述。

文集中还有一部分考据性的文章,试图避免清末以来的烦琐学风,见局部而不见全体的毛病。但做得很不够,以后还得继续向这方面努力。

　　马克思把科学研究比作登山，我很喜欢这个生动的比喻。登山要靠自己的努力，一步一步地攀登，少走一步也达不到顶峰。攀登到一定的高度，回头看看走过来的道路，就会发现有走对的，也有走错的，心中有数，可为今后攀登更高的山峰提供经验。马克思有时把科学的入口处比作地狱的大门，在这个大门口，一切犹豫、任何怯懦都无济于事。这话说得很深刻。探索者害怕接近地狱，就无从起步。也有远离禁区，善于听风声，承謦欬，摸"精神"而获得成就的，那是别具一格，可存而不论。

　　文集中《老子的研究》是与冯景远同志合写的，《庄子探源》之五是与阎韬同志合作，由他执笔的。全部稿子是由中国哲学史编写组的孔凡、余敦康、牟钟鉴三位同志共同校阅，刘苏同志担任抄写的。若不是上海人民出版社编辑同志极力促成，也就没有这部论文集，因为当时我没有考虑要出版它。借这个机会向他们一并致谢。

任继愈
1979 年 12 月 10 日于北京三里河南沙沟